여러분의 합격을 위한
해커스공무원의 특별 혜택!

KB141462

무료 본 교재 동영상강의 이용 방법

해커스공무원(gosi.Hackers.com) 접속 후 로그인 ▶ 좌측 상단의 [무료강좌] 클릭 ▶
좌측의 [교재 무료특강 → 기초영어독해 무료특강] 클릭하여 이용하기

무료 매일 공무원 영어 학습 이용 방법

해커스공무원(gosi.Hackers.com) 접속 후 로그인 ▶ 좌측 상단의 [무료강좌] 클릭 ▶
좌측의 [매일 영어 학습] 클릭하여 이용하기

함께 학습하면 좋은 해커스공무원 기출 보카 4800 어플

· 교재에 수록된 모든 기출 어휘 포함
· 어휘 학습 퀴즈와 나만의 단어장 생성 가능
· 공무원 영어 학습 및 무료 강의 제공

▶ 구글 플레이스토어/애플 앱스토어에서 '해커스공무원 기출보카 4800'을 검색하세요.

해커스공무원 gosi.Hackers.com

해커스 공무원 영어
기초 독해

해커스 공무원

공무원 영어 독해 기초 4주 완성

해커스 공무원 영어 기초 독해

개정 2판 6쇄 발행 2021년 8월 16일

개정 2판 1쇄 발행 2018년 6월 25일

지은이	해커스 공무원시험연구소
펴낸곳	해커스패스
펴낸이	해커스공무원 출판팀

주소	서울특별시 강남구 강남대로 428 해커스공무원
고객센터	02-598-5000
교재 관련 문의	gosi@hackerspass.com
	해커스공무원 사이트(gosi.Hackers.com) 교재 Q&A 게시판
학원 강의 및 동영상강의	gosi.Hackers.com

ISBN	979-11-6266-205-2 (13740)
Serial Number	02-06-01

최단기 합격 공무원학원 1위,
해커스공무원
gosi.Hackers.com

ⅲ 해커스공무원

- 해커스 스타강사의 본 교재 무료 동영상강의
- 무료특강, 1:1 맞춤 컨설팅, 합격수기 등 공무원 시험 합격을 위한 다양한 학습 콘텐츠
- 해커스 공무원 학원 및 인강

[최단기 합격 공무원학원 1위 해커스공무원] 헤럴드미디어 2018 대학생 선호 브랜드 대상 '대학생이 선정한 최단기 합격 공무원학원' 부문 1위

서문

합격을 목표로 첫걸음을 내딛는 공무원 영어 입문자들이 고득점의 초석이 될 기초 영어 실력을 탄탄히 쌓을 수 있게 돕고자, 「해커스 공무원 영어 기초 독해」를 출간하게 되었습니다.

「해커스 공무원 영어 기초 독해」는 공무원 영어 초보 학습자들이 꼭 익혀야 할 독해의 기본기를 체계적으로 정리하여 공무원 독해의 기초를 4주만에 완성할 수 있도록 하였습니다. '공무원 기초 영단어 500'을 제공하여 교재 학습전 꼭 알아야 할 기초 영단어를 익힐 수 있도록 하였으며, 문장을 이루는 문장 성분과 문장을 끊어 읽는 방법을 학습할 수 있는 '기초 독해'를 제공하여 기본적인 독해 실력을 쌓을 수 있도록 하였습니다. 또한 공무원 영어 시험에 자주 출제되는 독해 문제유형에 대한 문제풀이 전략을 제시하여 문장을 해석하는 방법뿐 아니라 궁극적으로 문제의 답을 도출해내는 방법을 익힐 수 있도록 하였습니다. 더불어 모든 문제에 제공되는 끊어읽기와 끊어 해석하기는 문장 구조를 쉽게 파악할 수 있도록 도와줄 것입니다. 따라서 목표를 세우고 교재에서 제공하는 학습 플랜에 맞추어 매일 꾸준히 학습해 나가면, 공무원 영어 고득점의 밑거름이 될 기초 실력을 탄탄히 다질 수 있으리라 확신합니다.

더불어, 공무원 시험 전문 사이트인 해커스 공무원(gosi.Hackers.com)에서 교재 학습 중 궁금한 점을 나누고, 다양한 무료 영어 학습 자료를 함께 이용한다면 학습 효과를 더욱 높일 수 있을 것입니다. 「해커스 공무원 영어 기초 독해」와 함께 기초를 확실히 다져 합격을 향한 위대한 첫걸음을 내딛기 바랍니다.

해커스 공무원시험연구소

목차

Final Test

[해설집] 정답 · 해석 · 해설

공무원 영어 독해 기초 4주 완성

공무원 영어 초보자를 위한 필수 입문서로, 공무원 영어 시험을 처음 접하거나 공무원 영어의 기초를 다지고자 하는 학습자들이 독해의 기초를 4주만에 확실히 다질 수 있도록 꼭 필요한 내용을 선별하여 구성하였습니다.

9·7급 각종 공무원 시험 최신 출제 경향 완벽 반영

9·7급 각종 공무원 시험 영어 독해 영역의 최신 출제 경향을 철저히 연구, 분석하여 교재의 모든 학습 요소에 반영하였으며, 이 분석을 근거로 한 문제 유형별 전략을 제시하였습니다. 이를 통해 학습자들이 기초를 다지는 동시에 최신 공무원 영어 시험에 충분히 대비할 수 있도록 하였습니다.

구문독해에서 실전유형까지 단계적이고 체계적인 학습

공무원 영어 독해를 처음 접하는 학습자가 단계적으로 독해 능력을 향상시킬수 있도록 3단계로 교재를 구성하였습니다. '기초 독해 → 문제 유형 학습 → Final Test'로 이어지는 단계적 학습법을 통해 구문독해 학습부터 실전유형 연습까지 독해 실력을 차근차근 다질 수 있습니다.

'끊어읽기'와 '구문독해'를 통한 독해 능력 향상

교재에 수록된 모든 지문에 대해 '끊어읽기'와 '구문독해'를 제공합니다. 이를 통해 학습자들이 문장 구조를 쉽게 파악하여 해석 실력을 키워나갈 수 있도록 하였습니다.

무료 동영상강의 제공 - gosi.Hackers.com

공무원 영어 입문자들의 학습을 돕고자 해커스 공무원(gosi.Hackers.com)에서 무료 동영상강의를 제공합니다. 교재의 핵심 내용을 알기 쉽게 설명한 강의를 통해 혼자서도 효과적으로 학습할 수 있습니다.

시험에 꼭 나오는 '공무원 기초 영단어 500' 제공

본격적으로 독해 학습을 하기 전에 꼭 알아두어야 할 필수 기초 단어를 10일 완성으로 구성한 '공무원 기초 영단어 500'을 제공합니다. 이를 통해 교재를 학습하기에 앞서 반드시 알아두어야 할 기초 단어를 확인하고 암기할 수 있도록 하였습니다.

상세한 해설과 정확한 해석 수록

교재에 수록된 모든 문제에 대해 상세하고 이해하기 쉬운 해설과 정확한 해석을 수록하여, 틀린 문제를 쉽게 복습할 수 있도록 하였습니다. 또한, 모든 문제에 구문독해를 제공하여 중요한 구문을 학습할 수 있도록 하였으며, 어휘와 표현도 함께 제공하고 있어 복습의 효과를 높일 수 있습니다.

공무원학원 및 시험 정보 · 동영상강의 제공 - gosi.Hackers.com

해커스 공무원(gosi.Hackers.com)을 통해 매일 새로운 공무원 영어 문제와 해설 강의 및 교재의 동영상강의를 제공하고 있습니다. 또한, 공무원 시험에 관한 전반적인 정보를 공유하거나 공부하는 중에 생기는 의문점에 대한 해답을 구할 수 있습니다.

1 기초 독해

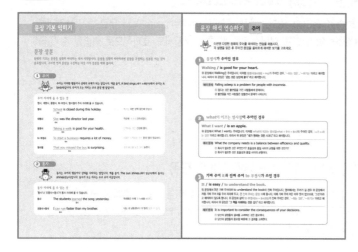

'문장 기본 익히기'에서는 먼저 문장 구조를 파악하기 위해 필수적으로 알아야 할 문장 성분과 문장의 5형식을 배운 후 문장을 끊어 해석하는 방법을 익혀 봅니다. 또한, '문장 해석 연습하기'에서는 꼭 알아야 할 필수구문을 학습하고 해석 문제를 통해 배운 내용을 적용하여 문장을 해석하는 연습을 합니다.

2 문제풀이 전략 및 전략 적용

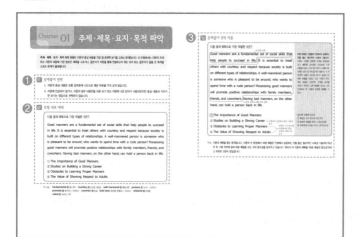

❶ 문제풀이 전략

각 문제 유형에 대한 문제풀이 전략을 학습합니다.

❷ 유형 대표 예제

유형 대표 예제를 통해 공무원 영어 독해 시험에서 해당 유형의 문제가 어떻게 출제되는지 확인합니다.

❸ 문제풀이 전략 적용

학습한 문제풀이 전략에 따라 유형 대표 예제를 해결하는 과정을 살펴보며 문제풀이 전략을 어떻게 적용해야 하는지 확인합니다.

3 Hackers Practice

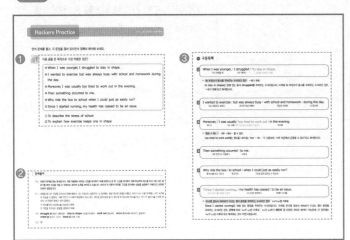

① 문제

문제풀이 전략을 적용하여 문제를 풀어본 후 지문의 각 문장을 끊어 읽으며 해석합니다.

② 문제풀이

해설 및 해석을 통해 문제풀이 전략을 바르게 적용하여 풀었는지 확인합니다.

③ 구문독해

지문의 각 문장에 제공되는 끊어읽기와 구문독해를 통해 문장을 어떻게 끊어 읽고 해석하는지 학습합니다.

4 Hackers Test

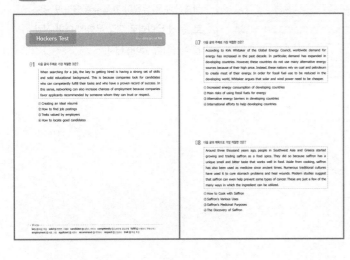

실전 문제를 풀어보며 문제 유형을 익히고 자신의 실력을 점검해 봅니다. 1번부터 4번까지는 문제 하단에 제공되는 어휘를 참고하여 문제를 해결합니다. 5번부터는 어휘의 도움을 받지않고 문제를 풀어 봅니다.

5 Vocabulary & Quiz

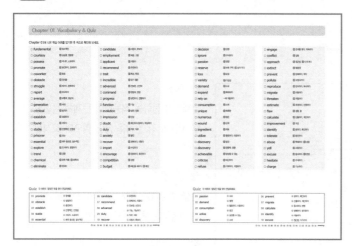

챕터의 마지막에 챕터에 등장한 공무원 핵심 어휘를 퀴즈와 함께 학습하고, 잘 외워지지 않는 단어는 체크박스에 표시하여 암기합니다. 또한 간단한 퀴즈를 통해 어휘를 완벽히 암기했는지 확인합니다.

6 Final Test

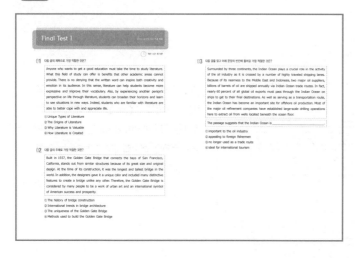

모든 문제 유형을 고루 수록한 실전 문제를 풀어보며 학습을 효과적으로 마무리하고 실전에 대비하는 연습을 합니다. 앞에서 학습한 모든 유형이 고루 수록되어 있으므로, 문제 유형별로 해당 유형에 대한 전략을 적용하여 풀어봅니다.

'공무원 기초 영단어 500'을 통해 공무원 영어 모든 영역의 전반적인 학습에 필요한 기초 어휘를 학습합니다. 교재를 학습하기 전, 매일 일정량의 어휘를 꾸준히 암기하고 잘 외워지지 않는 단어는 체크박스에 표시하여 암기합니다. 또한, 간단한 퀴즈를 통해 어휘를 완벽히 암기했는지 확인합니다.

8 정답·해석·해설

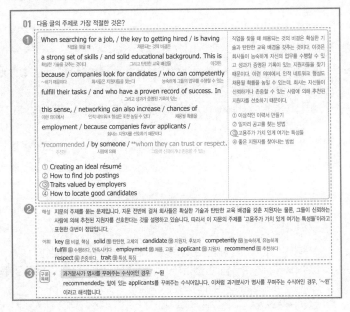

❶ 끊어읽기 및 끊어 해석하기
끊어읽기와 끊어 해석하기를 통해 지문 모든 문장의 문장 구조를 정확하게 분석하여 해석해봅니다.

❷ 해설 및 어휘
문제를 학습한 전략에 맞게 풀었는지 해설을 통해 확인합니다. 또한 지문에 나온 필수 어휘와 표현을 확인하여 꼼꼼히 복습합니다.

❸ 구문독해
독해를 어렵게 하는 구문을 지문에서 선별하여 설명을 제시하였습니다. 구문독해를 통해 문장을 바르고 정확하게 해석하는 방법을 학습합니다.

학습 방법

혼자 공부할 때
더 집중이 잘 되는
당신이라면!

개별 학습형

1. 다음 페이지에 나오는 학습 플랜을 활용하여 매일. 매주 단위로 학습량을 정합니다.
2. 계획을 세워 공부하고, 한 번 세운 계획은 절대 미루지 않습니다.
3. 본 교재를 기본으로 해커스 공무원(gosi.Hackers.com)에서 제공하는 정보 및 학습자료를 적극적으로 활용합니다.

직접 강의를 들으며
체계적인 관리를 받고
싶은 당신이라면!

학원 학습형

1. 학원 강의를 듣고, 24시간 온라인 학습 관리가 이루어지는 반별게시판을 활용하여 교수님과 담임선생님의 지속적인 관리를 받습니다.
2. 학원에 마련된 쾌적한 스터디룸에서 교수님의 관리하에 진행되는 스터디 그룹에 적극적으로 참여하여 예습. 복습을 철저히 합니다.
3. 궁금한 것은 해커스 공무원 교수님들께 직접 질문하여 해결하고 넘어가도록 합니다.

때와 장소에
구애 받고 싶지 않은
당신이라면!

동영상 학습형

1. 동영상 강의를 들으면서 놓쳤거나 다시 한 번 들어야 하는 부분은 반복 수강하여 모든 내용을 완벽히 이해합니다.
2. 해커스 공무원(gosi.Hackers.com)에서 제공하는 동영상 강의와 각종 학습 자료를 적극적으로 활용합니다.
3. 모르는 개념이나 보충 설명이 필요한 부분은 온라인상에서 교수님의 도움을 받습니다.

여러 사람과 함께
공부할 때 학습 효과가 높은
당신이라면!

스터디 학습형

1. 스터디 시작 전에 미리 공부할 분량을 정해 해당 부분을 각자 예습합니다.
2. 잡담으로 인하여 휴식시간이 늘어지지 않도록 하며, 틀린 문제에 대한 벌금제도 등을 정하여 학습에 건전한 자극이 되도록 합니다.
3. 스터디원들과 계획을 세울 때는 다음 페이지에 나오는 학습 플랜을 활용합니다.

| 교재 | 선택한 학습 플랜에 맞추어 일정 계획 → 기초 독해 및 문제 유형별 문제풀이 전략 학습 → Hackers Practice에서 쉬운 연습 문제를 통해 전략을 문제에 적용하는 법과 문장을 끊어 읽는 법을 동시에 연습 → Hackers Test를 통해 실전 문제를 풀어보는 연습 → 틀린 문제는 해설집을 참고하여 철저히 복습 |
| gosi.Hackers.com | 무료강좌 〉 교재 무료특강에서 기초영어독해 무료특강을 수강하며 교재 학습
무료강좌 〉 매일 영어 학습에서 제공하는 매일 독해 문제풀기를 통해 자신의 실력을 점검한 후, 틀린 문제는 해설 강의로 완벽히 이해 |

교재	스터디원들끼리 수업 진도에 따라 분량을 정하여 학습 → 자주 틀리는 문제유형이나 해석이 어려운 문장은 서로 설명해주며 완벽히 이해
학원	데일리 테스트와 월말고사, 출결 체크 및 철저한 성적 관리와 1:1 맞춤 상담으로 이루어지는 담임 관리 시스템으로 실력 향상
스터디	교수님이 직접 참여하고 지도해 주시는 스터디 그룹에서 학습 수준에 맞는 최적의 스터디 방법을 찾고, 담임 선생님께 스터디 스케줄, 출석 체크, 학습 커리큘럼 등의 관리를 받으며 체계적으로 학습
gosi.Hackers.com	해커스공무원학원 〉 강남역/노량진 캠퍼스 〉 고객센터 〉 반별게시판을 통해 집에서도 교수님께 지도받고 스터디원들과 교류

| 교재 | 동영상 강의 일정에 맞추어 매일의 학습 분량 결정 → 교재에 꼼꼼하게 필기하며 동영상 강의 수강 → 이해하기 어려운 문제는 교재에 표시해 두고 해설집을 참고하여 철저히 복습 |
| gosi.Hackers.com | 나의강의실 〉 인터넷강의 〉 수강중인 강의에서 현재 강의를 듣는 교수님께 직접 질문하여 의문점 해결
무료강좌 〉 매일 영어 학습에서 제공하는 매일 독해 문제풀기를 통해 자신의 실력을 점검한 후, 틀린 문제는 해설 강의로 완벽히 이해 |

| 교재 | 스터디원들끼리 수업 진도에 따라 매일의 학습 분량 결정 → 스터디 전 당일 학습 부분 예습 → 팀원끼리 교재의 내용을 퀴즈로 만들어 쪽지 시험 → 자주 틀리거나 이해가 어려운 개념은 서로 설명해 주며 완벽히 이해 |
| gosi.Hackers.com | 무료강좌 〉 매일 영어 학습에서 제공하는 매일 독해 문제풀기를 통해 자신의 실력을 점검한 후, 틀린 문제는 해설 강의로 완벽히 이해 |

4주 완성 학습 플랜

1. 교재 마지막에 제공된 '공무원 기초 영단어 500'을 통해 기초 단어를 먼저 완벽하게 암기합니다.

2. 2일 동안 '기초 독해'를 통해 영어 독해의 기초를 단단히 다집니다.

3. 문제 유형별 챕터를 2일 동안 학습합니다.
   첫째 날, 문제풀이 전략을 학습한 뒤 전략을 바탕으로 Hackers Practice와 Hackers Test 일부를 풀어봅니다.
   둘째 날, Hackers Test를 마무리한 뒤 Vocabulary&Quiz를 통해 챕터에 나온 어휘를 정리하고 암기합니다.

4. 실전 감각을 익힐 수 있도록 Final Test를 정해진 시간(15분) 내에 풀어보며 실력을 점검합니다.

5. 해커스 공무원(gosi.Hackers.com)에서 제공되는 무료 동영상강의를 들으며 학습하면 보다 효율적으로 학습할 수 있습니다.

☑ 학습을 완료한 날에는 체크 표시를 합니다.

	1일	2일	3일	4일	5일	6일
1주	☐ 기초 독해 (p.18-23)	☐ 기초 독해 (p.24-35)	☐ Ch1 (p.38-51)	☐ Ch1 (p.52-59)	☐ Ch2 (p.60-71)	☐ Ch2 (p.72-77)
2주	☐ Ch3 (p.80-93)	☐ Ch3 (p.94-101)	☐ Ch4 (p.102-113)	☐ Ch4 (p.114-119)	☐ Ch1-4 복습	☐ Ch5 (p.122-135)
3주	☐ Ch5 (p.136-143)	☐ Ch6 (p.144-155)	☐ Ch6 (p.156-161)	☐ Ch7 (p.164-175)	☐ Ch7 (p.176-181)	☐ Ch8 (p.182-193)
4주	☐ Ch8 (p.194-199)	☐ Ch9 (p.200-211)	☐ Ch9 (p.212-217)	☐ Ch5-Ch9 복습	☐ FT1-2 (p.220-231)	☐ FT3 (p.232-237) FT 1-3 복습

※ FT: Final Test
※ 8주 학습 플랜을 진행하고 싶다면, 4주 학습 플랜의 하루 학습 분량을 이틀에 걸쳐 공부합니다.

6주 완성 학습 플랜

1. 교재 마지막에 제공된 '공무원 기초 영단어 500'을 통해 기초 단어를 먼저 완벽하게 암기합니다.

2. 3일 동안 '기초 독해'를 통해 영어 독해의 기초를 단단히 다집니다.

3. 문제 유형별 챕터를 3일 동안 학습합니다.
   첫째 날, 문제풀이 전략을 학습한 뒤 전략을 바탕으로 Hackers Practice를 풀어봅니다.
   둘째 날, Hackers Test를 풀어봅니다.
   셋째 날, 해당 챕터의 모든 지문을 복습하며 Vocabulary&Quiz를 통해 챕터에 나온 어휘를 정리하고 암기합니다.

4. 실전 감각을 익힐 수 있도록 Final Test를 정해진 시간(15분) 내에 풀어보며 실력을 점검합니다.

5. 해커스 공무원(gosi.Hackers.com)에서 제공되는 무료 동영상강의를 들으며 학습하면 보다 효율적으로 학습할 수 있습니다.

☑ 학습을 완료한 날에는 체크 표시를 합니다.

	1일	2일	3일	4일	5일	6일
1주	☐ 기초 독해 (p.18-23)	☐ 기초 독해 (p.24-29)	☐ 기초 독해 (p.30-35)	☐ Ch1 (p.38-47)	☐ Ch1 (p.48-57)	☐ Ch1 복습 Voca (p.58-59)
2주	☐ Ch2 (p.60-69)	☐ Ch2 (p.70-75)	☐ Ch2 복습 Voca (p.76-77)	☐ Ch3 (p.80-89)	☐ Ch3 (p.90-99)	☐ Ch3 복습 Voca (p.100-101)
3주	☐ Ch4 (p.102-111)	☐ Ch4 (p.112-117)	☐ Ch4 복습 Voca (p.118-119)	☐ Ch1-4 복습	☐ Ch5 (p.122-131)	☐ Ch5 (p.132-141)
4주	☐ Ch5 복습 Voca (p.142-143)	☐ Ch6 (p.144-153)	☐ Ch6 (p.154-159)	☐ Ch6 복습 Voca (p.160-161)	☐ Ch7 (p.164-173)	☐ Ch7 (p.174-179)
5주	☐ Ch7 복습 Voca (p.180-181)	☐ Ch8 (p.182-191)	☐ Ch8 (p.192-197)	☐ Ch8 복습 Voca (p.198-199)	☐ Ch9 (p.200-209)	☐ Ch9 (p.210-215)
6주	☐ Ch9 복습 Voca (p.216-217)	☐ Ch5-9 복습	☐ FT 1 (p.220-225)	☐ FT 2 (p.226-231)	☐ FT 3 (p.232-237)	☐ FT 1-3 복습

※ FT: Final Test
※ Voca: Vocabulary&Quiz

gosi.Hackers.com

기초 독해

문장 기본 익히기
문장 해석 연습하기

문장 기본 익히기

문장 성분

독해의 기초는 문장을 정확히 파악하는 데서 시작합니다. 문장을 정확히 파악하려면 문장을 구성하는 성분을 아는 것이 중요합니다. 그러면 먼저 문장을 구성하는 다섯 가지 성분을 배워 봅시다.

1 주어

 주어는 어떠한 행동이나 상태의 주체가 되는 말입니다. 예를 들어, A bird sings.(새가 노래한다)에서 주어는 A bird(새)입니다. 주어가 오는 자리는 주로 문장 맨 앞입니다.

> **주어 자리에 올 수 있는 것**
>
> 명사, 대명사, 동명사, to 부정사, 명사절이 주어 자리에 올 수 있습니다.
>
> | 명사 | <u>School</u> is closed during this holiday. | 학교는 이번 방학 동안에 닫는다. |
> 주어
>
> | 대명사 | <u>She</u> was the director last year. | 작년에 그녀가 감독이었다. |
> 주어
>
> | 동명사 | <u>Taking a walk</u> is good for your health. | 산책하는 것은 건강에 좋다. |
> 주어
>
> | to 부정사 | <u>To start a business</u> requires a lot of money. | 사업을 시작하는 것은 돈이 많이 필요하다. |
> 주어
>
> | 명사절 | <u>That you missed the bus</u> is surprising. | 네가 버스를 놓친 것이 놀랍다. |
> 주어

2 동사

 동사는 주어의 행동이나 상태를 나타내는 말입니다. 예를 들어, The sun shines.(해가 빛난다)에서 동사는 shines(빛난다)입니다. 동사가 오는 자리는 주로 주어 다음입니다.

> **동사 자리에 올 수 있는 것**
>
> '동사'나 '조동사+동사'가 동사 자리에 올 수 있습니다.
>
> | 동사 | The students <u>learned</u> the song yesterday. | 학생들은 어제 그 노래를 배웠다. |
> 동사
>
> | 조동사+동사 | I <u>can run</u> faster than my brother. | 나는 내 남동생보다 더 빨리 달릴 수 있다. |
> 동사

③ 목적어

목적어는 동사가 나타내는 행동의 대상이 되는 말입니다. 예를 들어, Tom eats cake.(Tom은 케이크를 먹는다)에서 목적어는 먹는 행동의 대상인 cake(케이크)입니다. 목적어가 오는 자리는 동사 뒤입니다.

목적어 자리에 올 수 있는 것

명사, 대명사, 동명사, to 부정사, 명사절이 목적어 자리에 올 수 있습니다.

명사	Grace ate <u>a sandwich</u> for lunch. 목적어	Grace는 점심으로 샌드위치를 먹었다.
대명사	Daniel invited <u>us</u> to his party. 목적어	Daniel은 그의 파티에 우리를 초대했다.
동명사	Cats enjoy <u>hunting small animals</u>. 목적어	고양이는 작은 동물을 사냥하는 것을 즐긴다.
to 부정사	Mother decided <u>to write a letter</u>. 목적어	어머니는 편지를 쓰기로 결정하셨다.
명사절	The police thought <u>that he was lying</u>. 목적어	경찰은 그가 거짓말하고 있다고 생각했다.

④ 보어

보어는 주어나 목적어가 어떠한지, 무엇인지 등을 보충 설명해 주는 말입니다. 예를 들어, You look happy.
(너는 행복해 보인다)에서 happy(행복한)는 주격 보어이고, You make me happy.(너는 나를 행복하게 한다)에서
happy(행복한)는 목적격 보어입니다. 주격 보어의 자리는 동사 뒤, 목적격 보어의 자리는 목적어 뒤입니다.

보어 자리에 올 수 있는 것

명사, 동명사, to 부정사, 명사절, 형용사가 보어 자리에 올 수 있습니다.

명사	John was <u>a police officer</u>. (주격) 보어	John은 경찰관이었다.
	People called her <u>an angel</u>. (목적격) 보어	사람들은 그녀를 천사라고 불렀다.
동명사	His goal is <u>passing the test</u>. (주격) 보어	그의 목표는 시험에 합격하는 것이다.
to 부정사	Jessie's plan is <u>to go abroad</u>. (주격) 보어	Jessie의 계획은 해외로 나가는 것이다.
명사절	The problem is <u>that nobody came here</u>. (주격) 보어	문제는 아무도 여기에 오지 않았다는 것이다.
형용사	The intern is <u>diligent</u>. (주격) 보어	그 인턴은 성실하다.
	Ronald found his cup <u>broken</u>. (목적격) 보어	Ronald는 그의 컵이 깨진 것을 발견했다.

⑤ 수식어

수식어는 다른 말을 꾸며주어 그 의미를 더 분명하게 합니다. 예를 들어, a book on the desk(책상 위의 책)에서 on the desk(책상 위의)는 수식어입니다. 수식어는 문장을 이루는 성분이기는 하지만 문장을 구성하는 필수 성분인 주어, 동사, 목적어, 보어와는 달리 제외하더라도 문장이 성립되는 부가적 요소입니다. 수식어는 문장 앞, 뒤, 중간 어디에나 올 수 있고, 한 문장에 여러 개가 오는 경우도 있습니다.

수식어 자리에 올 수 있는 것

전치사구, to 부정사, 분사구(문), 관계절, 부사절 등이 수식어 자리에 올 수 있습니다.

전치사구	<u>On Saturday</u>, I practice ballet. 수식어	토요일에, 나는 발레를 연습한다.
to 부정사	They met early <u>to play soccer</u>. 수식어	그들은 축구를 하기 위해 일찍 만났다.
분사구(문)	The woman <u>standing there</u> is Ms. Green. 수식어	저기 서 있는 여자가 Ms. Green이다.
관계절	I like the boy <u>who lives next door</u>. 수식어	나는 옆집에 사는 남자아이를 좋아한다.
부사절	<u>When we visited Paris</u>, it was raining. 수식어	우리가 파리를 방문했을 때, 비가 오고 있었다.

문장의 5형식

모든 문장은 문장을 구성하는 필수 성분인 주어와 동사, 목적어, 보어의 조합에 따라 다섯 가지 형식을 취합니다. 이번엔 이 필수 성분들이 이루는 다섯 가지 문장 형식을 배워 봅시다.

1형식 주어 + 동사

주어와 동사로만 이루어진 문장입니다.

A bird sings. 새가 노래한다.
　주어　　동사

2형식 주어 + 동사 + (주격) 보어

동사 뒤에 보어가 쓰여 주어가 어떠한지 또는 무엇인지를 보충 설명합니다.

You look happy. 너는 행복해 보인다.
　주어　동사　(주격) 보어

3형식 주어 + 동사 + 목적어

동사 뒤에 목적어가 쓰여 동사가 나타내는 행위의 대상을 나타냅니다.

Tom eats cake. Tom은 케이크를 먹는다.
　주어　동사　목적어

4형식 주어 + 동사 + 간접 목적어 + 직접 목적어

주로 '주다'라는 뜻을 가진 동사 뒤에 목적어 두 개가 쓰이며, 각각 누구에게(간접 목적어) 무엇을(직접 목적어) 주는지를 나타냅니다.

Jane gives him apples. Jane은 그에게 사과를 준다.
　주어　동사　간접 목적어　직접 목적어

5형식 주어 + 동사 + 목적어 + (목적격) 보어

목적어 뒤에 보어가 추가되어, 목적어가 어떠한지 또는 무엇인지를 보충 설명합니다.

You make me happy. 너는 나를 행복하게 한다.
　주어　동사　목적어　(목적격) 보어

문장 끊어읽기

이번엔 앞서 배운 문장 성분과 문장의 5형식을 바탕으로 하여 효과적인 독해를 위한 단계별 문장 끊어읽기 전략을 배워 봅시다.

1단계 동사 앞에서 끊는다.

먼저 문장을 쭉 훑어보며 동사를 찾아 그 앞에서 끊습니다.
끊은 곳을 중심으로 앞은 주어가 속한 부분, 뒤는 동사가 속한 부분으로
나뉘게 됩니다.

┌─────── 주어가 속한 부분 ───────┐ ┌─────── 동사가 속한 부분 ───────┐
Last Tuesday, a woman from a small town / won a gold medal in the marathon.
                                         동사

2단계 동사 뒤에서 끊는다.

이제 동사 뒤에서 한 번 더 끊습니다. 끊은 곳 뒤는 목적어 또는 보어가
속한 부분이 됩니다.

┌─── 목적어가 속한 부분 ───┐
Last Tuesday, a woman from a small town // won / a gold medal in the marathon.
                                           동사

3단계 수식어를 괄호로 묶는다.

이번엔, 문장 안에 있는 수식어를 괄호 안에 묶어
넣습니다.

(Last Tuesday), a woman (from a small town) // won // a gold medal (in the marathon).
  수식어   수식어   수식어

4단계 문장 구조를 파악한다.

이제 문장을 복잡하게 하는 부가 성분인 수식어를 구분했으니,
문장의 필수 성분인 주어와 목적어 또는 보어를 찾아서 문장 구조를
파악합니다.

주어   동사   목적어

(Last Tuesday), a woman (from a small town) / won / a gold medal (in the marathon).
                 주어   동사   목적어

5단계 전체를 해석한다.

문장 구조를 파악했으면, 이제 문장의 필수 성분을 중심으로
문장의 핵심 의미를 파악하고 여기에 수식어를 덧붙여 해석합니다.

수식어   주어   수식어   동사   목적어   수식어

(Last Tuesday), a woman (from a small town) / won / a gold medal (in the marathon).
  지난 화요일   한 여자가   작은 마을 출신의   획득했다   금메달을   마라톤에서

끊어읽기 해석

이제 단계별 문장 끊어읽기 전략을 적용하여 다음 문장을 해석해 보세요.

01 After lunch, those students with free time will play games in the playground.

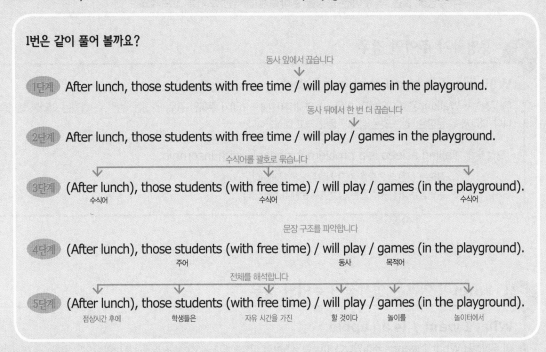

02 Yesterday, I met Wendy by chance on the street.

03 The next morning, the couple with a baby took the train to Toronto.

정답

02 (Yesterday), I / met / Wendy (by chance) (on the street).
　　수식어　　주어　동사　목적어　　수식어　　　　수식어
　　어제　　나는　만났다　Wendy를　우연히　　　길에서

03 (The next morning), the couple (with a baby) / took / the train (to Toronto).
　　수식어　　　　주어　　수식어　　동사　목적어　　수식어
　　다음날 아침　그 부부는　아기를 가진　탔다　기차를　토론토로 가는 이번엔 다양한 형태의 주어를 해석하는 연습을 해봅시다.
각 설명을 읽은 후 주어진 문장을 올바르게 해석한 보기를 고르세요.

1　동명사가 주어인 경우

Walking / is good for your heart.

위 문장에서 Walking은 주어입니다. 이처럼 동명사(동사원형 + ing)가 주어인 경우, '~하는 것은', '~하기는' 이라고 해석합니다. 따라서 위 문장은 "걷는 것은 심장에 좋다"라고 해석합니다.

해석 문제 Falling asleep is a problem for people with insomnia.

　　① 잠드는 것은 불면증을 가진 사람들에게 문제이다.
　　② 불면증을 가진 사람들은 잠들면서 문제가 나타난다.

2　what이 이끄는 명사절이 주어인 경우

What I want / is an apple.

위 문장에서 What I want는 주어입니다. 이처럼 what이 이끄는 명사절(what + 주어 + 동사)이 주어인 경우, '주어가 동사하는 것은' 이라고 해석합니다. 따라서 위 문장은 "내가 원하는 것은 사과다"라고 해석합니다.

해석 문제 What the company needs is a balance between efficiency and quality.

　　① 회사가 필요한 것은 무엇인가? 효율성과 품질 사이의 균형을 위한 것인가?
　　② 회사가 필요한 것은 효율성과 품질 사이의 균형이다.

3　가짜 주어 it과 진짜 주어 to 부정사가 쓰인 경우

It / is easy / to understand the book.

위 문장에서 It은 가짜 주어이며 to understand the book이 진짜 주어입니다. 영어에서는 주어가 길 경우 위 문장에서처럼 가짜 주어 it을 주어 자리에 두고, 긴 진짜 주어는 문장 뒤에 둡니다. 이때 가짜 주어 it은 아무 뜻이 없으므로, '그것'이라고 해석하지 않도록 합니다. 위 문장과 같이 to 부정사(to + 동사원형)가 진짜 주어인 경우, '~하는 것은', '~하기는' 이라고 해석합니다. 따라서 위 문장은 "그 책을 이해하는 것은 쉽다"라고 해석합니다.

해석 문제 It is important to consider the consequences of your decisions.

　　① 당신의 결정들의 결과를 고려하는 것은 중요하다.
　　② 당신의 결정들의 중요함 때문에 그 결과를 고려한다.

4 가짜 주어 it과 진짜 주어 that이 이끄는 명사절이 쓰인 경우

It / is certain / that Jason was here.

위 문장에서 It은 가짜 주어이며 that Jason was here가 진짜 주어입니다. 이처럼 that이 이끄는 명사절(that + 주어 + 동사)이 진짜 주어인 경우, '주어가 동사하는 것은' 이라고 해석합니다. 따라서 위 문장은 "Jason이 여기에 있었다는 것은 확실하다"라고 해석합니다.

해석 문제 It was obvious that some cities were more powerful than others.

① 그것이 분명했기에 어떤 도시들은 다른 도시들보다 더 강했던 것이다.
② 일부 도시들이 다른 도시들보다 더 강했다는 것은 분명했다.

5 가짜 주어 it과 진짜 주어 whether가 이끄는 명사절이 쓰인 경우

It / is not clear / whether Sam loves Julie.

위 문장에서도 It은 가짜 주어이며 whether Sam loves Julie가 진짜 주어입니다. 이처럼 whether가 이끄는 명사절(whether + 주어 + 동사)이 진짜 주어인 경우, '주어가 동사하는지 아닌지는' 이라고 해석합니다. 따라서 위 문장은 "Sam이 Julie를 사랑하는지 아닌지는 분명하지 않다"라고 해석합니다.

해석 문제 It is not known whether life exists on other planets.

① 다른 행성들에 생명이 존재하는지 아닌지는 알려지지 않았다.
② 그것은 생명이 다른 행성들에 존재한다는 것을 알지 못한다.

정답

1. ① Falling asleep / is a problem (for people) (with insomnia).
　　잠드는 것은　　　　문제이다　　　사람들에게　　　불면증을 가진

2. ② What the company needs / is a balance (between efficiency and quality).
　　회사가 필요한 것은　　　　　균형이다　　　　효율성과 품질 사이의

3. ① It / is important / to consider / the consequences (of your decisions).
　　　중요하다　　　고려하는 것은　　　결과를　　　당신의 결정들의

4. ② It / was obvious / that some cities were more powerful than others.
　　　　분명했다　　　일부 도시들이 다른 도시들보다 더 강했다는 것은

5. ① It / is not known / whether life exists (on other planets).
　　　알려지지 않았다　생명이 존재하는지 아닌지는　다른 행성들에

문장 해석 연습하기 　동사

이번엔 다양한 형태의 동사를 해석하는 연습을 해봅시다.
각 설명을 읽은 후 주어진 문장을 올바르게 해석한 보기를 고르세요.

1 　동사가 '조동사 + have + p.p.'인 경우

Peter / could have spent / the rest of his life (in comfort).

위 문장에서 could have spent는 동사입니다. 이처럼 could와 같은 조동사가 'have + p.p.'와 함께 쓰이면 보통 과거 일에 대한 추측이나 가정, 아쉬움 등을 나타냅니다. 위 문장의 could + have + p.p.는 '~할 수도 있었다(그러나 그러지 않았다)'라고 해석합니다. 따라서 위 문장은 "Peter는 안락함 속에서 여생을 **보낼 수도 있었다**(그러나 그러지 않았다)"라고 해석합니다. 비슷한 동사 형태로는 다음과 같은 것들이 있습니다.

would have p.p.	~했을 것이다	may/might have p.p.	~했을지도 모른다
must have p.p.	~했음에 틀림없다	cannot/could not have p.p.	~했을 리가 없다
should have p.p.	~했어야만 했다(그러나 하지 않았다)		

해석 문제　Teachers must have seen the incredible potential in Steve.

선생님들은 Steve의 엄청난 잠재력을　① 보았을지도 모른다.
　　　　　　　　　　　　　　　　　　② 보았을 것임에 틀림없다.

2 　동사가 전치사와 함께 쓰인 경우

The song / reminds / me / of you.

위 문장에서 reminds는 동사입니다. remind는 전치사 of와 함께 remind A of B 형태로 쓰여, 'A에게 B를 생각나게 하다'라고 해석합니다. 이처럼 어떤 동사들은 전치사와 함께 쓰여 복합적인 의미를 갖기도 하므로 해석에 주의해야 합니다. 위 문장은 "그 노래는 **나에게 너를 생각나게 한다**"라고 해석합니다. 이와 비슷하게 전치사와 함께 쓰이는 동사 중에는 다음과 같은 것들이 있습니다.

inform A of B	A에게 B를 알리다	provide A with B	A에게 B를 제공하다
deprive A of B	A에게서 B를 빼앗다	replace A with B	A를 B로 교체하다
accuse A of B	A를 B로 고소하다, 비난하다	compare A with B	A를 B와 비교하다
warn A of B	A에게 B를 경고하다	prevent A from B	A를 B하지 못하게 하다

해석 문제　Weather forecasters warned coastal residents of the dangerous storm.

기상 예보관들은　① 폭풍우가 위험한 해안의 주민들에게 경고했다.
　　　　　　　　② 해안 주민들에게 위험한 폭풍우를 경고했다.

3 동사가 'be 동사 + p.p.'인 경우

The machine / was invented (by the scientist).

위 문장에서 was invented는 동사입니다. 이처럼 동사가 'be 동사 + p.p.'인 경우, '~되다', '~해지다'라고 해석합니다. 따라서 위 문장은 "그 기계는 과학자에 의해 **발명되었다**"라고 해석합니다. 하지만 give(주다), teach(가르쳐주다), tell (말해주다)이 'be 동사 + p.p.'인 경우, '~되다'가 아니라 원래의 뜻과 정반대로 '받다', '배우다', '듣다'라고 해석합니다.

해석 문제 Students were taught the importance of honesty.

학생들은 정직함의 중요성을 　① 배웠다.
　　　　　　　　　　　　　　② 가르쳤다.

4 동사가 'have 동사 + p.p.'인 경우

Kate / has stayed (in New York) (for six years).

위 문장에서 has stayed는 동사입니다. 이처럼 동사가 'have + p.p.', 'has + p.p.'인 경우, '~해 왔다', '~해본 적이 있다', '~했다'라고 해석합니다. 따라서 위 문장은 "Kate는 6년 동안 뉴욕에 **머물러 왔다**"라고 해석합니다. 덧붙여 동사가 'had + p.p.'인 경우, '~했었다'라고 해석합니다. 따라서 The class had finished before he arrived는 "그가 도착하기 전에 수업이 **끝났었다**"라고 해석합니다.

해석 문제 Gordon has seen a ballet before, but he has not seen an opera.

Gordon은 　① 이전에 발레를 본 적이 있지만, 오페라를 본 적은 없다.
　　　　　② 발레 이전의 것을 보았지만, 오페라는 보지 못했다.

정답

1. ② Teachers / must have seen / the incredible potential (in Steve).
　　　선생님들은　　보았을 것임에 틀림없다　　　엄청난 잠재력을　　　Steve의

2. ② Weather forecasters / warned / coastal residents / of the dangerous storm.
　　　　기상 예보관들은　　　　경고했다　　해안 주민들에게　　　　위험한 폭풍우를

3. ① Students / were taught / the importance (of honesty).
　　　학생들은　　　배웠다　　　　중요성을　　　정직함의

4. ① Gordon / has seen / a ballet / before, / but / he / has not seen / an opera.
　　　Gordon은　봐 본 적이 있다　발레를　　이전에　하지만　그는　봐 본 적이 없다　오페라를

문장 해석 연습하기 목적어

목적어

이번엔 다양한 형태의 목적어를 해석하는 연습을 해봅시다.
각 설명을 읽은 후 주어진 문장을 올바르게 해석한 보기를 고르세요.

1 동명사/to 부정사가 목적어인 경우

Bill / likes / singing.

위 문장에서 singing은 동사 likes의 목적어입니다. 이처럼 동명사(동사원형 + ing)가 목적어인 경우, '~하는 것을', '~하기(를)' 이라고 해석합니다. 따라서 위 문장은 "Bill은 **노래하는 것을** 좋아한다"라고 해석합니다. 마찬가지로 to 부정사(to + 동사원형)도 '~하는 것을', '~하기(를)'이라는 뜻의 목적어가 될 수 있습니다. 따라서 Mary wants to play tennis는 "Mary는 테니스 **치기를** 원한다"라고 해석합니다.

> 해석 문제 He promised to buy me the newest laptop computer.
>
> 그는　① 약속하여 나에게 최신 노트북 컴퓨터를 사주게 되었다.
> 　　　② 나에게 최신 노트북 컴퓨터를 사주기를 약속했다.

2 that이 이끄는 명사절이 목적어인 경우

I / heard / that Sarah passed the exam.

위 문장에서 that Sarah passed the exam은 동사 heard의 목적어입니다. 이처럼 that이 이끄는 명사절(that + 주어 + 동사)이 목적어인 경우, '주어가 동사하다는 것을', '주어가 동사하다고'라고 해석합니다. 따라서 위 문장은 "나는 **Sarah가 시험에 통과했다는 것을** 들었다"라고 해석합니다. 보통 that이 이끄는 명사절은 'that + 주어 + 동사'의 형태로 쓰이지만 종종 that이 생략되고 '주어 + 동사'만 쓰이기도 합니다.

> 해석 문제 Scientists believe that the universe started with a big bang.
>
> 　　　① 과학자들이 그것을 믿으면 우주는 빅뱅으로 시작했다.
> 　　　② 과학자들은 우주가 빅뱅으로 시작했다고 믿는다.

3 의문사가 이끄는 명사절이 목적어인 경우

Your father / wonders / when you arrived.

위 문장에서 when you arrived는 동사 wonders의 목적어입니다. 이처럼 의문사가 이끄는 명사절(의문사 + 주어 + 동사)이 목적어인 경우, '의문사(언제, 왜, 어디서, 누가, 무엇을, 어떻게) 주어가 동사하는지(를)'이라고 해석합니다. 따라서 위 문장은 "네 아버지는 **언제 네가 도착했는지를** 궁금해한다"라고 해석합니다.

> 해석 문제 No one understands why the owner sold his restaurant.
>
> 　　　① 아무도 왜 주인이 자신의 레스토랑을 팔았는지 이해하지 못한다.
> 　　　② 아무도 이해하지 못한다. 왜 주인이 자신의 레스토랑을 판 것일까?

4 if/whether가 이끄는 명사절이 목적어인 경우

I / do not know / if she wants to go.

위 문장에서 if she wants to go는 동사 do not know의 목적어입니다. 이처럼 if/whether가 이끄는 명사절(if/whether + 주어 + 동사)이 목적어인 경우, '주어가 동사하는지 아닌지(를)'이라고 해석합니다. 따라서 위 문장은 "나는 **그녀가 가기를 원하는지 아닌지를 모른다**"라고 해석합니다.

해석 문제 Mothers wonder whether their children are doing well in school.

① 어머니들은 자신의 자녀가 학교에서 잘하고 있는지 아닌지 궁금해한다.
② 어머니들이 궁금해하지만 그들의 자녀가 학교에서 잘하고 있는지 알 수 없다.

5 가짜 목적어 it과 진짜 목적어 to 부정사가 쓰인 경우

James / found / it / easy / to climb the tree.

위 문장에서 it은 가짜 목적어이며 to climb the tree가 진짜 목적어입니다. 또한 easy는 이 목적어를 보충 설명하는 보어입니다. 영어에서는 목적어가 길 경우 위 문장에서처럼 가짜 목적어 it을 동사 뒤에 두고, 긴 진짜 목적어는 목적격 보어 뒤에 둡니다. 이때 가짜 목적어 it은 아무 뜻이 없으므로, '그것'이라고 해석하지 않도록 합니다. 위 문장과 같이 to 부정사(to + 동사원형)가 진짜 목적어인 경우, '~하는 것을'이라고 해석합니다. 따라서 위 문장은 "James는 **그 나무에 오르는 것을** 쉽다고 생각했다"라고 해석합니다.

해석 문제 New technology made it possible to photograph Pluto.

① 새로운 기술이 그것을 만들었기에 명왕성을 촬영하는 것이 가능했다.
② 새로운 기술은 명왕성을 촬영하는 것을 가능하게 했다.

정답

1. ② He / promised / to buy / me / the newest laptop computer.
   그는　　약속했다　　사주기를　　나에게　　　　최신 노트북 컴퓨터를

2. ② Scientists / believe / that the universe started (with a big bang).
   과학자들은　　　믿는다　　　우주가 시작했다고　　　　빅뱅으로

3. ① No one / understands / why the owner sold his restaurant.
   아무도　　이해하지 못한다　　　왜 주인이 그의 레스토랑을 팔았는지

4. ① Mothers / wonder / whether their children are doing well (in school).
   어머니들은　궁금해한다　　그들의 자녀가 잘하고 있는지 아닌지　　　학교에서

5. ② New technology / made / it / possible / to photograph Pluto.
   새로운 기술은　　만들었다　　가능하게　　명왕성을 촬영하는 것을

이번엔 다양한 형태의 보어를 해석하는 연습을 해봅시다.
각 설명을 읽은 후 주어진 문장을 올바르게 해석한 보기를 고르세요.

1 　that이 이끄는 명사절이 주격 보어인 경우

The truth / is / that I do not want to leave.

위 문장에서 that I do not want to leave는 주어 The truth를 보충 설명해 주는 주격 보어입니다. 이처럼 that이 이끄는 명사절(that + 주어 + 동사)이 주격 보어인 경우, '주어가 동사하다는 것'이라고 해석합니다. 따라서 위 문장은 "사실은 **나는 떠나기를 원하지 않는다는 것이다**"라고 해석합니다.

해석 문제 The reason is that more people have become aware of healthy eating habits.

이유는
① 그것이다. 더 많은 사람들이 건강한 식습관을 알게 되었다는 것이다.
② 더 많은 사람들이 건강한 식습관을 알게 되었다는 것이다.

2 　to 부정사가 목적격 보어인 경우

I / want / our team / to win.

위 문장에서 to win은 목적어 our team을 보충 설명해 주는 목적격 보어입니다. to win이 없다면 '나는 우리 팀을 원한다'가 되지만, 보어 to win이 목적어의 의미를 보충해 주어 '나는 우리 팀이 이기는 것을 원한다'가 됩니다. 이처럼 to 부정사(to + 동사원형)가 목적격 보어인 경우, '~하는 것', '~하게'라고 해석합니다. 따라서 위 문장은 "나는 우리 팀이 이기는 **것을 원한다**"라고 해석합니다.

해석 문제 Taking a brief walk allows me to clear my mind.

짧게 산책하는 것은
① 내가 정신을 맑게 할 수 있게 한다.
② 나를 허락해서 내 정신이 맑아지게 된다.

3 　동사원형이 목적격 보어인 경우

She / makes / me / laugh.

위 문장에서 laugh는 목적어 me를 보충 설명해 주는 목적격 보어입니다. 이처럼 동사원형이 목적격 보어인 경우, '~하게', '~하는 것'이라고 해석합니다. 따라서 위 문장은 "그녀는 나를 **웃게 한다**"라고 해석합니다. 주로 make, have, let과 같이 '~하게 하다', '시키다'라는 의미의 동사나 see, watch, hear와 같이 '보다', '듣다'라는 의미의 동사가 쓰인 경우, 목적어 뒤에 동사원형이 목적격 보어로 올 수 있습니다.

해석 문제 Some moments in life make you appreciate just being alive.

인생의 어떤 순간들은
① 당신을 만들어 그저 살아있는 것을 고마워하게 된다.
② 당신이 그저 살아있는 것에 고마워하게 만든다.

현재분사가 목적격 보어인 경우

I / heard / birds / singing.

위 문장에서 singing은 목적어 birds를 보충 설명해 주는 목적격 보어입니다. 이처럼 현재분사(동사원형 + ing)가 목적격 보어인 경우, '~하고 있는 것', '~한 것'이라고 해석합니다. 따라서 위 문장은 "나는 새들이 **노래하고 있는 것**을 들었다"라고 해석합니다.

해석 문제 The scientist found himself spending a lot of time on experiments.

그 과학자는   ① 스스로 발견하여 실험에 더 많은 시간을 보냈다.
         ② 자신이 실험에 많은 시간을 보내고 있는 것을 발견했다.

⑤ 과거분사가 목적격 보어인 경우

Alex / always kept / the door / closed.

위 문장에서 closed는 목적어 the door를 보충 설명해 주는 목적격 보어입니다. 이처럼 과거분사(동사원형 + ed)가 목적격 보어인 경우, '~되게', '~되는 것'이라고 해석합니다. 따라서 위 문장은 "Alex는 항상 문을 **닫혀** 있게 두었다"라고 해석합니다.

해석 문제 Zoologists had the white rhino included on the endangered species list.

     ① 동물학자들은 흰코뿔소가 멸종위기 동물 목록에 포함되게 했다.
     ② 동물학자들은 흰코뿔소를 가졌으며 그것을 멸종위기 동물 목록에 포함시켰다.

정답

1. ② The reason / is / that more people / have become aware / of healthy eating habits.
       이유는   ~이다   더 많은 사람들이   알게 되었다는 것   건강한 식습관을

2. ① Taking a brief walk / allows / me / to clear my mind.
       짧게 산책하는 것은   ~할 수 있게 한다 내가   정신을 맑게

3. ② Some moments (in life) / make / you / appreciate / just being alive.
       어떤 순간들은   인생의   ~하게 한다 당신이   고마워하게   그저 살아있는 것에

4. ② The scientist / found / himself / spending / a lot of time (on experiments).
       그 과학자는   발견했다   자신이   보내고 있는 것을   많은 시간을   실험에

5. ① Zoologists / had / the white rhino / included (on the endangered species list).
       동물학자들은 ~하게 했다   흰코뿔소가   포함되게   멸종위기 동물 목록에

수식어

이번엔 다양한 형태의 수식어를 해석하는 연습을 해봅시다.
각 설명을 읽은 후 주어진 문장을 올바르게 해석한 보기를 고르세요.

1 현재분사가 명사를 꾸며주는 수식어인 경우

I / know / the kid (making a snowman).

위 문장에서 making은 앞에 있는 the kid를 꾸며주는 수식어입니다. 이처럼 현재분사(동사원형 + ing)가 수식어인 경우, '~하고 있는', '~하는'이라고 해석합니다. 덧붙여 현재분사와 같이 변형된 동사 형태도 일반 동사처럼 목적어나 보어, 수식어를 동반합니다. 이 경우 동반된 목적어나 보어, 수식어를 동사와 함께 한 덩어리로 묶어 해석합니다.

위 문장의 a snowman(눈사람)은 making(만들고 있는)에 동반된 목적어이므로 making과 함께 하나의 수식어로 묶어 '눈사람을 만드는'이라고 해석합니다. 따라서 위 문장은 "나는 **눈사람을 만들고 있는** 그 아이를 안다"라고 해석합니다.

해석 문제 People living in villages and towns can keep larger pieces of art.

① 사람들이 마을에 살아서 소도시들은
② 마을과 소도시에 사는 사람들은 더 큰 예술 작품을 간직할 수 있다.

2 과거분사가 명사를 꾸며주는 수식어인 경우

The car (parked on the sidewalk) / is / mine.

위 문장에서 parked는 앞에 있는 the car를 꾸며주는 수식어입니다. 이처럼 과거분사(동사원형 + ed)가 수식어인 경우, '~된', '되는', '~되어진'이라고 해석합니다. on the side walk(보도에는) parked(주차된)에 동반된 수식어이므로 parked와 하나로 묶어 '보도에 주차된'이라고 해석합니다. 따라서 위 문장은 "**보도에 주차된** 차는 내 것이다"라고 해석합니다.

해석 문제 Strong windstorms called tornadoes usually strike the Southern United States.

① 토네이도라 불리는 강한 바람은
② 강한 바람은 토네이도를 불러내어 보통 미국 남부 지역을 강타한다.

3 to 부정사가 수식어인 경우 1 – 명사 수식

I / need / a magazine (to read in the train).

위 문장에서 to read는 앞에 있는 a magazine을 꾸며주는 수식어입니다. 이처럼 to 부정사(to + 동사원형)가 목적어나 주어와 같은 명사를 꾸며주는 수식어인 경우, '~할', '~하는'이라고 해석합니다. 이 문장에서도 to read(읽을)에 동반된 수식어 in the train(기차에서)을 하나로 묶어 '기차에서 읽을'이라고 해석합니다. 따라서 위 문장은 "나는 **기차에서 읽을** 잡지가 필요하다"라고 해석합니다.

해석 문제 Animals have developed ways to escape from their predators.

동물들은 ① 그들의 포식자로부터 달아날 방법들을 발전시켰다.
② 방법들을 발전시켜 그들의 포식자로부터 달아났다.

4 to 부정사가 수식어인 경우 2 – 동사, 문장 수식

Ben / tried / his best (to win).

위 문장에서 to win은 수식어입니다. 그러나 앞에서 배운 것처럼 '~할'이라고 해석하면 'Ben은 이길 최선을 다했다' 가 되어 해석이 자연스럽지 않습니다. 이것은 to win이 목적어 his best가 아닌 동사 tried를 꾸며주기 때문입니다. 이처럼 to 부정사(to + 동사원형)가 동사나 문장을 꾸며주는 수식어인 경우, '~하기 위해'라고 해석합니다. 따라서 위 문장은 "Ben은 **이기기 위해** 최선을 다했다"라고 해석합니다.

해석 문제 Modern weather forecasting uses computers to create weather maps.

① 현대 날씨 예보의 용도는 컴퓨터로 기상도를 만드는 것이다.
② 현대 날씨 예보는 기상도를 만들기 위해 컴퓨터를 이용한다.

5 전치사 + 명사가 수식어인 경우

I / saw / a bird (on a tree).

위 문장에서 on a tree는 앞에 있는 a bird를 꾸며주는 수식어입니다. on(~ 위에), in(~ 안에), with(~를 가지고)와 같은 전치사는 명사와 함께 쓰이는데, 이처럼 전치사 + 명사가 앞에 있는 말을 꾸며주는 수식어인 경우, '~하는', '~의'라고 해석합니다. 따라서 위 문장은 "나는 **나무 위에 있는** 새를 보았다"라고 해석합니다.

해석 문제 Until the early twentieth century, women in the United States were not allowed to vote.

20세기 초까지,   ① 여성이 미국에 갈 경우 투표가 허락되지 않았다.
② 미국의 여성은 투표하는 것이 허락되지 않았다.

정답

1. ② People (living in villages and towns) / can keep / larger pieces of art.
   사람들은   마을과 소도시에 사는   간직할 수 있다   더 큰 예술 작품을

2. ① Strong windstorms (called tornadoes) / usually strike / the Southern United States.
   강한 바람은   토네이도라 불리는   보통 강타한다   미국 남부 지역을

3. ① Animals / have developed / ways (to escape from their predators).
   동물들은   발전시켰다   방법들   그들의 포식자로부터 달아날

4. ② Modern weather forecasting / uses / computers (to create weather maps).
   현대 날씨 예보는   이용한다   컴퓨터를   기상도를 만들기 위해

5. ② (Until the early twentieth century), women (in the United States) / were not allowed to vote.
   20세기 초까지   여성은   미국의   투표하는 것이 허락되지 않았다

수식어

이번엔 다양한 형태의 긴 수식어를 해석하는 연습을 해봅시다.
각 설명을 읽은 후 주어진 문장을 올바르게 해석한 보기를 고르세요.

1 주격 관계대명사(who/that/which)가 이끄는 절이 수식어인 경우

I / know / the man (who won the award).

위 문장에서 who won the award는 앞에 있는 the man을 꾸며주는 수식어입니다. 이처럼 주격 관계대명사(who/that/which)가 이끄는 절(who/that/which + 동사)이 앞에 있는 말을 꾸며주는 수식어인 경우, '동사한', '동사하는'이라고 해석합니다. 따라서 위 문장은 "나는 **그 상을 받은** 남자를 안다"라고 해석합니다.

해석 문제　The Incan empire was ruled by a king who lived in the capital city.

잉카 제국은　① 왕에 의해서 누가 수도에 살지가 결정되었다.
　　　　　　② 수도에 사는 왕에 의해 통치되었다.

2 목적격 관계대명사(who(m)/that/which)가 이끄는 절이 수식어인 경우

I / bought / the car (that I wanted).

위 문장에서 that I wanted는 앞에 있는 the car를 꾸며주는 수식어입니다. 이처럼 목적격 관계대명사(who(m)/that/which)가 이끄는 절(who(m)/that/which + 주어 + 동사)이 앞에 있는 말을 꾸며주는 수식어인 경우, '주어가 동사한', '주어가 동사하는'이라고 해석합니다. 따라서 위 문장은 "나는 **내가 원했던** 차를 샀다"라고 해석합니다. 목적격 관계대명사는 종종 생략되기도 하지만 해석에는 변화가 없습니다.

해석 문제　The wedding reception will include a special dish that the chef created.

결혼 피로연은　① 주방장이 만든 특별한 요리를 포함할 것이다.
　　　　　　② 특별한 요리를 포함할 것이기에 주방장이 만들었다.

3 관계부사(where/when/why/how)가 이끄는 절이 수식어인 경우

I / remember / the place (where we first met).

위 문장에서 where we first met은 앞에 있는 the place를 꾸며주는 수식어입니다. 이처럼 관계부사(where/when/why/how)가 이끄는 절(where/when/why/how + 주어 + 동사)은 종종 앞에 있는 장소나, 시간에 관련된 말을 꾸며주는 수식어로 쓰이는데, 이 경우 '주어가 동사한', '주어가 동사하는'이라고 해석합니다. 따라서 위 문장은 "나는 **우리가 처음 만난** 장소를 기억한다"라고 해석합니다.

해석 문제　Susan worked for women's rights at a time when men ruled society.

수잔은　① 남성들이 사회를 지배했던 시대에 여성들의 권리를 위해 노력했다.
　　　② 여성들의 권리를 위해 노력했는데, 언제 남성들이 사회를 지배하게 되었는가?

4 부사절 접속사가 이끄는 절이 문장을 꾸며주는 수식어인 경우

(While Sam studied), he / listened to / music.

위 문장에서 While Sam studied는 뒤에 있는 문장을 꾸며주는 수식어입니다. 이처럼 부사절 접속사가 이끄는 절(부사절 접속사＋주어＋동사)이 he listened to music과 같은 완전한 문장의 앞 또는 뒤에서 수식어인 경우, 접속사와 문맥에 따라 '주어가 동사하면서(while)', '주어가 동사한 후에(after)', '주어가 동사하기 때문에(because)'라고 해석합니다.

해석 문제 **After she counted down from ten, the girl felt much calmer.**

　　① 후에 10에서부터 숫자를 세어 내려온 것은 소녀가 훨씬 차분해지게 했다.
　　② 10에서부터 숫자를 세어 내려온 후에, 소녀는 훨씬 차분해진 것을 느꼈다.

5 분사구문이 문장을 꾸며주는 수식어인 경우

(Going home), I / saw / a rabbit.

위 문장에서 Going home은 뒤에 있는 문장을 꾸며주는 수식어입니다. 이처럼 '(접속사 +) 현재분사', '(접속사 +) 과거분사'가 쓰인 분사구문이 I saw a rabbit과 같은 완전한 문장의 앞 또는 뒤에서 수식어인 경우, 접속사와 문맥에 따라 '~하면서', '~하기 때문에', '~할 때', '~하면', '그래서 (그 결과) ~하다' 등으로 해석합니다. 따라서 위 문장은 **"집에 가면서, 나는 토끼를 보았다"**라고 해석합니다.

해석 문제 **Destroyed by the earthquake, the city needs to be rebuilt.**

　　① 지진에 의해 파괴된 것은 도시의 필요를 재건되게 한다.
　　② 지진에 의해 파괴되었기 때문에, 도시는 재건될 필요가 있다.

정답

1. ② The Incan empire / was ruled (by a king) (who lived in the capital city).
　　잉카 제국은　　통치되었다　　왕에 의해　　수도에 사는

2. ① The wedding reception / will include / a special dish (that the chef created).
　　결혼 피로연은　　포함할 것이다　　특별한 요리를　　주방장이 만든

3. ① Susan / worked (for women's rights) (at a time) (when men ruled society).
　　수잔은　　노력했다　　여성들의 권리를 위해　　시대에　　남성들이 사회를 지배했던

4. ② (After she counted down from ten), / the girl / felt / much calmer.
　　10에서부터 숫자를 세어 내려온 후에　　소녀는　　느꼈다　　훨씬 차분해진 것을

5. ② (Destroyed by the earthquake), / the city / needs / to be rebuilt.
　　지진에 의해 파괴되었기 때문에　　도시는　　~할 필요가 있다　　재건될

gosi.Hackers.com

전체내용 파악 유형

주제·제목·요지·목적 파악 유형은 지문의 중심 내용을 가장 잘 표현한 보기를 고르는 문제입니다. 이 유형에서는 지문의 주제 또는 지문의 내용에 가장 알맞은 제목을 고르거나, 글쓴이가 지문을 통해 전달하고자 하는 요지 또는 글쓴이가 글을 쓴 목적을 고르는 문제가 출제됩니다.

문제풀이 전략

1. 지문의 중심 내용은 보통 앞부분에 나오므로 해당 부분을 주의 깊게 읽습니다.

2. 지문에 언급되지 않거나, 지문의 일부 내용만을 다룬 보기 또는 지문에 나온 단어가 사용되었지만 중심 내용과 거리가 먼 보기는 정답으로 선택하지 않습니다.

유형 대표 예제

다음 글의 제목으로 가장 적절한 것은?

Good manners are a fundamental set of social skills that help people to succeed in life. It is essential to treat others with courtesy and respect because society is built on different types of relationships. A well-mannered person is someone who is pleasant to be around; who wants to spend time with a rude person? Possessing good manners will promote positive relationships with family members, friends, and coworkers. Having bad manners, on the other hand, can hold a person back in life.

① The Importance of Good Manners
② Studies on Building a Strong Career
③ Obstacles to Learning Proper Manners
④ The Value of Showing Respect to Adults

Voca fundamental 웹 필수적인 courtesy 뎅 공손함, 정중함 well-mannered 뎅 예절 바른 possess 동 지니다, 소유하다
promote 동 증진하다, 장려하다 coworker 뎅 동료 hold back (발전을) 방해하다, 저지하다 obstacle 뎅 장애물
value 뎅 중요성, 가치

다음 글의 제목으로 가장 적절한 것은?

→ 중심 내용

Good manners are a fundamental set of social skills that help people to succeed in life. It is essential to treat others with courtesy and respect because society is built on different types of relationships. A well-mannered person is someone who is pleasant to be around; who wants to spend time with a rude person? Possessing good manners will promote positive relationships with family members, friends, and coworkers. Having bad manners, on the other hand, can hold a person back in life.

→ 중심 내용에 대한 세부 설명

① The Importance of Good Manners
② Studies on Building a Strong Career → 지문에서 언급되지 않은 내용의 보기
③ Obstacles to Learning Proper Manners ┐
④ The Value of Showing Respect to Adults ┘ → 지문에 나온 단어를 사용했지만 중심 내용과 거리가 먼 보기

바른 예절은 사람들이 인생에서 성공하는 것을 돕는 필수적인 사회성 기술이다. 사회는 다양한 종류의 관계로 형성되어 있기 때문에 공손함과 존경으로 다른 사람을 대하는 것은 필수적이다. 예절 바른 사람은 같이 있기에 즐거운 사람이다. 누가 무례한 사람과 시간을 보내고 싶겠는가? 바른 예절을 지니는 것은 가족과 친구, 직장 동료와 긍정적인 관계를 증진할 것이다. 반면에, 나쁜 예절을 지니는 것은 인생에서 한 사람의 발전을 방해할 수 있다.

① 바른 예절의 중요성
② 확실한 경력 쌓기에 대한 연구
③ 올바른 예절을 배우는 것의 장애물
④ 어른에게 존경을 보이는 것의 중요성

해설 지문의 제목을 묻는 문제입니다. 지문의 첫 문장에서 '바른 예절은 인생에서 성공하는 것을 돕는 필수적인 사회성 기술이다'라고 한 후, 지문 전반에 걸쳐 바른 예절을 갖는 것의 중요성을 알려주고 있습니다. 따라서 이 지문의 제목을 '바른 예절의 중요성'이라고 표현한 ①번이 정답입니다.

Hackers Practice

먼저 문제를 풀고, 각 문장을 끊어 읽으면서 정확히 해석해 보세요.

01 다음 글을 쓴 목적으로 가장 적절한 것은?

[1] When I was younger, I struggled to stay in shape.
[2] I wanted to exercise but was always busy with school and homework during the day.
[3] Moreover, I was usually too tired to work out in the evening.
[4] Then something occurred to me.
[5] Why ride the bus to school when I could just as easily run?
[6] Since I started running, my health has ceased to be an issue.

① To describe the stress of school
② To explain how exercise keeps one in shape

문제풀이

해설 지문의 목적을 묻는 문제입니다. 지문 처음에서 화자는 건강을 유지하기 위해 애썼다고 한 후, 건강을 유지하기 위해 학교까지 버스를 타고 가는 대신 달리기를 하여 건강을 지킬 수 있었다는 화자의 노력을 보여주고 있습니다. 따라서 이 지문의 목적을 '건강을 유지하는 방법을 설명하기 위해'라고 표현한 ②번이 정답입니다.

해석 어렸을 때 나는 건강을 유지하기 위해 애썼다. 나는 운동하고 싶었지만, 낮 동안에는 항상 학교와 과제로 바빴다. 게다가 나는 보통 저녁에는 너무 피곤해서 운동할 수 없었다. 그때 무언가가 나에게 떠올랐다. 버스 타는 것만큼 쉽게 달려 갈 수 있는데 왜 학교까지 버스를 타고 가는가? 달리기를 시작한 이후로, 내 건강은 문제가 되지 않았다.
① 학교에서의 스트레스를 서술하기 위해
② 건강을 유지하는 방법을 설명하기 위해

어휘 struggle [동] 애쓰다, 분투하다 stay in shape 건강을 유지하다 work out 운동하다 occur [동] 머리에 떠오르다, 발생하다
cease [동] 멈추다, 그치다 issue [명] 문제, 주제

정답 ②

⊕ 구문독해

1 When I was younger, / I struggled / *to stay in shape.
　　　내가 어렸을 때　　　　　　나는 애썼다　　　　건강을 유지하기 위해

＊ to 부정사가 동사를 꾸며주는 수식어인 경우　~하기 위해
to stay in shape은 앞에 있는 동사 struggled를 꾸며주는 수식어입니다. 이처럼 to 부정사가 동사를 꾸며주는 수식어인 경우, '~하기 위해'라고 해석합니다.

2 I wanted to exercise / but was always busy / with school and homework / during the day.
　　나는 운동하고 싶었다　　　하지만 항상 바빴다　　　학교와 과제로　　　　　　낮 동안에

3 Moreover, / I was usually *too tired to work out / in the evening.
　　게다가　　　　나는 보통 너무 피곤해서 운동할 수 없었다　　　　　저녁에

＊ too ~ to …　너무 ~해서 …할 수 없다
too tired to work out에는 정도를 나타내는 'too ~ to …'가 사용되어, '너무 피곤해서 운동할 수 없다'라고 해석합니다.

4 Then something occurred / to me.
　　　　그때 무언가가 떠올랐다　　　　나에게

5 Why ride the bus / to school / when I could just as easily run?
　　왜 버스를 타고 가는가　　　학교까지　　　그만큼 쉽게 달려갈 수 있는데

6 *Since I started running, / my health has ceased / to be an issue.
　　　내가 달리기를 시작한 이후로　　　　내 건강은 멈추었다　　　　문제가 되기를

＊ 부사절 접속사 since가 이끄는 절이 문장을 꾸며주는 수식어인 경우　주어가 동사한 이후로
Since I started running은 뒤에 있는 문장을 꾸며주는 수식어입니다. 이처럼 부사절 접속사 since가 이끄는 절이 문장을 꾸며주는 수식어인 경우, 문맥에 따라 '주어가 동사한 이후로', '주어가 동사하기 때문에' 등 다양한 의미로 해석이 가능한데, 이 경우에는 '주어가 동사한 이후로'라고 해석하는 것이 자연스럽습니다.

02 다음 글의 요지로 가장 적절한 것은?

[1] A new study reports that the average teenager receives and sends nearly 200 text messages per day.
[2] The study shows that texting is now the main form of communication among youths.
[3] Unsurprisingly, developers are working on releasing creative new texting applications.
[4] This is expected to make text messaging even more popular among younger generations.

① Text messaging is on the rise among teens.
② Many applications are used to send text messages.

문제풀이

해설 지문의 요지를 묻는 문제입니다. 지문 처음에서 십대들이 하루에 많은 양의 문자 메시지를 주고받는다고 하며, 문자 보내기가 젊은이들 사이에서 인기 있는 주요 의사소통 방식이라는 것을 알려주고 있습니다. 따라서 이 지문의 요지를 '문자 메시지 보내기가 십대들 사이에서 인기를 얻고 있다'라고 표현한 ①번이 정답입니다.

해석 새 연구는 보통 십대가 하루에 거의 200개의 문자 메시지를 주고받는다고 보고한다. 이 연구는 문자 보내기가 이제 젊은이들 사이에서 주요한 의사소통 방식이라는 것을 보여준다. 당연하게도, 개발자들은 창의적인 새 문자 보내기 어플리케이션을 출시하는 것에 애쓰고 있다. 이것은 문자 메시지 보내기를 젊은 세대 사이에서 훨씬 더 인기 있게 만들 것으로 예상된다.
① 문자 메시지 보내기가 십대들 사이에서 인기를 얻고 있다.
② 많은 어플리케이션이 문자 메시지를 보내는 데 사용된다.

어휘 report [동] 보고하다 average [형] 보통의 [명] 평균 nearly [부] 거의 communication [명] 의사소통 release [동] 출시하다, 풀어주다 application [명] 어플리케이션, 적용 generation [명] 세대

정답 ①

⊕ 구문독해

1 A new study / reports / that the average teenager / receives and sends / nearly 200 text
새 연구는　　　　보고한다　　　　보통 십 대가　　　　　　　　주고받는다고　　　거의 200개의 문자 메시지를

messages / per day.
　　　　　　하루에

2 The study shows / *that texting is now the main form / of communication / among youths.
그 연구는 보여준다　　　문자 보내기가 이제 주요한 방식이라는 것을　　　의사소통의　　　젊은이들 사이에서

　＊ **that이 이끄는 명사절이 목적어인 경우** 주어가 동사하다는 것을

　that texting ~ communication은 동사 shows의 목적어입니다. 이처럼 that이 이끄는 명사절이 목적어인 경우, '주어가 동사하다는 것을'이라고 해석합니다.

3 Unsurprisingly, / developers are working on / releasing creative new texting applications.
당연하게도　　　　개발자들은 ~에 애쓰고 있다　　　창의적인 새 문자 보내기 어플리케이션을 출시하는 것

4 This is expected / to *make / text messaging even more popular / among younger
이것은 예상된다　　　만들 것으로　　문자 메시지 보내기를 훨씬 더 인기 있게　　젊은 세대 사이에서

generations.

　＊ **make A B** A를 B하게 만들다

　make ~ popular에는 'make A(text messaging) B(even more popular)'가 사용되어, '문자 메시지 보내기를 훨씬 더 인기 있게 만들다'라고 해석합니다.

글의 제목으로 가장 적절한 것은?

> ❶ The British government did not settle Australia on a large scale until 1788.
>
> ❷ At first, the country served as a place to relocate British criminals.
>
> ❸ However, over time other people traveled to the country and established normal colonies.
>
> ❹ In the mid 1800s, gold mining became popular, which then led to Australia's rapid population growth.
>
> ❺ Shortly thereafter, major cities were founded and a stable economy developed.

① The Role of Australian Prisoners
② Australia's Colonial History

문제풀이

해설 지문의 제목을 묻는 문제입니다. 지문 처음에서 호주는 영국 범죄자들을 격리 수용하는 장소의 역할을 했으나, 시간이 지나면서 영국의 식민지가 되었다는 것을 설명하고 있습니다. 따라서 이 지문의 제목을 '호주의 식민 역사'라고 표현한 ②번이 정답입니다.

해석 영국 정부는 1788년에서야 비로소 호주에 대규모로 자국민을 이주시켰다. 처음에 호주는 영국 범죄자들을 격리 수용하는 장소의 역할을 했다. 하지만 시간이 흐르면서 다른 사람들도 호주로 이동하여 일반 식민지를 설립했다. 1800년대 중반에는 금 채굴이 인기를 얻었고, 이것은 호주의 급속한 인구 성장으로 이어졌다. 그 후 곧 주요 도시들이 세워지고 안정적인 경제가 성장했다.
① 호주 죄수들의 역할
② 호주의 식민 역사

어휘 **settle** 동 이주시키다, 정착하다　**scale** 명 규모　**serve as** ~의 역할을 하다　**relocate** 동 격리 수용하다, 이동시키다　**criminal** 명 범죄자
establish 동 설립하다　**colony** 명 식민지　**mining** 명 채굴　**rapid** 형 급속한　**found** 동 세우다　**stable** 형 안정적인　**prisoner** 명 죄수

정답 ②

➕ 구문독해

1 The British government / *did not settle Australia / on a large scale / until 1788.
　　영국 정부는　　　비로소 호주에 자국민을 이주시켰다　　　대규모로　　　1788년에서야

　＊ **not ~ until …**　…에서야 비로소 ~하다
　　did not settle ~ until 1788에는 'not ~ until …'이 사용되어, '1788년에서야 비로소 호주에 대규모로 자국민을 이주시켰다'라고
　　해석합니다.

2 At first, / the country served as a place / *to relocate British criminals.
　　처음에　　　이 나라는 장소의 역할을 했다　　　영국 범죄자들을 격리 수용하는

　＊ **to 부정사가 명사를 꾸며주는 수식어인 경우**　~하는
　　to relocate British criminals는 앞에 있는 a place를 꾸며주는 수식어입니다. 이처럼 to 부정사가 명사를 꾸며주는 수식어인
　　경우, '~하는'이라고 해석합니다.

3 However, / over time / other people traveled to the country / and established normal
　　하지만　　시간이 흐르면서　　　다른 사람들이 그 나라로 이동했다　　　그리고 일반 식민지를 설립했다
colonies.

4 In the mid 1800s, / gold mining became popular, / which then led / to Australia's rapid
　　1800년대 중반에　　　금 채굴은 인기를 얻었다　　　그리고 나서 이것은 이어졌다　　　호주의
population growth.
급속한 인구 성장으로

5 Shortly thereafter, / major cities *were founded / and a stable economy developed.
　　그 후 곧　　　주요 도시들이 세워졌다　　　그리고 안정적인 경제가 성장했다

　＊ **동사가 'be 동사 + p.p.'인 경우**　~해지다
　　were founded는 'be 동사 + p.p.' 형태의 동사로, '~해지다'라고 해석합니다.

다음 글의 주제로 가장 적절한 것은?

> **1** It is essential that scientists spend more time exploring the causes of food allergies, now that they are becoming more common around the country.
>
> **2** This trend is directly related to the way we grow crops.
>
> **3** Specifically, researchers should study how the chemicals used in farming affect the fruits and vegetables we eat.
>
> **4** By doing so, they may also learn how to eliminate allergies altogether.

① The need to study a possible cause of food allergies
② Ways to reduce the risk of food allergies

문제풀이

해설 지문의 주제를 묻는 문제입니다. 지문 처음에서 과학자들은 음식 알레르기의 원인을 조사하는 데 시간을 더 보내야 한다고 하고, 이에 대한 구체적인 방법으로 농업에 사용된 약품들을 연구하여 알레르기의 근본적인 원인을 알아내야 한다고 알려주고 있습니다. 따라서 이 지문의 주제를 '음식 알레르기의 가능성 있는 원인을 연구하는 것의 필요성'이라고 표현한 ①번이 정답입니다.

해석 과학자들이 음식 알레르기의 원인을 조사하는 데 시간을 더 보내는 것은 매우 중요한데, 음식 알레르기가 전국에서 더 흔해지고 있기 때문이다. 이러한 경향은 우리가 농작물을 기르는 방법과 직접적으로 관련된. 구체적으로 말하자면, 연구원들은 농업에 사용되는 화학 약품이 어떻게 우리가 먹는 과일과 채소에 영향을 미치는지 연구해야 한다. 그렇게 함으로써 그들은 알레르기를 완전히 없애는 방법도 알게 될지도 모른다.
① 음식 알레르기의 가능성 있는 원인을 연구하는 것의 필요성
② 음식 알레르기의 위험을 줄이는 방법들

어휘 **essential** 휑 매우 중요한, 필수적인 **explore** 동 조사하다, 탐험하다 **allergy** 명 알레르기 **trend** 명 경향 **directly** 분 직접적으로, 곧장
crop 명 농작물 **chemical** 명 화학 약품 휑 화학의 **eliminate** 동 없애다 **risk** 명 위험

정답 ①

구문독해

1 *It is essential / that scientists spend more time / exploring the causes / of food allergies, /
　매우 중요하다　　　　과학자들이 시간을 더 보내는 것은　　　원인을 조사하는 데　　　음식 알레르기의

now that they are becoming more common / around the country.
　　　그것들이 더 흔해지고 있기 때문이다　　　　　전국에서

* 가짜 주어 it과 진짜 주어 that이 이끄는 명사절이 쓰인 경우　주어가 동사하는 것은

It은 가짜 주어로 해석하지 않으며 that scientists spend ~ allergies가 진짜 주어입니다. 이처럼 that이 이끄는 명사절이 진짜
주어로 쓰인 경우, '주어가 동사하는 것은'이라고 해석합니다.

2 This trend / is directly related / to the way / we grow crops.
　이러한 경향은　　직접적으로 관련된다　　방법과　　우리가 농작물을 기르는

3 Specifically, / researchers should study / *how the chemicals / used in farming / affect the
구체적으로 말하자면　　　연구원들은 연구해야 한다　　어떻게 화학 약품이　　농업에 사용되는

fruits and vegetables / we eat.
과일과 채소에 영향을 미치는지를　　우리가 먹는

* 의문사 how가 이끄는 명사절이 목적어인 경우　어떻게 주어가 동사하는지를

how the chemicals ~ we eat은 동사 should study의 목적어입니다. 이처럼 의문사 how가 이끄는 명사절이 목적어인 경우,
'어떻게 주어가 동사하는지를'이라고 해석합니다.

4 By doing so, / they may also learn / *how to eliminate allergies / altogether.
그렇게 함으로써　　그들은 또한 ~을 알게 될지도 모른다　　어떻게 알레르기를 없애는지　　완전히

* how to 부정사　어떻게 ~하는지

how to ~ altogether에는 'how to 부정사'가 사용되어, '어떻게 알레르기를 완전히 없애는지'라고 해석합니다.

01 다음 글의 주제로 가장 적절한 것은?

> When searching for a job, the key to getting hired is having a strong set of skills and solid educational background. This is because companies look for candidates who can competently fulfill their tasks and who have a proven record of success. In this sense, networking can also increase chances of employment because companies favor applicants recommended by someone whom they can trust or respect.

① Creating an ideal résumé
② How to find job postings
③ Traits valued by employers
④ How to locate good candidates

• **Voca** • -

key 몡 비결, 핵심 **solid** 톙 탄탄한, 고체의 **candidate** 몡 지원자, 후보자 **competently** 틘 능숙하게, 유능하게 **fulfill** 통 수행하다, 만족시키다
employment 몡 채용, 고용 **applicant** 몡 지원자 **recommend** 통 추천하다 **respect** 통 존중하다 **trait** 몡 특성, 특징

02 다음 글의 제목으로 가장 적합한 것은?

Although smartphones have only been around for about a decade, the technology continues to develop at an incredible rate. Consequently, smartphones are becoming more advanced than anyone in the past ever imagined. For instance, the latest smartphones have programs that can understand and accurately respond to basic spoken commands. This allows people to use the phone totally hands-free. If smartphone technology continues to progress at this pace, no one can say for sure what future models will be able to do.

① Advanced Functions of Future Smartphone Models
② Smartphone Technology and Its Rapid Evolution
③ Why Smartphones Are Changing So Quickly
④ Why People Have Trouble Using Smartphones

• **Voca** • -

decade 몡 10년 incredible 혱 믿기 힘든 rate 몡 속도 advanced 혱 진보한, 선진의 accurately 튄 정확히 command 몡 명령어, 명령
progress 통 발전하다, 진행하다 pace 몡 속도 function 몡 기능 rapid 혱 급속한, 빠른 evolution 몡 발전, 진화

03 다음 글의 제목으로 가장 적절한 것은?

Dorothy was nervous about starting her first job after graduating from college. She wanted to make a good impression but doubted her ability to do the work well. In order to prepare herself for the first day, she rehearsed her job duties and studied up on the history of the company. When she started working two weeks later, her new boss was very impressed with the effort that she put forth. "You're doing a great job," he said. "Keep it up! I can already tell that you have a rewarding future ahead." After this experience, Dorothy understood that getting ready in advance for what is to come is the best way to allay anxieties.

① The Value of Being Prepared
② The Key to Finding an Ideal Job
③ Recovering from a Mistake
④ Experiencing a Career Change

Voca

impression [명] 인상 doubt [동] 확신하지 못하다, 의심하다 rehearse [동] 연습하다 duty [명] 직무, 의무 be impressed with ~에 깊은 감명을 받다 rewarding [형] 보람 있는 allay [동] 누그러뜨리다, 가라앉히다 anxiety [명] 불안 ideal [형] 이상적인 recover [동] 회복하다, 되찾다

04 다음 글을 쓴 목적으로 가장 적절한 것은?

It is important that our government reduce taxes on imported products. Getting rid of trade barriers will attract overseas companies to sell products in our country. This in turn will save consumers money by lowering the costs of consumer goods. Moreover, foreign goods will not threaten local manufacturers as some people fear. Rather, lower taxes will be a great way to encourage more competition, which will lead to higher quality products. Thus, the taxes on foreign goods should be decreased.

① To attract business from international companies
② To show how consumers can budget for shopping
③ To argue why import taxes should be lowered
④ To suggest ways of avoiding trade barriers

Voca

import [동] 수입하다 get rid of ~을 없애다 barrier [명] 장벽 attract [동] 끌어들이다, 마음을 끌다 overseas [형] 해외의
manufacturer [명] 제조업자 fear [동] 두려워하다 encourage [동] 장려하다, 촉진하다 competition [명] 경쟁 budget [동] 예산을 세우다 [명] 예산

05 다음 글의 제목으로 가장 적절한 것은?

One day, a professor talked to his students about why people's decisions should not be affected by others. He explained that every choice we make should be one that feels right to us. He told them about how all of his friends wanted careers that would make them a lot of money. When they heard that he wanted to study fine art, they said he would always be poor. However, he could not ignore his passion for great artwork, so he did not listen to his friends and went on to study at the top art school in Paris. "Money wasn't important to me," he said. "I chose to do what I love, and I don't regret it."

① The Benefit of Listening to Your Friends
② How to Become a Successful Artist
③ The Importance of Doing What You Cherish
④ How to Graduate with Strong Grades

06 다음 글의 주제로 가장 적절한 것은?

A few weeks ago, officials of a national park in Senegal introduced thousands of insects into the reserve. The insects were brought in to eat a dangerous weed that takes nutrients away from other plants, particularly ferns. The weeds are an issue because ferns are an important part of the diet of animals living in the park. The park supervisor expects numbers of the harmful weed to go down within a week after the insects are introduced. This will prevent the loss of a main food source for the reserve animals.

① Controlling an unwanted plant species
② Animals that damage plants in the park
③ Rare wildlife populations in the park
④ The protection of local insect varieties

07 다음 글의 주제로 가장 적합한 것은?

According to Kirk Whitaker of the Global Energy Council, worldwide demand for energy has increased in the past decade. In particular, demand has expanded in developing countries. However, these countries do not use many alternative energy sources because of their high price. Instead, these nations rely on coal and petroleum to create most of their energy. In order for fossil fuel use to be reduced in the developing world, Whitaker argues that solar and wind power need to be cheaper.

① Increased energy consumption of developing countries
② Main risks of using fossil fuels for energy
③ Alternative energy barriers in developing countries
④ International efforts to help developing countries

08 다음 글의 제목으로 가장 적절한 것은?

Around three thousand years ago, people in Southwest Asia and Greece started growing and trading saffron as a food spice. They did so because saffron has a unique smell and bitter taste that works well in food. Aside from cooking, saffron has also been used as medicine since ancient times. Numerous traditional cultures have used it to cure stomach problems and heal wounds. Modern studies suggest that saffron can even help prevent some types of cancer. These are just a few of the many ways in which the ingredient can be utilized.

① How to Cook with Saffron
② Saffron's Various Uses
③ Saffron's Medicinal Purposes
④ The Discovery of Saffron

09 다음 글의 주제로 가장 적절한 것은?

Henry Kissinger was an American statesman who was known for his influence on foreign policy. He argued that foreign policy should focus on achievable goals and criticized other politicians for being too inflexible when interacting with other nations that hold different political beliefs. For example, during the Cold War, many American politicians viewed Russia as evil and refused to engage with the country at all. However, Kissinger tried to reduce conflict between the two states through open discussions. His approach eventually proved very successful, as it helped prevent a major war.

① 미국의 도덕성을 둘러싼 논쟁들
② 미국과 러시아의 관계에 대한 역사
③ Kissinger가 미국 시민이 된 경위
④ 외교 정책에 대한 Kissinger의 현실적 접근법

10 다음 글의 요지로 가장 적절한 것은?

The steelhead trout is a unique species of fish found along the Pacific coast of North America. Every year, tens of thousands of these fish would make the long journey from the ocean to the streams where they were born. Now these numbers have been significantly reduced due to human activity. In fact, the steelhead trout is in danger of becoming extinct. The steelhead's attempt to complete its lifecycle and spawn has been prevented primarily by logging and construction. These activities have not only polluted breeding habitats, but in some cases, they have made them completely inaccessible because of the dams that have been built. Ultimately, the inability of the steelhead to return home to spawn renders it incapable of reproducing at all. If an effort is not made to save their habitat, steelhead populations will continue to decrease over time.

① Steelhead trout must return to where they were born.

② Thousands of fish migrate from the Pacific Ocean each year.

③ People do not do enough to prevent water pollution.

④ The steelhead population is threatened by land development.

According to the United Nations Population Division, the world population is expanding faster than originally estimated. One reason for this is that there is a flaw in the way future population sizes are predicted. This error has to do with how life expectancy was initially calculated. When the calculation formula was first created, the average life expectancy for humans was 60 years. Today, however, humans are expected to live 67 years on average. This is due to improvements in areas such as health care, education, and nutrition. Such a large increase was not foreseen when researchers made the original population estimate, and it completely changed the equation. It is important to consider all of the changing factors that are included in the calculation in order to accurately predict future population sizes.

① To identify popular types of equations

② To discuss the growing elderly population

③ To question the relevance of population predictions

④ To explain unanticipated population growth

12 글의 제목으로 가장 적절한 것은?

City police announced that they will no longer tolerate drunken and uncooperative behavior. Officers are abused by the intoxicated men and women they must deal with on a daily basis. Police officers have been yelled at, spat on, and even punched and kicked. Until now, this type of disrespectful behavior has largely been excused, and officers have hesitated to assert their authority for fear of being accused of using excessive force. But officials say enough is enough, and those who act this way will be charged and fined. Police officers are loyal public servants who treat citizens with respect and, drunk or not, citizens should treat officers the same way.

① 취태에 대한 경찰의 엄중 단속
② 공공장소에서 음주를 금지하는 새 법
③ 과도한 음주로 인해 발생하는 문제들
④ 민중과 경찰 간의 충돌

정답 p.2

Chapter 01에 나온 핵심 어휘를 암기한 후 퀴즈로 확인해 보세요.

☐ fundamental	혱 필수적인	☐ candidate	몡 지원자, 후보자
☐ courtesy	몡 공손함, 정중함	☐ employment	몡 채용, 고용
☐ possess	동 지니다, 소유하다	☐ applicant	몡 지원자
☐ promote	동 증진하다, 장려하다	☐ recommend	동 추천하다
☐ coworker	몡 동료	☐ trait	몡 특성, 특징
☐ obstacle	몡 장애물	☐ incredible	혱 믿기 힘든
☐ struggle	동 애쓰다, 분투하다	☐ advanced	혱 진보한, 선진의
☐ report	동 보고하다	☐ command	몡 명령어, 명령
☐ average	혱 보통의, 평균의	☐ progress	동 발전하다, 진행하다
☐ generation	몡 세대	☐ function	몡 기능
☐ criminal	몡 범죄자	☐ evolution	몡 발전, 진화
☐ establish	동 설립하다	☐ impression	몡 인상
☐ found	동 세우다	☐ doubt	동 확신하지 못하다, 의심하다
☐ stable	혱 안정적인, 안정된	☐ duty	몡 직무, 의무
☐ prisoner	몡 죄수	☐ anxiety	몡 불안
☐ essential	혱 매우 중요한, 필수적인	☐ recover	동 회복하다, 되찾다
☐ explore	동 조사하다, 탐험하다	☐ import	동 수입하다
☐ trend	몡 경향	☐ encourage	동 장려하다, 촉진하다
☐ chemical	몡 화학 약품 혱 화학의	☐ competition	몡 경쟁
☐ eliminate	동 없애다	☐ budget	동 예산을 세우다 몡 예산

Quiz 각 어휘의 알맞은 뜻을 찾아 연결하세요.

01 promote	ⓐ 장애물	06 candidate	ⓐ 추천하다
02 obstacle	ⓑ 설립하다	07 recommend	ⓑ 회복하다, 되찾다
03 establish	ⓒ 증진하다	08 advanced	ⓒ 진보한, 선진의
04 stable	ⓓ 안정적인, 안정된	09 duty	ⓓ 기능, 기능하다
	ⓔ 지니다, 소유하다	10 recover	ⓔ 직무, 의무
05 essential	ⓕ 매우 중요한, 필수적인		ⓕ 지원자, 후보자

□ decision	명 결정	□ engage	동 관계를 맺다, 약속하다
□ ignore	동 무시하다	□ conflict	명 갈등
□ passion	명 열정	□ approach	명 접근법 동 다가가다
□ reserve	명 보호 구역 동 남겨 두다	□ extinct	형 멸종된
□ loss	명 손실	□ prevent	동 방해하다, 막다
□ variety	명 다양성	□ pollute	동 오염시키다
□ demand	명 수요	□ reproduce	동 번식하다, 복사하다
□ expand	동 확대되다	□ migrate	동 이동하다
□ rely on	~에 의존하다	□ threaten	동 위협하다
□ consumption	명 소비	□ estimate	동 추정하다, 산정하다
□ unique	형 독특한	□ flaw	명 결함, 흠
□ numerous	형 많은	□ calculate	동 산출하다, 계산하다
□ wound	명 상처	□ improvement	명 개선
□ ingredient	명 재료	□ identify	동 밝히다, 확인하다
□ utilize	동 활용하다, 이용하다	□ tolerate	동 용인하다
□ discovery	명 발견	□ abuse	동 학대하다 명 남용
□ influence	명 영향력, 영향	□ yell	동 고함치다
□ achievable	형 달성할 수 있는	□ excuse	동 용서하다 명 변명
□ criticize	동 비난하다	□ hesitate	동 주저하다
□ refuse	동 거부하다, 거절하다	□ charge	동 기소하다

Quiz 각 어휘의 알맞은 뜻을 찾아 연결하세요.

01 passion		ⓐ 수요	06 prevent		ⓐ 밝히다, 확인하다
02 demand		ⓑ 열정	07 migrate		ⓑ 산출하다, 계산하다
03 consumption		ⓒ 활용하다, 이용하다	08 calculate		ⓒ 용서하다, 변명
04 utilize		ⓓ 발견	09 identify		ⓓ 방해하다, 방지하다
05 discovery		ⓔ 달성할 수 있는	10 excuse		ⓔ 이동하다
		ⓕ 소비			ⓕ 접근법, 다가가다

Answer 01 ⓑ 02 ⓐ 03 ⓕ 04 ⓒ 05 ⓓ 06 ⓓ 07 ⓔ 08 ⓑ 09 ⓐ 10 ⓒ

Chapter 02 문단 요약

문단 요약 유형은 지문의 주요 내용을 한 문장으로 가장 잘 요약한 보기를 정답으로 고르는 문제입니다. 이 유형에서는 지문의 내용을 요약한 보기를 고르거나, 지문 아래 주어진 요약문의 빈칸에 알맞은 어구를 보기에서 고르는 문제가 출제됩니다.

 문제풀이 전략

1. 요약문의 빈칸을 완성하는 문제의 경우, 먼저 주어진 요약문을 읽고 요약문의 빈칸에 무엇이 들어갈지 생각해본 후 지문 전체를 빠르게 읽습니다.

2. 지문의 내용을 요약한 보기를 고르는 문제의 경우, 보기를 먼저 읽고, 각 보기가 지문의 중심 내용 및 전체 내용을 잘 포괄하는지를 파악하며 지문을 읽습니다.

유형 대표 예제

다음 글을 읽고 아래 문장의 빈칸에 들어갈 가장 적절한 것은?

Adoption involves taking legal responsibility for a child no longer in the care of his or her biological parents. It also requires a comprehensive application procedure, which ensures that the applicants can provide a safe and healthy home environment. Those who wish to adopt are placed on a waiting list. During the waiting period, they are visited several times by a social worker who further assesses their ability to care for a child. When all the conditions have been satisfied, they are finally able to bring their child home and begin life as a family.

The passage suggests that adoption is _____.

① a simple process for couples without children
② designed for couples with privilege
③ a lengthy process that requires patience
④ based solely on a social worker's assessment

Voca adoption 圆 입양 biological 휑 생물학적인 comprehensive 휑 종합적인 application 圆 지원 procedure 圆 절차 assess 통 평가하다 ability 圆 능력 solely 휜 오로지 privilege 圆 특권 lengthy 휑 긴, 장황한

문제풀이 전략 적용

다음 글을 읽고 아래 문장의 빈칸에 들어갈 가장 적절한 것은?

Adoption involves taking legal responsibility for a child no longer in the care of his or her biological parents. It also requires a comprehensive application procedure, which ensures that the applicants can provide a safe and healthy home environment. Those who wish to adopt are placed on a waiting list. During the waiting period, they are visited several times by a social worker who further assesses their ability to care for a child. When all the conditions have been satisfied, they are finally able to bring their child home and begin life as a family.

→ 중심 내용

The passage suggests that adoption is _____.

→ 주어진 요약문

→ 입양에 대해 시사하는 것이 무엇인지가 들어가야 합니다.

① a simple process for couples without children
② designed for couples with privilege
③ a lengthy process that requires patience
④ based solely on a social worker's assessment

입양은 더는 생물학적인 부모의 돌봄을 받지 않는 아이에 대한 법적 책임을 넘겨받는 것을 수반한다. 입양에는 또한 종합적인 절차가 요구되는데, 이것은 지원자가 안전하고 건강한 가정환경을 제공할 수 있다는 것을 보장한다. 입양 하기를 원하는 사람들은 대기자 명단에 올라간다. 대기 기간 동안, 아이를 돌볼 그들의 능력을 한층 더 평가하는 사회복지사가 그들을 여러 차례 방문한다. 모든 조건이 충족되면, 그들은 마침내 아이를 집으로 데려와 가족으로서의 생활을 시작할 수 있다.

지문은 입양이 _____(임)을 시사한다.

① 아이가 없는 부부에게는 간단한 과정
② 특권 있는 부부들을 위해 고안되었음
③ 인내심을 필요로 하는 긴 과정
④ 오로지 사회복지사의 평가를 기반으로 함

해설 요약문의 빈칸을 완성하는 문제입니다. 주어진 요약문을 통해 빈칸에 지문에서 입양에 대해 시사하는 것이 무엇인지가 들어가야 함을 알 수 있습니다. 입양에는 종합적인 지원 절차가 요구된다는 것이 중심 내용이며, 이어서 아이를 입양하기 위해 거쳐야 하는 여러 지원 절차에 대해 설명하고 있습니다. 따라서 지문의 내용을 입양은 '인내심을 필요로 하는 긴 과정'이라고 알맞게 요약한 ③ a lengthy process that requires patience를 정답으로 고릅니다.

먼저 문제를 풀고, 각 문장을 끊어 읽으면서 정확히 해석해 보세요.

 다음 글을 가장 잘 요약한 것은?

> ➊ Icebergs are pieces of ice that have broken off of glaciers or ice shelves.
>
> ➋ Because of their shape and how they float, only small portions of icebergs are visible above water.
>
> ➌ This can be dangerous, as people don't often realize how large icebergs truly are.
>
> ➍ As a result, ship captains sometimes sail too close to massive icebergs and run into them, damaging the ships.

① Icebergs can sometimes be a risk to ships.
② Icebergs appear bigger than they truly are.

문제풀이

해설 지문의 내용을 가장 잘 요약한 문장을 고르는 문제입니다. 지문 전반에 걸쳐 빙산은 그 일부분만이 수면 위로 보인다고 하며, 이로 인해 선장이 때때로 배를 거대한 빙산에 너무 가까이 항해하여 충돌한다고 했습니다. 따라서 지문의 내용을 '빙산은 때때로 배에 위협이 될 수 있다'라고 요약한 ①번이 정답입니다.

해석 빙산은 빙하나 빙붕으로부터 분리된 얼음 조각이다. 그것들의 모양과 떠다니는 방식 때문에, 빙산의 작은 일부분만이 수면 위로 보인다. 이것은 위험할 수 있는데, 사람들은 종종 빙산이 실제로 얼마나 큰지 깨닫지 못하기 때문이다. 그 결과, 선장은 때때로 거대한 빙산에 너무 가까이 항해해서 빙산과 충돌하고 배에 손상을 입힌다.
　　① 빙산은 때때로 배에 위협이 될 수 있다.
　　② 빙산은 실제보다 더 크게 보인다.

어휘 **iceberg** 圀 빙산 **glacier** 圀 빙하 **ice shelf** 圀 빙붕 **float** 圄 떠 가다, 뜨다 **portion** 圀 부분 **visible** 圀 눈에 보이는 **sail** 圄 항해하다 **massive** 圀 거대한 **run into** ~와 충돌하다 **damage** 圄 손상을 입히다 圀 손상 **risk** 圀 위협, 위험

정답 ①

➕ 구문독해

1 Icebergs are pieces of ice / that have broken off / of glaciers or ice shelves.
빙산은 얼음 조각이다   분리된   빙하나 빙붕으로부터

2 Because of their shape / and *how they float, / only small portions of icebergs / are
그것들의 모양 때문에   그리고 어떻게 그것들이 떠다니는지   빙산의 작은 일부분만이

visible / above water.
보인다   수면 위로

   * **의문사 how가 이끄는 명사절이 목적어인 경우**   어떻게 주어가 동사하는지
   how they float은 their shape과 함께 전치사 of의 목적어입니다. 이처럼 의문사 how가 이끄는 명사절이 목적어인 경우,
   '어떻게 주어가 동사하는지'라고 해석합니다.

3 This can be dangerous, / as people don't often realize / how large icebergs truly are.
이것은 위험할 수 있다   사람들은 종종 깨닫지 못하기 때문이다   얼마나 빙산이 실제로 큰지

4 As a result, / ship captains sometimes sail / too close / to massive icebergs / and run into
그 결과   선장은 때때로 항해한다   너무 가까이   거대한 빙산에   그래서 그것들과 충돌한다

them, / *damaging the ships.
그래서 배에 손상을 입힌다

   * **분사구문이 문장을 꾸며주는 수식어인 경우**   그래서 (그 결과) ~하다
   damaging the ships는 앞에 있는 문장을 꾸며주는 수식어입니다. 이처럼 분사구문이 문장을 꾸며주는 경우, 문맥에 따라 '그래서
   (그 결과) ~하다', '~할 때', '~하면' 등 다양한 의미로 해석이 가능한데, 이 경우에는 '그래서 (그 결과) ~하다'라고 해석하는 것이
   자연스럽습니다.

02 다음 글을 읽고 아래 문장의 빈칸에 들어갈 가장 적절한 것은?

> **1** A man was training for a marathon.
>
> **2** He began by trying to run the entire 42 kilometers on the same day, but wasn't able to do it.
>
> **3** "Just take it one step at a time," his friend told him.
>
> **4** "Start with 5 kilometers, then try 10, and so on until you build up your endurance."
>
> **5** With this advice, he was able to run the full-length marathon within a month.

> The passage suggests that it is better to _____.

① get enough rest when training

② try to improve little by little

문제풀이

해설 　지문의 내용을 요약한 문장의 빈칸을 채우는 문제입니다. 주어진 요약문을 통해 지문에서 무엇을 하는 것이 더 나음을 시사하는지를 빈칸에 넣어야 한다는 것을 예상할 수 있습니다. 지문 전반에 걸쳐 마라톤을 준비하던 한 남자가 전체 42킬로미터를 한 번에 달리려고 했다가 실패한 후, 친구의 조언대로 달리는 거리를 조금씩 늘려나가며 연습한 결과 한 달 안에 마라톤 전체 길이를 달릴 수 있게 되었다고 했으므로, '조금씩 개선하려고 노력하는' 것이 더 낫다고 한 ②번이 정답입니다.

해석 　한 남자가 마라톤에 대비해 훈련하고 있었다. 그는 같은 날에 전체 42킬로미터를 달리려고 노력하는 것으로 시작했으나, 그렇게 할 수가 없었다. "그냥 한 번에 한 단계씩만 가."라고 그의 친구가 말했다. "5킬로미터로 시작해 보고, 그 다음에 10킬로미터를 시도해 보고, 지구력을 강화할 때까지 계속해 봐." 이 조언으로 그는 한 달 안에 전체 길이의 마라톤을 달릴 수 있게 되었다.

> 지문은 조금씩 개선하려고 노력하는 것이 더 나음을 시사한다.

① 훈련할 때에는 충분한 휴식을 가지는

② 조금씩 개선하려고 노력하는

어휘 　**train for** ~에 대비해 훈련하다 **entire** 혱 전체의 **build up** 강화하다, 쌓아 올리다 **endurance** 몡 지구력, 인내 **advice** 몡 조언, 충고 **rest** 몡 휴식

정답 　②

➕ 구문독해

---

1 A man was training / for a marathon.
　　　한 남자가 훈련하고 있었다　　　　마라톤에 대비해

---

2 He began / *by trying to run the entire 42 kilometers / on the same day, / but wasn't
　　　그는 시작했다　　　　전체 42킬로미터를 달리려고 노력함으로써　　　　같은 날에　　　　하지만 그렇게

able to do it.
할 수 없었다

* **by 동명사** ～함으로써
  by trying에는 'by 동명사'가 사용되어, '같은 날에 전체 42킬로미터를 달리려고 노력함으로써'라고 해석합니다.

---

3 "Just take it / one step at a time," / his friend told him.
　　　그냥 가라　　　　한 번에 한 단계씩　　　　그의 친구가 그에게 말했다

---

4 "Start with 5 kilometers, / then try 10, / and so on / *until you build up / your
　　　5킬로미터로 시작해 봐　　　그 다음 10킬로미터를 시도해 봐　그리고, 계속해 봐　　네가 강화할 때까지

endurance."
네 지구력을

* **부사절 접속사 until이 이끄는 절이 문장을 꾸며주는 수식어인 경우**　주어가 동사할 때까지
  until you build up your endurance는 앞에 있는 문장을 꾸며주는 수식어입니다. 이처럼 부사절 접속사 until이 이끄는 절이
  문장을 꾸며주는 수식어인 경우, 문맥에 따라 '주어가 동사할 때까지'라고 해석합니다.

---

5 With this advice, / he *was able to run / the full-length marathon / within a month.
　　　이 조언으로　　　그는 달릴 수 있었다　　　전체 길이의 마라톤을　　　한 달 안에

* **be able to ~** ～할 수 있다
  was able to run ~ a month에는 'be able to ~'가 사용되어, '전체 길이의 마라톤을 한 달 안에 달릴 수 있었다'라고 해석합니다.

03 다음 글의 내용을 가장 잘 요약한 것은?

[1] Ice cream was difficult to make when it was first invented.
[2] Ice was first cut from frozen lakes, ground up, and then mixed with fruit and heavy cream.
[3] Once everything was stirred together by hand, the smooth mixture was cooled until it was slightly frozen.
[4] This resulted in a soft, delicious dessert.
[5] Due to this complicated production process, ice cream remained an expensive treat for many decades.

① Making ice cream was a laborious process before machines were used.
② The technology of the last century has made ice cream easier to produce.

문제풀이

해설 지문의 내용을 가장 잘 요약한 문장을 고르는 문제입니다. 지문 처음에서 아이스크림이 처음 발명되었을 때에는 만들기 어려웠다고 한 후, 아이스크림을 만드는 복잡한 과정을 보여주고 있습니다. 따라서 지문의 내용을 '기계가 사용되지 않았을 때 아이스크림을 만드는 것은 힘든 공정이었다'라고 요약한 ①번이 정답입니다.

해석 아이스크림은 처음 발명되었을 때 만들기 어려웠다. 먼저, 얼음을 꽁꽁 언 호수에서 잘라낸 다음 과일과 진한 크림과 함께 섞였다. 일단 모든 것이 손으로 섞이면, 그 부드러운 혼합물은 살짝 얼 때까지 차가워졌다. 이것은 부드럽고 맛있는 디저트가 되었다. 이 복잡한 생산 과정 때문에, 아이스크림은 수십 년 동안 계속 비싼 간식으로 계속 남아있었다.

① 기계가 사용되기 전에 아이스크림을 만드는 것은 힘든 공정이었다.
② 지난 세기의 기술은 아이스크림을 생산하기 더 쉽게 만들었다.

어휘 invent [동] 발명하다 frozen [형] 언 grind up 갈다 stir [동] 섞다, 젓다 smooth [형] 부드러운, 매끄러운 decade [명] 십 년 laborious [형] 힘든 process [명] 공정, 과정

정답 ①

➕ 구문독해

1 Ice cream was difficult / to make / when it was first invented.
아이스크림은 어려웠다　　　　만들기　　　　그것이 처음 발명되었을 때

2 Ice *was / first / cut / from frozen lakes, / ground up, / and then mixed / with fruit and
얼음은　　　먼저　잘렸다　꽁꽁 언 호수로부터　　　갈렸다　　　　그리고 나서 섞였다　과일과 진한 크림과 함께

heavy cream.

> ＊ 동사가 'be 동사 + p.p.'인 경우　~해지다
> was cut, ground up, mixed는 'be 동사 + p.p.' 형태의 동사로, '~해지다'라고 해석합니다.

3 Once everything was stirred together / by hand, / the smooth mixture / was cooled /
　　　　　일단 모든 것이 모두 섞이면　　　　손에 의해　　부드러운 혼합물은　　　식혀졌다

until it was slightly frozen.
　　　살짝 얼 때까지

4 This resulted in / a soft, delicious dessert.
이것은 ~이 되었다　　부드럽고 맛있는 디저트가

5 *Due to / this complicated production process, / ice cream remained / an expensive
~ 때문에　　　　이 복잡한 생산 과정　　　아이스크림은 계속 남아있었다　　비싼 간식으로

treat / for many decades.
　　　수십 년 동안

> ＊ due to ~　~ 때문에
> Due to ~ process에는 'due to ~'가 사용되어, '이 복잡한 생산 과정 때문에'라고 해석합니다.

04 다음 글을 읽고 아래 문장의 빈칸에 들어갈 가장 적절한 것은?

[1] Each year, thousands involved with the fashion industry gather in France to attend Paris Fashion Week.

[2] This renowned event is especially important for emerging clothing designers.

[3] Popular fashion magazines usually publish articles that focus on the work of up-and-coming designers during this week.

[4] Networking opportunities with countless industry professionals also make Paris Fashion Week a great place for young artists to launch their careers.

The passage suggests that Paris Fashion Week is ____________________.

① a new event that is gaining in popularity

② ideal for promoting new designers

문제풀이

해설 지문의 내용을 요약한 문장의 빈칸을 채우는 문제입니다. 주어진 요약문을 통해 지문에서 파리 패션 위크가 시사하는 것이 무엇인지를 빈칸에 넣어야 한다는 것을 예상할 수 있습니다. 지문 전반에 걸쳐 파리 패션 위크 기간에 인기 있는 패션 잡지에서는 전도가 유망한 디자이너들에 대한 기사를 싣고, 이 행사는 많은 패션 전문가들과 인맥을 쌓는 기회가 되기 때문에 젊은 예술가들이 경력을 시작하기에 좋은 장소가 된다고 했으므로, '새 디자이너들을 홍보하는 데 적합함'이라고 한 ②번이 정답입니다.

해석 패션 업계와 관련된 수천 명이 파리 패션 위크에 참가하기 위해 매년 프랑스로 모인다. 이 유명한 행사는 떠오르는 의상 디자이너들에게 특히 중요하다. 인기 있는 패션 잡지들은 그 주간에 보통 전도가 유망한 디자이너들의 작품에 초점을 맞춘 기사들을 싣는다. 셀 수 없이 많은 패션업계 전문가들과 인적 네트워크를 형성할 기회 역시 파리 패션 위크를 젊은 예술가들이 그들의 경력을 시작할 좋은 장소로 만든다.

지문은 파리 패션 위크가 새 디자이너들을 홍보하는 데 적합함(임)을 시사한다.

① 인기를 얻고 있는 새로운 행사

② 새 디자이너들을 홍보하는 데 적합함

어휘 involve [동] 관련시키다 gather [동] 모이다 renowned [형] 유명한, 명성 있는 emerge [동] 떠오르다, 부상하다 publish [동] 싣다, 발행하다 up-and-coming [형] 전도가 유망한, 떠오르는 countless [형] 셀 수 없이 많은 launch [동] 시작하다 gain [동] 얻다 promote [동] 홍보하다, 촉진하다 popularity [명] 인기

정답 ②

⊕ 구문독해

1 Each year, / thousands / *involved with the fashion industry / gather in France / to attend
　　매년　　　　수천 명이　　　　　　　　　패션 업계와 관련된　　　　　　　프랑스로 모인다

Paris Fashion Week.
파리 패션 위크에 참가하기 위해

* 　과거분사가 명사를 꾸며주는 수식어인 경우　 ~된

involved with the fashion industry는 앞에 있는 thousands를 꾸며주는 수식어입니다. 이처럼 과거분사가 명사를 꾸며주는
수식어인 경우, '~된'이라고 해석합니다.

2 This renowned event / is especially important / for emerging clothing designers.
　　　이 유명한 행사는　　　　　　　특히 중요하다　　　　　　　떠오르는 의상 디자이너들에게

3 Popular fashion magazines / usually publish articles / *that focus on / the work of
　　　인기 있는 패션 잡지들은　　　　　보통 기사들을 싣는다　　　　초점을 맞춘

up-and-coming designers / during this week.
전도가 유망한 디자이너들의 작품에　　　그 주간에

* 　주격 관계대명사(that)가 이끄는 절이 수식어인 경우　 동사한

that focus on ~ designers는 앞에 있는 articles를 꾸며주는 수식어입니다. 이처럼 주격 관계대명사(that)가 이끄는 절이
수식어인 경우, '동사한'이라고 해석합니다.

4 Networking opportunities / with countless industry professionals / also make Paris
　　　인적 네트워크 형성 기회는　　　　　셀 수 없이 많은 패션업계 전문가들과의　　　역시 파리 패션 위크를

Fashion Week / a great place / for young artists / *to launch their careers.
　~으로 만든다　　　좋은 장소로　　　젊은 예술가들이　　　그들의 경력을 시작할

* 　to 부정사가 명사를 꾸며주는 수식어인 경우　 ~할

to launch their careers는 앞에 있는 a great place를 꾸며주는 수식어입니다. 이처럼 to 부정사가 명사를 꾸며주는 수식어인
경우, '~할'이라고 해석합니다.

01 다음 글을 읽고 아래 문장의 빈칸에 들어갈 가장 적절한 것은?

A recent study conducted by researchers at Northwestern University has shown a connection between sleep and learning. Researchers played a song to a group of music students, which they had learned earlier in the day, after they had fallen asleep. Despite being unconscious, the students improved their ability to play the song by listening to the music as they slept. The results from this study suggest that some abilities can be improved during sleep.

The passage suggests that sleep is a potential _____.

① opportunity to absorb information

② technique to forget about music

③ way to reduce brain activity

④ means to get appropriate rest

• **Voca** • -

conduct 图 실시하다, 하다   **connection** 圆 연관성   **unconscious** 圈 의식이 없는, 무의식의   **ability** 圆 능력   **absorb** 图 흡수하다
means 圆 방법, 수단   **appropriate** 圈 적당한, 적절한

02 다음 글의 내용을 가장 잘 요약한 것은?

> Throughout history, high-heeled shoes have been worn by both men and women. The invention of horse riding boots in the 1500s is a perfect example. They featured a raised heel to ensure that both male and female riders could keep their feet in the foot straps. Earlier, in the Middle Ages, a special high heel was worn by both genders for outdoor use. These high-heeled shoes were slipped on over expensive shoes to protect them from becoming dirty. These days, dress shoes for both men and women often have raised heels, though the formal shoes worn by men usually have much lower heels than those worn by women.

① The functions of high-heeled shoes have changed differently for each gender.
② Both genders have traditionally worn high-heeled shoes.
③ The design of high-heeled shoes made them ideal for outdoor activities.
④ High-heeled shoes were a marking of social standing.

03 다음 글을 읽고 아래 문장의 빈칸에 들어갈 가장 적절한 것은?

On special occasions like New Year's Eve, fireworks light up the night sky in a display of fantastic designs and brilliant colors. Considering their beautiful appearance, it is not easy to associate them with harmful chemicals, especially ingredients that are used to manufacture explosives. For starters, fireworks must include a fuel that lights when exposed to fire. An oxidizer is also needed, as this chemical provides the oxygen needed for the fuel to burn. To produce colors when the fireworks explode, at least one coloring chemical must be added. The final ingredient is a binder that keeps the various ingredients from separating. These substances are used in the production of all fireworks.

The passage states that fireworks must _____.

① be kept away from children
② be displayed on special occasions
③ include fuels to create color
④ contain certain key ingredients

• **Voca** • -

firework 몡 폭죽   **display** 몡 전시 동 진열하다   **brilliant** 톙 화려한   **explosive** 몡 폭약, 폭발물   **light** 동 불이 붙다 몡 빛
expose 동 노출시키다, 드러내다   **explode** 동 터지다, 폭발하다   **separate** 동 분리되다, 나누다   **substance** 몡 물질   **keep away** 멀리 하다
key 톙 기본적인 몡 열쇠

04 다음 글을 읽고 아래 문장의 빈칸에 들어갈 가장 적절한 것은?

Gross domestic product (GDP) is useful for determining how an economy is doing. It is commonly defined as the total value of all goods and services produced within a country over a year. There are three methods used by economists to determine GDP. The first involves estimating the price that domestically produced goods and services sell for. Another method is based on how much money people earn. However, the most accurate way to figure out a country's GDP is to calculate the total amount that the country's citizens spend.

The passage states that GDP can be ______________________.

① based on either goods or services
② used to increase consumer spending
③ calculated several different ways
④ estimated based on population

• **Voca** •
determine [동] 알아내다, 결정하다 define [동] 정의하다 value [명] 가치, 값 economist [명] 경제학자 estimate [동] 추산하다
domestically [부] 국내에서 sell for 팔리다 be based on ~에 근거하다 accurate [형] 정확한 figure out 계산해 내다, 생각해 내다
spending [명] 지출, 소비

밑줄 친 부분에 들어갈 가장 적절한 것은?

> Do you find it difficult to remember new information? If so, here are a couple of tips to help you improve your memory. First, make sure to focus completely on the material you are learning. Too often we try to study while watching TV or listening to music. Eliminate any distractions that may cause you to lose focus. Second, try to connect what you are learning with a familiar context. Comparing and contrasting the new information with things you already know will ensure it remains in your mind for a long time.

> To remember new information, you must _____(A)_____ on it and _____(B)_____ it to a subject you are knowledgeable about.

	(A)	(B)
①	concentrate	relate
②	speculate	relate
③	concentrate	present
④	speculate	present

다음 글의 내용을 가장 잘 요약한 것은?

> Today I am here to talk about why you should consider using cloth diapers. While disposable diapers are very convenient, they are a major threat to the environment. Based on an online survey of parents with toddlers, the average baby goes through 5,000 diapers before being toilet trained. It takes approximately 250,000 trees to supply enough diapers for all the babies in America, and over 3.4 million tons of disposable diapers end up in landfills each year. On the other hand, cloth diapers can be washed and reused hundreds of times before they need to be replaced. Not only does this reduce the amount of waste ending up in landfills, but it also saves hundreds of thousands of trees from being cut down. I therefore encourage new parents to try using cloth diapers whenever possible.

① Disposable diapers should not be placed in public landfills.

② Cloth diapers are sometimes easier to use than disposable ones.

③ Disposable diapers should be recycled to preserve the environment.

④ Cloth diapers are more environmentally friendly than disposable ones.

07 밑줄 친 부분에 들어갈 가장 적절한 것은?

Reality TV is a type of television programming that focuses on regular people instead of actors and does not follow a script. The first-ever reality series was the 1948 program *Candid Camera*. On this show, people were put into amusing situations without knowing they were being filmed. Over 50 years later, *Survivor* was created, a show in which contestants were filmed trying to survive on their own in an isolated tropical locale. The program consistently topped viewership ratings, and its success led to a flood of reality shows, which now make up a major portion of television programming.

The passage indicates that the situations happening on reality TV programs are _____.

① unrehearsed

② humorous

③ competitive

④ difficult

08 다음 글의 내용을 가장 잘 요약한 것은?

The right to legal counsel is guaranteed by law in most countries. To uphold this law, there are public defenders, or lawyers who provide free services to those who cannot afford to pay legal fees. However, many US states have had to reduce their budgets for public defenders in order to provide other public services. This budget cut puts the integrity of the justice system at risk because public defenders are given less time and money to do their jobs. Less funding results in staff shortages, forcing public defenders to take on more clients than they can handle. This limits the time they have to prepare for each case, which can affect their ability to represent their clients fairly.

① Public defenders receive most of their funding from the government.

② Defendants are improperly represented by inadequate public defenders.

③ Low funding for public defenders has the potential to negatively impact their clients.

④ Public defenders should devote more time to prepare for each client's case.

정답 p.14

Chapter 02 Vocabulary & Quiz

Chapter 02에 나온 핵심 어휘를 암기한 후 퀴즈로 확인해 보세요.

☐ adoption	몡 입양		☐ emerge	동 떠오르다, 부상하다
☐ biological	혱 생물학적인		☐ publish	동 싣다, 발행하다
☐ comprehensive	혱 종합적인		☐ countless	혱 셀 수 없이 많은
☐ application	몡 지원		☐ launch	동 시작하다
☐ procedure	몡 절차		☐ popularity	몡 인기
☐ assess	동 평가하다		☐ conduct	동 실시하다, 하다
☐ ability	몡 능력		☐ connection	몡 연관성
☐ privilege	몡 특권		☐ unconscious	혱 의식이 없는, 무의식의
☐ lengthy	혱 긴, 장황한		☐ means	몡 방법, 수단
☐ glacier	몡 빙하		☐ appropriate	혱 적당한, 적절한
☐ float	동 떠 가다, 뜨다		☐ feature	동 특징으로 삼다 몡 특징
☐ portion	몡 부분		☐ ensure	동 확실하게 하다, 보장하다
☐ visible	혱 눈에 보이는		☐ slip on	입다, 미끄러져 넘어지다
☐ sail	동 항해하다		☐ standing	몡 지위
☐ massive	혱 거대한		☐ firework	몡 폭죽
☐ endurance	몡 지구력, 인내		☐ display	몡 전시 동 진열하다
☐ stir	동 섞다, 젓다		☐ brilliant	혱 화려한
☐ laborious	혱 힘든		☐ explosive	몡 폭약, 폭발물
☐ involve	동 종사시키다		☐ light	동 불이 붙다 몡 빛
☐ renowned	혱 유명한, 명성 있는		☐ expose	동 노출시키다, 드러내다

Quiz 각 어휘의 알맞은 뜻을 찾아 연결하세요.

01 adoption	ⓐ 유명한, 명성 있는		06 emerge	ⓐ 불꽃
02 comprehensive	ⓑ 종합적인		07 unconscious	ⓑ 노출시키다, 드러내다
03 ability	ⓒ 입양		08 firework	ⓒ 시작하다
04 float	ⓓ 인가하다, 찬성하다		09 expose	ⓓ 떠오르다, 부상하다
05 renowned	ⓔ 자격, 능력		10 explode	ⓔ 터지다, 폭발하다
	ⓕ 떠 가다, 뜨다			ⓕ 무의식 중의, 알지 못하는

Answer 01 ⓒ 02 ⓑ 03 ⓔ 04 ⓕ 05 ⓐ 06 ⓓ 07 ⓕ 08 ⓐ 09 ⓑ 10 ⓔ

□ explode	통 터지다, 폭발하다	□ reuse	통 재사용하다
□ substance	명 물질	□ recycle	통 재활용하다
□ keep away	멀리 하다	□ preserve	통 보호하다, 지키다
□ determine	통 알아내다, 결정하다	□ contestant	명 참가자, 출연자
□ define	통 정의하다	□ isolated	형 외딴
□ economist	명 경제학자	□ locale	명 장소, 배경
□ accurate	형 정확한	□ rating	명 순위
□ figure out	계산해 내다, 생각해 내다	□ flood	명 홍수
□ spending	명 지출, 소비	□ make up	통 차지하다, 구성하다
□ make sure	반드시 ~하다	□ indicate	통 시사하다, 보여주다
□ material	명 자료, 재료	□ competitive	형 경쟁적인
□ distraction	명 방해물	□ counsel	명 조언
□ context	명 상황, 문맥	□ guarantee	통 보장하다
□ contrast	통 대조하다	□ uphold	통 유지하다, 지지하다
□ speculate	통 추측하다	□ afford	통 형편이 되다
□ disposable	형 일회용의	□ integrity	명 청렴, 진실성
□ convenient	형 편리한	□ shortage	명 부족
□ threat	명 위협	□ represent	통 대변하다
□ toddler	명 유아	□ defendant	명 피고
□ landfill	명 쓰레기 매립지	□ inadequate	형 불충분한, 부적당한

Quiz 각 어휘의 알맞은 뜻을 찾아 연결하세요.

01 determine	ⓐ 추측하다	06 isolated	ⓐ 불충분한, 부적당한
02 keep away	ⓑ 정의하다	07 make up	ⓑ 시사하다, 보여주다
03 accurate	ⓒ 멀리하다	08 indicate	ⓒ 외딴
04 speculate	ⓓ 위협	09 counsel	ⓓ 차지하다, 구성하다
05 threat	ⓔ 알아내다, 결정하다	10 inadequate	ⓔ 경쟁적인
	ⓕ 정확한		ⓕ 조언

세부내용 파악 유형

Chapter 03 내용 일치·불일치 파악

내용 일치 · 불일치 파악 유형은 지문의 내용과 보기를 비교하여 일치하거나 일치하지 않는 보기를 골라내는 문제입니다.

 문제풀이 전략

1. 보기를 먼저 읽고 각 보기의 키워드를 파악합니다.

2. 내용 일치 파악 문제의 경우, 보기의 키워드와 관련된 부분을 중심으로 지문을 읽고, 지문에 나오지 않거나 지문과 반대되는 내용의 보기는 바로 오답 보기로 소거합니다.

3. 내용 불일치 파악 문제의 경우, 지문의 흐름과 보기의 순서가 대부분 일치하므로, 보기의 키워드를 중심으로 지문의 내용과 일치하는지 표시하면서 지문을 읽어 내려갑니다.

유형 대표 예제

다음 글의 내용과 일치하지 <u>않는</u> 것을 고르시오.

The use of chemicals by the farming industry has caused controversy. On one hand, chemicals kill the insects that destroy crops. As a result, farmers can produce larger amounts of fruits, vegetables, and grains. On the other hand, spraying chemicals can lead to environmental problems, and they cause health issues when consumed. Human health consequences could be as mild as an upset stomach, or as severe as cancer development.

① Chemicals do not pose a threat to insect populations.
② Using chemicals can increase the overall productivity of a farm.
③ The environment may be harmed by the use of chemical sprays.
④ Serious health problems can be caused by chemicals.

Voca　chemical 몡 화학 약품 혱 화학의　controversy 몡 논란　destroy 통 훼손하다　crop 몡 농작물　grain 몡 곡물
consume 통 섭취하다, 소비하다　consequence 몡 결과　severe 혱 심각한　pose 통 (위협을) 가하다　productivity 몡 생산성

다음 글의 내용과 일치하지 않는 것을 고르시오.

The use of chemicals by the farming industry has caused controversy. On one hand, (chemicals kill the insects) that
  →보기①의 키워드와 관련된 부분
destroy crops. As a result, farmers can (produce larger amounts) of fruits, vegetables, and grains. On the other
  →보기②의 키워드와 관련된 부분
hand, spraying chemicals can lead to (environmental problems), and they cause (health issues) when consumed.
  →보기③의 키워드와 관련된 부분   →보기④의 키워드와 관련된 부분
Human health consequences could be as mild as an upset stomach, or as severe as cancer development.

보기를 먼저 읽고 키워드를 파악합니다.

① Chemicals do not pose (a threat to insect populations).

② Using chemicals can (increase the overall productivity) of a farm.

③ (The environment may be harmed) by the use of chemical sprays.

④ (Serious health problems) can be caused by chemicals.

농업에 의한 화학 약품 사용은 논란을 일으켜 왔다. 한편으로는, 화학 약품은 농작물을 훼손하는 해충을 죽인다. 그 결과, 농부들은 더 많은 양의 과일, 채소, 그리고 곡물을 생산할 수 있다. 반면에 화학 약품을 뿌리는 것은 환경 문제로 이어지고 섭취했을 때 종종 건강 문제를 일으킬 수 있다. 건강상의 결과는 배탈처럼 가벼울 수도 있고 아니면 암 발병처럼 심각할 수 있다.

① 화학 약품은 해충 개체 수에 위협을 가하지 않는다.
② 화학 약품을 사용하는 것은 농가의 전반적인 생산성을 늘릴 수 있다.
③ 환경은 화학 스프레이의 사용에 의해 해를 입을 수 있다.
④ 화학 약품에 의해 심각한 건강 문제가 발생할 수 있다.

해설 지문의 내용과 일치하지 않는 보기를 고르는 문제입니다. 보기 ①번의 키워드인 a threat to insect populations(해충 개체 수에 위협)와 관련된 지문의 chemicals kill the insects(해충을 죽이다) 부분을 통해, '화학 약품이 농작물을 훼손하는 해충을 죽인다'는 것을 알 수 있습니다. 따라서 '화학 약품은 해충 개체 수에 위협을 가하지 않는다'라고 한 ①번 보기가 지문의 내용과 일치하지 않으므로, ①번 보기를 정답으로 고릅니다.

먼저 문제를 풀고, 각 문장을 끊어 읽으면서 정확히 해석해 보세요.

 다음 글의 내용과 일치하는 것을 고르시오.

> ❶ A locust is a type of insect that closely resembles a grasshopper.
>
> ❷ Faced with drought or famine, billions of locusts will group together in search of food.
>
> ❸ A swarm of locusts will travel long distances, consuming available vegetation along the way.
>
> ❹ Consequently, people living in areas where locusts swarm often experience great hardship.

① Locusts are physically similar to another insect.
② Locusts always gather together in large groups.

문제풀이

해설   지문의 내용과 일치하는 것을 묻는 문제입니다. ①번의 키워드인 physically similar(신체적으로 유사한)를 바꾸어 표현한 지문의 closely resembles (매우 닮다) 주변의 내용에서, 풀무치와 메뚜기가 서로 닮았다는 것을 알 수 있습니다. 따라서 ①번이 지문의 내용과 일치합니다.

② 풀무치는 가뭄이나 기근에 직면하면 크게 무리 지을 것이라고 했으므로, 언제나 큰 무리로 모인다는 것은 지문의 내용과 다릅니다.

해석   풀무치는 메뚜기와 매우 닮은 곤충의 한 종류이다. 가뭄이나 기근에 직면하면, 수십억 마리의 풀무치는 먹이를 찾아 무리를 지을 것이다. 풀무치 떼는 도중에 먹을 수 있는 식물을 먹어버리면서 장거리를 여행할 것이다. 결과적으로, 풀무치가 떼를 지어 지나가는 지역에 사는 사람들은 종종 큰 어려움을 겪는다.
① 풀무치는 다른 곤충과 신체적으로 유사하다.
② 풀무치는 언제나 큰 무리로 모인다.

어휘   **locust** 웹 풀무치, 메뚜기   **resemble** 동 닮다, 유사하다   **grasshopper** 웹 메뚜기   **face** 동 직면하다   **drought** 웹 가뭄   **famine** 웹 기근
      swarm 웹 떼 동 떼를 지어 날아다니다   **distance** 웹 거리   **vegetation** 웹 식물, 초목

정답   ①

⊕ 구문독해

1 A locust is a type of insect / *that closely resembles a grasshopper.
풀무치는 곤충의 한 종류이다   메뚜기와 매우 닮은

* **주격 관계대명사(that)가 이끄는 절이 수식어인 경우** 동사한

that closely resembles a grasshopper는 앞에 있는 a type of insect를 꾸며주는 수식어입니다. 이처럼 주격 관계대명사
(that)가 이끄는 절이 수식어인 경우, '동사한'이라고 해석합니다.

2 *Faced with drought or famine, / billions of locusts will group together / in search
가뭄이나 기근에 직면하면   수십억 마리의 풀무치는 무리를 지을 것이다
of food.
먹이를 찾아

* **분사구문이 문장을 꾸며주는 수식어인 경우** ~하면

Faced with drought or famine은 뒤에 있는 문장을 꾸며주는 수식어입니다. 이처럼 분사구문이 문장을 꾸며주는 수식어인
경우, 문맥에 따라 '~하면', '~할 때', '~하기 때문에' 등 다양한 의미로 해석이 가능한데, 이 경우에는 '~하면'이라고 해석하는 것이
자연스럽습니다.

3 A swarm of locusts / will travel long distances, / consuming available vegetation / along
풀무치 떼는   장거리를 여행할 것이다   먹을 수 있는 식물을 먹어버리면서
the way.
도중에

4 Consequently, / people / living in areas / *where locusts swarm / often experience great
결과적으로   사람들은   지역에 사는   풀무치가 떼를 지어 지나가는   종종 큰 어려움을 겪는다
hardship.

* **관계부사(where)가 이끄는 절이 수식어인 경우** 주어가 동사하는

where locusts swarm은 앞에 있는 areas를 꾸며주는 수식어입니다. 이처럼 관계부사(where)가 이끄는 절이 수식어인 경우,
'주어가 동사하는'이라고 해석합니다.

02 다음 글의 내용과 일치하지 않는 것을 고르시오.

[1] When humans sense danger, the body produces chemicals that allow it to respond quickly to the threat.

[2] For instance, a chemical called adrenaline causes a person's heart and breathing rate to increase significantly.

[3] As a result, more blood is sent to the muscles and brain.

[4] This makes it possible for the person to effectively confront or flee from the situation.

① Increased blood flow is a result of adrenaline production.

② Higher heart and breathing rates decrease brain activity.

문제풀이

해설 지문의 내용과 일치하지 않는 것을 묻는 문제입니다. ②번의 키워드인 heart and breathing rates(심장 박동수와 호흡 수)가 등장한 지문 주변의 내용을 살펴보면, 심장 박동수와 호흡 수가 증가하면 더 많은 혈액이 근육과 뇌에 보내져 더 효과적으로 상황에 대처하게 한다고 했으므로, 높아진 심장 박동수와 호흡 수가 뇌 활동을 감소시킨다는 것은 지문의 내용과 다릅니다. 따라서 ②번이 지문의 내용과 일치하지 않습니다.

해석 사람이 위험을 느낄 때, 신체는 위협에 빠르게 반응하게 하는 화학 물질을 생성한다. 예를 들어, 아드레날린이라고 불리는 화학 물질은 사람의 심장 박동수와 호흡 수를 크게 증가시킨다. 그 결과, 더 많은 혈액이 근육과 뇌로 보내진다. 이것은 사람이 그 상황을 효과적으로 맞서거나 달아날 수 있게 한다.
① 증가된 혈류량은 아드레날린 분비의 결과이다.
② 높아진 심장 박동수와 호흡 수는 뇌 활동을 감소시킨다.

어휘 respond [동] 반응하다, 대답하다 threat [명] 위협 breathing [명] 호흡 significantly [부] 크게, 상당히 confront [동] 맞서다, 직면하다 flee [동] 달아나다 production [명] 분비, 생산

정답 ②

⊕ 구문독해

1 When humans sense danger, / the body produces chemicals / that allow it / to respond
사람이 위험을 느낄 때　　　신체는 화학 물질을 생성한다　　　그것이 ~하게 하는　　빠르게 반응하게
quickly / to the threat.
　　　　위협에

2 For instance, / a chemical / called adrenaline / causes a person's heart and breathing
예를 들어　　　화학 물질은　　아드레날린이라고 불리는　　　　사람의 심장 박동수와 호흡 수가 ~하게 한다
rate / *to increase significantly.
　　　　크게 증가하게

＊ to 부정사가 목적격 보어인 경우 ~하게
to increase significantly는 목적어 a person's heart and breathing rate을 보충 설명해 주는 목적격 보어입니다. 이처럼
to 부정사가 목적격 보어인 경우, '~하게'라고 해석합니다.

3 As a result, / more blood is sent / to the muscles and brain.
　그 결과　　　　더 많은 혈액이 보내진다　　　　근육과 뇌로

4 This makes *it possible / for the person / to effectively confront / or flee from the
이것은 가능하게 한다　　　　　　　사람이　　　　효과적으로 맞서는 것을　　　또는 그 상황으로부터
situation.
달아나는 것을

＊ 가짜 목적어 it과 진짜 목적어 to 부정사가 쓰인 경우 ~하는 것을
it은 동사 makes의 가짜 목적어로 해석하지 않으며 to effectively confront ~ situation이 진짜 목적어입니다. 이처럼
to 부정사가 진짜 목적어로 쓰인 경우, '~하는 것을'이라고 해석합니다.

03 다음 글의 내용과 일치하지 <u>않는</u> 것을 고르시오.

> **1** A woman joined a basic French class at her local community college.
>
> **2** She was nervous because she had not studied the language for many years and did not wish to appear foolish.
>
> **3** For a week before the class started, she borrowed French books from the library.
>
> **4** As she read them, the language started to come back to her.
>
> **5** By the time the class started, the woman felt confident that she would do well.

① The woman remembered more French than she thought.

② The woman felt confident when the class started.

문제풀이

해설 지문의 내용과 일치하지 않는 것을 묻는 문제입니다. ①번의 키워드인 The woman remembered ~ French(여자는 프랑스어를 ~ 기억했다)를 바꾸어 표현한 지문의 the language started to come back to her(그녀에게 프랑스어에 대한 기억이 되살아나기 시작했다) 주변의 내용을 살펴보면, 그 여자에게 프랑스어에 대한 기억이 되살아난 것(프랑스어를 기억한 것)은 맞지만, 그녀가 생각했던 것보다 더 많이 기억했는지는 알 수 없습니다. 따라서 ①번이 지문의 내용과 일치하지 않습니다.

해석 한 여자가 지역 대학의 기초 프랑스어 수업에 등록했다. 그녀는 그 언어를 여러 해 동안 공부하지 않았고, 바보처럼 보이고 싶지 않아서 긴장했다. 수업이 시작하기 전 일주일 동안, 그녀는 도서관에서 프랑스어 책들을 빌렸다. 그 책들을 읽자 그녀에게 프랑스어에 대한 기억이 되살아나기 시작했다. 수업이 시작할 즈음, 여자는 잘 할 것이라고 자신감을 느꼈다.
① 여자는 프랑스어를 그녀가 생각했던 것보다 더 많이 기억했다.
② 여자는 수업이 시작했을 때 자신감을 느꼈다.

어휘 **appear** 图 ~처럼 보이다, 나타나다   **borrow** 图 빌리다   **come back** (기억이) 되살아나다   **remember** 图 기억하다

정답 ①

✚ 구문독해

1 A woman joined a basic French class / at her local community college.
한 여자가 기초 프랑스어 수업에 등록했다   그녀의 지역 대학의

2 She was nervous / because she *had not studied the language / for many years / and did
그녀는 긴장했다   그녀는 그 언어를 공부하지 않았기 때문이다   여러 해 동안   그리고
not wish / to appear foolish.
원하지 않았다   바보처럼 보이는 것을

* **동사가 'have 동사 + p.p.'인 경우** ~했다

had not studied는 'have 동사 + p.p.' 형태의 동사로, '~했다'라고 해석합니다.

3 For a week / before the class started, / she borrowed French books / from the library.
일주일 동안   수업이 시작하기 전에   그녀는 프랑스어 책들을 빌렸다   도서관에서

4 As she read them, / the language started to come back / to her.
그녀가 그것들을 읽자   그 언어에 대한 기억이 되살아나기 시작했다   그녀에게

5 *By the time the class started, / the woman felt confident / that she would do well.
수업이 시작할 즈음   여자는 자신감을 느꼈다   그녀가 잘 할 것이라고

* **by the time + 주어 + 동사** 주어가 동사할 즈음

By the time the class started에는 시점을 나타내는 'by the time + 주어 + 동사'가 사용되어, '수업이 시작할 즈음'이라고 해석합니다.

04 다음 글의 내용과 일치하는 것을 고르시오.

> ① To do well in your next job interview, consider the following tips.
>
> ② First, try to show up a few minutes early.
>
> ③ The person conducting the interview should not have to wait for you.
>
> ④ Next, discuss your achievements and qualifications with confidence, but try not to appear arrogant.
>
> ⑤ Finally, avoid asking too many questions about pay and benefits.
>
> ⑥ Doing so will make you seem greedy.

① Applicants should arrive ahead of schedule for an interview.
② Applicants should not be modest when discussing their achievements.

문제풀이

해설   지문의 내용과 일치하는 것을 고르는 문제입니다. ①번의 키워드인 arrive ahead of schedule(예정보다 먼저 도착하다)을 바꾸어 표현한 지문의 show up a few minutes early(몇 분 일찍 오다) 주변의 내용에서, 면접 대상자는 면접 장소에 면접 예정 시간보다 일찍 와야 한다는 것을 알 수 있습니다. 따라서 ①번이 지문의 내용과 일치합니다.

② 성과에 대해서는 자신 있게 말하되 오만하게 보이지 않도록 하라고 했으므로, 성과를 이야기할 때 겸손해서는 안 된다는 것은 지문의 내용과 다릅니다.

해석   다음 입사 면접에서 잘 하기 위해, 다음의 조언을 고려하라. 첫째, 몇 분 일찍 오도록 노력하라. 면접을 진행하는 사람이 당신을 기다리도록 해서는 안 된다. 다음으로, 당신의 성과와 자격에 대해 자신 있게 말하되, 오만하게는 보이지 않도록 노력하라. 마지막으로, 급여와 혜택에 대해 너무 많은 질문을 하는 것을 피하라. 그렇게 하는 것은 당신을 탐욕스럽게 보이게 만든다.
① 지원자는 면접을 위해 예정보다 먼저 도착해야 한다.
② 지원자는 자신의 성과를 이야기할 때 겸손해서는 안 된다.

어휘   **consider** 圄 고려하다   **achievement** 圐 성과, 성취   **qualification** 圐 자격   **confidence** 圐 자신, 신뢰   **arrogant** 圀 오만한   **benefit** 圐 혜택, 이득   **greedy** 圀 탐욕스러운   **schedule** 圐 예정, 일정   **modest** 圀 겸손한, 적당한

정답   ①

⊕ 구문독해

---

1 *To do well / in your next job interview, / consider the following tips.
　　잘 하기 위해　　　　당신의 다음 입사 면접에서　　　　　다음의 조언들을 고려하라

* **to 부정사가 문장을 꾸며주는 수식어인 경우**　~하기 위해
  To do well ~ interview는 뒤에 있는 문장을 꾸며주는 수식어입니다. 이처럼 to 부정사가 문장을 꾸며주는 수식어인 경우, '~하기 위해'라고 해석합니다.

---

2 First, / try to show up / a few minutes early.
　　첫째　　　　오도록 노력하라　　　　몇 분 일찍

---

3 The person / *conducting the interview / should not have to wait / for you.
　　사람은　　　　면접을 진행하는　　　　　기다려서는 안 된다　　　　당신을

* **현재분사가 명사를 꾸며주는 수식어인 경우**　~하는
  conducting the interview는 앞에 있는 The person을 꾸며주는 수식어입니다. 이처럼 현재분사가 명사를 꾸며주는 수식어인 경우, '~하는'이라고 해석합니다.

---

4 Next, / discuss your achievements and qualifications / with confidence, / but try not to
　　다음으로　　　　당신의 성과와 자격에 대해 말하라　　　　자신 있게　　　　하지만

appear arrogant.
오만하게 보이지 않도록 노력하라

---

5 Finally, / avoid asking too many questions / about pay and benefits.
　　마지막으로　　　　너무 많은 질문을 하는 것을 피하라　　　　급여와 혜택에 대해

---

6 Doing so / will make you *seem greedy.
　　그렇게 하는 것은　　　당신을 탐욕스럽게 보이게 만든다

* **동사원형이 목적격 보어인 경우**　~하게
  seem은 목적어 you를 보충 설명해 주는 목적격 보어입니다. 이처럼 동사원형이 목적격 보어인 경우, '~하게'라고 해석합니다.

01 다음 글의 내용과 일치하지 <u>않는</u> 것을 고르시오.

> One technique people use to create a more peaceful mind is to practice meditation. It is a great way to manage the stress of everyday life. To meditate, sit quietly in a comfortable chair and close your eyes. Focus on relaxing all of your muscles. It is crucial to make sure that the muscles from your feet up to your neck are loose. Take a deep breath, and then let it out slowly. Continue doing this for about five minutes, and you will find yourself feeling much calmer.

① Meditation may lead to stress if done incorrectly.
② People should sit with their eyes shut when meditating.
③ Muscle relaxation is an important element of meditation.
④ The goal of meditation is to become more peaceful.

• **Voca** • -

meditation 똉 명상   **manage** 똉 다루다, 감당하다   **meditate** 똉 명상하다   **crucial** 똉 매우 중요한, 중대한   **loose** 똉 풀다, 느슨하게 하다
calm 똉 차분한, 조용한   **incorrectly** 똉 부정확하게   **relaxation** 똉 이완

02 다음 글의 내용과 일치하는 것을 고르시오.

After decades of steady increase, Americans today are watching less cable and satellite TV. In fact, approximately 11 percent of Americans canceled their cable and satellite TV subscriptions last year alone. Experts predict that this number will increase in the coming years. Since most shows are available online for free, people do not feel it is necessary to spend over 100 dollars per month on these subscriptions. This trend has caused the profits of cable and satellite TV providers to shrink.

① Cable and satellite TV subscriptions increased last year.
② Many TV programs can be found on the Internet.
③ People have to pay 100 dollars to cancel their TV subscription.
④ Satellite TV subscriptions are more popular than cable ones.

• **Voca** • -
satellite 몡 위성 approximately 뭔 대략 cancel 됭 취소하다 subscription 몡 시청, 구독 expert 몡 전문가 predict 됭 예측하다
profit 몡 수익 shrink 됭 줄어들다

03 다음 글의 내용과 일치하지 <u>않는</u> 것을 고르시오.

> Some animals use a toxic substance called venom to disable or kill other creatures. This substance is usually injected into other animals through stings or bites. Because venom is introduced directly into the bloodstream, it takes effect very quickly. Some venoms result in instant death, while others prevent their victims from moving. The most common types of venomous animals are spiders, wasps, scorpions, and snakes. However, there are also a few mammals that have venomous bites.

① Venom enters the body through an injury to the skin.

② Venom takes effect almost immediately once it has been injected.

③ Attacks by a venomous creature do not always result in death.

④ Only cold-blooded animals deliver venomous attacks.

• **Voca** • -

toxic 혱 유독성의   venom 몡 독   disable 동 무력하게 하다   inject 동 주입하다   sting 몡 찔린 상처 동 쏘다   bite 몡 물린 상처 동 물다
bloodstream 몡 혈류   instant 혱 즉각적인   victim 몡 희생자   venomous 혱 독이 있는   wasp 몡 말벌   immediately 뎸 즉시
cold-blooded 혱 냉혈의   deliver 동 (공격을) 가하다, 배달하다

04 다음 글의 내용과 일치하는 것을 고르시오.

The influence that people have on one another can be both positive and negative. In the case of teenagers, people usually assume that this sort of influence, known as peer pressure, has harmful effects. For instance, teenagers who give in to peer pressure may partake in such negative behaviors as underage smoking and drinking. In spite of this, peer pressure can also serve as a positive force in a young person's life. As sociologist Michael Boone says, "If a teenager has friends who care about doing well in school, he or she is more likely to make schoolwork a priority."

① Teenagers are the only group affected by peer pressure.
② Friends are the greatest influence in a teenager's life.
③ Peer pressure can be beneficial to teenagers in some situations.
④ Teenagers will prioritize schoolwork if they are unaffected by their friends.

Voca

influence [명] 영향 assume [동] 추측하다 peer pressure 또래 압력, 동료 집단으로부터 받는 사회적 압력 give in ~에 굴하다
partake in ~에 참가하다 underage [형] 미성년의 sociologist [명] 사회학자 priority [명] 우선, 우선 사항 beneficial [형] 유익한
prioritize [동] 우선시하다

05 다음 글의 내용과 일치하지 <u>않는</u> 것을 고르시오.

A man noticed that a pipe under the kitchen sink was leaking. He called a plumber, who said it would cost 65 dollars to fix the pipe. The man refused to pay that much and decided to do the work himself. He borrowed some tools from a friend and found a home repair website with clear instructions. When he attempted to repair the pipe, however, he only damaged it further. In the end, he was forced to admit defeat and call the plumber. When the plumber fixed the pipe, he had to pay 120 dollars to repair the additional damage.

① The man spent over 65 dollars to have the pipe repaired.
② The man looked for pipe repair information online.
③ The man did not want to pay a plumber to fix the plumbing problem.
④ The man asked his friend to help him repair the pipe.

06 다음 글의 내용과 일치하지 <u>않는</u> 것을 고르시오.

Electronic passports are documents that include a digital scan of a traveler's personal information, such as his or her signature, picture, fingerprints, and travel records. Several countries have already begun to eliminate the old style of passport and provide their citizens with this new electronic passport. Accordingly, international travelers will eventually have to use the electronic ones. A person who currently has a regular passport may continue to use it, however. Once it expires, an electronic passport will be issued.

① Electronic passports contain information about a person's appearance.
② Some countries have already issued electronic passports.
③ International travel is not allowed without an electronic passport.
④ Traditional passports will gradually be replaced with electronic ones.

07 다음 글의 내용과 일치하는 것을 고르시오.

> There is an ongoing debate about gun control in the United States as people have differing opinions on how current laws should be understood. Opponents of gun control argue that a citizen's right to own weapons is protected by the Constitution. These people believe it is illegal to regulate or limit gun ownership. Gun control supporters disagree. They claim that the Constitution permits ownership of certain types of guns, but that it must be regulated. According to their interpretation, the government has the authority to enforce gun control.

① The Constitution's definition of the right to own guns continues to be an issue.
② There is overall agreement on the interpretation of gun ownership laws.
③ Gun control opponents argue that there should be no ownership limitations on some types of guns.
④ Gun control advocates believe that existing law bans all weapons.

08 다음 글의 내용과 일치하는 것을 고르시오.

> Located in the Netherlands, the International Court of Justice (ICJ) was established in 1945. The primary role of the ICJ is to settle disputes between nations, but it has been criticized for lacking the ability to enforce its decisions. This has led many governments to consider a victory or defeat in the ICJ to be meaningless. For example, in 1984 the ICJ ruled that the United States had violated international law by supporting rebels in Nicaragua. The United States simply ignored this decision and refused to allow the United Nations to take any disciplinary action.

① The ICJ was established in the United States in 1945.
② Decisions by the ICJ are strongly enforced.
③ The United States is a firm supporter of the ICJ.
④ Nations often disregard the decisions of the ICJ.

09 다음 글의 내용과 일치하지 <u>않는</u> 것을 고르시오.

Italian inventor Salvino D'Armate created the first functional eyeglasses in 1284. His basic design remained unchanged until the early 19th century when American scientist Benjamin Franklin altered this design to invent bifocals. Unlike previous types of glasses, Franklin's bifocals had two types of lenses combined in a single frame. This made it possible for people who were both near- and farsighted to see clearly. Bifocals were made by extending a metal wire through the center of the frame. This split the frame in half and held each lens in place.

① 벤자민 프랭클린이 이중 초점 안경을 처음으로 사서 착용했다.
② 안경을 처음 발명한 사람은 Salvino D'Armate이다.
③ 안경은 13세기에 처음 발명되었다.
④ 이중 초점 안경은 하나 이상의 시력 문제가 있는 사람들에게 적합하다.

10 다음 글의 내용과 일치하는 것을 고르시오.

To reduce reliance on petroleum-based fuels, more people are turning to biodiesel. Biodiesel is a diesel fuel made from animal fats or plant oils. One advantage of biodiesel is that there is no need to modify existing vehicle engines to use it. Another is that biodiesel is a clean energy source, which means that it produces fewer pollutants than other fuels. However, these benefits do not come without problems. Engines powered by biodiesel require more fuel but are less powerful than conventional ones. As biodiesel is still expensive to produce, it is not very cost-effective for consumers either. Despite these drawbacks, future use of biodiesel is expected to increase.

① Biodiesel generates more energy than traditional fossil fuels.
② Engines must be altered to make use of biodiesel.
③ Petroleum fuels cause more pollution than biodiesel.
④ Biodiesel is popular because it is comparatively inexpensive.

11 다음 글의 내용과 일치하지 <u>않는</u> 것을 고르시오.

That certain universities give special favors for the relatives of alumni is a worrying reality that must be changed. These students are known as legacy students, and they have a far greater chance of being accepted into some of the top universities in the nation. For example, Harvard accepts almost four times as many legacy students as regular candidates, despite many unsuccessful applicants having higher academic scores and being more qualified. This is an unfair practice that harms the integrity of the academic world. Yet, private universities require considerable funding to afford superior facilities and professors, and they rely heavily on donations from alumni. With this in mind, it is unlikely that the unfair practice of selecting legacy students will end any time soon.

① Previous graduates are a source of funds for private universities.
② Harvard rarely offers admission to relatives of its alumni.
③ Legacy students are more likely to be admitted by certain universities.
④ Legacy admissions will probably remain in practice in the future.

12 다음 글의 내용과 일치하는 것을 고르시오.

South Korea has millions of visitors every year, and the National Police Agency has launched a tourist police force to help keep Korea a popular tourist destination. The new force consists of around 100 policemen and women. The officers, who are unarmed and wear special uniforms, will be patrolling tourist-heavy areas like Myeong-dong and Itaewon. Foreigners who are having trouble with vendors or language issues can ask for assistance from one of these multilingual officers, fluent in English, Mandarin, or Japanese. The director of the force states that the team was not assembled because Korea was unsafe; rather, they should be seen as ambassadors for the country.

① 매년 수백만 명이 관광경찰대를 보러 한국에 온다.
② 관광경찰대는 무기를 지니지 않고 순찰을 돈다.
③ 관광경찰대는 여러 나라 출신의 경관들로 선발되었다.
④ 한국의 치안이 불안하기 때문에 관광경찰대가 필요하다.

정답 p.22

Chapter 03에 나온 핵심 어휘를 암기한 후 퀴즈로 확인해 보세요.

☐ controversy	몡 논란	☐ meditation	몡 명상
☐ grain	몡 곡물	☐ crucial	혱 매우 중요한, 중대한
☐ consume	동 섭취하다, 소비하다	☐ calm	혱 차분한, 조용한
☐ pose	동 (위협을) 가하다	☐ satellite	몡 위성
☐ resemble	동 닮다, 유사하다	☐ approximately	뷔 대략
☐ face	동 직면하다	☐ subscription	몡 시청, 구독
☐ distance	몡 거리	☐ expert	몡 전문가
☐ experience	동 겪다, 경험하다	☐ toxic	혱 유독성의
☐ breathing	몡 호흡	☐ disable	동 무력하게 하다
☐ confront	동 맞서다, 직면하다	☐ inject	동 주입하다
☐ production	몡 생산, 분비	☐ sting	몡 찔린 상처 동 쏘다
☐ remember	동 기억하다	☐ bite	몡 물린 상처 동 물다
☐ achievement	몡 성과, 성취	☐ instant	혱 즉각적인
☐ qualification	몡 자격	☐ victim	몡 희생자
☐ confidence	몡 자신, 신뢰	☐ immediately	뷔 즉시
☐ arrogant	혱 오만한	☐ assume	동 추측하다
☐ benefit	몡 혜택, 이득	☐ give in	~에 굴하다
☐ greedy	혱 탐욕스러운	☐ sociologist	몡 사회학자
☐ schedule	몡 예정, 일정	☐ priority	몡 우선, 우선 사항
☐ modest	혱 겸손한, 적당한	☐ leak	동 새다

Quiz 각 어휘의 알맞은 뜻을 찾아 연결하세요.

01 consume	ⓐ 맞서다, 직면하다	06 crucial	ⓐ 우선, 우선 사항
02 confront	ⓑ 성과, 성취	07 calm	ⓑ 차분한, 조용한
03 achievement	ⓒ 겸손한, 적당한	08 toxic	ⓒ 희생자
04 confidence	ⓓ 섭취하다, 소비하다	09 victim	ⓓ 유독성의
05 modest	ⓔ 닮다, 유사하다	10 priority	ⓔ 매우 중요한, 중대한
	ⓕ 자신, 신뢰		ⓕ 무력하게 하다

Answer 01 ⓓ 02 ⓐ 03 ⓑ 04 ⓕ 05 ⓒ 06 ⓔ 07 ⓑ 08 ⓓ 09 ⓒ 10 ⓐ

☐ instruction	몡 설명	☐ enforce	동 시행하다, 강요하다
☐ attempt	동 시도하다	☐ disregard	동 무시하다
☐ defeat	몡 패배 동 패배시키다	☐ inventor	몡 발명가
☐ additional	혱 추가의	☐ functional	혱 실용적인, 기능의
☐ electronic	혱 전자의	☐ alter	동 바꾸다, 고치다
☐ expire	동 만료되다	☐ previous	혱 이전의
☐ appearance	몡 외모	☐ extend	동 연장하다
☐ debate	몡 논쟁	☐ advantage	몡 장점, 이점
☐ opponent	몡 반대자	☐ modify	동 바꾸다, 변경하다
☐ constitution	몡 헌법	☐ pollutant	몡 오염 물질
☐ illegal	혱 불법의	☐ conventional	혱 일반적인, 종래의
☐ regulate	동 규제하다	☐ relative	몡 일가, 친척
☐ interpretation	몡 해석	☐ legacy	몡 유산
☐ authority	몡 권한	☐ superior	혱 우수한
☐ overall	혱 전반적인	☐ facility	몡 시설
☐ limitation	몡 규제, 제한	☐ graduate	몡 졸업생 동 졸업하다
☐ existing	혱 현행의, 현존하는	☐ patrol	동 순찰을 돌다
☐ primary	혱 주된, 주요한	☐ assistance	몡 도움, 지원
☐ dispute	몡 분쟁, 논쟁	☐ fluent	혱 유창한
☐ lack	동 ~이 없다 몡 부족	☐ assemble	동 소집하다, 모이다

Quiz 각 어휘의 알맞은 뜻을 찾아 연결하세요.

01 attempt	ⓐ 반대자	06 lack	ⓐ 바꾸다, 고치다
02 appearance	ⓑ 시도하다	07 extend	ⓑ 장점, 이점
03 regulate	ⓒ 외모	08 advantage	ⓒ 연장하다
04 opponent	ⓓ 전반적인	09 facility	ⓓ 시설
05 overall	ⓔ 규제하다	10 assistance	ⓔ 도움, 지원
	ⓕ 권한		ⓕ ~이 없다, 부족

Answer 01 ⓑ 02 ⓒ 03 ⓔ 04 ⓐ 05 ⓓ 06 ⓕ 07 ⓒ 08 ⓑ 09 ⓓ 10 ⓔ

Chapter 04 특정 정보 파악

특정 정보 파악 유형은 문제에서 묻고 있는 지문의 세부 정보를 찾아 답하는 문제입니다. 이 유형에서는 문제에서 묻고 있는 특정 정보를 올바르게 표현한 보기를 고르거나 지문 아래 주어진 문장의 빈칸을 완성하는 문제가 출제됩니다.

문제풀이 전략

1. 먼저 문제의 질문이나 주어진 문장을 통해 지문에서 어떤 특정 정보를 찾아야 하는지 확인한 후 지문을 읽습니다.
2. 질문이나 주어진 문장, 또는 보기에 쓰인 단어를 지문에서 그대로 언급했거나 바꾸어 표현한 부분이 주로 정답의 단서가 되므로 이를 중심으로 필요한 정보를 파악하며 읽습니다.

유형 대표 예제

다음 글을 읽고 좋은 신용 등급을 유지하기 위한 가장 좋은 방법을 고르면?

A person's credit rating affects several aspects of his or her life. Banks use it to determine eligibility for loans. Also, some employers require applicants to get credit checks. Having unpaid credit card bills can lead employers to think a person is irresponsible. However, anyone can maintain good credit if they are diligent. Most importantly, people should pay their bills promptly, as each overdue payment has a negative impact on their credit rating.

① acquire loans from banks
② get frequent credit checks
③ make loan payments on time
④ avoid using credit cards

Voca rating [명] 등급, 평가 aspect [명] 측면 eligibility [명] 자격, 적임 loan [명] 대출 unpaid [형] 미납의 irresponsible [형] 무책임한 maintain [동] 유지하다, 주장하다 promptly [부] 지체 없이, 즉시 overdue [형] 체납된, 기한이 지난 acquire [동] 얻다, 획득하다

문제풀이 전략 적용

다음 글을 읽고 좋은 신용 등급을 유지하기 위한 가장 좋은 방법을 고르면?
→ 지문에서 찾아야 할 특정 정보

A person's credit rating affects several aspects of his or her life. Banks use it to determine eligibility for loans. Also, some employers require applicants to get credit checks. Having unpaid credit card bills can lead employers to think a person is irresponsible. However, anyone can maintain good credit if they are diligent. Most importantly, people should pay their bills promptly, as each overdue payment has a negative impact on their credit rating.
→ 질문이 묻는 특정 정보가 등장하는 부분

① acquire loans from banks
② get frequent credit checks
③ make loan payments on time
④ avoid using credit cards

개인의 신용 등급은 그 또는 그녀의 삶의 다양한 측면에 영향을 미친다. 은행은 이것을 대출 자격을 결정하는 데 사용한다. 또한, 일부 고용주는 지원자가 신용 조사를 받을 것을 요구한다. 미납된 신용카드 대금 청구서가 있다는 것은 고용주들이 그 사람이 무책임하다고 생각하게 할 수 있다. 하지만 부지런하면 누구나 좋은 신용 등급을 유지할 수 있다. 무엇보다도, 사람들은 청구서를 지체 없이 지불해야 하는데, 모든 체납금은 신용 등급에 부정적인 영향을 주기 때문이다.

① 은행에서 대출받기
② 신용 상태를 자주 조사받기
③ 대출금 제때 납부하기
④ 신용카드 사용을 피하기

해설 좋은 신용 등급을 유지하는 가장 좋은 방법이 무엇인지 파악하는 문제입니다. 지문 마지막에서 체납금은 신용 등급에 부정적인 영향을 주기 때문에 청구서를 지체 없이 지불하는 것이 가장 중요하다고 했습니다. 따라서 좋은 신용 등급을 유지하는 가장 좋은 방법은 '대출금 제때 납부하기'이므로, ③번이 정답입니다.

먼저 문제를 풀고, 각 문장을 끊어 읽으면서 정확히 해석해 보세요.

01 다음 글에 의하면, 사람들이 붉은 고기를 먹지 않는 이유는?

[1] Many people have removed red meat from their diet because they believe that it has a negative effect on their health.

[2] However, a recent study has shown that eating small amounts of red meat is beneficial.

[3] The researchers found that red meat is a source of complete proteins that are difficult to find in most vegetables.

[4] In addition, red meat contains zinc and iron, which are crucial for the body.

① To reduce the risk of weight gain

② To ensure their physical well-being

문제풀이

해설 지문을 통해 사람들이 붉은 고기를 먹지 않는 이유를 파악하는 문제입니다. 지문 처음에서 많은 사람이 붉은 고기가 건강에 부정적인 영향을 미친다고 생각하기 때문에 붉은 고기를 먹지 않는다고 했습니다. 따라서 사람들이 붉은 고기를 먹지 않는 이유는 '신체의 건강을 지키기 위한' 것이므로, ②번이 정답입니다.

해석 많은 사람은 붉은 고기가 건강에 부정적인 영향을 미친다고 생각하기 때문에 그들의 식단에서 붉은 고기를 뺐다. 하지만 최근의 연구는 적은 양의 붉은 고기를 먹는 것은 이롭다는 것을 보여주었다. 연구원들은 붉은 고기가 대부분의 채소에서는 발견하기 어려운 완전 단백질의 원천이라는 것을 발견했다. 게다가 붉은 고기는 아연과 철분을 함유하고 있는데, 이것들은 우리 몸에 필수적이다.

① 체중 증가의 위험을 줄이기 위해

② 신체의 건강을 지키기 위해

어휘 remove [동] 빼다, 없애다 diet [명] 식단, 식사 beneficial [형] 이로운, 유익한 source [명] 원천, 근원 protein [명] 단백질 zinc [명] 아연 iron [명] 철분 crucial [형] 필수적인, 중대한 gain [명] 증가 [동] 얻다 physical [형] 신체의

정답 ②

➕ 구문독해

1 Many people have removed red meat / from their diet / *because they believe / that it
많은 사람은 붉은 고기를 뺐다　　　　그들의 식단에서　　　그들이 생각하기 때문에　　그것이

has a negative effect / on their health.
부정적인 영향을 미친다고　　　그들의 건강에

* **부사절 접속사 because가 이끄는 절이 문장을 꾸며주는 수식어인 경우**　주어가 동사하기 때문에

because they believe ~ their health는 앞에 있는 문장을 꾸며주는 수식어입니다. 이처럼 부사절 접속사 because가 이끄는
절이 문장을 꾸며주는 수식어인 경우, '주어가 동사하기 때문에'라고 해석합니다.

2 However, / a recent study has shown / that *eating small amounts of red meat / is
하지만　　　　최근 연구는 보여주었다　　　　　적은 양의 붉은 고기를 먹는 것은

beneficial.
이롭다는 것을

* **동명사가 주어인 경우**　~하는 것은

eating small amounts of red meat은 that이 이끄는 명사절의 주어입니다. 이처럼 동명사가 주어인 경우, '~하는 것은'이라고
해석합니다.

3 The researchers found / *that red meat is a source / of complete proteins / that are
연구원들은 발견했다　　　　　붉은 고기가 원천이라는 것을　　　완전 단백질의

difficult to find / in most vegetables.
발견하기 어려운　　　대부분의 채소에서는

* **that이 이끄는 명사절이 목적어인 경우**　주어가 동사하다는 것을

that red meat is ~ vegetables는 동사 found의 목적어입니다. 이처럼 that이 이끄는 명사절이 목적어인 경우, '주어가 동사하다는
것을'이라고 해석합니다.

4 In addition, / red meat contains zinc and iron, / which are crucial for the body.
게다가　　　　붉은 고기는 아연과 철분을 함유한다　　　이것들은 우리 몸에 필수적이다

02 다음 글을 읽고 소셜 미디어를 자주 사용하는 것의 단점으로 가장 적절한 것을 고르면?

[1] Lately, I've noticed that I spend too much time communicating with my friends online.
[2] I stay in my room, chatting with my friends online rather than meeting them in person.
[3] At first I enjoyed doing this, but now I'm not so sure.
[4] Some days I feel less connected to my friends than before.
[5] I'm beginning to think that using social media is not as fulfilling as face-to-face interaction.

① It can be isolating at times.
② It quickly becomes uninteresting.

문제풀이

해설 소셜 미디어를 자주 사용하는 것의 단점이 무엇인지를 파악하는 문제입니다. 지문 마지막에서 화자는 소셜 미디어로 소통하면 친구들과 덜 연결되어 있는 기분이 들고, 마주 보고 하는 상호 교류에 비해 만족감도 덜하다고 했습니다. 따라서 소셜 미디어를 자주 사용하는 것의 단점은 '때로는 고독감을 느끼게 할 수 있다'라는 것이므로, ①번이 정답입니다.

해석 최근에 나는 친구들과 온라인으로 연락을 주고받는 데 너무 많은 시간을 보낸다는 것을 알아차렸다. 나는 친구들을 직접 만나기보다 그들과 온라인으로 채팅하면서, 내 방에 가만히 있는다. 처음에는 이렇게 하는 것을 즐겼지만, 지금은 잘 모르겠다. 어떤 날은 친구들과 이전보다 덜 연결되어 있는 기분이 든다. 나는 소셜 미디어를 사용하는 것이 마주 보고 하는 상호 교류만큼 만족스럽지 않다는 생각이 들기 시작했다.
① 때로는 고독감을 느끼게 할 수 있다.
② 빨리 재미없어진다.

어휘 communicate [동] 연락을 주고받다, 의사소통을 하다 in person 직접 fulfilling [형] 만족스러운, 충족감이 있는
face-to-face 마주보는, 대면하는 isolate [동] 고립시키다, 격리하다 at times 때로는, 가끔은 uninteresting [형] 재미없는

정답 ①

⊕ 구문독해

1 Lately, / I've noticed / that I spend too much time / communicating with my friends
　　최근에　　　나는 알아차렸다　　　내가 너무 많은 시간을 보낸다는 것을　　　　내 친구들과 온라인으로 연락을 주고받는 데
online.

2 I stay in my room, / *chatting with my friends online / rather than meeting them /
　　나는 내 방에 가만히 있다　　　내 친구들과 온라인으로 채팅하면서　　　　그들을 만나기보다
in person.
　직접

* **A rather than B** B보다 A

chatting ~ in person에는 'A(chatting with my friends online) rather than B(meeting them in person)'가 사용되어, '친구들을 직접 만나기보다 그들과 온라인으로 채팅을 하면서'라고 해석합니다.

3 At first / I enjoyed *doing this, / but now I'm not so sure.
　　처음에는　　　나는 이렇게 하는 것을 즐겼다　　　하지만 지금은 잘 모르겠다

* **동명사가 목적어인 경우** ~하는 것을

doing this는 동사 enjoyed의 목적어입니다. 이처럼 동명사가 목적어인 경우, '~하는 것을'이라고 해석합니다.

4 Some days / I feel less connected to my friends / than before.
　　어떤 날은　　　나는 친구들과 덜 연결되어 있는 기분이 든다　　　이전보다

5 I'm beginning to think / that using social media / is not *as fulfilling as face-to-face
　　나는 생각이 들기 시작했다　　　소셜 미디어를 사용하는 것이　　　마주 보고 하는 상호 교류만큼 만족스럽지 않다는
interaction.

* **as ~ as …** …만큼 ~한

as fulfilling as ~ interaction에는 동등함을 나타내는 'as ~ as …'가 사용되어, '마주 보고 하는 상호 교류만큼 만족스러운'이라고 해석합니다.

❶ In an attempt to reduce civilian injuries, several non-lethal weapons have been devised to be used by officers in place of handguns.

❷ Tasers deliver an electric shock to their target.

❸ And pepper sprays contain a chemical that brings tears and pain to the eye and even temporary blindness.

❹ Although these weapons were designed with the safety of the public in mind, there are now opposing voices regarding their potential danger.

According to the passage, non-lethal weapons may _____.

① be replaced by police in favor of handguns
② not be harmless as people previously thought

문제풀이

해설 비치명적 무기가 어떠할 수도 있을지를 파악하는 문제입니다. 지문 처음에서 비치명적 무기는 민간인 부상을 줄이기 위해 고안되었으나, 지문 마지막에서 그 잠재 위험에 대한 반대의 의견이 있다고 했습니다. 따라서 비치명적 무기는 '이전에 생각했던 것보다 무해하지 않을' 수도 있으므로, ②번이 정답입니다.

해석 민간인 부상을 줄이려는 시도로, 경찰관이 권총 대신에 사용하도록 몇몇 비치명적 무기가 고안되었다. 전기 충격기는 표적에 전기 충격을 가한다. 그리고 페퍼 스프레이에는 눈에 눈물과 통증, 심지어 일시적인 실명을 유발하는 화학 물질이 들어 있다. 이 무기들은 대중의 안전을 염두에 두고 고안되었음에도 불구하고, 이제는 그 잠재 위험에 대한 반대의 목소리가 있다.

지문에 따르면, 비치명적 무기는 <u>이전에 생각했던 것보다 무해하지 않을</u> 수도 있다.

① 찬성을 받는 권총으로 대체될
② 이전에 생각했던 것보다 무해하지 않을

어휘 **attempt** 圆 시도 **civilian** 園 민간의 **non-lethal** 園 비치명적인 **devise** 圄 고안하다, 발명하다 **handgun** 圆 권총
taser 圆 전기 충격기, 테이저 총 **temporary** 園 일시적인 **blindness** 圆 실명 **in favor of** ~에 찬성하여 **harmless** 園 무해한

정답 ②

⊕ 구문독해

1 In an attempt / *to reduce civilian injuries, / several non-lethal weapons / have been
　　시도로　　　　　　민간인 부상을 줄이는　　　　　　　　몇몇 비치명적 무기가　　　　　　　　　고안되었다

devised / to be used by officers / in place of handguns.
　　　　경찰관들에 의해 사용되기 위해　　　　권총 대신에

> ＊ **to 부정사가 명사를 꾸며주는 수식어인 경우**　~하는
>
> to reduce civilian injuries는 앞에 있는 an attempt를 꾸며주는 수식어입니다. 이처럼 to 부정사가 명사를 꾸며주는 수식어인
> 경우, '~하는'이라고 해석합니다.

2 Tasers deliver an electric shock / to their target.
　　　전기 충격기는 전기 충격을 가한다　　　　　그것의 표적에

3 And pepper sprays contain a chemical / *that brings tears and pain / to the eye / and
　　그리고 페퍼 스프레이에는 화학 물질이 들어 있다　　　　　눈물과 통증을 유발하는　　　　눈에

even temporary blindness.
그리고 심지어 일시적인 실명을

> ＊ **주격 관계대명사(that)가 이끄는 절이 수식어인 경우**　동사하는
>
> that brings tears ~ blindness는 앞에 있는 a chemical을 꾸며주는 수식어입니다. 이처럼 주격 관계대명사(that)가 이끄는
> 절이 수식어인 경우, '동사하는'이라고 해석합니다.

4 Although these weapons were designed / with the safety of the public / in mind, / there
　　　　　　이 무기들은 고안되었음에도 불구하고　　　　　　　대중의 안전을 두고　　　　　염두에

are now opposing voices / regarding their potential danger.
이제는 반대의 목소리가 있다　　　　　　그것들의 잠재 위험에 대한

❶ While more people than ever are attending college, tuition costs have risen beyond the budgets of most students.

❷ When they finish school, they are left with enormous amounts of student loan debt.

❸ Paying off this debt makes it harder for young people to save money, purchase homes, and prepare for their retirement.

❹ This is a major problem that governments need to address through new social programs.

According to the passage, student loan debt is caused by _____.

① increased education costs
② insufficient savings

문제풀이

해설 학자금 대출 빚이 무엇으로 인해 발생하는지를 파악하는 문제입니다. 지문 처음에서 대학교 등록금이 학생들의 예산을 넘어 상승해서, 학생들이 많은 빚을 진 채 학교를 졸업하고 있다고 설명하고 있습니다. 따라서 학자금 대출 빚은 '인상된 교육비' 때문에 발생하므로, ①번이 정답입니다.

해석 여느 때보다 더 많은 사람이 대학교를 다니고 있는 한편, 등록금은 대부분의 학생들의 예산을 넘어 상승했다. 학생들은 학교를 마치면 엄청난 양의 학자금 대출 빚을 떠안게 된다. 이 빚을 다 갚는 것은 젊은 사람들이 돈을 저축하고, 집을 사고, 은퇴를 대비하기 더 어렵게 만들고 있다. 이것은 정부가 새로운 사회 프로그램을 통해 다룰 필요가 있는 중대한 문제이다.

> 지문에 따르면, 학자금 대출 빚은 <u>인상된 교육비</u>로 인해 발생한다.

① 인상된 교육비
② 불충분한 저금

어휘 tuition 몡 등록금, 수업 beyond 전 ~을 넘어서 enormous 혱 엄청난, 막대한 debt 몡 빚 retirement 몡 은퇴
address 동 (어려운 문제를) 다루다 몡 주소 insufficient 혱 불충분한 saving 몡 저금

정답 ①

⊕ 구문독해

1 While more people than ever / are attending college, / tuition costs have risen / beyond
여느 때보다 더 많은 사람이 ~하는 한편　　　　대학교를 다니고 있다　　　　등록금은 상승했다

the budgets / of most students.
예산을 넘어　　　대부분의 학생들의

2 When they finish school, / they are left / with enormous amounts of student loan debt.
그들이 학교를 마치면　　　그들은 남겨진다　　　엄청난 양의 학자금 대출 빚과 함께

3 Paying off this debt / makes *it harder / for young people / to save money, / purchase
이 빚을 다 갚는 것은　　　더 어렵게 만든다　　　젊은 사람들이　　　돈을 저축하는 것을　　　집을 사는 것을

homes, / and prepare for their retirement.
　　　그리고 은퇴를 대비하는 것을

* 가짜 목적어 it과 진짜 목적어 to 부정사가 쓰인 경우 ~하는 것을

it은 동사 makes의 가짜 목적어로 해석하지 않으며 to save money ~ retirement가 진짜 목적어입니다. 이처럼 to 부정사가
진짜 목적어로 쓰인 경우, '~하는 것을'라고 해석합니다.

4 This is a major problem / *that governments need to address / through new social
이것은 중대한 문제이다　　　정부가 다룰 필요가 있는　　　새로운 사회 프로그램을 통해

programs.

* 목적격 관계대명사(that)가 이끄는 절이 수식어인 경우 주어가 동사하는

that governments ~ programs는 앞에 있는 a major problem을 꾸며주는 수식어입니다. 이처럼 목적격 관계대명사(that)
가 이끄는 절이 수식어인 경우, '주어가 동사하는'이라고 해석합니다.

01 다음 글에 의하면, Hanson의 여동생이 화를 낸 이유는?

Hanson, a frugal man by nature, was always looking for ways to save a few extra dollars. When his sister visited him from out of town, he naturally decided to book the cheapest hotel room that he could find. Though he was pleased at having spent so little, the room itself turned out to be horrible. There were stains in the carpet, dirty sheets on the bed, and mold growing all over the walls. Needless to say, his sister was furious. It was only then that Hanson realized that we get exactly what we pay for.

① The hotel room was too expensive.

② The hotel room was unclean.

③ Hanson's house was old.

④ Hanson was late.

• **Voca** • -

frugal 형 절약하는   **nature** 명 천성, 자연   **book** 통 예약하다   **turn out** ~인 것으로 드러나다   **horrible** 형 끔찍한   **stain** 명 얼룩, 때
mold 명 곰팡이   **needless to say** 말할 필요도 없이   **furious** 형 몹시 화가 난   **realize** 통 깨닫다   **unclean** 형 더러운, 불결한

Long ago, getting married in China was a complicated process. Typically, an unmarried man's parents would search for a bride. Once the parents introduced the man and the woman, the potential couple would check each other's birthdates. If the birthdates matched together well, then a marriage could take place. Eventually, the groom's family would send gifts to the bride's family as a proposal. On the day of the wedding, the bridal party would walk to the groom's home, where the wedding ceremony would be held.

According to the passage, couples in ancient China were considered fit for marriage as long as _____.

① their birthdates were a good match
② their parents introduced them
③ the groom could afford good gifts
④ the bride's family picked the groom

• **Voca** • -

complicated 휑 복잡한 **typically** 훮 일반적으로 **bride** 명 신부 **potential** 휑 가능성이 있는 **match** 동 맞다, 어울리다
take place 일어나다, 발생하다 **groom** 명 신랑 **proposal** 명 청혼, 제안 **party** 명 일행, 파티 **hold** 동 (식을) 거행하다, 잡고 있다 **fit** 동 걸맞다

03 다음 글에 의하면, 비만인 사람들이 식욕을 조절하지 못하는 이유로 가장 적절한 것은?

According to doctor Jeffrey Friedman, obesity should be viewed as not simply a behavioral problem but also a genetic one. This new way of viewing the obesity problem is due to the discovery of leptin. Leptin is a chemical in the brain that controls appetite and makes people feel satisfied with smaller amounts of food. Friedman determined that most overweight people have low amounts of leptin. Their low leptin levels cause them to crave food and to continue eating after their stomachs are full. Doctors are hopeful that increasing leptin levels in obese people will help them control their appetites and lose weight.

① lack of self-control
② deficiency of a chemical
③ insufficient appetite for food
④ history of bad eating habits

• **Voca** • -

obesity 뗑 비만 behavioral 뗑 행동의 genetic 뗑 유전의 due to ~ 때문에 chemical 뗑 화학 물질 뗑 화학의
appetite 뗑 식욕, 욕구 overweight 뗑 비만의, 과체중의 crave 뗑 갈망하다 self-control 뗑 자제력 deficiency 뗑 결핍
insufficient 뗑 불충분한

04 다음 글의 빈칸에 들어갈 말로 가장 적절한 것은?

Most drivers these days can hardly reach their destinations without the aid of GPS navigation. Modern GPS navigation systems are highly advanced devices that are able to provide ongoing updates on traffic conditions, in addition to mapping multiple sets of directions. Moreover, GPS systems can indicate which lane the vehicle must be in to make a necessary turn at a junction. This is particularly helpful for urban drivers when used with the 3D building view mode. Safety and convenience features, like voice command, allow for hands-free control of the device and allow users to keep their full attention on the road when driving.

A feature of current GPS navigation systems not mentioned by the author is _____.

① voice activated controls
② multiple route options
③ traffic lane guidance
④ local building search

• **Voca** • -

destination 몡 목적지   advanced 휑 진보한, 선진의   ongoing 휑 계속 진행 중인   map 툉 지도로 나타내다 몡 지도   indicate 툉 보여주다
lane 몡 차선   junction 몡 교차로, 나들목   urban 휑 도시의   convenience 몡 편의   command 몡 명령   control 몡 조종, 제어
activate 툉 작동시키다, 활성화하다   guidance 몡 안내

05 다음 글을 읽고 바이에른 축제의 특징으로 언급되지 않은 것을 고르면?

Thousands of people will come to the US town of Frankenmuth, Michigan, for next week's Bavarian Festival. The event gives visitors a chance to enjoy German culture without traveling to Europe. Guests can learn basic German phrases, eat traditional German food, and purchase homemade arts and crafts from the Bavaria region of Germany. Each evening will feature music performances by bands that play traditional Bavarian folk music. The festival is held only once a year, so it is a rare opportunity to experience German culture firsthand.

① handmade items produced in Bavaria
② traditional German music acts
③ food from many European countries
④ lessons on the German language

06 다음 글의 빈칸에 들어갈 가장 적절한 것은?

Have you ever wondered what causes the northern lights that illuminate the night sky in extraordinary colors? This beautiful phenomenon of science can be seen in the skies near the North Pole and its origins can be attributed to the Sun. First of all, the Sun constantly emits particles known as electrons throughout the solar system, and Earth's magnetic field pulls some of these particles into the planet's atmosphere. Once they hit the atmosphere, the electrons from the Sun collide with atoms of gases such as oxygen, nitrogen, and hydrogen. These collisions cause a colored glow to appear in the sky.

According to the passage, the northern lights are a result of _____.

① reactions between different gas molecules
② disturbances in the planet's magnetic field
③ sunlight being reflected through the solar system
④ matter from the Sun colliding with the atmosphere

07 다음 글에 의하면, 가공되지 않은 초콜릿의 이점으로 언급되지 않은 것은?

It is commonly assumed that chocolate is unhealthy because it is sold as a sugary snack. Unprocessed chocolate, however, is full of nutrients. Studies claim that it slows aging and reduces the risk of heart disease. Although unprocessed chocolate is made from the same cocoa beans that processed chocolate is made from, the beans are not roasted, which preserves the antioxidants and vitamins within them that make them so healthy. Moreover, unprocessed chocolate is a natural antidepressant that can actually improve people's moods. Those who are serious about their health may well want to consider choosing unprocessed chocolate as their next dessert.

① It is rich in nutrients.
② It is used in antidepressants.
③ It helps delay aging.
④ It helps prevent heart conditions.

08 다음 글의 빈칸에 들어갈 말로 가장 적절한 것은?

If we want to improve our country's financial situation, we need to address the issue of income tax refunds. Providing larger income tax refunds can aid not only companies but also consumers. Research shows that many people increase their spending after receiving an income tax refund, putting money back into the economic cycle. Consumers benefit from being able to purchase more goods that they need, while the increased spending results in greater profits for companies. In addition, the government uses the income that it collects from consumer purchases to fund social programs that help create employment. Giving people more tax money back at the end of the year, therefore, is a great way to give the economy a boost.

According to the passage, increasing income tax refunds benefits companies because _____.

① people use this money to shop
② they improve local economies
③ more job programs can be funded
④ people buy fewer expensive goods

정답 p.34

Chapter 04에 나온 어휘를 암기한 후 퀴즈로 확인해 보세요.

□ aspect	뗑 측면	□ frugal	뒝 절약하는
□ eligibility	뗑 자격, 적임	□ book	뙑 예약하다
□ loan	뗑 대출	□ turn out	~인 것으로 드러나다
□ unpaid	뒝 미납의	□ horrible	뒝 끔찍한
□ irresponsible	뒝 무책임한	□ stain	뗑 얼룩, 때
□ maintain	뙑 유지하다, 주장하다	□ mold	뗑 곰팡이
□ promptly	뙾 지체 없이, 즉시	□ furious	뒝 몹시 화가 난
□ overdue	뒝 체납된, 기한이 지난	□ realize	뙑 깨닫다
□ acquire	뙑 획득하다, 얻다	□ unclean	뒝 더러운, 불결한
□ diet	뗑 식단, 식사	□ bride	뗑 신부
□ beneficial	뒝 이로운, 유익한	□ match	뙑 맞다, 어울리다
□ protein	뗑 단백질	□ take place	뙑 일어나다, 발생하다
□ communicate	뙑 연락을 주고받다, 의사소통을 하다	□ groom	뗑 신랑
□ civilian	뒝 민간의	□ obesity	뗑 비만
□ devise	뙑 고안하다, 발명하다	□ behavioral	뒝 행동의
□ tuition	뗑 등록금, 수업	□ genetic	뒝 유전의
□ enormous	뒝 엄청난, 막대한	□ appetite	뗑 식욕, 욕구
□ debt	뗑 빚	□ overweight	뒝 비만의, 과체중의
□ retirement	뗑 은퇴	□ crave	뙑 갈망하다
□ address	뙑 (어려운 문제를) 다루다 뗑 주소	□ deficiency	뗑 결핍

Quiz 각 어휘의 알맞은 뜻을 찾아 연결하세요.

01 acquire	ⓐ (어려운 문제를) 다루다	06 turn out	ⓐ 갈망하다
02 tuition	ⓑ 이로운, 유익한	07 groom	ⓑ 결핍
03 promptly	ⓒ 획득하다, 얻다	08 frugal	ⓒ 절약하는
04 address	ⓓ 등록금, 수업	09 crave	ⓓ 신랑
05 beneficial	ⓔ 측면	10 deficiency	ⓔ 식단, 식사
	ⓕ 지체 없이, 즉시		ⓕ ~인 것으로 드러나다

☐ insufficient	휑 불충분한	☐ electron	명 전자
☐ destination	명 목적지	☐ atmosphere	명 대기
☐ advanced	휑 진보한, 선진의	☐ collide	동 충돌하다, 부딪치다
☐ ongoing	휑 계속 진행 중인	☐ atom	명 원자
☐ map	동 지도로 나타내다 명 지도	☐ glow	명 불빛 동 빛나다
☐ lane	명 차선	☐ reaction	명 반응
☐ junction	명 교차로, 나들목	☐ molecule	명 분자
☐ urban	휑 도시의	☐ disturbance	명 교란, 방해
☐ convenience	명 편의	☐ reflect	동 반사하다
☐ control	명 조종, 제어	☐ sugary	휑 단, 설탕이 든
☐ activate	동 작동시키다, 활성화하다	☐ nutrient	명 영양소
☐ guidance	명 안내	☐ aging	명 노화
☐ homemade	휑 수제의	☐ roast	동 볶다, 굽다
☐ craft	명 공예	☐ heart condition	명 심장 질환
☐ folk	휑 민속의	☐ financial	휑 재정의
☐ firsthand	튀 직접	☐ aid	동 돕다
☐ illuminate	동 밝히다	☐ consumer	명 소비자
☐ extraordinary	휑 놀라운, 비범한	☐ economic	휑 경기의, 경제의
☐ emit	동 방출하다, 내뿜다	☐ cycle	명 순환, 주기
☐ particle	명 입자	☐ boost	명 (신장시키는) 힘 동 북돋우다

Quiz 각 어휘의 알맞은 뜻을 찾아 연결하세요.

01 activate	ⓐ 불충분한	06 collide	ⓐ 영양소
02 emit	ⓑ 입자	07 aid	ⓑ 충돌하다, 부딪치다
03 insufficient	ⓒ 작동시키다, 활성화하다	08 nutrient	ⓒ 돕다
04 particle	ⓓ 직접	09 disturbance	ⓓ (신장시키는) 힘, 북돋우다
05 firsthand	ⓔ 방출하다, 내뿜다	10 boost	ⓔ 불빛
	ⓕ 공예		ⓕ 교란, 방해

Answer 01 ⓒ 02 ⓔ 03 ⓐ 04 ⓑ 05 ⓓ 06 ⓑ 07 ⓒ 08 ⓐ 09 ⓕ 10 ⓓ

gosi.Hackers.com

추론 유형

Chapter 05 빈칸 완성 ① 단어·구·절

단어·구·절을 넣는 빈칸 완성 유형은 지문의 내용이 자연스럽게 연결되도록 제시된 빈칸에 알맞은 단어, 구, 절을 골라 넣는 문제입니다. 한 개의 빈칸을 채우는 문제가 가장 많이 출제되며, 두 개의 빈칸이 나오고 각 빈칸에 알맞은 짝으로 이루어진 보기를 고르는 문제가 출제되기도 합니다.

문제풀이 전략

1. 빈칸이 있는 문장을 먼저 읽고 빈칸에 들어가야 할 내용을 확인한 후 지문 전체를 빠르게 읽습니다.

2. 빈칸이 지문의 처음이나 마지막에 있는 경우, 빈칸에는 지문을 요약한 내용이나 중심 내용이 주로 들어가므로 지문의 중심 내용과 전체적인 흐름을 파악합니다.

3. 빈칸이 지문의 중간에 있는 경우, 빈칸에는 지문의 흐름에 맞는 내용이 들어가므로 빈칸 앞뒤의 문장을 읽고 글의 논리적 흐름을 파악합니다.

유형 대표 예제

밑줄 친 부분에 들어갈 표현으로 가장 적절한 것은?

Researchers believe that a shortage of natural sunlight causes depression in some people. This condition is known as Seasonal Affective Disorder (SAD). Sufferers of SAD should spend one or two hours each day under a lamp that simulates sunlight. Studies show that these lamps improve people's mood because they cause the body to produce higher levels of a hormone associated with feeling _____.

① polite
② pleasure
③ attentive
④ unease

Voca shortage 몡 부족 depression 몡 우울증 simulate 통 모방하다, 가장하다 associated 혱 관련된 attentive 혱 배려하는 unease 몡 불안

문제풀이 전략 적용

밑줄 친 부분에 들어갈 표현으로 가장 적절한 것은?

Researchers believe that a shortage of natural sunlight causes depression in some people. This condition is known as Seasonal Affective Disorder (SAD). Sufferers of SAD should spend one or two hours each day under a lamp that simulates sunlight. Studies show that these lamps improve people's mood because they cause the body to produce higher levels of a hormone associated with feeling _____.

→ 빈칸이 있는 문장

→ 램프가 무엇을 느끼는 것과 관련된 호르몬을 분비하게 하는지가 들어가야 합니다.

① polite

② pleasure

③ attentive

④ unease

연구원들은 자연광의 부족이 일부 사람들에게 우울증을 유발한다고 생각한다. 이 질환은 계절성 정서 장애(SAD)로 알려져 있다. 계절성 정서 장애를 앓는 사람들은 햇빛을 모방한 램프 밑에서 매일 한두 시간을 보내야 한다. 연구는 이러한 램프들은 신체가 _____ (것)을 느끼는 것과 관련된 호르몬을 더 높은 수치로 분비하도록 하기 때문에 사람들의 기분을 낮게 한다는 것을 보여준다.

① 공손한
② 즐거움
③ 배려하는
④ 불안

해설 빈칸에 들어갈 알맞은 단어를 고르는 문제입니다. 빈칸에 램프들이 신체가 무엇을 느끼는 것과 관련된 호르몬을 더 많이 분비하게 하는지가 들어가야 함을 확인합니다. 지문 전반에 걸쳐 '햇빛을 모방한 램프는 계절성 정서 장애를 앓는 사람들의 기분을 낮게 한다'라고 했으므로, 빈칸에 pleasure(즐거움)를 넣으면 마지막 문장이 '램프가 즐거움을 느끼는 것과 관련된 호르몬의 분비를 증가시켜 사람들의 기분을 낮게 한다'라는 지문의 중심 내용이 됩니다. 따라서 ② pleasure를 정답으로 고릅니다.

먼저 문제를 풀고, 각 문장을 끊어 읽으면서 정확히 해석해 보세요.

 다음 중 밑줄 친 부분에 들어갈 가장 적절한 단어는?

> ❶ Have you ever heard of the Great Pacific Garbage Patch?
>
> ❷ It is a huge pool of garbage and plastic in the middle of the Pacific Ocean.
>
> ❸ This garbage has had an enormous effect on the ecosystem, as it kills plants and animals.
>
> ❹ To fix this problem, we must make an effort to reduce our _____!
>
> ❺ Only this can save nature.

① expenses

② waste

문제풀이

해설   지문의 빈칸을 채우는 문제입니다. 빈칸이 있는 문장을 통해 빈칸에 생태계가 파괴되는 문제를 해결하기 위해 무엇을 줄이려는 노력을 해야 하는지에 대한 내용이 나와야 적절하다는 것을 알 수 있습니다. 빈칸 앞 문장에 태평양의 거대한 쓰레기 더미가 동식물을 죽여 생태계에 엄청난 영향을 미치고 있다는 내용이 있으므로, '쓰레기'라고 한 ②번이 정답입니다.

해석   태평양 거대 쓰레기 더미에 대해 들어본 적이 있는가? 이것은 태평양 한가운데에 있는 거대한 쓰레기와 플라스틱 웅덩이이다. 이 쓰레기는 동물을 죽이고 있기 때문에 생태계에 엄청난 영향을 미쳐오고 있다. 이 문제를 해결하기 위해, 우리는 반드시 <u>쓰레기</u>를 줄이려는 노력을 해야 한다! 오직 이것만이 자연을 구할 수 있다.
    ① 비용
    ② 쓰레기

어휘   **pool** 웅덩이   **garbage** 쓰레기   **enormous** 엄청난, 막대한   **ecosystem** 생태계   **fix** 해결하다, 고치다   **reduce** 줄이다
    expense 비용, 경비   **waste** 쓰레기, 낭비 낭비하다

정답   ②

⊕ 구문독해

1 *Have you ever heard of / the Great Pacific Garbage Patch?
당신은 ~에 대해 들어본 적이 있는가   태평양 거대 쓰레기 더미

* **동사가 'have 동사 + p.p.'인 경우** ~해본 적이 있다
  Have heard는 'have 동사 + p.p.' 형태의 동사로, '~해본 적이 있다'라고 해석합니다.

2 It is a huge pool / of garbage and plastic / in the middle of the Pacific Ocean.
이것은 거대한 웅덩이이다   쓰레기와 플라스틱의   태평양의 한가운데에 있는

3 This garbage / has *had an enormous effect / on the ecosystem, / as it kills plants
이 쓰레기는   엄청난 영향을 미쳐오고 있다   생태계에   동식물을 죽이고 있기 때문이다
and animals.

* **have an effect on ~** ~에 영향을 미치다
  had an enormous effect on the ecosystem에는 'have an effect on ~'이 사용되어, '생태계에 엄청난 영향을 미쳤다'라고
  해석합니다.

4 To fix this problem, / we must make an effort / *to reduce our waste!
이 문제를 해결하기 위해   우리는 반드시 노력을 해야 한다   쓰레기를 줄이는

* **to 부정사가 명사를 꾸며주는 수식어인 경우** ~하는
  to reduce our waste는 앞에 있는 an effort를 꾸며주는 수식어입니다. 이처럼 to 부정사가 명사를 꾸며주는 수식어인 경우,
  '~하는'이라고 해석합니다.

5 Only this / can save nature.
오직 이것만이   자연을 구할 수 있다

02 다음 중 밑줄 친 부분에 들어갈 가장 적절한 단어는?

[1] *Alice in Wonderland* is a famous children's book published in 1865.

[2] In the book, the main character Alice takes an unusual and exciting journey through a strange world.

[3] To many people's surprise, the story also has a sequel, *Through the Looking-Glass and What Alice Found There*.

[4] This story takes place six months after the events of the first book.

[5] In the second novel, Alice returns to Wonderland for another ______________.

① adventure

② publication

문제풀이

해설 지문의 빈칸을 채우는 문제입니다. 빈칸이 있는 문장을 통해 빈칸에 『이상한 나라의 앨리스』의 속편인 『거울 나라의 앨리스』에서 앨리스는 또 다른 무엇을 위해 이상한 나라로 돌아오는지에 대한 내용이 나와야 적절하다는 것을 알 수 있습니다. 지문의 처음에서 『거울 나라의 앨리스』의 전편에서 앨리스는 이상한 나라로 특이하고 신나는 여행을 떠난다는 내용이 있으므로, '모험'이라고 한 ①번이 정답입니다.

해석 『이상한 나라의 앨리스』는 1865년에 출판된 유명한 아동도서이다. 책에서 주인공 앨리스는 이상한 나라로 특이하고 신나는 여행을 떠난다. 놀랍게도, 이 이야기는 『거울 나라의 앨리스』라는 속편도 있다. 이 이야기는 첫 번째 책의 사건들로부터 6개월이 지난 후에 일어난다. 두 번째 소설에서 앨리스는 또 다른 모험을 하려고 이상한 나라로 돌아온다.

① 모험

② 출판물

어휘 publish [동] 출판하다 character [명] 등장인물, 특징 journey [명] 여행 sequel [명] 속편 take place 일어나다, 열리다
publication [명] 출판물

정답 ①

➕ 구문독해

1 *Alice in Wonderland* / is a famous children's book / *published in 1865.
　　『이상한 나라의 앨리스』는　　　　유명한 아동 도서이다　　　　　　1865년에 출판된

＊ 과거분사가 수식어인 경우　~된
published는 앞에 있는 a famous children's book을 꾸며주는 수식어입니다. 이처럼 과거분사가 수식어인 경우, '~된'이라고 해석합니다.

2 In the book, / the main character Alice / takes an unusual and exciting journey / through
　　책에서　　　　　　주인공 앨리스는　　　　　　　특이하고 신나는 여행을 떠난다
a strange world.
이상한 나라로

3 *To many people's surprise, / the story also has a sequel, / *Through the Looking-Glass*
　　놀랍게도　　　　　　　　이 이야기는 속편도 있다　　　　　　『거울 나라의 앨리스』라는
and What Alice Found There.

＊ to one's 감정을 나타내는 명사　감정을 나타내는 명사하게도
To many people's surprise에는 'to one's 감정을 나타내는 명사'가 사용되어, '놀랍게도'라고 해석합니다.

4 This story takes place / six months after / the events of the first book.
　　이 이야기는 일어난다　　6개월이 지난 후에　　　첫 번째 책의 사건들로부터

5 In the second novel, / Alice returns to Wonderland / for another adventure.
　　두 번째 소설에서　　　　앨리스는 이상한 나라로 돌아온다　　　또 다른 모험을 하려고

03 다음 글의 문맥상 밑줄 친 부분에 들어갈 가장 적절한 표현은?

> ❶ One day, a boy offered to mow the lawn.
>
> ❷ He pushed the lawn mower around the yard for an hour, yet the grass didn't
> _____.
>
> ❸ Confused and frustrated, he walked back into the garage where his father was
> working.
>
> ❹ However, before the boy could speak, his father said, "OK, now where's the lawn
> mower? I'm ready to put the blade back on."

① seem very healthy

② get any shorter

문제풀이

해설 지문의 빈칸을 채우는 문제입니다. 빈칸이 있는 문장을 통해 빈칸에 소년이 한 시간 동안 잔디를 깎은 후에도 잔디가 어떠했는지에 대한 내용이 나와야 적절하다는 것을 알 수 있습니다. 빈칸 뒤 문장에 소년의 아버지가 잔디 깎는 기계를 찾으며 잔디를 깎는 날을 다시 넣어야 한다고 말하는 내용이 있으므로, 잔디가 깎이지 않아 '조금도 짧아지지' 않았다고 한 ②번이 정답입니다.

해석 어느 날, 소년은 잔디를 깎겠다고 했다. 그는 잔디 깎는 기계로 마당 여기저기를 한 시간 동안이나 밀었지만, 잔디는 조금도 짧아지지 않았다. 그는 당황하고 낙담한 채, 아버지가 일하고 있던 차고로 돌아갔다. 하지만 소년이 말하기도 전에, 그의 아버지가 말했다. "좋아, 이제 잔디 깎는 기계가 어디에 있지? 나는 날을 다시 넣을 준비가 되었어."
① 별로 건강해 보이지
② 조금도 짧아지지

어휘 **mow** 통 (잔디를) 깎다 **lawn** 명 잔디 **yard** 명 마당, 뜰 **frustrated** 형 낙담한, 좌절한 **garage** 명 차고 **blade** 명 날, 칼날

정답 ②

➕ 구문독해

1 One day, / a boy offered / *to mow the lawn.
　　어느 날　　　소년이 제안했다　　　　잔디를 깎는 것을

✳ to 부정사가 목적어인 경우　~하는 것을

to mow the lawn은 동사 offered의 목적어입니다. 이처럼 to 부정사가 목적어인 경우, '~하는 것을'이라고 해석합니다.

2 He pushed the lawn mower / around the yard / for an hour, / yet the grass didn't get any
　　그는 잔디 깎는 기계를 밀었다　　　　　마당 여기저기를　　　한 시간 동안　　　　하지만 잔디는 조금도 짧아지지 않았다

shorter.

3 *Confused and frustrated, / he walked back / into the garage / where his father was
　　당황하고 낙담한 채　　　　　그는 걸어 돌아갔다　　　　차고로　　　　　아버지가 일하고 있던

working.

✳ 분사구문이 문장을 꾸며주는 수식어인 경우　~한 채

Confused and frustrated는 뒤에 있는 문장을 꾸며주는 수식어입니다. 이처럼 분사구문이 문장을 꾸며주는 수식어인 경우, 문맥에 따라 '~한 채', '~하기 때문에,' '~하면' 등 다양한 의미로 해석이 가능한데, 이 경우에는 '~한 채'라고 해석하는 것이 자연스럽습니다.

4 However, / before the boy could speak, / his father said, / "OK, now where's the lawn
　　하지만　　　　소년이 말하기도 전에　　　　그의 아버지가 말했다　　　좋아, 이제 잔디 깎는 기계가 어디에 있지

mower? I'm ready / to put the blade back on."
　　　나는 준비가 되었어　　　　날을 다시 넣을

04 밑줄 친 부분에 들어갈 가장 알맞은 것은?

> ❶ Yesterday afternoon, a routine traffic stop quickly turned into _____.
>
> ❷ Philadelphia police pulled a woman over when they noticed her driving too fast on Terrace Drive.
>
> ❸ After searching the vehicle, they found illegal substances inside.
>
> ❹ The woman then told the officers where she bought them.
>
> ❺ The police went to the cited location and apprehended three dealers.

① a high speed chase
② a major drug arrest

문제풀이

해설　지문의 빈칸을 채우는 문제입니다. 빈칸이 있는 문장을 통해 빈칸에 일상적인 차 검문이 무엇으로 변했는지에 대한 내용이 나와야 적절하다는 것을 알 수 있습니다. 빈칸 뒤 문장에 속도 위반 차량을 검문하던 중 차 안에서 불법 물질을 발견하였고 수사를 통해 마약 밀매자를 구금했다는 내용이 있으므로, '대규모 마약상 체포'라고 한 ②번이 정답입니다.

해석　어제 오후, 일상적인 차 검문이 곧 대규모 마약상 체포로 변했다. 필라델피아 경찰은 Terrace 도로에서 한 여성이 너무 빨리 운전하고 있는 것을 발견하고 그녀의 차를 길 옆에 세우게 했다. 차량을 수색한 후에, 그들은 차 안에서 불법 물질을 발견했다. 그리고 나서 여자는 경찰에게 어디서 그 약물을 샀는지 털어놓았다. 경찰은 언급된 장소로 가서 세 명의 마약 밀매자를 체포했다.
① 빠른 속도의 추격전
② 대규모 마약상 체포

어휘　**routine** 휑 일상적인 휑 일상　**turn into** ~으로 변하다　**pull over** 차를 한쪽에 대다　**illegal** 휑 불법의　**substance** 똉 물질
　　　cite 똉 언급하다, 인용하다　**apprehend** 똉 체포하다, 이해하다　**dealer** 똉 마약 밀매자, 상인　**arrest** 똉 체포 똉 체포하다

정답　②

➕ 구문독해

1
Yesterday afternoon, / a routine traffic stop / quickly turned into / a major drug arrest.
어제 오후 　　　　　일상적인 차 검문이 　　　　곧 ~으로 변했다 　　　　대규모 마약상 체포로

2
Philadelphia police pulled a woman over / when they noticed her / *driving too fast / on
필라델피아 경찰은 한 여성의 차를 길 옆에 세우게 했다 　　그들이 그녀가 ~하는 것을 발견했을 때 　너무 빨리 운전하고 있는 것
Terrace Drive.
Terrace 도로에서

＊ 현재분사가 목적격 보어인 경우 　~하고 있는 것

driving too fast on Terrace Drive는 목적어 her를 보충 설명해 주는 목적격 보어입니다. 이처럼 현재분사가 목적격 보어인 경우, '~하고 있는 것'이라고 해석합니다.

3
*After searching the vehicle, / they found / illegal substances / inside.
차량을 수색한 후에 　　　　그들은 발견했다 　　불법 물질을 　　안에서

＊ '접속사 after + 현재분사'가 쓰인 분사구문이 문장을 꾸며주는 수식어인 경우 　~한 후에

After searching the vehicle은 뒤에 있는 문장을 꾸며주는 수식어입니다. 이처럼 '접속사 after + 현재분사'가 쓰인 분사구문이 문장을 꾸며주는 경우, 접속사에 따라 '~한 후에'라고 해석합니다.

4
The woman then told the officers / *where she bought them.
그리고 나서 그 여자는 경찰에게 털어놓았다 　　　어디서 그녀가 그것들을 샀는지

＊ 의문사 where가 이끄는 절이 목적어인 경우 　어디서 주어가 동사하는지

where she bought them은 동사 told의 목적어입니다. 이처럼 의문사 where가 이끄는 절이 목적어인 경우, '어디서 주어가 동사하는지'라고 해석합니다.

5
The police went to the cited location / and apprehended three dealers.
경찰은 언급된 장소로 갔다 　　　　　그리고 세 명의 마약 밀매자를 체포했다

01 다음 글의 빈칸에 들어갈 가장 적절한 것을 고르시오.

Gun violence has always been a serious problem in the United States. In particular, school shootings and other incidents of gun violence among youth have occurred more frequently here than anywhere else in the world. For this reason, gun control has become _____ to the American public. In a recent survey, 60 percent of American citizens felt that guns should be harder to purchase. That is why the government is trying to gain approval for new, more restrictive gun laws, despite the controversy such an action will create.

① less popular

② a major issue

③ relevant only

④ a unifying topic

• **Voca** • -

shooting 몡 총격 violence 몡 폭력 survey 몡 조사 통 조사하다 purchase 통 구입하다 approval 몡 동의, 인정 restrictive 혱 제한적인
controversy 몡 논란 action 몡 조치, 행동 relevant 혱 관련된 unifying 혱 통일된, 통합하는

The Grand Canyon is considered a natural wonder, and for good reason. Its unusual terrain and the beautiful colors of its rock formations are like nothing else in the world. I'm also amazed by the enormous size of the canyon. It is 277 miles long and its width varies between 4 and 18 miles. It is also over 1 mile deep, which is almost unheard of. But don't take the word of a scientist to understand how _____ the Grand Canyon is. You simply need to see it for yourself.

① calming
② remarkable
③ ancient
④ accessible

• Voca • -

wonder 몡 불가사의, 경탄   terrain 몡 지형, 지역   formation 몡 형성물, 형성   amazed 혱 놀란   vary 통 다양하다   unheard of 전례가 없는
simply 뷔 정말, 간단히   ancient 혱 고대의

03 밑줄 친 부분에 공통으로 들어갈 말로 가장 적절한 것은?

In many ways, Ancient Egyptian men and women had a(n) _____ amount of influence. In fact, women were considered identical to men under the law. Like men, they could own land and sit on juries. They could also be punished under the law as severely as males. In some cases, women achieved the status of Pharaoh, the most powerful office in Egypt. Today, women living in male-dominated societies can gain inspiration from Ancient Egyptian women as they struggle to become _____ to men.

① unusual

② fixed

③ equal

④ limited

• **Voca** •
influence 몡 영향력 identical 몡 똑같은, 동일한 jury 몡 배심원단 punish 통 처벌하다 severely 뷔 혹독하게, 심하게
achieve 통 (명성을) 얻다, 이루다 status 몡 지위, 신분 office 몡 공직, 사무실 dominate 통 지배하다 inspiration 몡 영감

Today, cycling is a popular method of transportation, but this has not always been the case. In the past, a typical bicycle had a large front wheel with pedals and a small back wheel, and the cyclist sat up high off the ground. While this design made them very fast, they were also difficult to control. In fact, many people crashed and some were even killed. As a result, many considered cycling to be a _____ sport. All of this changed when John Kemp Starley introduced the modern style of bicycle in 1885. Featuring wheels of equal size and a more practical pedal system, his design proved to be much more stable and safer than those of previous models.

① potential
② casual
③ exotic
④ dangerous

• **Voca** • -

method 몡 수단, 방법 **transportation** 몡 교통, 수송 **wheel** 몡 바퀴, 핸들 **cyclist** 몡 자전거 타는 사람 **crash** 통 충돌하다
feature 통 특징으로 삼다 **stable** 혱 안정적인, 안정된 **previous** 혱 이전의 **casual** 혱 평상시의, 가벼운

05 빈칸에 들어갈 말로 가장 적절한 것을 고르시오.

> Internet bullying is becoming a major concern in modern society. It can range from hostile comments on social networking pages to posting videos or pictures in order to humiliate another person. Plus, this type of harassment is difficult to stop because the Internet can be accessed from anywhere. According to recent research, people are able to use their smartphones, laptops, and other web browsing devices for Internet bullying whenever they would like. Consequently, Internet bullying can occur _____.

① only at school or in the workplace
② less frequently to children online
③ anywhere and anytime during the day
④ primarily to people who use smartphones

06 밑줄 친 부분에 들어갈 가장 적절한 것들로 짝지어진 것을 고르시오.

> A man was feeling ____(A)____. He had a lot of money and good friends, but he felt depressed and wasn't sure why. He went to a doctor and explained how he was feeling. "It has been shown that helping others can bring peace of mind to people who are depressed," said the doctor. "So why don't you try ____(B)____?" The man decided to take the doctor's advice. He helped out at a local charity and began working for less fortunate people. Before he knew it, his depression had lifted and he once again felt cheerful and satisfied.

	(A)	(B)
①	excited	relaxing
②	unhappy	relaxing
③	unhappy	volunteering
④	excited	volunteering

07 다음 밑줄 친 곳에 들어갈 가장 적절한 것을 고르시오.

Buddhism is based on the teachings of Buddha. Born into a royal family, Buddha spent the beginning of his life living in luxury. However, after exploring outside of the palace walls and meeting average people, it is said that he changed his lifestyle. For the following seven years, Buddha experienced many _____ while searching for the best way to live. For example, he lived in total poverty and rarely ate during this time. However, he eventually gained knowledge about the meaning of life and transformed into the spiritual leader that he is known as today.

① pleasures
② insights
③ followers
④ hardships

08 밑줄 친 부분에 들어갈 표현으로 가장 적절한 것을 고르시오.

Attention, South Valley High School students. The last day of school is this Friday, and the school will be closed during the subsequent two weeks for cleaning and repairs. Thus, we require that _____.
Items left behind will be put into a lost-and-found bin in the principal's office until August 1. After that date, unclaimed items will be thrown away. The school will not be responsible for any abandoned possessions, so make sure to clear your things out completely. Contact the school's secretary for more information about when the principal's office will be open to students.

① those of you with questions or concerns visit the principal's office
② students help school staff plan for your graduation ceremony
③ you prepare adequately for all of your upcoming final exams
④ all lockers get emptied out before you head home for the summer

밑줄 친 부분에 들어갈 표현으로 가장 적절한 것을 고르시오.

> Italians have long believed in the health benefits of olive oil, using it in their cooking as a basic ingredient of many traditional dishes. According to clinical studies, it turns out that _____. Olive oil contains monounsaturated fatty acids, which are good for your body. Unlike saturated fats, monounsaturated fats help lower cholesterol, aiding in the prevention of heart disease. For instance, olive contains antioxidants that lower levels of lipoproteins responsible for depositing cholesterol in the arteries. One must not forget that since olive oil is high in calories, it should be consumed in modest quantities to maintain its positive effects.

① it was a placebo effect
② it was far from the truth
③ they were correct
④ other foods were healthier

10 다음 글의 문맥상 밑줄 친 부분에 들어갈 가장 적절한 표현은?

Online literary journals are magazines consisting of works such as poetry and fiction that are published on the Internet, and everyone is invited to contribute to them. In general, publishing literature on websites is cheaper, easier, and faster than printing hard copies. These advantages have led to the creation of many independent online publications and have caused _____. This increased fondness for short stories, poems, and essays no doubt comes from the easier access the Internet provides. Other special features, such as audio files of interviews, may also be available for download through some of the journals' websites. Instead of having to pay for expensive print subscriptions, people need only an Internet connection to find plenty of new material to read and enjoy.

① print magazines to become more affordable
② literary writing to become more popular
③ more journals to be sold at bookstores
④ more people to become professional writers

11 지문의 내용으로 보아 밑줄 친 부분에 들어갈 가장 적절한 단어는?

Euthanasia, the decision to intentionally induce death to relieve agony, is a topic of major debate because it creates a moral _____. On the one hand, many doctors support euthanasia. They believe patients should be relieved of unnecessary suffering and that individuals should be able to choose if they want to undergo the procedure. On the other hand, people who are against legalizing euthanasia believe that it is always wrong to take a human life. They claim that doctors who agree to carry out euthanasia have no sense of medical ethics.

① dilemma
② opportunity
③ lesson
④ example

12 다음 글의 빈칸에 들어갈 말로 적절한 것은?

Speeding causes numerous accidents each day as well as accounts for about one-third of all vehicle-related deaths. In order to reduce these numbers, police keep a watchful eye out for those going well above the speed limit. Officers do this in a number of ways and advancements in technology have been able to help them even further. Traditional radar guns have now been replaced with laser speed detectors, which are far more accurate. Traffic lights are equipped with high-speed cameras that can capture the license plates of speeding cars. Police officers stress that it is important to remain _____ about catching speeding motorists. They are not only a danger to other drivers, but are also a threat to pedestrians and cyclists.

① obsessed
② accurate
③ alert
④ sensitive

정답 p.42

Chapter 05 Vocabulary & Quiz

Chapter 05에 나온 어휘를 암기한 후 퀴즈로 확인해 보세요.

□ simulate	[동] 모방하다, 가장하다
□ associated	[형] 관련된
□ attentive	[형] 배려하는
□ pool	[명] 웅덩이
□ garbage	[명] 쓰레기
□ ecosystem	[명] 생태계
□ routine	[형] 일상적인 [명] 일상
□ turn into	~으로 변하다
□ pull over	차를 한쪽에 대다
□ apprehend	[동] 체포하다, 이해하다
□ violence	[명] 폭력
□ survey	[명] 조사 [동] 조사하다
□ purchase	[동] 구입하다
□ approval	[명] 동의, 인정
□ restrictive	[형] 제한적인
□ action	[명] 조치, 행동
□ relevant	[형] 관련된
□ unifying	[형] 통일된, 통합하는
□ method	[명] 수단, 방법
□ transportation	[명] 교통, 수송
□ wheel	[명] 바퀴, 핸들
□ casual	[형] 평상시의, 가벼운
□ wonder	[명] 불가사의, 경탄
□ formation	[명] 형성물, 형성
□ vary	[동] 다양하다
□ simply	[부] 간단히, 정말
□ identical	[형] 똑같은, 동일한
□ jury	[명] 배심원단
□ punish	[동] 처벌하다
□ achieve	[동] (명성을) 얻다, 이루다
□ status	[명] 지위, 신분
□ office	[명] 공직, 사무실
□ inspiration	[명] 영감
□ bullying	[명] (약자) 괴롭히기
□ range	[동] 이르다
□ hostile	[형] 악의를 품은, 적대적인
□ post	[동] 올리다, 게시하다
□ humiliate	[동] 창피를 주다
□ harassment	[명] 괴롭힘
□ depressed	[형] 우울한

Quiz 각 어휘의 알맞은 뜻을 찾아 연결하세요.

01 simulate	ⓐ ~으로 변하다	06 casual	ⓐ 평상시의, 가벼운
02 approval	ⓑ 동의, 인정	07 status	ⓑ 똑같은, 동일한
03 method	ⓒ 구입하다	08 depressed	ⓒ 지위, 신분
04 purchase	ⓓ 수단, 방법	09 humiliate	ⓓ 창피를 주다
05 routine	ⓔ 일상적인, 일상	10 identical	ⓔ 우울한
	ⓕ 모방하다, 가장하다		ⓕ 이르다

Answer 01 ⓕ 02 ⓑ 03 ⓓ 04 ⓒ 05 ⓔ 06 ⓐ 07 ⓒ 08 ⓔ 09 ⓓ 10 ⓑ

□ charity	몡 자선 단체	□ access	몡 접근
□ fortunate	혱 운 좋은	□ affordable	혱 (가격이) 알맞은
□ lift	동 사라지다, 들어 올리다	□ euthanasia	몡 안락사
□ satisfied	혱 만족하는	□ intentionally	뷔 의도적으로
□ royal	혱 왕실의, 왕의	□ induce	동 유도하다, 설득하다
□ palace	몡 궁전, 대저택	□ suffering	몡 고통, 괴로움
□ transform	동 탈바꿈하다, 변형시키다	□ legalize	동 합법화하다
□ spiritual	혱 정신적인	□ take life	죽이다
□ hardship	몡 고난	□ carry out	실행하다
□ subsequent	혱 그 다음의	□ ethic	몡 윤리
□ empty out	비우다	□ speeding	몡 속도 위반
□ principal	몡 교장	□ account for	(비율을) 차지하다
□ throw away	버리다	□ watchful	혱 주의 깊은
□ abandon	동 버리다, 그만두다	□ equip	동 장비를 갖추다
□ clear out	비우다	□ capture	동 (사진 등으로) 정확히 포착하다
□ clinical	혱 임상의	□ stress	동 강조하다 몡 스트레스
□ prevention	몡 예방	□ keep an eye out	감시하다, 지켜보다
□ deposit	동 쌓이게 하다, 두다	□ pedestrian	몡 보행자
□ literary	혱 문학의	□ obsessed	혱 집착하는, 사로잡힌
□ independent	혱 독자적인, 독립한	□ alert	혱 방심하지 않는

Quiz 각 어휘의 알맞은 뜻을 찾아 연결하세요.

01 independent	ⓐ 정신적인	06 carry out	ⓐ 유도하다, 설득하다
02 satisfied	ⓑ 그 다음의	07 account for	ⓑ 강조하다, 스트레스
03 subsequent	ⓒ 만족하는	08 stress	ⓒ (비율을) 차지하다
04 spiritual	ⓓ 쌓이게 하다, 두다	09 induce	ⓓ 실행하다
05 deposit	ⓔ 문학의	10 alert	ⓔ 방심하지 않는
	ⓕ 독자적인, 독립한		ⓕ 예방

Chapter 06 빈칸 완성 ② 연결어

연결어를 넣는 빈칸 완성 유형은 지문의 내용이 자연스럽게 연결될 수 있도록 제시된 빈칸에 알맞은 연결어를 골라 넣는 문제입니다.

문제풀이 전략

1. 빈칸 앞뒤 문장을 읽고 두 문장 간의 논리적 관계를 파악한 후, 그 관계를 잘 나타내는 알맞은 연결어를 보기에서 선택합니다.

연결어 넣기 문제에 자주 등장하는 연결어

대조/전환	however 하지만 in contrast 대조적으로 on the other hand 반면에 instead 대신
결론/결과	thus, therefore 그러므로 consequently, accordingly 따라서 in conclusion 결론적으로 after all, eventually 결국 in other words 다시 말하면
예시	for instance, for example, to illustrate 예를 들어
첨가/부연	moreover, furthermore, in addition, besides 게다가, 더욱이

2. 선택한 연결어가 빈칸 앞뒤의 두 문장뿐 아니라 전체 지문의 흐름과도 자연스럽게 어울리는지 확인합니다.

유형 대표 예제

밑줄 친 빈칸에 들어갈 표현으로 가장 적절한 것은?

Recently, donating organs for profit has become a controversial issue. Critics argue that organ buyers exploit those who are desperate enough to sell their body parts. ______________, supporters insist that stopping the poor from donating their organs amounts to prolonging their poverty. They claim that organ donation is a lucrative opportunity for donors, and that it also prevents the sick from suffering an untimely death.

① In contrast
② Furthermore
③ Therefore
④ In other words

Voca donate [동] 기증하다, 기부하다 organ [명] 장기 profit [명] 영리, 이익 exploit [동] 이용하다, 착취하다 desperate [형] 필사적인 amount to ~와 마찬가지이다 prolong [동] 연장하다 lucrative [형] 수익성이 좋은 untimely [형] 때 이른

문제풀이 전략 적용

밑줄 친 빈칸에 들어갈 표현으로 가장 적절한 것은?

Recently, donating organs for profit has become a controversial issue. → 빈칸 앞 문장: 영리 목적의 장기 기증을 반대하는 사람들의 주장 Critics argue that organ buyers exploit those who are desperate enough to sell their body parts. _____, supporters insist that stopping the poor from donating their organs amounts to prolonging their poverty. They claim that organ donation is a lucrative → 빈칸 뒤 문장: 영리 목적의 장기 기증을 찬성하는 사람들의 주장 opportunity for donors, and that it also prevents the sick from suffering an untimely death.

① In contrast → 대조의 연결어
② Furthermore → 부연의 연결어
③ Therefore
④ In other words → 결론/요약의 연결어

최근, 영리 목적으로 장기를 기증하는 것은 논란이 많은 쟁점이 되었다. 이에 반대하는 사람들은 장기 구입자들이 신체의 일부를 팔 정도로 필사적인 사람들을 이용한다고 주장한다. _____. 지지자들은 가난한 사람들이 장기를 기증하는 것을 막는 것은 그들의 가난을 연장하는 것이나 마찬가지라고 주장한다. 그들은 장기 기증이 기증자에게 수익성이 좋은 기회이며, 환자들이 때 이른 죽음을 겪는 것도 방지한다고 주장한다.

① 대조적으로
② 게다가
③ 그러므로
④ 다시 말하면

해설 빈칸에 알맞은 연결어를 골라 넣는 문제입니다. 빈칸 앞 문장은 영리 목적의 장기 기증을 반대하는 사람들의 주장에 대한 내용이고, 빈칸 뒤 문장은 이를 찬성하는 사람들의 주장에 대한 내용이므로, 두 문장이 '대조'의 관계임을 파악할 수 있습니다. 따라서 보기 중 '대조'를 나타내는 연결어인 ① In contrast(대조적으로)를 정답으로 고릅니다.

먼저 문제를 풀고, 각 문장을 끊어 읽으면서 정확히 해석해 보세요.

 밑줄 친 부분에 들어갈 표현으로 가장 적절한 것은?

> ❶ Many farmers prefer the Suffolk punch to other types of horses because it is ideal for agricultural work.
>
> ❷ The breed is short but has a strong, muscular body.
>
> ❸ It also reaches physical maturity earlier than other varieties of horses.
>
> ❹ _____, it is known among farmers as a hard worker.
>
> ❺ It will pull a heavy wagon for hours without stopping to take a break.

① Moreover

② Likewise

문제풀이

해설   빈칸에 적절한 연결어를 넣는 문제입니다. 빈칸 앞 문장은 다른 품종의 말보다 더 일찍 신체적으로 성숙해진다는 서퍽 말의 장점에 대한 내용이고, 빈칸 뒤 문장은 서퍽 말이 농부들 사이에서 성실한 일꾼으로 알려져 있다며 또 다른 장점을 첨가하는 내용입니다. 따라서 첨가를 나타내는 연결어인 ① Moreover(게다가)가 정답입니다.

해석   많은 농부는 서퍽 말이 농사 일에 가장 알맞기 때문에 다른 종의 말보다 이 말을 선호한다. 이 품종은 키가 작지만 튼튼한 근육질의 몸을 가지고 있다. 이 말은 또한 다른 종의 말보다 신체적 성숙에 더 일찍 도달한다. 게다가 이 말은 농부들 사이에서 성실한 일꾼으로 알려져 있다. 이 말은 휴식을 취하려고 멈추지도 않고 무거운 짐마차를 몇 시간이고 끌 것이다.
① 게다가
② 마찬가지로

어휘   ideal 휑 가장 알맞은, 이상적인   agricultural 휑 농업의, 농사의   breed 휑 품종   muscular 휑 근육질의   maturity 휑 성숙
  variety 휑 품종, 다양성   wagon 휑 짐마차   break 휑 휴식

정답   ①

➕ 구문독해

1 Many farmers / *prefer the Suffolk punch / to other types of horses / because it is
　　많은 농부는　　　　　　　　　서퍽 말을 선호한다　　　　　　　　　다른 종의 말보다　　　　　그것이 가장 알맞기 때문이다

　ideal / for agricultural work.
　　　　　　농사 일에

> * **prefer A to B**　B보다 A를 선호하다
>
> prefer ~ horses에는 'prefer **A**(the Suffolk punch) to **B**(other types of horses)'가 사용되어, '다른 종의 말보다 서퍽 말을
> 선호한다'라고 해석합니다.

2 The breed is short / but has a strong, muscular body.
　　이 품종은 키가 작다　　　　하지만 튼튼한 근육질의 몸을 가지고 있다

3 It also reaches / physical maturity earlier / than other varieties of horses.
　이것은 또한 도달한다　　　　신체적 성숙에 더 일찍　　　　　　　　다른 종의 말보다

4 Moreover, / it *is known / among farmers / as a hard worker.
　　게다가　　　이것은 알려져 있다　　　농부들 사이에서　　　　성실한 일꾼으로

> * **동사가 'be 동사 + p.p.'인 경우**　~해지다
>
> is known은 'be 동사 + p.p.' 형태의 동사로, '~해지다'라고 해석합니다.

5 It will pull a heavy wagon / for hours / without stopping / to take a break.
　이것은 무거운 짐마차를 끌 것이다　　　　몇 시간이고　　　멈추지 않고　　　　휴식을 취하려고

02 다음 글의 빈칸에 들어갈 말로 가장 적절한 것을 고르시오.

> ❶ In 1969, a three-day rock and roll music festival called the Woodstock Music & Art Fair was held near Bethel, New York.
>
> ❷ Over 450,000 music fans attended the event.
>
> ❸ Local residents were concerned about this sudden influx of young people.
>
> ❹ _____, the local government declared a state of emergency, and extra security as well as additional first aid attendants was assigned to the festival.

① Otherwise

② As a result

문제풀이

해설   빈칸에 적절한 연결어를 넣는 문제입니다. 빈칸 앞 문장은 로큰롤 축제가 열리는 지역의 주민들은 그곳에 젊은이들이 갑자기 많아진 것을 걱정했다는 내용이고, 빈칸 뒤 문장은 주민들의 이러한 걱정을 덜기 위해 정부가 비상사태를 선언하고 축제에 추가 경비 인력을 투입했다는 결과적인 내용입니다. 따라서 결과를 나타내는 연결어인 ② As a result(그 결과)가 정답입니다.

해석   1969년에, Woodstock Music & Art Fair라고 불리는 3일 간의 로큰롤 축제가 뉴욕 주 Bethel 근처에서 열렸다. 45만 명이 넘는 음악 팬들이 이 행사에 참가했다. 지역 주민들은 이러한 갑작스러운 젊은이들의 유입을 걱정했다. <u>그 결과</u>, 지역 정부는 비상사태를 선언하고 추가 응급 처치 요원뿐만 아니라 추가 경비 인력도 축제에 배치했다.

① 그렇지 않으면

② 그 결과

어휘   **hold** 图 열다, 개최하다   **attend** 图 참석하다   **resident** 圐 주민   **influx** 圐 유입   **declare** 图 선언하다   **emergency** 圐 비상
security 圐 경비, 보안   **first aid** 圐 응급 처치   **assign** 图 배치하다, 할당하다

정답   ②

⊕ 구문독해

---

1 In 1969, / a three-day rock and roll music festival / *called the Woodstock Music & Art
　　1969년에　　　　　　　　3일 간의 로큰롤 축제가　　　　　　　　　　　Woodstock Music & Art Fair라고 불리는

Fair / was held / near Bethel, New York.
열렸다　　　　뉴욕 주 Bethel 근처에서

> *** 과거분사가 명사를 꾸며주는 수식어인 경우** ~되는
>
> called ~ Art Fair는 앞에 있는 rock and roll music festival을 꾸며주는 수식어입니다. 이처럼 과거분사가 명사를 꾸며주는 수식어인 경우, '~되는'이라고 해석합니다.

---

2 Over 450,000 music fans / attended the event.
　　45만 명이 넘는 음악 팬들이　　　　　이 행사에 참가했다

---

3 Local residents were concerned / about this sudden influx / of young people.
　　　　지역 주민들은 걱정했다　　　　　　이러한 갑작스러운 유입을　　　　젊은이들의

---

4 As a result, / the local government declared / a state of emergency, / and *extra security
　　그 결과　　　　　　지역 정부는 선언했다　　　　　　　비상사태를　　　　　그리고 추가 경비 인력도

as well as additional first aid attendants / was assigned / to the festival.
추가 응급 처치 요원뿐만 아니라　　　　　　　　　배치되었다　　　　축제에

> *** B as well as A** A뿐만 아니라 B도
>
> extra security ~ attendants에는 'B(extra security) as well as A(additional first aid attendants)'가 사용되어 '추가 응급 처치 요원뿐만 아니라 추가 경비 인력도'라고 해석합니다.

03 밑줄 친 부분에 들어갈 가장 적절한 것은?

[1] South Africa is beginning to make progress by acknowledging 100 years of black cultural history.
[2] For a century, government policies kept white and black South Africans separate.
[3] White culture became dominant, while black literature, art, and ideas were ignored.
[4] ____________, in the 1990s black South Africans fought against and overcame the unfair laws.
[5] Now a bigger effort is being made to integrate the contributions of black South Africans into the country's cultural history.

① However
② In other words

문제풀이

해설 빈칸에 적절한 연결어를 넣는 문제입니다. 빈칸 앞 문장은 남아프리카 공화국에서는 정부 정책으로 인해 백인 문화가 지배적이었고 흑인 문화는 무시되었다는 내용이고, 빈칸 뒤 문장은 흑인들이 불공평한 법과 싸워 이겼으며 현재는 그들의 기여를 국가의 문화 역사에 통합하기 위한 노력이 이뤄지고 있다는 대조적인 내용입니다. 따라서 대조를 나타내는 연결어인 ① However(하지만)가 정답입니다.

해석 남아프리카 공화국은 백 년의 흑인 문화 역사를 인정함으로써 진보하기 시작했다. 백 년 동안, 정부 정책은 백인 국민과 흑인 국민을 분리해 두었다. 백인 문화가 지배적이 된 반면, 흑인 문학, 예술, 사상은 무시되었다. 하지만 1990년대에, 흑인들은 불공평한 법과 싸워 이겼다. 이제 흑인들의 기여를 국가의 문화 역사에 통합하기 위해 더 큰 노력이 이뤄지고 있다.
① 하지만
② 다시 말하면

어휘 make progress 진보하다, 전진하다 acknowledge [동] 인정하다 separate [형] 분리된, 독립된 dominant [형] 지배적인 ignore [동] 무시하다 overcome [동] 이기다, 극복하다 integrate [동] 통합하다 contribution [명] 기여, 기부

정답 ①

➕ 구문독해

1 South Africa is beginning / to make progress / *by acknowledging / 100 years of black
남아프리카 공화국은 시작했다　　　　　진보하기　　　　～을 인정함으로써　　　　　백 년간의
cultural history.
흑인 문화 역사를

* **by 동명사** ～함으로써
by acknowledging ～ history에는 수단이나 방법을 나타내는 'by 동명사'가 사용되어, '백 년간의 흑인 문화 역사를 인정함으로써'
라고 해석합니다.

2 For a century, / government policies / kept white and black South Africans / separate.
백 년 동안　　　　　정부 정책은　　　　　백인 국민과 흑인 국민을 ～하게 두었다　　　　분리되어 있게

3 White culture became dominant, / *while black literature, art, and ideas / were ignored.
백인 문화가 지배적이 되었다　　　　　흑인 문학, 예술, 그리고 사상이 ～하는 반면　　　　무시된

* **부사절 접속사 while이 이끄는 절이 문장을 꾸며주는 수식어인 경우** 주어가 동사하는 반면
while black ～ were ignored는 앞에 있는 문장을 꾸며주는 수식어입니다. 이처럼 부사절 접속사 while이 이끄는 절이 문장을
꾸며주는 수식어인 경우, '주어가 동사하는 반면', '주어가 동사하면서', '주어가 동사하는 한편' 등 다양한 의미로 해석이 가능한데, 이 경우에는
'주어가 동사하는 반면'이라고 해석하는 것이 자연스럽습니다.

4 However, / in the 1990s / black South Africans fought against / and overcame the unfair
하지만　　　1990년대에　　　　　흑인들은 ～과 싸웠다　　　　　그리고 불공평한 법을 이겼다
laws.

5 Now / a bigger effort is being made / *to integrate the contributions of black South
이제　　　　더 큰 노력이 이뤄지고 있다　　　　　　흑인들의 기여를 통합하기 위해
Africans / into the country's cultural history.
국가의 문화 역사에

* **to 부정사가 동사를 꾸며주는 수식어인 경우** ～하기 위해
to integrate ～ history는 앞에 있는 동사 is being made를 꾸며주는 수식어입니다. 이처럼 to 부정사가 동사를 꾸며주는
수식어인 경우, '～하기 위해'라고 해석합니다.

04 다음 글의 밑줄 친 부분에 들어갈 가장 알맞은 것을 고르시오.

[1] The death penalty is meant to prevent serious crimes.

[2] However, many believe that it should be illegal.

[3] They argue that it doesn't lower crime rates.

[4] ________________, the death penalty is expensive due to the lengthy appeal process.

[5] In fact, the cost of carrying out a death sentence is higher than the cost of housing someone in prison for life.

[6] Based on these reasons, many people want the death penalty to be abolished.

① Conversely

② Furthermore

문제풀이

해설 빈칸에 적절한 연결어를 넣는 문제입니다. 빈칸 앞 문장은 사형을 반대하는 사람들은 사형제도가 범죄율을 낮추지 않는다고 주장한다는 내용이고, 빈칸 뒤 문장은 사형은 긴 항소 과정으로 인해 비용이 많이 든다고 하며, 사형의 단점을 첨가하는 내용입니다. 따라서 첨가를 나타내는 연결어인 ② Furthermore (게다가)가 정답입니다.

해석 사형은 심각한 범죄를 예방하기를 의도한 것이다. 하지만 많은 사람은 그것이 불법이어야 한다고 생각한다. 그들은 사형이 범죄율을 낮추지 않는다고 주장한다. 게다가 사형은 긴 항소 과정 때문에 비용이 많이 든다. 사실, 사형 선고를 집행하는 비용이 누군가를 평생 감옥에 수용하는 비용보다 더 높다. 이러한 이유들에 근거하여, 많은 사람은 사형 제도가 폐지되기를 바란다.

① 대조적으로

② 게다가

어휘 death penalty [명] 사형 serious [형] 심각한 illegal [형] 법으로 금지된, 불법의 crime [명] 범죄 lengthy [형] 긴, 지루한 appeal [명] 항소 death sentence [명] 사형 선고 house [동] 수용하다 [명] 집 abolish [동] 폐지하다

정답 ②

➕ 구문독해

1 The death penalty is meant / to prevent serious crimes.
　　사형은 의도한 것이다　　　　　심각한 범죄를 예방하기를

---

2 However, / many believe / *that it should be illegal.
　　하지만　　많은 사람은 생각한다　　그것이 불법이어야 한다고

* **that이 이끄는 명사절이 목적어인 경우**　주어가 동사하다고

that it should be illegal은 동사 believe의 목적어입니다. 이처럼 that이 이끄는 명사절이 목적어인 경우, '주어가 동사하다고'라고 해석합니다.

---

3 They argue / that it doesn't lower crime rates.
　　그들은 주장한다　　그것이 범죄율을 낮추지 않는다고

---

4 Furthermore, / the death penalty is expensive / due to the lengthy appeal process.
　　게다가　　　　사형은 비용이 많이 든다　　　　　긴 항소 과정 때문에

---

5 In fact, / the cost / of carrying out a death sentence / is *higher / than the cost of housing
　　사실　　비용이　　　사형 선고를 집행하는　　　　더 높다　　　　누군가를 수용하는 비용보다
someone / in prison / for life.
　　　　　　감옥에　　평생

* **비교급 + than**　~보다 더 …한

higher than ~ for life에는 비교를 나타내는 '비교급 + than'이 사용되어, '누군가를 평생 감옥에 수용하는 비용보다 더 높은' 이라고 해석합니다.

---

6 Based on these reasons, / many people / want the death penalty / *to be abolished.
　　이러한 이유들에 근거하여　　　많은 사람은　　사형 제도가 ~하는 것을 바란다　　폐지되는 것

* **to 부정사가 목적격 보어인 경우**　~하는 것

to be abolished는 목적어 the death penalty를 보충 설명해 주는 목적격 보어입니다. 이처럼 to 부정사가 목적격 보어인 경우, '~하는 것'이라고 해석합니다.

01 다음 글의 빈칸에 들어갈 말로 가장 적절한 것을 고르시오.

Alexander Calder was known for his unique style of sculptures. He often experimented by using unusual materials in his art. _____, he was one of the first people to use wire in sculptures. This led to the invention of the mobile, his most famous creation. Calder created the mobile with wires and various metals to be a hanging sculpture that moved in response to the air. Throughout his career, Calder's creativity and use of nontraditional materials redefined traditional sculpture.

① At last
② In short
③ For example
④ Therefore

• **Voca** • -

sculpture 몡 조각, 조각품 experiment 동 실험하다 material 몡 재료 creation 몡 작품 create 동 만들다 hang 동 매달다
response 몡 반응 nontraditional 톙 비전통적인 redefine 동 재정립하다

02 다음 글의 밑줄 친 부분에 들어갈 가장 알맞은 것을 고르시오.

On her first day of work as a secretary at a local law firm, Nickie was instructed to make several copies of a report. It was Nickie's first time working in an office and she had not received any training. _____, she had no idea how to use a copy machine. Unsure of which device to use, Nickie examined the buttons on the shredder. Seeing her puzzled look, one of her colleagues came over, took the file from her, and placed it in the machine, shredding it. Smiling, Nickie thanked him and asked, "So, how many copies can this make?"

① However
② As a result
③ Afterward
④ Similarly

• Voca •

secretary 명 비서, 장관   law firm 법률 사무소   instruct 동 지시하다   make a copy 복사하다   device 명 기기, 장치   shredder 명 파쇄기
puzzled 형 어리둥절해하는   look 명 모습, 표정   colleague 명 동료   shred 동 분쇄하다, 자르다

03 다음 글의 밑줄 친 부분에 들어갈 가장 알맞은 것을 고르시오.

Several studies suggest that one third of animals on the planet will lose their natural habitats due to global warming over the next 70 years. Reptiles and amphibians are at the highest risk of dying out, and regions in Africa, Central America and Australia will experience the greatest climate change. Other studies, however, suggest that different species of animals and plants will have a chance to adapt to the change if global warming can be slowed down. _____, this process of adaptation could cut potential losses by 60 percent of what is expected to occur if global warming isn't addressed.

① In addition
② In contrast
③ Particularly
④ As a result

• Voca • -

habitat 몡 서식지 reptile 몡 파충류 amphibian 몡 양서류 die out 멸종되다 adapt 통 적응하다 slow down 늦추다 adaptation 몡 적응
loss 몡 손실 address 통 (어려운 문제를) 다루다 몡 주소

04 밑줄 친 부분에 들어갈 가장 적절한 것은?

The Department of Immigration recently increased the number of officers patrolling the Arizona border. Despite efforts to keep the border protected, immigrants continue to cross into the United States illegally. The department's decision followed last month's arrest of 450 illegal Mexican immigrants who had been working on farms. _____, the recent arrests are in addition to over 16,000 illegal immigrant apprehensions already this year. Authorities expect that harsh penalties and increased border patrols will help prevent illegal workers from entering the country.

① On the other hand
② Furthermore
③ Therefore
④ In the same way

• Voca •
immigration 명 이민   patrol 동 순찰을 돌다 명 순찰   border 명 국경   follow 동 뒤따르다, 뒤를 잇다   arrest 명 체포 동 체포하다
apprehension 명 체포, 우려   harsh 형 엄한, 냉혹한   penalty 명 처벌, 벌금

밑줄 친 부분에 들어갈 가장 적절한 것은?

Some experts say that foreign aid limits the freedom of countries that receive funds by adding conditions to development assistance. As a result of the conditions, these nations are not free to design their own development strategies. For example, grants from the World Bank require that recipients create privately owned companies to provide services usually offered by the government. Often, the leaders of these countries do not agree with this condition because it removes the government's control over important industries. _____, since the aid is needed, they usually have no choice but to accept the terms.

① However
② Moreover
③ For instance
④ Finally

06 밑줄 친 부분에 들어갈 표현으로 가장 적절한 것은?

Although solar power technology has been criticized as impractical due to its price, it remains an important consideration because the sun is a source of free, renewable energy. Engineers are developing new solar cells that are far cheaper than the panels currently used. These new cells are produced as liquids so that they can be used as paint and applied to various types of surfaces. Researchers are optimistic that solar paint will be a popular alternative to solar panels. While very few people are capable of installing solar panels on their own, applying paint is a simple and quick way to upgrade a home. _____, this new technology will lower the current cost of installing silicon solar panels, making solar energy more accessible to everyone.

① Accordingly
② Although
③ To illustrate
④ In contrast

07 다음 글의 빈칸에 들어갈 말로 가장 적절한 것을 고르시오.

The US housing crisis may have been the primary cause of the global recession that began in 2007. Banks gave large loans to people so they could buy houses, but those borrowers were unable to make their payments when interest rates rose. _____, many major banks went bankrupt and large international companies were unable to receive bank loans. This forced the companies to lower costs by reducing staff, which led to increased unemployment and a slowdown in the economy. All of these negative effects show how a single factor can influence the entire global market.

① Conversely

② Likewise

③ Consequently

④ Besides

08 밑줄 친 부분에 들어갈 표현으로 가장 적절한 것은?

For philosopher Immanuel Kant, the categorical imperative was a system for determining morality. He believed that people would treat others properly if they acted the way they wished others to act. He felt that before making any choice in life, people should first imagine their decision as a universally accepted mode of behavior. If the person making the choice were to find it acceptable for every person to act in a similar manner, he or she would be acting ethically. For instance, Kant believed that people should not lie, but not because it is inherently wrong. _____, he believed it would be absurd for anyone to wish for others to lie; therefore, nobody should lie.

① Instead

② Moreover

③ Likewise

④ Indeed

정답 p.54

Chapter 06 Vocabulary & Quiz

Chapter 06에 나온 핵심 어휘를 암기한 후 퀴즈로 확인해 보세요.

□ donate	통 기증하다, 기부하다	□ influx	명 유입
□ organ	명 장기	□ emergency	명 비상
□ desperate	형 필사적인, 절망적인	□ security	명 경비, 보안
□ exploit	통 이용하다, 착취하다	□ assign	통 배치하다, 할당하다
□ prolong	통 연장시키다	□ death penalty	명 사형
□ amount to	~와 마찬가지이다	□ serious	형 심각한
□ lucrative	형 수익성이 좋은	□ appeal	명 항소
□ untimely	형 때 이른	□ death sentence	명 사형 선고
□ agricultural	형 농업의, 농사의	□ house	통 수용하다 명 집
□ muscular	형 근육질의	□ abolish	통 폐지하다
□ maturity	명 성숙	□ secretary	명 비서, 장관
□ wagon	명 짐마차	□ instruct	통 지시하다
□ make progress	진보하다, 전진하다	□ make a copy	통 복사하다
□ acknowledge	통 인정하다	□ puzzled	형 어리둥절해하는
□ dominant	형 지배적인	□ shred	통 분쇄하다, 자르다
□ overcome	통 이기다, 극복하다	□ look	명 모습, 표정
□ integrate	통 통합시키다	□ colleague	명 동료
□ contribution	명 기여, 기부	□ sculpture	명 조각, 조각품
□ attend	통 참석하다	□ experiment	통 실험하다
□ resident	명 주민	□ response	명 반응

Quiz 각 어휘의 알맞은 뜻을 찾아 연결하세요.

01 donate	ⓐ 기증하다, 기부하다	06 death penalty	ⓐ 비서, 장관
02 agricultural	ⓑ 참석하다	07 abolish	ⓑ 동료
03 make progress	ⓒ 필사적인, 절망적인	08 secretary	ⓒ 사형
04 acknowledge	ⓓ 인정하다	09 colleague	ⓓ 심각한
05 attend	ⓔ 농업의, 농사의	10 response	ⓔ 반응
	ⓕ 진보하다, 전진하다		ⓕ 폐지하다

☐ redefine	동 재정립하다	☐ apply	동 바르다, 신청하다
☐ reptile	명 파충류	☐ optimistic	형 낙관하는
☐ die out	멸종되다	☐ alternative	명 대안
☐ adapt	동 적응하다	☐ be capable of	~할 수 있다
☐ slow down	늦추다	☐ install	동 설치하다
☐ adaptation	명 적응	☐ upgrade	동 개선하다
☐ immigration	명 이민	☐ accessible	형 이용 가능한, 접근할 수 있는
☐ border	명 국경	☐ illustrate	동 예시하다
☐ harsh	형 엄한, 냉혹한	☐ crisis	명 위기
☐ penalty	명 처벌, 벌금	☐ recession	명 불황, 불경기
☐ condition	명 조건, 상태	☐ go bankrupt	파산하다
☐ development	명 개발, 발달	☐ unemployment	명 실업률, 실업
☐ strategy	명 전략	☐ slowdown	명 (속도, 활동의) 둔화
☐ grant	명 보조금	☐ philosopher	명 철학자
☐ recipient	명 수령인, 받는 사람	☐ system	명 장치, 제도
☐ terms	명 조건	☐ morality	명 도덕
☐ impractical	형 비실용적인	☐ universally	부 일반적으로
☐ consideration	명 고려사항, 사려	☐ acceptable	형 받아들여지는
☐ renewable	형 재생 가능한	☐ ethically	부 윤리적으로
☐ liquid	명 액체	☐ absurd	형 터무니없는

Quiz 각 어휘의 알맞은 뜻을 찾아 연결하세요.

01 adapt	ⓐ 조건	06 optimistic	ⓐ 받아들일 수 있는
02 immigration	ⓑ 국경	07 install	ⓑ 낙관하는
03 border	ⓒ 이민	08 accessible	ⓒ 터무니없는
04 recipient	ⓓ 적응하다	09 go bankrupt	ⓓ 설치하다
05 terms	ⓔ 수령인, 받는 사람	10 absurd	ⓔ 이용 가능한, 접근할 수 있는
	ⓕ 재생 가능한		ⓕ 파산하다

Answer 01 ⓓ 02 ⓒ 03 ⓑ 04 ⓔ 05 ⓐ 06 ⓑ 07 ⓓ 08 ⓔ 09 ⓕ 10 ⓒ

논리적 흐름 파악 유형

Chapter 07 문단 순서 배열

문단 순서 배열 유형은 지문이 자연스럽게 연결되도록 제시된 문단들의 순서를 적절하게 배열한 보기를 고르는 문제입니다. 이 유형에서는 첫 문장이 주어지고 뒤에 이어질 3개 문단의 순서를 배열하는 문제가 주로 출제되며, 주어진 문장 없이 4~5개 문단의 순서를 배열하는 문제가 출제되기도 합니다.

문제풀이 전략

1. 주어진 문장이 있는 문제의 경우, 주어진 문장을 통해 다음에 전개될 내용을 예상한 후 문단들을 읽습니다.

2. 주어진 문장이 없는 문제의 경우, 보통 연결어나 대명사가 없는 문장이 첫 문단이 됩니다.

3. 대명사, 연결어, 반복되는 어구가 논리적 흐름을 파악하는 단서가 되는 경우가 많으므로 이를 유의하며 읽습니다.

유형 대표 예제

다음 문장 뒤에 들어갈 글의 순서로 가장 적절한 것은?

Every week, a brother and sister received two dollars as an allowance.

(A) At first, the brother teased his sister because he had a treat and she didn't.

(B) However, the boy eventually realized his mistake; his sister had saved enough to buy a bike, but he had nothing except a cavity.

(C) While the brother used his money for candy, the sister preferred to save hers.

① (A)-(C)-(B)　　　　　　　　② (C)-(B)-(A)

③ (A)-(B)-(C)　　　　　　　　④ (C)-(A)-(B)

Voca allowance 몡 용돈　tease 됭 놀리다　treat 몡 만족을 주는 것 됭 대우하다　realize 됭 깨닫다　mistake 몡 실수
except 젠 ~ 외에는　cavity 몡 충치, 구멍

다음 문장 뒤에 들어갈 글의 순서로 가장 적절한 것은?

> 주어진 문장을 먼저 읽고, 남매가 용돈을 받으면서 생긴 일화에 대한 내용이 이어질 것임을 예상합니다.

Every week, a brother and sister received two dollars as an allowance.

매주, 남매는 용돈으로 2달러를 받았다.

(A) At first, the brother teased his sister because he
> 순서를 나타내는 연결어 at first를 통해 (A)가 마지막 문단이 아님을 파악합니다.
had a treat and she didn't.

(A) 처음에, 오빠는 자신에게는 맛있는 것이 있고 여동생에게는 없었기 때문에 여동생을 놀렸다.

(B) However, the boy eventually realized his mistake;
> 대조의 연결어를 통해 앞에 반대되는 내용이 나올 것임을 확인합니다.
his sister had saved enough to buy a bike, but he
had nothing except a cavity.

(B) 하지만 소년은 결국 그의 실수를 깨달았다. 여동생은 자전거를 살 만큼 충분한 돈을 모았지만, 소년은 충치 외에는 아무것도 없었기 때문이었다.

(C) While the brother used his money for candy, the
sister preferred to save hers.

(C) 오빠가 사탕을 사는 데 돈을 쓴 반면, 여동생은 자신의 돈을 모으는 편을 택했다.

① (A)-(C)-(B)　　　　② (C)-(B)-(A)

③ (A)-(B)-(C)　　　　④ (C)-(A)-(B)

해설 주어진 문장 다음에 이어질 (A), (B), (C)의 적절한 순서를 파악하는 문제입니다. 주어진 문장에서 남매가 매주 2달러를 용돈으로 받았다고 했으므로, 남매가 용돈을 각각 어떻게 썼는지 보여주는 (C)가 주어진 문장 뒤에 이어져야 자연스럽습니다. 뒤이어 (A)에서 처음에는(At first) 용돈으로 맛있는 것을 사 먹은 오빠가 그러지 않은 여동생을 놀렸다는 내용이 나온 후, (B)에서 However를 통해 자전거를 살 만큼 돈을 모은 여동생과 달리 오빠는 충치만 남아 그의 실수를 깨달았다는 내용의 (B)가 나와야 글의 흐름이 자연스럽습니다. 따라서 주어진 문장 다음에 이어질 문단의 순서는 ④ (C)-(A)-(B)입니다.

먼저 문제를 풀고, 각 문장을 끊어 읽으면서 정확히 해석해 보세요.

 주어진 문장에 이어질 글의 순서로 가장 적절한 것은?

> **■** If you have ever had fruit in your home during the summer, then you have probably seen fruit flies.

> (A) **②** When they land on ripe or spoiling fruit, they lay their eggs and then feed on the produce.
>
> (B) **③** These little creatures get their name from the fact that they reproduce in ripened fruit.
>
> (C) **④** To prevent this from happening, it is important to store your fruit in a refrigerator.

① (B)-(A)-(C)　　　　② (A)-(B)-(C)　　　　③ (A)-(C)-(B)

문제풀이

해설 주어진 문장 다음에 이어질 (A), (B), (C)의 적절한 순서를 파악하는 문제입니다. 주어진 문장에서 여름 동안 과일을 집에 두었을 때 초파리를 본 적이 있을 것이라고 한 후, 이 작은 생물들(these little creatures)의 이름이 과일에서 유래했음을 알려주는 (B)가 나와야 자연스럽습니다. 뒤이어 (A)에서 과일에서 알을 낳고 그 과일을 먹으며 살아가는 초파리의 생태를 알려준 후, 마지막으로 이것이(this) 발생하는 것을 막기 위한 조언을 담은 (C)가 나와야 글의 흐름이 자연스럽습니다. 따라서 주어진 문장 다음에 이어질 순서는 ① (B)-(A)-(C)입니다.

해석
> 만약 여름 동안 과일을 집에 둔 적이 있다면, 아마 당신은 초파리를 본 적이 있을 것이다.

(A) 그들이 익었거나 상한 과일에 내려앉으면, 그들은 과일에 알을 낳고 그 과일을 먹으며 살아간다.
(B) 이 작은 생물들은 그들이 익은 과일에서 번식한다는 사실에서 그들의 이름을 얻었다.
(C) 이것이 발생하는 것을 방지하기 위해, 과일을 냉장고 안에 보관하는 것이 중요하다.

어휘 **ripe** 🅐 익은　**spoil** 🅑 상하다, 망치다　**lay** 🅑 알을 낳다, 놓다　**feed on** ~을 먹고 살다　**produce** 🅝 농산물 🅑 생산하다　**creature** 🅝 생물
reproduce 🅑 번식하다　**store** 🅑 보관하다, 저장하다

정답 ①

⊕ 구문독해

1 *If you have ever had fruit / in your home / during the summer, / then you have probably
만약 당신이 과일을 둔 적이 있다면　　　　당신의 집에　　　　여름 동안　　　　　그러면 당신은 아마 본 적이 있을 것이다
seen / fruit flies.
본다 / 초파리를

* **부사절 접속사 if가 이끄는 절이 문장을 꾸며주는 수식어인 경우** 만약 주어가 동사하다면

If you have ~ the summer는 뒤에 있는 문장을 꾸며주는 수식어입니다. 이처럼 부사절 접속사 if가 이끄는 절이 문장을 꾸며주는 수식어인 경우, '만약 주어가 동사하다면'이라고 해석합니다.

2 When they land / on ripe or spoiling fruit, / they lay their eggs / and then feed on the
그들이 내려앉으면　　　　익었거나 상한 과일에　　　　그들은 알을 낳는다　　　　그리고 그 과일을 먹고 산다
produce.

3 These little creatures / get their name / from the fact / that they reproduce / in ripened
이 작은 생물들은　　　　그들의 이름을 얻었다　　~한다는 사실로부터　　그들이 번식한다는　　　익은 과일에서
fruit.

* **the fact that + 주어 + 동사** 주어가 동사한다는 사실

the fact that ~ fruit에는 동격을 나타내는 'the fact that + 주어 + 동사'가 사용되어, '그들이 익은 과일에서 번식한다는 사실'이라고 해석합니다.

4 To prevent this / from happening, / *it is important / to store your fruit / in a refrigerator.
이것이 ~하는 것을 방지하기 위해　발생하는 것을　　　중요하다　　　당신의 과일을 보관하는 것은　　　냉장고 안에

* **가짜 주어 it과 진짜 주어 to 부정사가 쓰인 경우** ~하는 것은

it은 가짜 주어로 해석하지 않으며 to store ~ refrigerator가 진짜 주어입니다. 이처럼 to 부정사가 진짜 주어로 쓰인 경우, '~하는 것은'이라고 해석합니다.

다음 글을 문맥에 맞게 순서대로 연결한 것은?

A. ❶ To protect their delicate seeds, they have developed an extremely spicy flavor as a defense mechanism.

B. ❷ So the chilis are safe from large mammals that dislike the pain caused by their spiciness.

C. ❸ The spiciness of chili peppers is a significant evolutionary advantage.

D. ❹ However birds are unaffected by the taste, so they eat the chilis and spread their seeds.

① C-B-A-D   ② A-C-B-D   ③ C-A-B-D

문제풀이

해설 A, B, C, D의 적절한 순서를 파악하는 문제입니다. C에서 고추의 매운맛은 진화상의 이점이라고 한 후, A에서 고추가 그들의 연약한 씨앗(their delicate seeds)을 보호하기 위해 방어기제로써 매운맛을 가지게 진화했다는 것을 알려주고 있습니다. 그래서 B에서 So를 통해 고추는 매운맛을 싫어하는 큰 포유류로부터는 안전하다고 했지만, D에서 However를 통해 매운맛에 영향을 받지 않는 새가 고추를 먹고 씨앗을 퍼뜨린다는 대조의 내용의 나와야 글의 흐름이 자연스럽습니다. 따라서 글을 문맥에 맞게 순서대로 연결한 것은 ③ C–A–B–D입니다.

해석 A. 연약한 씨앗을 보호하기 위해, 고추는 방어 기제로써 극도로 매운맛을 발달했다.
B. 따라서 고추는 매운맛으로 인한 고통을 싫어하는 큰 포유류로부터 안전하다.
C. 고추의 매운맛은 중요한 진화상의 이점이다.
D. 하지만 새는 이 맛에 영향받지 않기 때문에, 고추를 먹고 씨앗을 퍼뜨린다.

어휘 delicate 휑 연약한 extremely 뷘 극도로 spicy 휑 매운 defense 뎽 방어, 수비 mechanism 뎽 기제, 구조 dislike 됭 싫어하다 significant 휑 중요한 evolutionary 휑 진화의 unaffected 휑 영향받지 않은 spread 됭 퍼뜨리다, 펴다

정답 ③

구문독해

1 *To protect / their delicate seeds, / they have developed / an extremely spicy flavor / as
　　보호하기 위해　　　그것들의 연약한 씨앗을　　　그것들은 발달했다　　　　극도로 매운맛을
a defense mechanism.
방어 기제로써

* **to 부정사가 문장을 꾸며주는 수식어인 경우** ~하기 위해
　 To protect their delicate seeds는 뒤에 있는 문장을 꾸며주는 수식어입니다. 이처럼 to 부정사가 문장을 꾸며주는 수식어인 경우,
　 '~하기 위해'라고 해석합니다.

2 So / the chilis are safe / from large mammals / that dislike the pain / *caused by their
　따라서　　고추는 안전하다　　　큰 포유류로부터　　　　고통을 싫어하는　　　그것들의 매운맛으로
spiciness.
초래되는

* **과거분사가 명사를 꾸며주는 수식어인 경우** ~되는
　 caused by their spiciness는 앞에 있는 the pain을 꾸며주는 수식어입니다. 이처럼 과거분사가 명사를 꾸며주는 수식어인 경우,
　 '~되는'이라고 해석합니다.

3 The spiciness of chili peppers / is a significant evolutionary advantage.
　　　　　고추의 매운맛은　　　　　　　　　　중요한 진화상의 이점이다

4 However, / birds are unaffected / by the taste, / so they eat the chilis / and spread their
　하지만　　　　새는 영향받지 않는다　　　이 맛에 의해　　그래서 그들은 고추를 먹는다　　　그리고 그것들의 씨앗을
seeds.
퍼뜨린다

03 주어진 문장에 이어질 글의 순서로 가장 적절한 것은?

> ◨ Five-year-old Fred always refused to share his toys with others at preschool.

(A) ◧ Soon, none of the other children wanted to play with Fred.

◨ Then one day, he found out that only he had not been invited to a friend's birthday party.

(B) ◪ This experience taught him that sharing is crucial for friendship.

◫ From then on, Fred let others use his toys.

(C) ◬ He feared that his dear toys would get broken or stolen by the other kids.

① (B)-(A)-(C)   ② (C)-(B)-(A)   ③ (C)-(A)-(B)

문제풀이

해설   주어진 문장 다음에 이어질 (A), (B), (C)의 적절한 순서를 파악하는 문제입니다. 주어진 문장에서 Fred는 유치원에서 다른 아이들과 장난감을 같이 쓰기를 거부했다고 한 후, Fred가 그렇게 행동한 이유를 설명하는 (C)가 나와야 자연스럽습니다. 뒤이어 Soon을 통해 곧 Fred의 친구들이 그와 함께 놀고 싶지 않아했으며, 친구의 생일 파티에도 초대받지 않았다고 한 (A)가 나오고, 이 경험(This experience)이 Fred에게 함께 쓰는 것의 중요성을 가르쳐주었다는 내용의 (B)가 나와야 글의 흐름이 자연스럽습니다. 따라서 주어진 문장 다음에 이어질 순서는 ③ (C)-(A)-(B)입니다.

해석

> 5살 Fred는 유치원에서 장난감을 다른 아이들과 같이 쓰기를 늘 거부했다.

(A) 곧, 다른 아이들 중 아무도 Fred와 놀고 싶어하지 않았다. 그러던 어느 날 Fred는 한 친구의 생일 파티에 자기만 초대받지 않았다는 것을 알게 되었다.
(B) 이 경험은 그에게 같이 쓰는 것이 교우 관계에 매우 중요하다는 것을 가르쳐 주었다. 그때부터, 그는 다른 사람도 그의 장난감을 쓰게 했다.
(C) 그는 다른 아이들이 그의 소중한 장난감을 부러뜨리거나 훔칠까봐 걱정했다.

어휘   **refuse** 〔동〕 거부하다   **share** 〔동〕 같이 쓰다, 공유하다   **preschool** 〔명〕 유치원   **crucial** 〔형〕 매우 중요한, 결정적인   **friendship** 〔명〕 우정, 교우관계   **dear** 〔형〕 소중한   **steal** 〔동〕 훔치다

정답   ③

⊕ 구문독해

1 Five-year-old Fred / always refused / *to share his toys with others / at preschool.
5살 Fred는   늘 거부했다   다른 사람과 그의 장난감을 같이 쓰기를   유치원에서

* **to 부정사가 목적어인 경우** ~하기를
  to share ~ at preschool은 동사 refused의 목적어입니다. 이처럼 to 부정사가 목적어인 경우, '~하기를'이라고 해석합니다.

2 Soon, / none of the other children / wanted to play / with Fred.
곧   다른 아이들 중 아무도   노는 것을 원하지 않았다   Fred와

3 Then one day, / he found out / that only he had not been invited / to a friend's birthday
그러던 어느 날   그는 알게 되었다   오직 그만 초대받지 않았다는 것을   한 친구의 생일 파티에

party.

4 This experience *taught him / that sharing is crucial / for friendship.
이 경험은 그에게 가르쳐주었다   같이 쓰는 것이 매우 중요하다는 것을   교우 관계에

* **teach A B** A에게 B를 가르쳐주다
  taught him ~ friendship에는 'teach A(him) B(that sharing is crucial for friendship)'가 사용되어, '그에게 같이 쓰는 것이
  교우 관계에 매우 중요하다는 것을 가르쳐주었다'라고 해석합니다.

5 From then on, / he let others / *use his toys.
그때부터   그는 다른 사람들이 ~하게 했다   그의 장난감을 쓰게

* **동사원형이 목적격 보어인 경우** ~하게
  use his toys는 목적어 others를 꾸며주는 목적격 보어입니다. 이처럼 동사원형이 목적격 보어인 경우, '~하게'라고 해석합니다.

6 He feared / that his dear toys / would get broken or stolen / by the other kids.
그는 걱정했다   그의 소중한 장난감이   부러지거나 훔쳐질 것을   다른 아이들에 의해

04 다음 문장 뒤에 들어갈 글의 순서로 가장 적절한 것은?

> ❶ Community college is a popular alternative to attending university in the United States.

> (A) ❷ In addition to costs, nearly all courses have at least one evening session, so students can find daytime employment while working toward their degrees.
>
> (B) ❸ On average, the tuition for each course is half of what universities charge.
>
> (C) ❹ This is because community colleges are more affordable and allow students greater flexibility to schedule their courses.

① (B)-(C)-(A)   ② (C)-(B)-(A)   ③ (C)-(A)-(B)

문제풀이

해설　주어진 문장 다음에 이어질 (A), (B), (C)의 적절한 순서를 파악하는 문제입니다. 주어진 문장에서 미국에서 지역 전문대학이 대학에 다니는 것의 대안으로 인기가 있다고 한 후, 이것은(This) 더 알맞은 비용과 더 융통성 있게 짤 수 있는 수업 시간표 때문이라는 이유를 설명한 (C)가 나와야 자연스럽습니다. 뒤이어 (B)에서 이에 대한 보충 설명으로 전문대학의 등록금을 대학등록금과 비교한 후, 마지막으로 이러한 비용에 더해(In addition to costs) 전문대학에는 야간 수업이 있어 학생들이 낮에는 일할 수 있다는 장점을 덧붙여 설명한 (A)가 나와야 글의 흐름이 자연스럽습니다. 따라서 주어진 문장 다음에 이어질 순서는 ② (C)-(B)-(A)입니다.

해석

> 미국에서 지역 전문대학은 대학에 다니는 것에 대한 인기 있는 대안이다.

(A) 비용에 더해, 거의 모든 과정에는 적어도 하나의 야간 수업이 있기 때문에, 학생들은 학위를 따기 위해 노력하면서 낮에 일할 직장을 구할 수 있다.
(B) 평균적으로, 각 과정의 등록금은 대학에서 받는 것의 절반이다.
(C) 이것은 지역 전문대학의 비용이 더 알맞고 학생들에게 수업 시간표를 짜는 데 더 많은 융통성을 주기 때문이다.

어휘　**alternative** 團 대안 團 대신의 **attend** 團 ~에 다니다 **cost** 團 비용, 값 **daytime** 團 낮, 구간 **employment** 團 직장, 고용 **work toward** ~을 지향하여 노력하다 **degree** 團 학위, 정도 **tuition** 團 등록금, 수업 **affordable** 團 (가격이) 알맞은 **flexibility** 團 융통성, 유연함

정답　②

➕ 구문독해

1 Community college is a popular alternative / to attending university / in the United States.
지역 전문대학은 인기 있는 대안이다   대학에 다니는 것에 대한   미국에서

2 In addition to costs, / nearly all courses have / at least one evening session, / so students
비용에 더해   거의 모든 과정은 ~이 있다   적어도 하나의 야간 수업   그래서 학생들은

can find / daytime employment / while working toward their degrees.
구할 수 있다   낮에 일할 직장을   그들의 학위를 따기 위해 노력하면서

3 On average, / the tuition for each course / is half / of *what universities charge.
평균적으로   각 과정의 등록금은   절반이다   대학이 청구하는 것의

* **what이 이끄는 명사절이 목적어인 경우** 주어가 동사하는 것

what universities charge는 전치사 of의 목적어입니다. 이처럼 what이 이끄는 명사절이 목적어인 경우, '주어가 동사하는 것'이라고 해석합니다.

4 *This is because / community colleges are more affordable / and allow students / greater
이것은 ~하기 때문이다   지역 전문대학의 비용이 더 알맞다   그리고 학생들에게 ~을 준다   더 많은

flexibility / to schedule their courses.
융통성   그들의 수업 시간표를 짜는 데

* **This is because ~** 이것은 ~하기 때문이다

This is because ~ courses에는 이유를 나타내는 'This is because ~'가 사용되어, '이것은 지역 전문대학의 비용이 더 알맞고 학생들에게 수업 시간표를 짜는 데 더 많은 융통성을 주기 때문이다'라고 해석합니다.

01 주어진 문장으로 시작하여, 다음 글들을 문맥에 맞게 올바른 순서로 연결한 것은?

I have a few recommendations to help people keep their heating bills affordable this winter.

(A) You should first consider lowering the temperature in your homes by a few degrees. This will easily lead to savings of 5 to 10 percent.

(B) It is further recommended that heaters be cleaned by a technician, so that they operate efficiently. Together, all of these steps should produce noticeably lower heating costs.

(C) Another way to cut costs is by applying weatherproof seals around the edges of doors and windows. Doing so will ensure that heat does not escape from inside.

① (A)-(B)-(C)　② (A)-(C)-(B)
③ (C)-(A)-(B)　④ (C)-(B)-(A)

Voca

recommendation [명] 조언, 추천　bill [명] 청구서　lower [동] 낮추다　temperature [명] 온도　saving [명] 절약, 저금　technician [명] 기술자
efficiently [부] 효율적으로　produce [동] (결과 등을) 야기하다, 생산하다　noticeably [부] 현저히　cut [동] 줄이다, 자르다
weatherproof [형] 비바람을 막아주는　seal [명] 밀폐 물질 [동] 봉인하다　edge [명] 가장자리, 끝　escape [동] 새다, 탈출하다

02 다음 문장 뒤에 들어갈 글의 순서로 가장 적절한 것은?

Today, most people assume that Alexander Graham Bell invented the telephone.

(A) This gave Bell the opportunity to apply for the patent, which he ultimately received in 1876, robbing Meucci of the chance to be acknowledged as the inventor of the telephone.

(B) However, the telephone was actually invented several years earlier by an Italian named Antonio Meucci.

(C) Unfortunately, he could not afford the patent fee to protect his invention.

① (A)-(C)-(B)　　　　　　② (B)-(A)-(C)

③ (A)-(B)-(C)　　　　　　④ (B)-(C)-(A)

• **Voca** • -

assume 동 생각하다, 가정하다　**patent** 명 특허(권)　**ultimately** 부 결국, 궁극적으로　**receive** 동 받다　**rob** 동 앗아가다, 빼앗다
acknowledge 동 인정하다　**inventor** 명 발명가　**name** 동 ~라고 부르다 명 이름　**unfortunately** 부 안타깝게도, 불행하게도
fee 명 수수료, 요금

03 주어진 문장에 이어질 글의 순서로 가장 적절한 것은?

> The practice of drinking tea is believed to have originated during the reign of Emperor Shen Nung of Ancient China.

> (A) Subsequently, tea was introduced into other parts of Asia by Buddhist monks, and it became popular throughout the continent over the next several centuries.
>
> (B) The earliest known records of people drinking tea date back to 2737 BC. However, tea was not widely consumed by the Chinese until the third century AD.
>
> (C) It was not until the Portuguese traders brought tea from Asia to Europe that it spread through the Western countries.

① (B)-(A)-(C)　　　　　　　② (B)-(C)-(A)

③ (A)-(B)-(C)　　　　　　　④ (C)-(B)-(A)

• **Voca** -

originate 통 비롯되다　reign 명 통치 기간　subsequently 부 나중에, 그 뒤에　introduce 통 전하다, 도입하다　monk 명 승려, 수도승
throughout 전 도처에　continent 명 대륙　date back ~까지 거슬러 올라간다　trader 명 상인

176 공무원학원·동영상강의 gosi.Hackers.com

04 다음 글을 문맥에 맞게 순서대로 연결한 것은?

A. Then one day my mother said, "You're not your brother. You're you, and that's a wonderful thing." From then on, I started to embrace my individuality.

B. I did so because he was intelligent, athletic, and popular. I thought that if I acted like him, I would develop these characteristics as well.

C. When I was young, I looked up to my older brother and tried to act just like him.

D. Yet the more I tried to be him, the less satisfied I felt about being me. I felt depressed when I thought of the traits that made us different.

① A-B-C-D ② B-D-C-A

③ C-B-D-A ④ C-D-A-B

• Voca •

embrace [동] 받아들이다, 포옹하다 individuality [명] 개성 athletic [형] 운동신경이 좋은, 탄탄한 characteristic [명] 특성
look up to [동] ~을 우러러보다, 존경하다 trait [명] 특성

05 주어진 글 다음에 이어질 내용을 문맥상 가장 자연스럽게 배열한 것은?

Do you find that your friends are all very similar to you? If so, you are not the only one who feels this way.

(A) These similarities in personality and appearance are viewed as positive traits by the friends who share them, which is why they enjoy spending time together.

(B) A couple of studies have revealed that people who think alike tend to interact with each other, and are thus more likely to form friendships.

(C) The same studies point out that this preference also extends to appearance, as friends often resemble each other physically. For example, if someone wears glasses, he or she will likely have friends who wear them as well.

① (A)-(C)-(B)　　　　　② (B)-(C)-(A)
③ (B)-(A)-(C)　　　　　④ (C)-(B)-(A)

06 주어진 문장에 이어질 글의 순서로 가장 적절한 것은?

There was a man who waited a long time to get his computer back from the repair shop.

(A) The man was upset with such slow and poor customer service and called the shop to complain about their lack of professionalism. The manager informed him that the repairs were almost completed and offered him a special discount to make up for the long delay.

(B) Although he was told that it would take at most five days to fix, the man ended up waiting for over three weeks without even a phone call from the repair shop.

(C) Nevertheless, he was frustrated that he did not get his computer earlier, especially since he had been promised a much earlier completion date. He decided that if he ever needed repair services again, he would surely use another repair shop in the future.

① (B)-(A)-(C)　　　　　② (B)-(C)-(A)
③ (C)-(A)-(B)　　　　　④ (C)-(B)-(A)

07 다음 문장 뒤에 들어갈 글의 순서로 가장 적절한 것은?

Most people do not like to pay taxes and some people even think that they should be reduced or eliminated.

(A) None of these services would exist without taxes. As a matter of fact, the ability of the government to provide even basic services to the public would be severely limited.

(B) Therefore, it is in the best interest of all citizens to maintain these services by paying the taxes they owe to the government.

(C) But taxes fund a number of important government services. For instance, tax money is often used to pay for social programs, healthcare, and the military.

① (B)-(A)-(C)　　　　　　② (C)-(B)-(A)

③ (C)-(A)-(B)　　　　　　④ (A)-(B)-(C)

08 다음 주어진 문장에 이어질 글의 순서로 가장 적절한 것은?

Blindness is a condition that affects many people of all ages around the world.

(A) In fact, it is estimated that 161 million people are considered legally blind. This is equal to about 2.6 percent of the total human population. Of those considered legally blind, not all have completely lost the ability to see.

(B) These individuals may have 20 percent of their sight remaining, but still be considered legally blind and qualified to receive special medical assistance.

(C) Rather, this is a term used to describe someone whose vision is impaired to the extent that everyday functioning is very difficult, or prevents them from certain activities like driving.

① (A)-(C)-(B)　　　　　　② (B)-(C)-(A)

③ (C)-(B)-(A)　　　　　　④ (C)-(A)-(B)

정답 p.62

Chapter 07에 나온 핵심 어휘를 암기한 후 퀴즈로 확인해 보세요.

☐ allowance	몡 용돈
☐ tease	동 놀리다
☐ mistake	몡 실수
☐ cavity	몡 충치, 구멍
☐ friendship	몡 우정, 교우 관계
☐ spoil	동 상하다, 망치다
☐ lay	동 알을 낳다, 놓다
☐ feed on	~을 먹고 살다
☐ creature	몡 생물
☐ significant	혱 대단히 중요한
☐ evolutionary	혱 진화의
☐ delicate	혱 연약한
☐ extremely	뷔 극도로
☐ spicy	혱 매운
☐ defense	몡 방어, 수비
☐ mechanism	몡 기제, 구조
☐ dislike	동 싫어하다
☐ unaffected	혱 영향 받지 않은
☐ spread	동 퍼뜨리다, 펴다
☐ daytime	몡 낮, 주간

☐ work toward	~을 지향하여 노력하다
☐ degree	몡 학위, 정도
☐ flexibility	몡 융통성, 유연함
☐ recommendation	몡 조언, 추천
☐ bill	몡 청구서
☐ lower	동 낮추다
☐ saving	몡 절약, 저금
☐ efficiently	뷔 효율적으로
☐ temperature	몡 온도
☐ technician	몡 기술자
☐ noticeably	뷔 현저히
☐ cut	동 줄이다, 자르다
☐ weatherproof	혱 비바람을 막아주는
☐ seal	몡 밀폐 물질 동 봉인하다
☐ edge	몡 가장자리, 끝
☐ assume	동 생각하다, 가정하다
☐ ultimately	뷔 결국, 궁극적으로
☐ patent	몡 특허(권)
☐ rob	동 앗아가다, 빼앗다
☐ receive	동 받다

Quiz 각 어휘의 알맞은 뜻을 찾아 연결하세요.

01 allowance	ⓐ 충치, 구멍		06 saving	ⓐ 융통성, 유연함	
02 defense	ⓑ 방어, 수비		07 lower	ⓑ 앗아가다, 빼앗다	
03 delicate	ⓒ 연약한		08 rob	ⓒ 가장자리, 끝	
04 spoil	ⓓ 용돈		09 degree	ⓓ 절약, 저금	
05 evolutionary	ⓔ 상하다, 망치다		10 seal	ⓔ 밀폐 물질, 봉인하다	
	ⓕ 진화의			ⓕ 낮추다	

Answer 01 ⓓ 02 ⓑ 03 ⓒ 04 ⓔ 05 ⓕ 06 ⓓ 07 ⓕ 08 ⓑ 09 ⓐ 10 ⓔ

□ name	图 ~라고 부르다 图 이름	□ point out	알려주다, 지적하다
□ fee	图 수수료, 요금	□ preference	图 선호
□ originate	图 비롯되다	□ physically	图 신체적으로
□ reign	图 통치 기간	□ repair shop	图 수리점
□ subsequently	图 나중에, 그 뒤에	□ upset	图 화난
□ monk	图 승려, 수도승	□ professionalism	图 직업 의식
□ throughout	图 도처에, ~ 동안 죽	□ inform	图 알리다
□ continent	图 대륙	□ discount	图 할인
□ date back	~까지 거슬러 올라가다	□ end up	결국 (어떤 처지에) 처하게 되다
□ trader	图 상인	□ frustrated	图 불만스러운
□ embrace	图 받아들이다, 포옹하다	□ completion	图 완료, 완성
□ individuality	图 개성	□ blindness	图 실명
□ athletic	图 운동신경이 좋은, 탄탄한	□ severely	图 심하게
□ characteristic	图 특성	□ healthcare	图 의료, 건강 관리
□ look up to	~을 우러러보다, 존경하다	□ military	图 군대 图 군대의
□ similarity	图 유사성	□ legally	图 법률적으로
□ personality	图 성격	□ completely	图 완전히
□ alike	图 비슷한	□ sight	图 시력
□ tend to	~하는 경향이 있다	□ qualify	图 자격을 주다
□ interact	图 서로 영향을 끼치다	□ impair	图 손상시키다

Quiz 각 어휘의 알맞은 뜻을 찾아 연결하세요.

01 name	ⓐ 특성	06 interact	ⓐ 자격을 주다
02 throughout	ⓑ 유사성	07 inform	ⓑ 서로 영향을 끼치다
03 subsequently	ⓒ ~라고 부르다, 이름	08 completion	ⓒ 알리다
04 characteristic	ⓓ 도처에, ~ 동안 죽	09 completely	ⓓ 완료, 완성
05 trader	ⓔ 상인	10 qualify	ⓔ 완전히
	ⓕ 나중에, 그 뒤에		ⓕ 할인

Answer 01 ⓒ 02 ⓓ 03 ⓕ 04 ⓐ 05 ⓔ 06 ⓑ 07 ⓒ 08 ⓓ 09 ⓔ 10 ⓐ

Chapter 08 문장 삽입

문장 삽입 유형은 지문의 흐름이 자연스럽게 이어질 수 있도록 주어진 문장이 들어갈 적절한 위치를 보기에서 고르는 문제입니다.

 문제풀이 전략

1. 주어진 문장을 읽고 지시어나 연결어를 중심으로 앞에 나올 내용을 예상해본 후, 지문에서 예상한 내용을 찾으면 바로 뒤에 주어진 문장을 넣습니다.

2. 예상한 내용이 없는 경우, 지문의 흐름이 어색하거나 논리의 흐름이 어긋나는 부분에 주어진 문장을 넣습니다.

유형 대표 예제

다음 주어진 문장이 들어갈 곳으로 가장 적절한 것은?

The war began after years of irresolvable political differences.

The American Revolutionary War was fought between American colonists and the British monarchy. (A) One of these disagreements was about taxes. (B) Colonists believed they shouldn't be taxed unless they had representatives in Britain's parliament. (C) Without representatives, they considered British-imposed taxes to be illegal. (D) When the monarchy refused to stop taxing them, a revolution ensued.

① A   ② B
③ C   ④ D

Voca   irresolvable 혱 해결할 수 없는   difference 몡 의견 차이, 다름   colonist 몡 식민지 주민   monarchy 몡 군주국
disagreement 몡 의견 차이   tax 몡 세금   representative 몡 대표, 대리인   parliament 몡 의회, 국회
impose 통 부과하다, 도입하다   revolution 몡 혁명   ensue 통 뒤따르다

다음 주어진 문장이 들어갈 곳으로 가장 적절한 것은?

> 주어진 문장을 먼저 읽고, '그 전쟁'에 대한 설명이 앞에 나올 것임을 예상합니다.

The war began after years of irresolvable political differences.

The American Revolutionary War was fought between American colonists and the British monarchy. (A)
One of these disagreements was about taxes. (B)

> '그 전쟁'에 대한 설명

Colonists believed they shouldn't be taxed unless they had representatives in Britain's parliament. (C) Without representatives, they considered British-imposed taxes to be illegal. (D) When the monarchy refused to stop taxing them, a revolution ensued.

① A
② B
③ C
④ D

그 전쟁은 수년간의 해결할 수 없는 정치적 의견 차이 이후에 시작되었다.

미국 독립 전쟁은 미국 식민지 주민과 영국 군주국 사이의 싸움이었다. (A) 이러한 의견 차이 중 하나는 세금에 관한 것이었다. (B) 식민지 주민은 영국 의회에 미국 대표가 있지 않은 한 그들에게 세금이 부과되어서는 안 된다고 생각했다. (C) 대표 없이는, 그들은 영국이 부과하는 세금이 불법이라고 생각했다. (D) 영국 군주국이 그들에게 세금 부과를 그만두는 것을 거부했을 때, 혁명이 뒤따랐다.

해설 지문의 흐름상 주어진 문장이 들어가기에 가장 적절한 곳을 고르는 문제입니다. 주어진 문장의 The war(그 전쟁)을 통해 주어진 문장 앞에 '그 전쟁'이 무엇인지에 대한 설명이 나올 것임을 예상합니다. (A)의 앞 문장에서 미국 독립 전쟁은 미국 식민지 주민과 영국 군주국 사이의 싸움이었다며 '그 전쟁'에 대해 설명하고 있으므로, (A) 자리에 주어진 문장이 들어가야 글의 흐름이 자연스럽게 연결됩니다. 따라서 ①번이 정답입니다.

먼저 문제를 풀고, 각 문장을 끊어 읽으면서 정확히 해석해 보세요.

 다음 문장이 들어갈 위치로 가장 적절한 것은?

> **①** Feeling a sense of dissatisfaction, he sold his car and purchased the same model that his neighbor owned.

> **②** Last summer, a man bought a car.
>
> **③** At first, he was very satisfied with his purchase. (A)
>
> **④** Then he noticed that his neighbor had an expensive foreign sports car. (B)
>
> **⑤** However, he soon realized that the sports car was not very comfortable. (C)
>
> **⑥** He ultimately regretted his decision and wished that he had kept his original car.

① A   ② B   ③ C

문제풀이

해설 지문의 흐름상 주어진 문장이 들어가기에 가장 적절한 곳을 고르는 문제입니다. 주어진 문장의 the same model(같은 차종)을 통해 주어진 문장 앞에 이웃의 차종에 대한 내용이 나올 것임을 예상합니다. (B)의 앞 문장에서 그의 이웃이 비싼 외제 스포츠카를 가지고 있는 것을 알아챘다며 이웃의 차종에 대해 알려주고 있으므로, (B) 자리에 주어진 문장이 들어가야 글의 흐름이 자연스러워집니다. 따라서 ②번이 정답입니다.

해석
> 그는 불만족을 느꼈기 때문에, 그의 차를 팔고 이웃이 가진 것과 같은 차종을 구입했다.

지난 여름, 한 남자가 차를 샀다. 처음에는, 그는 그의 구매에 매우 만족했다. (A) 그리고 나서 그는 그의 이웃이 비싼 외제 스포츠카를 가지고 있다는 것을 알아챘다. (B) 하지만 그는 곧 스포츠카가 별로 편하지 않다는 것을 깨달았다. (C) 그는 결국 그의 결정을 후회했고 그가 원래의 차를 계속 가지고 있었기를 바랐다.

어휘 **dissatisfaction** 몡 불만, 불평   **purchase** 동 구입하다 몡 구매   **own** 동 소유하다 형 자기 자신의   **notice** 동 알아채다, 통지하다   **foreign** 형 외국의   **ultimately** 閉 결국, 궁극적으로   **regret** 동 후회하다 몡 후회

정답 ②

⊕ 구문독해

---

1 *Feeling a sense of dissatisfaction, / he sold his car / and purchased the same model /
　　　불만족을 느꼈기 때문에　　　　　　　그는 그의 차를 팔았다　　　　그리고 같은 차종을 구입했다

that his neighbor owned.
그의 이웃이 가진

---

* 분사구문이 문장을 꾸며주는 수식어인 경우 ～했기 때문에

Feeling a sense of dissatisfaction은 뒤에 있는 문장을 꾸며주는 수식어입니다. 이처럼 분사구문이 문장을 꾸며주는 수식어인 경우, 문맥에 따라 '～했기 때문에', '～할 때', '～하면' 등 다양한 의미로 해석이 가능한데, 이 경우에는 '～했기 때문에'라고 해석하는 것이 자연스럽습니다.

---

2 Last summer, / a man bought a car.
　　지난 여름　　　한 남자가 차를 샀다

---

3 At first, / he was very satisfied / with his purchase.
　　처음에는　　그는 매우 만족했다　　　그의 구매에

---

4 Then he noticed / *that his neighbor had / an expensive foreign sports car.
그리고 나서 그는 알아챘다　　그의 이웃이 가지고 있다는 것을　　　비싼 외제 스포츠카를

---

* that이 이끄는 명사절이 목적어인 경우 주어가 동사하다는 것을

that his neighbor had ～ sports car는 동사 noticed의 목적어입니다. 이처럼 that이 이끄는 명사절이 목적어인 경우, '주어가 동사하다는 것을'이라고 해석합니다.

---

5 However, / he soon realized / that the sports car / was not very comfortable.
　　하지만　　그는 곧 깨달았다　　　스포츠카가　　　별로 편하지 않다는 것을

---

6 He ultimately regretted his decision / and wished / that he had kept / his original car.
　　그는 결국 그의 결정을 후회했다　　　　그리고 바랐다　　그가 계속 가지고 있었기를　　그의 원래의 차를

---

02 다음 주어진 문장이 들어갈 곳으로 가장 적절한 것은?

> **1** These structures provide support for the bear's heavy weight.

> **2** Even when they are young, Asian black bears are incredible climbers. (A)
>
> **3** In fact, some Asian black bears spend up to 50 percent of their lives in trees. (B)
>
> **4** To make their time in the trees more comfortable, they often build temporary nests made out of branches. (C)
>
> **5** They also allow the bears to relax while feeding.

① A   ② B   ③ C

문제풀이

해설   지문의 흐름상 주어진 문장이 들어가기에 가장 적절한 곳을 고르는 문제입니다. 주어진 문장의 These structures(이 구조물들)를 통해 주어진 문장 앞에 곰의 체중을 지탱해주는 구조물이 무엇인지에 대한 설명이 나올 것임을 예상합니다. (C)의 앞 문장에서 곰들은 나뭇가지로 만들어진 임시 보금자리를 짓는다고 하며 구조물에 대한 설명을 하고 있으므로, (C) 자리에 주어진 문장이 들어가야 글의 흐름이 자연스럽게 연결됩니다. 따라서 ③번이 정답입니다.

해석
> 이 구조물은 곰의 무거운 체중을 지탱해준다.

히말라야 곰은 어릴 때에도 놀라운 등반가이다. (A) 사실, 몇몇 히말라야 곰은 나무에서 일생의 50퍼센트까지를 보낸다. (B) 나무에서 보내는 시간을 더 편안하게 만들기 위해, 그들은 흔히 나뭇가지로 만들어진 임시 보금자리를 짓는다. (C) 그것들은 또한 곰이 먹이를 먹으면서 휴식을 취하게 해준다.

어휘   **structure** 몡 구조물   **incredible** 톙 놀라운, 믿을 수 없는   **climber** 몡 등반가   **temporary** 톙 임시의, 일시적인   **nest** 몡 보금자리, 둥지   **branch** 몡 나뭇가지   **feed** 툉 먹이를 먹다

정답   ③

⊕ 구문독해

1 These structures provide support / for the bear's heavy weight.
　　이 구조물들은 지탱을 제공한다　　곰의 무거운 체중에

2 Even when they are young, / Asian black bears are incredible climbers.
　　그들은 어릴 때에도　　히말라야 곰은 놀라운 등반가이다

3 In fact, / some Asian black bears spend / up to 50 percent of their lives / in trees.
　　사실　　어떤 히말라야 곰은 보낸다　　그들 일생의 50퍼센트까지를　　나무에서

4 To make their time / in the trees / more comfortable, / they often build temporary nests /
　　그들의 시간을 ~하게 만들기 위해　　나무에서 보내는　　더 편안하게　　그들은 흔히 임시 보금자리를 짓는다
*made out of branches.
　　나뭇가지로 만들어진

* 과거분사가 명사를 꾸며주는 수식어인 경우 ~되어진
　　made out of branches는 앞에 있는 temporary nests를 꾸며주는 수식어입니다. 이처럼 과거분사가 명사를 꾸며주는 수식어인
　　경우, '~되어진'이라고 해석합니다.

5 They also allow the bears / *to relax / while feeding.
　　그것들은 또한 곰들이 ~하게 해준다　　휴식을 취하게　　먹이를 먹으면서

* to 부정사가 목적격 보어인 경우 ~하게
　　to relax는 목적어 the bears를 보충 설명해 주는 목적격 보어입니다. 이처럼 to 부정사가 목적격 보어인 경우, '~하게'라고
　　해석합니다.

03 글의 흐름상 다음 문장이 들어가기에 가장 적절한 곳은?

[1] However, before long, the game was organized to include adult matches and leagues.

[2] Cricket is a bat-and-ball game that is believed to have originated in England in the 1500s. (A)

[3] The earliest known records of cricket refer to it as an informal children's game. (B)

[4] This eventually led to the establishment of professional teams in the 1660s. (C)

[5] By the 1840s, the game had spread to English colonies, making it even more popular.

① A ② B ③ C

문제풀이

해설 지문의 흐름상 주어진 문장이 들어가기에 가장 적절한 곳을 고르는 문제입니다. 주어진 문장의 However(하지만)를 통해 주어진 문장 앞에 이 게임에 성인 경기와 리그가 포함되기 전의 상황은 어떠했는지에 대한 내용이 나올 것임을 예상합니다. (B)의 앞 문장에서 크리켓은 초기에 아이들의 게임이라고 알려졌다는 내용이 있으므로, (B) 자리에 오래 지나지 않아 성인 경기가 포함되었다고 한 주어진 문장이 들어가야 글의 흐름이 자연스러워집니다. 따라서 ②번이 정답입니다.

해석 하지만 오래 지나지 않아, 이 게임은 성인 경기와 리그를 포함하도록 구성되었다.

크리켓은 1500년대에 영국에서 유래했다고 여겨지는, 배트와 공으로 하는 게임이다. (A) 알려진 가장 초기의 크리켓에 대한 기록은 그것을 비공식적인 아이들의 게임이라고 언급한다. (B) 이것은 결국 1660년대에 전문적인 팀의 설립으로 이어졌다. (C) 1840년대가 되자, 이 게임은 영국 식민지들로 퍼지면서 더욱 인기 있게 되었다.

어휘 organize [동] 구성하다, 조직하다 include [동] 포함하다 match [명] 경기 [동] 어울리다 originate [동] 유래하다, 비롯되다
refer [동] 언급하다, 나타내다 informal [형] 비공식적인 establishment [명] 설립, 기관 colony [명] 식민지

정답 ②

➕ 구문독해

1
However, / before long, / the game was organized / to include adult matches and
하지만　　　　오래 지나지 않아　　　이 게임은 구성되었다　　　　　　　성인 경기와 리그를 포함하도록
leagues.

2
Cricket is a bat-and-ball game / *that is believed / to have originated in England / in the
크리켓은 배트와 공으로 하는 게임이다　　　～라고 여겨지는　　　　영국에서 유래했다고
1500s.
1500년대에

＊ 주격 관계대명사(that)가 이끄는 절이 수식어인 경우 동사하는

that is believed ~ the 1500s는 앞에 있는 a bat-and-ball game을 꾸며주는 수식어입니다. 이처럼 주격 관계대명사(that)
가 이끄는 절이 수식어인 경우, '동사하는'이라고 해석합니다.

3
The earliest known records / of cricket / refer to it / as an informal children's game.
알려진 가장 초기의 기록은　　　크리켓에 대한　그것을 ~라고 언급한다　　비공식적인 아이들의 게임이라고

4
This eventually led / to the establishment of professional teams / in the 1660s.
이것은 결국 이어졌다　　　　　　　전문적인 팀의 설립으로　　　　　　1660년대에

5
By the 1840s, / the game had spread / to English colonies, / *making it even more
1840년대가 되자　　　이 게임은 퍼졌다　　　영국 식민지들로　　　그래서 그 결과 그것을 더욱
popular.
인기 있게 만들었다

＊ 분사구문이 문장을 꾸며주는 수식어인 경우 그래서 (그 결과) ~하다

making it even more popular는 앞에 있는 문장을 꾸며주는 수식어입니다. 이처럼 분사구문이 문장을 꾸며주는 수식어인 경우,
문맥에 따라 '그래서 (그 결과) ~하다', '~할 때', '~하면' 등 다양한 의미로 해석이 가능한데, 이 경우에는 '그래서 (그 결과) ~하다'
라고 해석하는 것이 자연스럽습니다.

Ch 8 문장 삽입　해커스 공무원 영어 기초 독해

04 다음 주어진 문장이 들어갈 곳으로 가장 적절한 것은?

> ☑ This is a marked change from the 1990s.

> ② Following the 2008 global economic crisis, American living trends have changed.
>
> ③ Specifically, many young Americans have been living with their parents after college. (A)
>
> ④ During this period, high employment levels and a growing middle class allowed many in their 20s and early 30s to buy their own homes. (B)
>
> ⑤ However, now there are fewer job opportunities. (C)
>
> ⑥ Consequently, young people cannot afford to purchase houses.

① A   ② B   ③ C

문제풀이

해설 지문의 흐름상 주어진 문장이 들어가기에 가장 적절한 곳을 고르는 문제입니다. 주어진 문장의 This(이것)를 통해 주어진 문장 앞에 1990년대와 눈에 띄게 달라진 점에 대한 내용이 나올 것임을 예상합니다. (A)의 앞 문장에서 세계 경제 위기 이후 미국인의 생활 경향이 달라져 많은 젊은이들이 대학 졸업 이후에도 부모와 함께 살고 있다는 내용이 있으므로, (A) 자리에 이것이 1990년대와 눈에 띄게 달라진 점이라고 소개한 주어진 문장이 들어가야 글의 흐름이 자연스럽게 연결됩니다. 따라서 ①번이 정답입니다.

해석

> 이것은 1990년대와 눈에 띄게 달라진 점이다.

2008년 세계 경제 위기 후에, 미국인의 생활 경향이 달라졌다. 구체적으로 말하면, 미국의 많은 젊은이들이 대학 졸업 이후에 부모와 함께 살아왔다. (A) 그 기간에, 높은 고용 수준과 성장하는 중산층으로 인해 20대와 30대 초 나이의 많은 사람이 그들 소유의 집을 살 수 있었다. (B) 하지만 이제는 구직 기회가 더 적다. (C) 따라서 젊은 사람들은 집을 구입할 여유가 없다.

어휘 marked 휑 눈에 띄는, 두드러진 following 젠 ~ 후에 economic 휑 경제의 crisis 똉 위기 trend 똉 경향, 추세 specifically 휜 구체적으로, 명확히 employment 똉 고용, 직장 opportunity 똉 기회

정답 ①

⊕ 구문독해

1 This is a marked change / from the 1990s.
이것은 눈에 띄게 달라진 점이다   1990년대와

2 Following the 2008 global economic crisis, / American living trends / *have changed.
2008년 세계 경제 위기 후에   미국인의 생활 경향은   달라졌다

  * 동사가 'have 동사 + p.p.'인 경우   ~했다
    have changed는 'have 동사 + p.p.' 형태의 동사로, '~했다'라고 해석합니다.

3 Specifically, / many young Americans / have been living / with their parents / after
구체적으로 말하면   미국의 많은 젊은이들은   살아왔다   그들의 부모와 함께
college.
대학 졸업 이후에

4 During this period, / high employment levels / and a growing middle class / allowed
그 기간에   높은 고용 수준   그리고 성장하는 중산층은   많은 사람이
many / in their 20s and early 30s / to buy their own homes.
~하게 했다   20대와 30대 초 나이의   그들 소유의 집을 사게

5 However, / now / there are fewer job opportunities.
하지만   이제는   더 적은 구직 기회가 있다

6 Consequently, / young people *cannot afford / to purchase houses.
따라서   젊은 사람들은 여유가 없다   집을 구입할

  * cannot afford to ~ ~할 여유가 없다
    cannot afford to purchase houses에는 'cannot afford to ~'가 사용되어, '집을 구입할 여유가 없다'라고 해석합니다.

01 다음 주어진 문장이 들어갈 곳으로 가장 적절한 것은?

> For instance, I lost 10 pounds over the last year by jogging three times a week.

> Regular exercise offers many benefits to our mental and physical health. First of all, exercise helps us maintain a healthy body weight. (A) Another great advantage of exercise is stress relief. (B) Spending just an hour at the gym helps get rid of any tension accumulated throughout the day and provides added energy. (C) Last but not least, exercise allows us to feel more confident about how we look and boosts our ego. (D) When we finish a tough workout, our brains release chemical substances called endorphins, which make us feel happy.

① A   ② B
③ C   ④ D

• Voca •--

benefit 몡 이점, 이익   maintain 툉 유지하다   relief 몡 경감, 안도   get rid of ~을 제거하다, 없애다   tension 몡 긴장
accumulate 툉 쌓이다, 모으다   boost 툉 북돋우다   ego 몡 자부심, 자존심   release 툉 분비하다, 풀어 주다

02 다음 문장이 들어갈 위치로 가장 적절한 것은?

> These link areas designed for storing food, mating, and raising offspring.

Ants live in large underground habitats called colonies. (A) The colonies are made up of a series of rooms that are connected by small passageways. (B) Until 2000, the largest known colony was located in Japan and covered nearly three kilometers. (C) That year, however, researchers found what they called a "supercolony." This supercolony stretched along the entire southern coast of Europe. (D) Shortly thereafter, other biologists determined that these European ants, along with North American and Japanese ants, formed a single "megacolony" spanning several continents.

① A   ② B
③ C   ④ D

• **Voca** • -

mate 통 짝짓기를 하다 **offspring** 명 새끼, 자식 **underground** 형 지하의 **habitat** 명 서식지 **colony** 명 군락, 식민지 **passageway** 명 통로
stretch 통 뻗어 있다, 늘이다 **biologist** 명 생물학자 **determine** 통 알아내다, 밝히다 **span** 통 걸치다

03 다음 문장이 들어갈 위치로 가장 적절한 것은?

Higher levels of these substances result in an increased ability to focus on tasks.

Some experts suggest it is valuable to have a hobby. Doing something that is enjoyable can result in a positive attitude. (A) We become happier when we do things we take pleasure in. In addition, hobbies can improve our ability to concentrate. (B) When a person engages in an interesting activity, the brain produces more neurotransmitters. (C) Having a hobby can also increase a person's confidence. (D) Doing something well that is not required for work or school can improve a person's self-esteem.

① A
② B
③ C
④ D

• **Voca** • -

substance 圆 물질 ability 圆 능력 valuable 圈 가치 있는 attitude 圆 태도 take pleasure in 좋아하다
concentrate 圉 집중하다 engage in ~에 참여하다 self-esteem 圆 자부심, 자긍심

04 글의 흐름상 다음 문장이 들어가기에 가장 적절한 곳은?

> This means that students can attend a university without taking on a large financial burden.

(A) Online classes and degrees are becoming a more widely accepted form of education due to several factors. One of these is its convenience of access, as people are free to attend classes from anywhere an Internet connection is available. (B) Another factor that cannot be ignored is the lower tuition fees charged for online degrees compared to those obtained on campus. (C) Additionally, online education allows students to study at a pace that is comfortable for them. (D) Lessons and lectures are often available as video or audio files, and they can be replayed until the material is mastered.

① A ② B
③ C ④ D

• **Voca** • -

burden 명 부담   convenience 명 편리함   tuition fee 명 수업료   charge 통 요금을 청구하다   pace 명 속도   replay 통 재생하다
master 통 ~을 완전히 익히다 명 주인

Chapter 08 문장 삽입   **195**

> For instance, restaurant servers are often paid less than the minimum wage because they are expected to receive a gratuity.

The custom of tipping varies from region to region. In North America, it is common to give a gratuity of 15 to 20 percent. Taxi drivers and hotel staff appreciate a tip from customers. (A) However, for certain occupations the potential for tips is calculated into the service staff's salaries. (B) If a customer does not leave a tip, the server may feel that he or she has been cheated. (C) This situation can arise with tourists from countries without a tipping tradition, who often have difficulty adjusting to paying extra for service. (D)

① A   ② B
③ C   ④ D

> Some people assert that it causes health problems such as headaches, fever, and breathing difficulties.

Monosodium glutamate (MSG) is a chemical substance that is added to processed meats, vegetables, and dairy products. In 1908, Japanese chemist Ikeda Kibunae discovered that MSG improved the taste of certain foods. (A) He patented a method for extracting MSG from seaweed. Later, scientists developed methods to chemically create this substance. (B) In recent decades, there has been a lot of controversy about MSG. (C) However, no scientific basis exists for this claim. (D) In fact, numerous studies have shown that MSG is safe for consumption.

① A   ② B
③ C   ④ D

07 글의 흐름상 다음 문장이 들어가기에 가장 적절한 곳은?

Moreover, UNESCO pays for professional teams to restore and maintain the site.

UNESCO is an agency that promotes international cooperation. It is most famous for sponsoring World Heritage Sites. (A) These are places of cultural or natural significance that the organization protects. (B) When such a location is designated a World Heritage Site, its local government receives monetary grants. (C) This makes receiving UNESCO designations very lucrative to governments of impoverished countries that are eager to increase their tourism market. (D) Without such support, sites like the ancient Cambodian city of Angkor would face rapid decline.

① A
③ C
② B
④ D

08 다음 주어진 문장이 들어갈 곳으로 가장 적절한 것은?

Eventually, he or she stops feeling like a victim.

A psychological phenomenon in which hostages develop positive feelings toward their captors is known as the Stockholm syndrome. It is named after the Swedish city where the behavior was first observed. (A) Intense stress and elevated emotions are thought to cause the irrational behavior behind the syndrome. (B) According to Freudian theory, victims unconsciously try to overcome the trauma of being powerless by identifying with their aggressor. (C) Such identification makes victims fall under the delusion that their captors are kind to them and develop feelings of empathy. (D) However, victims come to realize that they were wrong after being rescued.

① A
③ C
② B
④ D

정답 p.70

Chapter 08 Vocabulary & Quiz

Chapter 08에 나온 핵심 어휘를 암기한 후 퀴즈로 확인해 보세요.

☐ irresolvable	톙 해결할 수 없는	☐ include	동 포함하다
☐ difference	명 의견 차이, 다름	☐ refer	동 언급하다, 나타내다
☐ colonist	명 식민지 주민	☐ informal	톙 비공식적인
☐ monarchy	명 군주국	☐ establishment	명 설립, 기관
☐ disagreement	명 의견 차이	☐ colony	명 식민지
☐ tax	명 세금	☐ marked	톙 눈에 띄는, 두드러진
☐ representative	명 대표, 대리인	☐ specifically	부 구체적으로, 명확히
☐ parliament	명 의회, 국회	☐ opportunity	명 기회
☐ impose	동 부과하다, 도입하다	☐ get rid of	~을 제거하다, 없애다
☐ revolution	명 혁명	☐ accumulate	동 쌓이다, 모이다
☐ ensue	동 뒤따르다	☐ ego	명 자부심, 자존심
☐ dissatisfaction	명 불만, 불평	☐ mate	동 짝짓기를 하다
☐ ultimately	부 결국, 궁극적으로	☐ offspring	명 새끼, 자식
☐ structure	명 구조물	☐ underground	톙 지하의
☐ climber	명 등반가	☐ passageway	명 통로
☐ temporary	톙 임시의, 일시적인	☐ biologist	명 생물학자
☐ nest	명 보금자리, 둥지	☐ valuable	톙 가치 있는
☐ branch	명 나뭇가지	☐ take pleasure in	동 좋아하다
☐ feed	동 먹이를 먹다, 먹이를 주다	☐ concentrate	동 집중하다
☐ organize	동 구성하다, 조직하다	☐ engage in	~에 참여하다

Quiz 각 어휘의 알맞은 뜻을 찾아 연결하세요.

01 ultimately	ⓐ 해결할 수 없는	06 underground	ⓐ 언급하다, 나타내다
02 ensue	ⓑ 대표, 대리인	07 span	ⓑ 비공식적인
03 irresolvable	ⓒ 부과하다, 도입하다	08 refer	ⓒ 지하의
04 representative	ⓓ 뒤따르다	09 accumulate	ⓓ 쌓이다, 모이다
05 impose	ⓔ 결국, 궁극적으로	10 informal	ⓔ 걸치다
	ⓕ 나뭇가지		ⓕ 구성하다, 조직하다

Answer 01 ⓔ 02 ⓓ 03 ⓐ 04 ⓑ 05 ⓒ 06 ⓒ 07 ⓔ 08 ⓐ 09 ⓓ 10 ⓑ

□ span	동 걸치다		□ sponsor	동 후원하다 명 보증인
□ tuition fee	명 수업료		□ designate	동 지정하다, 명시하다
□ pace	명 속도		□ monetary	형 금전의, 통화의
□ replay	동 재생하다		□ designation	명 지정
□ gratuity	명 팁, 봉사료		□ impoverished	형 빈곤한
□ custom	명 관습, 풍습		□ decline	명 쇠퇴 동 거절하다
□ tip	동 팁을 주다 명 팁		□ phenomenon	명 현상
□ appreciate	동 고맙게 생각하다		□ hostage	명 인질
□ occupation	명 직업		□ captor	명 억류자, 포획자
□ cheat	동 속이다, 부정 행위를 하다		□ syndrome	명 증후군
□ arise	동 일어나다, 발생하다		□ intense	형 극도의, 강렬한
□ adjust	동 적응하다, 조절하다		□ elevated	형 고조된, 높은
□ assert	동 주장하다		□ irrational	형 비이성적인
□ chemist	명 화학자		□ trauma	명 정신적 외상
□ extract	동 추출하다, 뽑다 명 추출물		□ powerless	형 전혀 ~할 수 없는
□ seaweed	명 해초		□ aggressor	명 가해자, 침략자
□ claim	명 주장 동 주장하다		□ identification	명 동일시, 신원 확인
□ site	명 장소, 유적		□ delusion	명 착각
□ agency	명 단체, 대리점		□ empathy	명 공감, 감정 이입
□ cooperation	명 협력, 협동		□ rescue	동 구출하다

Quiz 각 어휘의 알맞은 뜻을 찾아 연결하세요.

01 pace	ⓐ 추출하다, 뽑다, 추출물		06 monetary	ⓐ 공감, 감정 이입
02 extract	ⓑ 속이다, 부정 행위를 하다		07 intense	ⓑ 금전의, 통화의
03 cheat	ⓒ 직업		08 irrational	ⓒ 쇠퇴, 거절하다
04 occupation	ⓓ 속도		09 decline	ⓓ 극도의, 강렬한
05 custom	ⓔ 관습, 풍습		10 delusion	ⓔ 비이성적인
	ⓕ 수업료			ⓕ 착각

Answer 01 ⓓ 02 ⓐ 03 ⓑ 04 ⓒ 05 ⓔ 06 ⓑ 07 ⓓ 08 ⓔ 09 ⓒ 10 ⓕ

무관한 문장 삭제

무관한 문장 삭제 유형은 지문에 있는 4개의 보기 문장 중 전체 지문의 흐름과 어울리지 않는 하나의 문장을 골라내는 문제입니다.

문제풀이 전략

1. 첫 문장이 중심 내용인 경우, 첫 문장과 관련이 없는 문장을 정답으로 고릅니다.

2. 첫 문장이 중심 내용이 아닌 경우, 지문을 읽어 내려가며 중심 내용을 파악한 후 중심 내용과 관련이 없는 문장을 정답으로 고릅니다.

유형 대표 예제

다음 글에서 전체적인 흐름과 관계없는 문장은?

Gender inequality is an ongoing problem in the Western world. ① Although women are gaining power, they still aren't treated equally. ② Nowadays, women make up 50 percent of the European population. ③ In North America, women have lower salaries than men and may be penalized for taking time off for children. ④ Luckily, more companies are giving mothers flexible schedules, and governments have passed laws to promote gender equality.

Voca inequality 몡 불평등 ongoing 휑 계속 진행 중인 population 몡 인구 salary 몡 급여
penalize 동 불리한 입장에 두다, 처벌하다 flexible schedule 몡 탄력적 근로 시간제 promote 동 증진하다

다음 글에서 전체적인 흐름과 관계없는 문장은?

→ 중심 내용

Gender inequality is an ongoing problem in the Western world. ① Although women are gaining power, they still aren't treated equally. ② Nowadays, women make up 50 percent of the European population. ③ In North America, women
→ 첫 문장과 관련 없는 내용
have lower salaries than men and may be penalized for taking time off for children. ④ Luckily, more companies are giving mothers flexible schedules, and governments have passed laws to promote gender equality.

서양에서 성 불평등은 계속 진행 중인 문제이다. ① 비록 여성이 힘을 얻고 있기는 하지만, 여전히 동등하게 대우받고 있지 않다. ② 오늘날에는, 여성이 유럽 인구의 50퍼센트를 이룬다. ③ 북미에서는 여성이 남성보다 급여를 적게 받으며 자녀를 위해 일을 쉬면 불리한 입장에 처하게 된다. ④ 다행히, 더 많은 회사가 엄마들에게 탄력적 근로 시간제를 제공하고 있으며, 정부들은 성 평등을 증진시킬 법을 통과시켰다.

해설 지문의 흐름과 무관한 문장을 고르는 문제입니다. 첫 문장은 '서양에서 계속 문제가 되고 있는 성 불평등'에 대한 내용으로, 이 글의 중심 내용을 담고 있음을 파악합니다. ①, ③, ④번은 모두 성 불평등에 대한 내용으로 첫 문장과 관련이 있지만, ②번은 '여성이 유럽 인구의 50퍼센트를 이룬다'라는 내용으로, 첫 문장의 내용과 관련이 없습니다. 따라서 ②번을 정답으로 고릅니다.

먼저 문제를 풀고, 각 문장을 끊어 읽으면서 정확히 해석해 보세요.

 01 다음 글에서 전체적인 흐름과 관계없는 문장은?

> ❶ Art education plays a significant role in the overall development of students and its importance should not be underestimated.
>
> ① ❷ Nowadays, art education tends to be valued much less than subjects like science and mathematics.
>
> ② ❸ Yet, studying the arts provides students with an outlet for creative expression and helps them develop their imagination.
>
> ③ ❹ Student participation is improved through visits to local art galleries.
>
> ❺ Furthermore, art classes may provide motivation to students who do not perform well in other academic subjects.

문제풀이

해설   지문의 흐름과 무관한 문장을 고르는 문제입니다. 첫 문장에서 '중요한 역할을 하는 학교 미술 교육'에 대해 언급하고, ①번은 최근 미술이 수학이나 과학에 비해 덜 중시된다는 내용, ②번은 미술 교육이 창의력과 상상력 발달에 도움이 된다는 내용으로 첫 문장과 관련이 있습니다. 그러나 ③번은 미술관을 방문하면 학생 참여도가 높아진다는 내용으로, 첫 문장의 내용과 관련이 없으므로 ③번이 정답입니다.

해석   미술 교육은 학생들의 전반적인 발달에 있어 매우 중요한 역할을 하며 그 중요성은 과소평가되어서는 안 된다. ① 요즘에는 미술 교육이 과학이나 수학 같은 과목보다 훨씬 덜 가치 있게 여겨지는 경향이 있다. ② 하지만 미술 공부는 학생들에게 창의적으로 표현하는 배출 수단을 제공하며, 그들이 상상력을 발달하도록 돕는다. ③ 학생 참여도는 지역 미술관 방문을 통해 향상된다. 게다가 미술 수업은 다른 학과목을 잘 수행하지 못하는 학생들에게 동기를 부여할 수도 있다.

어휘   **play a role** 역할을 하다   **overall** 휑 전반적인   **underestimate** 통 과소평가하다   **outlet** 몡 배출 수단, 배출구   **expression** 몡 표현   **participation** 몡 참여, 참가   **motivation** 몡 동기   **perform** 통 수행하다   **academic** 휑 학업의

정답   ③

⊕ 구문독해

1 Art education plays a significant role / in the overall development of students / and its
미술 교육은 매우 중요한 역할을 한다　　　　　　학생들의 전반적인 발달에 있어　　　　그리고 그것의

importance should not be underestimated.
중요성은 과소평가 되어서는 안 된다

2 Nowadays, / art education tends to be valued / much *less than subjects / like science
요즘에는　　　　미술 교육이 가치 있게 여겨지는 경향이 있다　　　　과목보다 훨씬 덜　　　　과학이나 수학 같은

and mathematics.

* **less than** ~보다 덜
  less than ~ mathematics에는 비교를 나타내는 'less than'이 사용되어, '과학이나 수학 같은 과목보다 덜'이라고 해석합니다.

3 Yet, / studying the arts / *provides students / with an outlet for creative expression /
하지만　　　미술을 공부하는 것은　　　학생들에게 제공한다　　　　창의적 표현을 위한 배출 수단을

and helps them / develop their imagination.
그리고 그들을 돕는다　　　그들의 상상력을 발달하도록

* **동사가 전치사와 함께 쓰인 경우(provide A with B)**　A에게 B를 제공하다
  provides students with ~ expression은 동사 provide가 전치사 with와 함께 provide A with B 형태로 쓰인 경우입니다.
  이처럼 동사가 전치사와 함께 쓰인 경우(provide A with B), 'A에게 B를 제공하다'라고 해석합니다.

4 Student participation is improved / through visits / to local art galleries.
학생들의 참여는 향상된다　　　　　방문을 통해　　　　지역 미술관으로의

5 Furthermore, / art classes may provide motivation / to students / *who do not perform
게다가　　　　미술 수업은 동기를 부여할 수도 있다　　　학생들에게　　　잘 수행하지 못하는

well / in other academic subjects.
　　　다른 학과목에서

* **주격 관계대명사(who)가 이끄는 절이 수식어인 경우**　동사하는
  who do not perform ~ subjects는 앞에 있는 students를 꾸며주는 수식어입니다. 이처럼 주격 관계대명사(who)가 이끄는
  절이 수식어인 경우, '동사하는'이라고 해석합니다.

02 밑줄 친 부분 중 글의 전체적 흐름에 맞지 않는 문장은?

> ◪ Amy had many friends while she lived in Philadelphia, but her family moved to Seattle.
>
> ① ◪ At her new school, Amy was too shy to make new friends, and she missed her former classmates a great deal.
>
> ② ◪ But Amy came to realize that she could take the initiative by starting conversations and joining school clubs.
>
> ③ ◪ She always enjoyed her math class the most because she did well in it.
>
> ◪ She soon found herself surrounded by good friends again.

문제풀이

해설   지문의 흐름과 무관한 문장을 고르는 문제입니다. 첫 문장에서 '시애틀로 이사 간 Amy'에 대해 언급하고, ①번은 Amy가 전학 간 학교에서 수줍음 때문에 친구를 새로 사귀는 데 어려움을 겪은 내용, ②번은 Amy가 솔선해서 친구들과 어울리려고 노력하기 시작했다는 내용으로 지문의 중심 내용과 관련이 있습니다. 그러나 ③번은 Amy가 수학 수업을 가장 좋아했다는 내용으로, 전체 지문의 흐름과 어울리지 않으므로 ③번이 정답입니다.

해석   Amy는 필라델피아에 사는 동안 친구들이 많았는데, 그녀의 가족은 시애틀로 이사 갔다. ① Amy는 새 학교에서 너무 수줍어서 새 친구를 사귈 수 없었고, 예전 학급 친구들을 많이 그리워했다. ② 하지만 Amy는 자신이 대화를 시작하고 학교 클럽에 가입하여 솔선할 수 있다는 것을 깨닫게 되었다. ③ Amy는 수학을 잘했기 때문에 항상 수학 수업을 가장 좋아했다. Amy는 곧 자신이 다시 좋은 친구들로 둘러싸인 것을 발견했다.

어휘   **miss** 圖 그리워하다, 놓치다   **former** 圈 예전의   **a great deal** 많이, 다량   **take the initiative** 솔선하다   **surround** 圖 둘러싸다

정답   ③

➕ 구문독해

1 Amy had many friends / while she lived in Philadelphia, / but her family moved to Seattle.
Amy는 친구들이 많았다   필라델피아에 사는 동안   하지만 그녀의 가족은 시애틀로 이사 갔다

2 At her new school, / Amy was *too shy to make new friends, / and she missed / her
그녀의 새 학교에서   Amy는 너무 수줍어서 새 친구를 사귈 수 없었다   그리고 그녀는 그리워했다

former classmates / a great deal.
그녀의 예전 학교 친구들을   많이

＊ too ~ to … 너무 ~해서 …할 수 없다

too shy to make new friends에는 정도를 나타내는 'too ~ to …'가 사용되어, '너무 수줍어서 새 친구를 사귈 수 없다'라고
해석합니다.

3 But Amy came to realize / that she could take the initiative / by starting conversations /
하지만 Amy는 깨닫게 되었다   그녀가 솔선할 수 있다는 것을   대화를 시작함으로써

and joining school clubs.
그리고 학교 클럽에 가입함으로써

4 She always enjoyed her math class / the most / because she did well in it.
그녀는 항상 수학 수업을 좋아했다   가장   그녀는 그것을 잘했기 때문에

5 She soon found herself / *surrounded / by good friends / again.
그녀는 곧 자신이 ~되는 것을 발견했다   둘러싸인 것   좋은 친구들로   다시

＊ 과거분사가 목적격 보어인 경우 ~되는 것

surrounded by good friends again은 목적어 herself를 보충 설명해주는 목적격 보어입니다. 이처럼 과거분사가 목적격 보어인
경우, '~되는 것'이라고 해석합니다.

03 다음 글에서 전체적인 흐름과 관계없는 문장은?

> ◼ A driver's license is a permit to operate a vehicle on a public road.
>
> ◼ In some countries, however, driver's licenses function as a general form of identification.
>
> ① ◼ They can also be used to verify a person's age.
>
> ② ◼ In addition, many people compare several car insurance policies before deciding on the one they need.
>
> ③ ◼ For example, a doorman at a pub may ask for a driver's license to confirm whether the customer is old enough to enter.

문제풀이

해설 지문의 흐름과 무관한 문장을 고르는 문제입니다. 첫 문장에서 '운전 면허증의 정의'에 대해 알려주고, ①번은 운전 면허증이 나이를 확인하기 위해 사용 된다는 내용, ③번은 운전 면허증을 나이 확인을 위해 사용한 사례에 관한 내용으로 첫 문장과 관련이 있습니다. 그러나 ②번은 '자동차 보험'에 대한 내 용으로, 첫 문장의 내용과 관련이 없으므로 ②번이 정답입니다.

해석 운전 면허증은 공공 도로에서 자동차를 운전해도 된다는 허가이다. 하지만 어떤 나라들에서는 운전 면허증이 신원 확인의 일반적인 관례로도 쓰인다. ① 운전 면허증은 또한 사람의 나이를 확인하기 위해 사용될 수 있다. ② 게다가 많은 사람은 자신들이 필요한 자동차 보험을 결정하기 전에 여러 보험을 비 교한다. ③ 예를 들어, 술집의 안내원은 손님이 입장할 만큼 나이가 충분한지 아닌지 확인하기 위해 운전 면허증을 요구할 수 있다.

어휘 **driver's license** 운전 면허증 **permit** 圐 허가 圄 허락하다 **operate** 圄 운전하다, 작동하다 **function as** ~로도 쓰이다
identification 圐 신원 확인 **verify** 圄 확인하다, 입증하다 **insurance policy** 보험 **pub** 圐 술집 **confirm** 圄 확인하다

정답 ②

⊕ 구문독해

1 A driver's license is a permit / *to operate a vehicle / on a public road.
　　운전 면허증은 허가이다　　　　　　　자동차를 운전할　　　　　공공 도로에서

2 In some countries, / however, / driver's licenses function / as a general form of
　　어떤 나라들에서는　　　　하지만　　　　운전 면허증은 쓰인다　　　신원 확인의 일반적인 관례로도
identification.

3 They can also be used / to verify a person's age.
　　그것들은 또한 사용될 수 있다　　　사람의 나이를 확인하기 위해

4 In addition, / many people compare / several car insurance policies / before deciding on
　　게다가　　　　　　많은 사람은 비교한다　　　　여러 자동차 보험을　　　　　그것으로 정하기 전에
the one / they need.
　　그들이 필요한

5 For example, / a doorman at a pub / may ask for a driver's license / to confirm /
　　예를 들어　　　　술집의 안내원은　　　　운전 면허증을 요구할 수 있다　　　확인하기 위해
*whether the customer is old enough / to enter.
　　손님이 ~할 만큼 나이가 충분한지 아닌지　　　　입장할

❶ Starting in July, doctors will supply nutritional supplements to pregnant Pakistani women.

① ❷ Due to poverty, many Pakistani women do not receive proper nourishment during pregnancy.

❸ For instance, one report asserts that 55 percent of pregnant women fall into this category.

② ❹ Women in Pakistan do not always have as much social and political freedom as men do.

③ ❺ Doctors hope this initiative will help provide proper nourishment for pregnant women in Pakistan.

문제풀이

해설 지문의 흐름과 무관한 문장을 고르는 문제입니다. 첫 문장에서 '파키스탄 임산부를 위한 의사들의 영양제 공급'에 대해 언급하고, ①번은 임신 중 제대로 된 영양분을 얻지 못하는 파키스탄 여성, ③번은 이번 영양제 공급으로 파키스탄 임산부를 돕기를 바라는 의사들에 관한 내용으로 첫 문장과 관련이 있습니다. 그러나 ②번은 '파키스탄 여성의 자유'에 대한 내용으로, 첫 문장의 내용과 관련이 없으므로 ②번이 정답입니다.

해석 7월부터, 의사들은 임신한 파키스탄 여성들에게 영양제를 공급할 것이다. ① 많은 파키스탄 여성이 빈곤 때문에 임신 중에 제대로 된 영양분을 얻지 못한다. 예를 들어, 한 보고서는 임산부의 55퍼센트가 이 범주에 든다고 주장한다. ② 파키스탄의 여성은 남성이 가진 것만큼 많은 사회적, 정치적 자유를 항상 가지는 것은 아니다. ③ 의사들은 이번 계획이 파키스탄의 임산부들에게 제대로 된 영양을 제공하게 돕기를 바란다.

어휘 **nutritional** 형 영양상의 **supplement** 명 보충물, 보조식품 **poverty** 명 빈곤 **nourishment** 명 영양분 **pregnancy** 명 임신 **category** 명 범주 **initiative** 명 계획, 진취성

정답 ②

➕ 구문독해

1
Starting in July, / doctors will supply nutritional supplements / to pregnant Pakistani
　　7월부터　　　　　　　　　　　　　의사들은 영양제를 공급할 것이다　　　　　　　　　　　　임신한 파키스탄 여성들에게
women.

2
Due to poverty, / many Pakistani women / do not receive proper nourishment / during
　　빈곤 때문에　　　　　　많은 파키스탄 여성은　　　　　제대로 된 영양분을 얻지 못한다　　　　　임신 중에
pregnancy.

3
For instance, / one report asserts / *that 55 percent of pregnant women / fall into this
　　예를 들어　　　　　한 보고서는 주장한다　　　　　임산부의 55퍼센트가　　　　　　　이 범주에 든다고
category.

---

* **that이 이끄는 명사절이 목적어인 경우** 주어가 동사하다고

　that 55 percent ~ this category는 동사 asserts의 목적어입니다. 이처럼 that이 이끄는 명사절이 목적어인 경우, '주어가
　동사하다고'라고 해석합니다.

4
Women in Pakistan / do *not always have / as much social and political freedom / as
　　파키스탄의 여성은　　　　　항상 가지는 것은 아니다　　　　　~만큼 많은 사회적 그리고 정치적 자유를
men do.
남성이 가진 것만큼

---

* **not always ~** 항상 ~하는 것은 아니다

　not always ~ as men do에는 'not always ~'가 사용되어, '남성이 가진 것만큼 많은 사회적, 정치적 자유를 항상 가지는 것은
　아니다'라고 해석합니다.

5
Doctors hope / this initiative / will help provide proper nourishment / for pregnant
　의사들은 바란다　　　이번 계획이　　　　제대로 된 영양분을 제공하게 돕기를　　　　　　임산부들에게
women / in Pakistan.
　　　파키스탄의

Hackers Test

01 다음 글에서 전체적인 흐름과 관계없는 문장은?

Citizens who are outside their home countries during an election may be allowed to vote using an absentee ballot. ① The regulations regarding absentee voting vary greatly by country. ② Elections are held once every two to four years. ③ For example, non-resident Canadian citizens may not vote in an election if they have lived abroad for more than five years. ④ In contrast, citizens of the United Kingdom can cast their votes no matter how long they have been out of the country.

Voca

citizen [명] 국민, 시민 election [명] 선거 absentee [명] 부재자, 불참자 ballot [명] 투표 regulation [명] 법규, 규제 regarding [전] ~에 관하여
voting [명] 투표, 선거 vary [동] 다르다, 다양하다 resident [명] 거주자 cast a vote 투표하다

02 글의 흐름상 가장 어색한 문장은?

A man who had been working at a company for the past two years was regarded as an extremely diligent employee. Nevertheless, he had not been completely honest about his qualifications. ① He was hired by the company after responding to a job listing in the newspaper. ② He claimed to have graduated from a prestigious university, but it was a lie that he had made up to help secure the job. ③ When his employer found out the truth, the man thought he was surely going to lose his position in the company. ④ To his surprise, he was given a second chance, and the man promised to make up for his wrongdoing by working harder for his company.

Voca

diligent [형] 성실한, 근면한 employee [명] 직원 qualification [명] 자격 job listing 구인 목록 prestigious [형] 명망 있는, 일류의
secure [동] 확실히 하다, 확보하다 position [명] 자리, 위치 make up 만회하다, 보완하다 wrongdoing [명] 나쁜 행위, 범죄

03 밑줄 친 부분 중 글의 전체적 흐름에 맞지 않는 문장은?

It is common for men to experience hair loss or a receding hairline in their late 20s or early 30s. ① Having a full head of hair retains body heat and provides protection from the sun. ② In extreme cases, men will lose large sections of their hair. ③ Genetics is believed to be the primary cause of male hair loss. It is usually the case that the trait will be passed down from the father's side. ④ However, other factors can play a role as well. For example, smoking, sleep deprivation, and stress may all lead to balding.

• Voca • -

recede 图 (머리가) 벗어지다, 물러나다 hairline 圀 머리 선 retain 图 유지하다 protection 圀 보호 extreme 圀 심각한, 극단적인
genetics 圀 유전적 특징, 유전학 primary 圀 주된, 주요한 trait 圀 형질, 특성 pass down ~을 물려주다 deprivation 圀 부족, 박탈
bald 图 머리가 벗겨지다 圀 대머리의

04 밑줄 친 부분 중 글의 전체적 흐름에 맞지 않는 문장은?

I'm here to share the five key steps to writing an effective essay. You must begin by selecting the main idea for the essay. ① Follow this up by creating an outline of the essay that includes the introduction, body, and conclusion. ② In fact, it shouldn't take more than four hours to research your paper. ③ Use your outline to develop a first draft, but expect it to be rough and unpolished. Then read it over and make any necessary changes. ④ Once the draft of the essay is complete, have another person proofread it. Lastly, make your final revisions and congratulate yourself on a job well done.

• **Voca** • -

share 통 공유하다, 함께 쓰다   **select** 통 선택하다   **outline** 명 개요   **body** 명 본론, 몸   **conclusion** 명 결론, 결말   **draft** 명 초고, 초안
rough 형 개략적인, 거친   **unpolished** 형 다듬어지지 않은, 닦지 않은   **proofread** 통 교정을 보다   **revision** 명 수정, 검토
congratulate 통 자랑스러워하다, 축하하다

Chapter 09 무관한 문장 삭제   **213**

05 다음 글에서 전체적인 흐름과 관계없는 문장은?

Many people feel that public funds should be used to reduce the tuition that university students pay. ① However, there are others who assert that students should be required to pay for the full cost of their education. ② They argue that obtaining a university degree has been proven to increase the potential income of a person. ③ Private universities usually have much higher tuition fees than those of public universities. ④ Because of this financial benefit, these critics do not believe it is fair if students receive financial assistance from the government. Rather, they think that students in need could take out student loans, which can be paid back once they enter the work force.

06 글의 흐름상 가장 어색한 문장은?

Red roses have long been regarded as a universal symbol of romance and affection because of their color and sweet fragrance. ① A quick glance through any collection of romantic poems will show that they are a common metaphor for love. ② In addition, they have become a traditional gift that men give to women on Valentine's Day. ③ It is also popular to give chocolates or stuffed animals to celebrate this holiday. ④ However, this isn't the only occasion that these flowers are given as gifts to loved ones. Many men will buy a bouquet of red roses for their wives or girlfriends whenever they want to express their love.

07 글의 흐름상 가장 어색한 문장은?

With a timeline of nearly 26,000 years, sculpture is one of the world's oldest art forms. ① Throughout history, many civilizations have crafted sculptures for religious and cultural purposes. ② For instance, the ancient Egyptians decorated palaces, tombs, and temples with brightly colored busts of pharaohs, while the ancient Greeks were famous for producing realistic-looking statues of their many gods and goddesses. ③ Even today, sculptures are very popular and are used by societies around the world to publicly honor people and to remember important events. ④ Many famous sculptors carve their names on their completed works of art.

08 다음 글에서 전체적인 흐름과 관계없는 문장은?

Though trains have been in use for over two centuries, they are still the best mode of moving large amounts of cargo on land. ① Since a single engine can be used to pull thousands of tons of goods on interconnected railway cars, trains are very fuel efficient. ② The first commercial railway was established in England in 1807 to meet the increased shipping demands created by a booming mining industry, and used horses to pull railway cars. ③ Moreover, trains follow relatively exclusive routes, which are not slowed down by traffic or stoplights. ④ This makes them very reliable, meaning that they can follow a strict schedule with little chance of unexpected delays. Accordingly, they are the method of transportation preferred by industries that need a service they can trust.

정답 p.78

Chapter 09에 나온 핵심 어휘를 암기한 후 퀴즈로 확인해 보세요.

☐ penalize	동 불리한 입장에 두다, 처벌하다	☐ citizen	명 국민, 시민
☐ underestimate	동 과소평가하다	☐ election	명 선거
☐ outlet	명 배출 수단, 배출구	☐ absentee	명 부재자, 불참자
☐ expression	명 표현	☐ ballot	명 투표
☐ participation	명 참여, 참가	☐ regulation	명 법규, 규제
☐ motivation	명 동기	☐ regarding	전 ~에 관하여
☐ academic	형 학업의	☐ voting	명 투표, 선거
☐ former	형 예전의	☐ cast a vote	투표하다
☐ take the initiative	솔선하다	☐ diligent	형 성실한, 근면한
☐ driver's license	명 운전 면허증	☐ employee	명 직원
☐ operate	동 운전하다, 작동하다	☐ prestigious	형 명망 있는, 일류의
☐ function as	~로도 쓰이다	☐ secure	동 확실히 하다, 확보하다
☐ verify	동 확인하다, 입증하다	☐ position	명 자리, 위치
☐ pub	명 술집	☐ wrongdoing	명 나쁜 행위, 범죄
☐ nutritional	형 영양상의	☐ recede	동 (머리가) 벗어지다, 물러나다
☐ supplement	명 보충물, 보조식품	☐ retain	동 유지하다
☐ nourishment	명 영양분	☐ protection	명 보호
☐ pregnancy	명 임신	☐ extreme	형 심각한, 극단적인
☐ category	명 범주	☐ genetics	명 유전적 특징, 유전학
☐ initiative	명 계획, 진취성	☐ pass down	~을 물려주다

Quiz 각 어휘의 알맞은 뜻을 찾아 연결하세요.

01 underestimate	ⓐ 과소평가하다	06 supplement	ⓐ 범주
02 motivation	ⓑ 동기	07 pregnancy	ⓑ 임신
03 former	ⓒ 확인하다, 입증하다	08 ballot	ⓒ 투표
04 operate	ⓓ 예전의		ⓓ 보충물, 보조식품
05 verify	ⓔ 표현	09 prestigious	ⓔ (머리가) 벗어지다, 물러나다
	ⓕ 운전하다, 작동하다	10 recede	ⓕ 명망 있는, 일류의

Answer 01 ⓐ 02 ⓑ 03 ⓓ 04 ⓕ 05 ⓒ 06 ⓓ 07 ⓑ 08 ⓒ 09 ⓕ 10 ⓔ

□ deprivation	명 부족, 박탈	□ occasion	명 때, 경우
□ outline	명 개요	□ timeline	명 연대표
□ body	명 본론, 몸	□ decorate	동 장식하다
□ draft	명 초고, 초안	□ tomb	명 무덤
□ rough	형 개략적인, 거친	□ temple	명 신전
□ unpolished	형 다듬어지지 않은, 닦지 않은	□ bust	명 흉상
□ proofread	동 교정을 보다	□ statue	명 조각상
□ revision	명 수정, 검토	□ sculptor	명 조각가
□ congratulate	동 자랑스러워하다, 축하하다	□ carve	동 새기다, 조각하다
□ obtain	동 얻다	□ complete	동 완성하다
□ critic	명 반대자	□ mode	명 방법, 방식
□ private	형 사립의, 사적인	□ cargo	명 화물, 짐
□ in need	형 궁핍한	□ goods	명 화물, 상품
□ pay back	갚다, 돌려주다	□ interconnect	동 서로 연결하다
□ universal	형 일반적인, 전 세계의	□ efficient	형 효율적인
□ affection	명 애정	□ commercial	형 상업의
□ fragrance	명 향기, 향	□ booming	형 호황의
□ glance	명 얼핏 봄	□ exclusive	형 독점적인, 배타적인
□ metaphor	명 비유, 은유	□ stoplight	명 신호등
□ stuffed	형 속을 채운	□ unexpected	형 갑작스러운

Quiz 각 어휘의 알맞은 뜻을 찾아 연결하세요.

01 critic	ⓐ 얻다	06 occasion	ⓐ 무덤
02 affection	ⓑ 향기, 향	07 tomb	ⓑ 때, 경우
03 obtain	ⓒ 얼핏 봄	08 carve	ⓒ 상업의
04 in need	ⓓ 반대자	09 efficient	ⓓ 효율적인
05 glance	ⓔ 궁핍한	10 commercial	ⓔ 새기다, 조각하다
	ⓕ 애정		ⓕ 연대표

Answer 01 ⓓ 02 ⓕ 03 ⓐ 04 ⓔ 05 ⓒ 06 ⓑ 07 ⓐ 08 ⓔ 09 ⓓ 10 ⓒ

gosi.Hackers.com

Final Test

제한 시간: 총 15분

01 다음 글의 제목으로 가장 적합한 것은?

Anyone who wants to get a good education must take the time to study literature. What this field of study can offer is benefits that other academic areas cannot provide. There is no denying that the written word can inspire both creativity and emotion in its audience. In this sense, literature can help students become more expressive and improve their vocabulary. Also, by experiencing another person's perspective on life through literature, students can broaden their horizons and learn to see situations in new ways. Indeed, students who are familiar with literature are able to better cope with and appreciate life.

① Unique Types of Literature
② The Origins of Literature
③ Why Literature is Valuable
④ How Literature is Created

02 다음 글의 주제로 가장 적절한 것은?

Built in 1937, the Golden Gate Bridge that connects the bays of San Francisco, California, stands out from similar structures because of its great size and original design. At the time of its construction, it was the longest and tallest bridge in the world. In addition, the designers gave it a unique color and included many distinctive features to create a bridge unlike any other. Therefore, the Golden Gate Bridge is considered by many people to be a work of urban art and an international symbol of American success and prosperity.

① The history of bridge construction
② International trends in bridge architecture
③ The uniqueness of the Golden Gate Bridge
④ Methods used to build the Golden Gate Bridge

03 다음 글을 읽고 아래 문장의 빈칸에 들어갈 가장 적절한 것은?

Surrounded by three continents, the Indian Ocean plays a crucial role in the activity of the oil industry as it is crossed by a number of highly traveled shipping lanes. Because of its nearness to the Middle East and Indonesia, two major oil suppliers, billions of barrels of oil are shipped annually via Indian Ocean trade routes. In fact, nearly 60 percent of all global oil exports must pass through the Indian Ocean on ships to get to their final destinations. As well as serving as a transportation route, the Indian Ocean has become an important site for offshore oil production. Most of the major oil refinement companies have established large-scale drilling operations here to extract oil from wells located beneath the ocean floor.

The passage suggests that the Indian Ocean is _____.

① important to the oil industry
② appealing to foreign fishermen
③ no longer used as a trade route
④ ideal for international tourism

다음 글의 내용과 일치하지 <u>않는</u> 것은?

Polar bears are skilled hunters. In order to hunt animals that live in the water, they look for a hole in the ice and sit beside it for hours. Whenever an animal comes to the surface, the bears try to catch it by surprise. When polar bears hunt on land, their technique changes. Instead of waiting, they track their prey slowly to avoid detection. And thanks to their white fur, polar bears can blend into their environment so well that some animals do not see them approaching until it is too late.

① Polar bears have developed strong hunting skills.
② Polar bears are patient when hunting sea animals.
③ Polar bears track their prey from the water onto land.
④ Polar bears can be hard to spot in the snow.

05 다음 글에 의하면, bristlecone 소나무가 장수하는 원인이 아닌 것은?

The bristlecone pine is a species of tree that can live for over 5,000 years. Researchers have identified several factors that contribute to this tree's longevity. First, it is able to live in harsh environments high in the mountains where cold temperatures, strong winds, and dry soil offer little competition with other vegetation. Bristlecone pines have another unique survival technique: they save energy by slowing down growth during droughts. This survival strategy is very similar to the way bears conserve energy during the winter through hibernation. Lastly, unlike other trees, which suffer invasion from insects and fungi, this tree's wood is too dense for most pests to get into and damage.

① It is not affected by bugs and infections.
② It grows in areas without lots of other plants.
③ It can survive without water for long periods.
④ It has a complex system of roots.

Social networking websites are one way that businesses can _____ information at very little cost to nearly anyone with Internet access, no matter where they are located. For instance, Old Spice, a brand known for its men's shaving products, released a series of humorous videos as part of its social media marketing campaign. They received almost 11 million views within 48 hours, and the brand gained tens of thousands of new fans and followers. Naturally, social networking is highly valued by companies with limited budgets, who take advantage of it to share their ideas and products. Large corporations have also realized the benefits of social media and are looking to profit from its popularity. Their goal is to advertise their products to a more varied audience and attract a greater number of customers.

① spread
② improve
③ locate
④ prepare

07 밑줄 친 부분에 들어갈 가장 적절한 것은?

While car headlights are intended for use at night to increase visibility in the dark, they are increasingly being used during the daytime as well. In fact, studies have shown that they can be beneficial whether it is dark or light out. Drivers who use their headlights during the day have approximately 10 percent fewer accidents than those who don't. _____, drivers are encouraged to use their headlights no matter what time of the day it is.

① In other words
② However
③ Next
④ Therefore

08 주어진 문장에 이어질 글의 순서로 가장 적절한 것은?

An island is a piece of land that is completely surrounded by either saltwater or freshwater.

(A) Although it is the world's largest lake island, not many people live there. Freshwater islands cannot sustain large populations like ocean islands can because they have fewer resources.

(B) In contrast, Manitoulin Island is an example of an island found in freshwater. It is located in Lake Huron between the United States and Canada.

(C) The ones in the oceans are the largest and most well known. Some famous ocean islands include Greenland, Japan, and Hawaii.

① (B)-(C)-(A)　　　　　　② (C)-(B)-(A)
③ (A)-(C)-(B)　　　　　　④ (C)-(A)-(B)

09 다음 문장이 들어갈 위치로 가장 적절한 것은?

> To make an accurate diagnosis, the doctor asked the man to describe what actions caused him to feel pain.

> One day, a doctor had an appointment with a man who was in extreme discomfort. (A) The patient said that he felt a sharp pain whenever he touched his head. (B) He also said that it hurt to touch other parts of his body, such as his shoulders, knees, and feet. The man was sure that he was affected by some horrible disease. (C) After thinking about this for a few moments, the doctor announced, "I know what the problem is. You have an injured finger." (D)

① A   ② B

③ C   ④ D

10 밑줄 친 부분 중 글의 전체적 흐름에 맞지 않는 문장은?

> I would like to thank everyone for attending the opening of the museum's Mayan history exhibit. ① We have over 300 items on display from various periods throughout the Maya empire. ② These include jewelry, religious relics, and a variety of weapons and tools. ③ As you examine the artifacts, take the time to read the information cards that accompany them. ④ The museum will host an exhibition on the development of the steam engine starting July 17. If you wish to know further details about a particular item, please ask a member of staff.

정답 p.86

제한 시간: 총 15분

01 다음 글의 주제로 가장 적절한 것은?

High-fructose corn syrup (HFCS) is a sweetener that is used in many processed foods because it is a substantially low-cost alternative to sugar. Although the food industry argues that HFCS is as safe to consume as ordinary table sugar, you should be cautious. Some scientists believe HFCS cannot be properly processed by the body and can lead to health complications like obesity and diabetes. They also claim that the food industry has not tested the ingredient long enough to know how it affects people over time. Accordingly, it is best to limit how much of the substance you eat until more is known about it.

① The convenience of processed foods
② The controversy surrounding HFCS
③ Products that contain HFCS
④ Specific health risks of HFCS

02 다음 글을 읽고 아래 문장의 빈칸에 들어갈 가장 적절한 것은?

Some university students are not sure whether they should live in a dormitory. But life in a dormitory can be very beneficial. The most obvious advantage is that living on campus shortens one's commute. Dormitories also provide students with the opportunity to develop new friendships. Students share rooms and common areas, so they often spend their free time studying or socializing with one another. Most importantly, dormitories offer independence. There is no parental supervision, which allows students to take on more personal responsibility.

The passage suggests that living in a dormitory _____.

① connects students with high school friends
② leads to unhealthy social behavior
③ offers students a lot of benefits
④ allows students to have more time to study

03 다음 글의 내용과 가장 일치하는 것은?

The heart symbol is a universal representation of love. While this symbol continues to be popular in modern society, there are different theories about where the design originated. One theory traces the symbol back to the Greek philosopher Aristotle. He believed that the heart symbol was shaped like the human heart, and that it represented human passion. A competing idea claims that it comes from a North African plant. The plant was shaped like the modern heart symbol, and it was used as a form of contraception by couples.

① The heart symbol has lost its influence over time.
② Most people agree on the origins of the heart symbol.
③ Aristotle believed the heart symbol looked like the human heart.
④ An African plant is known to make people fall in love.

04 다음 글의 내용과 일치하지 <u>않는</u> 것을 고르시오.

If you're looking for a new apartment, there are strategies to ensure you find a good place to live. Most importantly, research the features of each potential apartment building. Once you've decided on an apartment, don't forget the following considerations. First, if you have a car, make sure that there is a parking space available. Second, make sure that the landlord is trustworthy. Finally, be sure that noise will not be a problem. Ask the landlord about any ongoing construction projects or noise complaints in the building. If you follow this advice, you are guaranteed a pleasant stay in your new home.

① 집을 결정한 후에 아파트 임대 보증금을 지급하는 것이 필요하다.
② 아파트를 고를 때에는 아파트 근처 주차 공간에 대해 물어보아야 한다.
③ 아파트를 고를 때에는 신뢰할 수 있는 집주인을 찾는 것이 필수적이다.
④ 이사 갈 지역의 소음 문제에 대해 알아보는 것이 좋다.

05 다음 글을 읽고 지휘자의 역할로 가장 적절한 것을 고르면?

A conductor's command over an orchestra is essential. Although musicians can play classical music on their own, the direction of a conductor helps a large group of musicians play in harmony. Often referred to as a *maestro*, a conductor acts as the leader of an orchestra. The conductor ensures a piece is performed correctly and also inspires the orchestra to play with feeling and depth. In doing so, they can lead the musicians in expressing the emotion behind the music. That is how conductors breathe life into symphonies. For this reason, every good orchestra needs a capable conductor.

① Altering a classical music piece
② Guiding orchestras to perform with accuracy and expression
③ Guaranteeing that no musicians make mistakes in timing
④ Checking the composition of an orchestra

06 밑줄 친 부분에 들어갈 가장 알맞은 것은?

Several months ago, a convenience store worker in Tokyo was arrested for making thousands of prank calls. Over the course of a year and a half, he made more than 28,000 calls to the police. While few are so persistent, this incident is not an isolated case. On one occasion, a prank call about a bomb threat at an airport in India resulted in police officers and the fire department searching the airport for hours. This used up police resources and frightened citizens while also delaying their flights. Although a deception of this nature may seem like a harmless joke to some, it _____ hundreds of hours of police time.

① creates
② delays
③ wastes
④ deserves

07 밑줄 친 부분에 들어갈 표현으로 가장 적절한 것은?

"Land grabbing" takes place when wealthy individuals, governments, or corporations purchase large sections of land in foreign territories. Land grabbing generally occurs in developing countries because land in these places is relatively cheap and the local people and government are usually desperate to make money. In some cases, the land is believed to be unclaimed but is actually being used by nearby families to grow food. These families are forced to move and often unfairly compensated for the loss of their homes. This has had a negative impact on local communities by making the poor even poorer. _____, land grabbing has been criticized by numerous social and humanitarian organizations.

① Conversely

② Moreover

③ However

④ Consequently

08 주어진 문장에 이어질 글의 순서로 가장 적절한 것은?

> Life is too short to give up on your dreams and deny yourself the opportunity to be happy.

(A) For instance, many people sacrifice their dreams because they must accept the reality of their circumstances, like having to earn money to afford basic necessities. They work jobs that they have no interest in at the expense of what they're really passionate about.

(B) Even if you find yourself in such a position, there is no reason to feel defeated and give up. Instead, you should be thankful for the free time that you do have, and use it to pursue whatever makes you happy.

(C) It is full of difficult decisions, however, like having to make practical choices that might make your dreams harder to achieve.

① (A)-(B)-(C)　　　　　　② (A)-(C)-(B)
③ (C)-(A)-(B)　　　　　　④ (C)-(B)-(A)

다음 문장이 들어갈 위치로 가장 적절한 것은?

> It would upset the girl greatly whenever she saw this happen.

> Every day, a young girl saw a group of students bully a boy at school. They would push him around and tease him about his clothes. (A) However, the girl had no courage to help the boy. (B) Then one day, she finally decided she had to do something. (C) When the group of students approached the boy, she boldly told them to stop picking on him. (D) From then on, they left the boy alone, and the girl promised herself that she would stand up for those who couldn't defend themselves.

① A   ② B
③ C   ④ D

10 다음 글에서 전체적인 흐름과 관계없는 문장은?

> Influenza vaccines are recommended to protect against the flu. Vaccines are medicines that contain weakened or dead viruses. ① Approximately one in three people who develop influenza don't show symptoms. ② In particular, the influenza vaccine contains the three most common flu viruses. ③ Since these viruses are responsible for nearly all flu cases, it is helpful to vaccinate against them all at once. ④ Receiving a vaccination lowers the risk of catching the flu by building up the body's defenses against viruses.

정답 p.96

 제한 시간: 총 15분

01 다음 글의 요지로 가장 적절한 것은?

As parents, we often consider academic subjects to be the most important part of our children's education. Obviously, subjects like math and science are priorities, but physical education is a vital aspect of our children's development as well. Not only does physical education improve children's health, but it also teaches them valuable social skills such as cooperation, teamwork, and good sportsmanship. In addition, studies have shown that children who are physically active experience much less stress than those who aren't. Therefore, we should encourage our children to participate fully in their physical education classes.

① 학업보다 체육을 우선시해야 한다.
② 체육은 아이들에게 상당히 유익하다.
③ 아이들은 때때로 체육 수업에 참여하기를 거부한다.
④ 체육을 잘하려면 사회성 기술들이 필요하다.

02 다음 글의 내용을 가장 잘 요약한 것은?

Today, there are rising concerns about the health effects of eating genetically modified foods. In most countries, the main problem is that consumers cannot tell if food is genetically modified because producers are not required to provide that information. In Australia, however, genetically modified foods must be labeled by law. This lets the customer know that it may be potentially risky to eat them. By giving customers the satisfaction of knowing that they are in control of what they are consuming, Australia's food labeling practices set an example for other countries.

① Strict labeling of genetically modified food would help ease consumers' concerns.
② Australia's regulations for food labels should be respected by other nations.
③ Foods that are genetically modified may possibly be hazardous to human health.
④ Many countries lack laws which require genetically modified foods to be identified.

03 다음 글의 내용과 일치하는 것은?

> The human foot, which can withstand 3.5 times the body's weight with every step, can be divided into three main parts. The first is the forefoot, which is where the toes are. The bones of the toes are held together with muscles and tendons, and are connected to the long bones of the midfoot. The midfoot has five bones of different shapes. They form the foot's arch, which absorbs the impact of movement. The hindfoot bears the body's weight and is located where the ankle and heel bones connect to the leg. These three parts make the human foot a biological marvel that enables a person to walk, run, and jump.

① Five bones connect the foot's arch to the leg.

② The midfoot handles the force created by movement.

③ A person's weight is supported by the foot's toes.

④ The forefoot includes five tendons of different sizes.

04 다음 글의 내용과 일치하지 <u>않는</u> 것을 고르시오.

> Problems with products manufactured in China are receiving a lot of media attention. Over the past several years, recalls of a variety of products have taken place, costing companies millions of dollars. This has led to a negative public image of Chinese production standards. In response, US trade regulators are examining the safety of products made in China. In the near future, Chinese companies will likely spend a significant amount of money improving safety and quality standards. No matter what, the country's low labor costs assure that companies across the globe will continue to outsource production to the Chinese.

① Many people are unhappy with Chinese manufacturing practices.

② Chinese products are being investigated by the US government.

③ International companies will stop having goods made in China.

④ Manufacturers in China anticipate spending money on improvements.

빈칸에 들어갈 말로 가장 적절한 것을 고르시오.

> Shouldn't we be concerned that the number of people suffering from the consequences of smoking is on the rise? If the government has the best interests of its citizens in mind, it surely needs to start taking more action to reduce smoking rates in the country. The first step is to place a strict ban on smoking in public areas. Not only will introducing a smoking ban make it inconvenient for people to smoke, it will also protect non-smokers from being exposed to secondhand smoke. The next step is to raise the taxes on tobacco products. Many studies have shown that increasing the cost of cigarettes has the biggest effect on reducing smoking rates. As a final step, the government should launch an awareness campaign to educate the public about the harmful consequences of smoking on human health.

> A way to fight smoking not mentioned in the passage is _____.

① increasing the cost of cigarettes

② applying higher taxes to raise cigarette prices

③ explaining the health effects of smoking

④ campaigning against imported cigarettes

At a job interview, you want to show that you are the right person for the job. There are two tips that will help you make a good first impression and _____: maintain good eye contact and speak with confidence. It is often difficult to keep eye contact with a stranger, but doing so tells the interviewer a lot about you. For instance, the ability to maintain eye contact can contribute to appearing focused and honest, while looking away can make one appear insecure. Additionally, it is crucial to speak with a high level of confidence. The key is speaking clearly and slowly to make sure that each word is understood. Speaking too quickly or mumbling your words can cause the interviewer to misunderstand answers and form a poor impression of you. Make sure to remember these tips, and you will likely be offered a position.

① make you appear insecure and honest
② increase your chances of being hired
③ make you give speeches in public
④ understand what the interviewer is saying

07 밑줄 친 부분에 들어갈 가장 적절한 것은?

The influence of the French language has declined significantly in modern times. For several centuries, speaking French was not only a sign of a good education, but also an indication of high social status. It was used as the main language of communication by merchants, politicians, and diplomats from countries around the world. These days, _____, English has replaced French as the dominant global language. The widespread use of English is directly linked to the United States' economic power. Today, English is regarded with the same prestige that French once and is frequently taught as a second language in countries the world over.

① however
② finally
③ for example
④ in addition

08 다음 주어진 문장에 이어질 글의 순서로 가장 적절한 것은?

Scientists are excited about the possibility of developing a new material out of spider silk.

(A) For example, it could be used to develop bulletproof vests, car airbags, or artificial ligaments for humans.

(B) Biologists are trying to find a way to mass-produce this protein using the DNA found in spider silk. If this becomes possible, the material could be of potential use in a variety of fields.

(C) They have discovered that a protein found in spider silk can be used to produce a substance that is stronger than steel, yet lighter than cotton.

① (A)-(C)-(B)　　　　　　② (C)-(A)-(B)
③ (B)-(A)-(C)　　　　　　④ (C)-(B)-(A)

09 다음 주어진 문장이 들어갈 곳으로 가장 적절한 것은?

> However, this is risky because the backup device can break down, be lost, or stolen.

> Like most people, you probably store many important documents on your computer hard drive. (A) If so, you should consider making backup copies of these files in case a problem occurs with the computer. (B) Transferring the contents of your computer to a portable hard drive is one method of accomplishing this. (C) Therefore, you should consider an online data storage service, which automatically backs up your files when your computer is online and allows you to access them from anywhere. (D)

① A ② B
③ C ④ D

10 다음 글에서 전체적인 흐름과 관계없는 문장은?

> When we were little, my mom taught my brother and me a very important lesson. ① When she came home from shopping at the supermarket one day, she unpacked the grocery bags and put a giant candy bar on the kitchen counter. ② She had a habit of making a few impulsive purchases from time to time. ③ Both my brother and I saw it, wanted it, and immediately started fighting over it. ④ When she realized what was happening, my mom grabbed the candy bar from our hands and ate it right there in front of us. We could have split it, but we ended up with nothing because of our greed.

정답 p.106

공무원
기초 영단어
500

☑ 잘 외워지지 않는 단어는 박스에 체크하여 복습하세요.

□ absorb	图 흡수하다, 받아들이다, 열중하다	□ labor	명 노동, 수고 동 일하다
□ accept	동 받아들이다, 인정하다	□ land	명 육지, 땅 동 착륙하다
□ accident	명 사고, 우연	□ last	형 최후의, 지난 동 지속되다
□ act	동 행동하다 명 행위, 법률	□ major	형 주요한, 대다수의 명 전공
□ add	동 더하다, 추가하다	□ naive	형 순진한, 원시적인
□ behave	동 행동하다	□ obey	동 복종하다, 준수하다
□ build	동 짓다, 건축하다	□ object	명 물건, 대상, 목적 동 반대하다
□ burden	명 짐, 부담	□ occupy	동 차지하다, 점령하다
□ cancel	동 취소하다	□ pain	명 고통, 아픔, 통증
□ career	명 직업, 경력	□ pair	명 한 쌍 동 둘씩 짝을 짓다
□ careful	형 주의 깊은, 조심스러운	□ part	명 부분, 일부 동 헤어지다
□ carry	동 나르다, 운반하다, 가지고 다니다	□ pass	동 통과하다, 지나가다 명 (시험) 합격
□ date	명 날짜, 시대 동 ~의 연대를 추정하다	□ patient	명 환자 형 인내심 있는, 끈기 있는
□ deal	동 거래하다, 다루다 명 거래	□ race	명 경주, 인종 동 경주하다
□ earn	동 벌다, 얻다	□ raise	동 들어 올리다, 기르다 명 인상
□ easily	부 쉽게, 용이하게	□ random	형 무작위의, 임의의
□ effect	명 영향, 효과, 결과 동 초래하다	□ rank	명 지위, 계급 동 (순위를) 매기다
□ fact	명 사실, 실제	□ rare	형 드문, 진기한
□ factor	명 요인, 요소	□ safe	형 안전한, 무사한 명 금고
□ gain	동 얻다, 늘리다 명 이득, 증가	□ save	동 구하다, 저축하다
□ gender	명 성, 성별	□ scold	동 잔소리하다, 꾸짖다
□ habit	명 습관, 버릇	□ separate	형 분리된, 개별적인 동 분리하다
□ ideal	형 이상적인 명 이상	□ serve	동 시중을 들다, 제공하다
□ imagine	동 상상하다, 가정하다	□ task	명 일, 과업, 과제
□ improve	동 개선하다, 향상시키다	□ tell	동 말하다, 이야기하다

QUIZ 각 단어의 뜻에 해당하는 알파벳을 괄호 안에 쓰세요.

1. absorb	5. earn	ⓐ 드문, 진기한	ⓕ 거래하다, 다루다
2. accept	6. gain	ⓑ 흡수하다, 받아들이다	ⓖ 물건, 대상, 목적
3. burden	7. occupy	ⓒ 차지하다, 점령하다	ⓗ 짐, 부담
4. deal	8. separate	ⓓ 분리된, 개별적인	ⓘ 받아들이다, 인정하다
		ⓔ 얻다, 늘리다	ⓙ 벌다, 얻다

Answer 1.ⓑ 2.ⓘ 3.ⓗ 4.ⓕ 5.ⓙ 6.ⓔ 7.ⓒ 8.ⓓ

☑ 잘 외워지지 않는 단어는 박스에 체크하여 복습하세요.

□ admire	동 존경하다, 감탄하다		□ main	형 주된, 주요한
□ admit	동 인정하다, 받아들이다		□ manage	동 경영하다, 관리하다
□ advertise	동 광고하다		□ observe	동 관찰하다, 준수하다
□ ban	동 금지하다 명 금지		□ passive	형 수동적인, 소극적인
□ basis	명 근거, 기준, 기초		□ pay	동 지불하다 명 급료
□ case	명 경우, 사건		□ perfect	형 완벽한, 완전한 동 완성하다
□ cast	동 던지다, 배역을 정하다		□ perform	동 실행하다, 공연하다
□ cause	명 원인, 이유 동 초래하다		□ period	명 기간, 시기
□ celebrate	동 축하하다, 기념하다		□ quite	부 꽤, 아주
□ cell	명 세포, 감방		□ rapid	형 빠른, 급속한
□ chance	명 기회, 가능성		□ rate	명 비율, 요금
□ decay	동 썩다, 부패하다		□ reach	동 도달하다, 이르다
□ decide	동 결정하다, 결심하다		□ real	형 진짜의, 현실의
□ declare	동 선언하다, 공표하다		□ ruin	동 망치다 명 유적, 폐허
□ effort	명 노력, 수고		□ salary	명 봉급, 급료
□ emotion	명 감정, 기분		□ search	동 찾다, 수색하다
□ fail	동 실패하다, 낙제하다		□ season	명 계절 동 양념하다
□ fair	형 공정한, 타당한 명 박람회		□ seek	동 찾다, 추구하다
□ fall	동 떨어지다, 넘어지다 명 가을		□ seem	동 ~처럼 보이다, ~인 듯 하다
□ habitat	명 서식지, 거주지		□ select	동 고르다, 선택하다
□ handle	동 다루다, 처리하다 명 손잡이		□ sell	동 팔다, 판매하다
□ income	명 수입, 소득		□ taste	동 맛보다 명 맛, 취향
□ increase	동 증가하다, 인상되다 명 증가		□ temper	명 기질, 성미, 화
□ laugh	동 웃다 명 웃음		□ tend	동 ~하는 경향이 있다, ~하기 쉽다
□ lead	동 인도하다, 이끌다 명 선두		□ vague	형 막연한, 모호한

QUIZ 각 단어의 뜻에 해당하는 알파벳을 괄호 안에 쓰세요.

1. ban	5. observe	ⓐ 막연한, 모호한	ⓕ 관찰하다, 준수하다
2. declare	6. perform	ⓑ 인도하다, 이끌다	ⓖ 금지하다
3. habitat	7. seek	ⓒ 증가하다, 인상되다	ⓗ 실행하다, 공연하다
4. lead	8. vague	ⓓ 서식지, 거주지	ⓘ 원인, 이유
		ⓔ 선언하다, 공표하다	ⓙ 찾다, 추구하다

Answer 1.ⓖ 2.ⓔ 3.ⓓ 4.ⓑ 5.ⓕ 6.ⓗ 7.ⓙ 8.ⓐ

기초
영단어

해커스 공무원 영어 기초 독해

☑ 잘 외워지지 않는 단어는 박스에 체크하여 복습하세요.

☐ advise	통 충고하다, 조언하다	☐ lend	통 빌려주다, 주다
☐ affect	통 영향을 미치다, 작용하다	☐ nation	명 국가, 민족
☐ age	명 나이, 시대 통 나이가 들다	☐ native	형 출생지의, 타고난 명 원주민
☐ bear	통 지탱하다, 견디다 명 곰	☐ nature	명 자연, 본질, 천성
☐ beat	통 두드리다, 패배시키다	☐ permit	통 허락하다, 허용하다
☐ character	명 등장인물, 성격	☐ pile	명 산더미 통 쌓아 올리다
☐ check	통 확인하다 명 수표, 점검	☐ place	명 장소, 곳 통 놓다
☐ chew	통 씹다, 깨물다	☐ plant	명 식물, 공장 통 심다
☐ choose	통 고르다, 선택하다	☐ reason	명 이유, 원인
☐ combine	통 결합시키다, 합치다	☐ record	통 기록하다, 녹음하다 명 기록
☐ decrease	통 줄다, 감소하다 명 하락	☐ refund	명 환불, 상환
☐ delay	통 늦추다, 미루다	☐ register	통 등록하다, 기재하다
☐ deliver	통 배달하다, 넘겨주다	☐ release	통 석방하다, 공개하다
☐ empty	형 빈, 공허한 통 비우다	☐ send	통 보내다, 발송하다
☐ end	명 끝, 목적 통 끝나다	☐ sentence	명 문장, 형벌 통 선고하다
☐ familiar	형 익숙한, 친숙한	☐ set	통 놓다, 맞추다 명 세트
☐ fashion	명 패션, 유행, 방식	☐ settle	통 해결하다, 정착하다
☐ fly	통 날다, 비행하다 명 파리	☐ shade	명 그늘, 음영 통 가리다
☐ forgive	통 용서하다	☐ share	통 나누다, 공유하다 명 몫
☐ hang	통 걸다, 교수형에 처하다	☐ shelter	명 대피처, 주거지 통 보호하다
☐ happen	통 일어나다, 발생하다	☐ tension	명 긴장, 불안
☐ initial	형 처음의, 초기의	☐ term	명 용어, 기간
☐ injure	통 부상을 입히다, 다치게 하다	☐ terrible	형 끔찍한, 심한
☐ insist	통 주장하다, 고집하다	☐ value	명 가치, 값 통 소중히 하다
☐ leave	통 떠나다, 남기다	☐ various	형 다양한, 여러 가지의

QUIZ 각 단어의 뜻에 해당하는 알파벳을 괄호 안에 쓰세요.

1. combine	5. permit	ⓐ 용어, 기간	ⓕ 허락하다, 허용하다
2. decrease	6. pile	ⓑ 환불, 상환	ⓖ 산더미, 쌓아 올리다
3. hang	7. refund	ⓒ 걸다, 교수형에 처하다	ⓗ 늦추다, 미루다
4. injure	8. settle	ⓓ 부상을 입히다	ⓘ 결합시키다
		ⓔ 줄다, 감소하다	ⓙ 해결하다, 정착하다

Answer 1.ⓘ 2.ⓔ 3.ⓒ 4.ⓓ 5.ⓕ 6.ⓖ 7.ⓑ 8.ⓙ

☑ 잘 외워지지 않는 단어는 박스에 체크하여 복습하세요.

□ agree	통 동의하다, 의견이 일치하다	□ negative	형 부정적인, 거부의
□ amaze	통 몹시 놀라게 하다	□ neglect	통 무시하다, 소홀히 하다
□ become	통 ~이 되다, ~해지다	□ plain	형 분명한, 평이한 명 평원
□ bend	통 구부리다, 굽히다	□ pleasant	형 즐거운, 좋은
□ cease	통 그만두다, 중지하다	□ plot	명 줄거리, 음모 통 몰래 계획하다
□ cite	통 예로 들다, 인용하다	□ policy	명 정책, 방침
□ civil	형 시민의, 민간의	□ polite	형 공손한, 예의 바른
□ civilization	명 문명	□ reduce	통 줄이다, 삭감하다
□ climb	통 오르다, 등반하다	□ region	명 지역, 지방
□ collapse	통 붕괴되다, 무너지다	□ regret	통 후회하다 명 후회, 유감
□ deny	통 부인하다, 부정하다	□ relax	통 긴장을 풀다, 휴식을 취하다
□ describe	통 묘사하다, 서술하다	□ relieve	통 (고통을) 덜어 주다, 안도하게 하다
□ enemy	명 적, 적대자	□ shallow	형 얕은, 피상적인
□ enjoy	통 즐기다, 누리다	□ shame	명 부끄러움 통 창피하게 하다
□ enter	통 ~에 들어가다, 입학하다	□ sharp	형 날카로운, 급격한
□ favorite	형 매우 좋아하는, 인기 있는	□ shock	명 충격 통 충격을 주다
□ fear	명 두려움, 무서움 통 두려워하다	□ shortcut	명 지름길
□ harm	명 해, 손해 통 해치다	□ shout	통 외치다, 소리를 지르다 명 고함
□ harvest	통 수확하다, 획득하다	□ shrink	통 줄어들다, 감소하다
□ hate	통 미워하다, 싫어하다	□ silence	명 고요, 침묵
□ intend	통 의도하다, ~하려고 생각하다	□ theme	명 주제, 테마
□ interest	명 흥미, 이자 통 ~의 관심을 끌다	□ try	통 노력하다, 시도하다 명 시도
□ male	명 남성, 수컷 형 남성의	□ vehicle	명 차량, 운송 수단
□ mark	통 표시하다 명 흔적, 점수	□ victory	명 승리, 정복
□ multiply	통 증가시키다, 곱하다	□ violate	통 위반하다, 침해하다

QUIZ 각 단어의 뜻에 해당하는 알파벳을 괄호 안에 쓰세요.

1. cease	5. region	ⓐ 붕괴되다, 무너지다	ⓕ 지역, 지방
2. collapse	6. shallow	ⓑ 얕은, 피상적인	ⓖ 무시하다, 소홀히 하다
3. deny	7. shrink	ⓒ 그만두다, 중지하다	ⓗ 부인하다, 부정하다
4. neglect	8. violate	ⓓ 묘사하다, 서술하다	ⓘ 차량, 운송 수단
		ⓔ 줄어들다, 감소하다	ⓙ 위반하다, 침해하다

Answer 1.ⓒ 2.ⓐ 3.ⓗ 4.ⓖ 5.ⓕ 6.ⓑ 7.ⓔ 8.ⓙ

☑ 잘 외워지지 않는 단어는 박스에 체크하여 복습하세요.

□ amount	몡 양, 총액 동 달하다
□ ancient	혱 고대의, 오래된
□ anger	몡 화, 분노
□ blame	동 비난하다, ~을 탓하다
□ block	동 막다, 차단하다 몡 덩어리
□ collect	동 모으다, 수집하다
□ common	혱 흔한, 공통의
□ complain	동 불평하다, 호소하다
□ concern	몡 걱정, 근심 동 걱정시키다
□ confirm	동 확인하다, (결심 등을) 굳게 하다
□ design	몡 디자인, 도안 동 설계하다
□ desire	몡 욕망 동 몹시 바라다, 원하다
□ destroy	동 파괴하다, 멸망시키다
□ field	몡 들판, 분야, 경기장
□ film	몡 영화, 필름 동 촬영하다
□ fit	동 맞다, 적합하다 혱 어울리는
□ gentle	혱 상냥한, (날씨가) 온화한
□ get	동 얻다, 받다
□ heal	동 치료하다, 회복되다
□ health	몡 건강, 보건
□ introduce	동 소개하다, 도입하다
□ keep	동 계속하다, 유지하다, 지키다
□ know	동 알다, 이해하다
□ master	동 숙달하다 몡 주인, 거장
□ matter	몡 물질, 문제 동 중요하다

□ nervous	혱 긴장한, 신경의
□ noisy	혱 시끄러운, 떠드는
□ normal	혱 표준의, 정상적인 몡 보통, 평균
□ pollution	몡 오염, 공해
□ poor	혱 가난한, 형편없는 몡 가난한 사람들
□ popular	혱 인기 있는, 대중의
□ positive	혱 긍정적인, 확신하는
□ pour	동 붓다, 따르다
□ religion	몡 종교
□ remain	동 남다, 머무르다
□ remove	동 제거하다, 없애다
□ rent	동 임대하다, 빌리다 몡 집세
□ repeat	동 반복하다, 되풀이하다
□ similar	혱 비슷한, 유사한
□ simple	혱 간단한, 단순한
□ sink	동 가라앉다, 침몰하다 몡 싱크대
□ situation	몡 상황, 환경
□ skill	몡 솜씨, 기술
□ social	혱 사회의, 사교적인
□ suggest	동 제안하다, 암시하다
□ thirsty	혱 목마른, 갈망하는
□ throw	동 던지다, 발사하다
□ tie	동 묶다 몡 끈, 매듭
□ wage	몡 임금, 급료
□ witness	몡 목격자, 증인 동 목격하다

QUIZ 각 단어의 뜻에 해당하는 알파벳을 괄호 안에 쓰세요.

1. blame	5. religion
2. confirm	6. remove
3. destroy	7. wage
4. introduce	8. witness

ⓐ 종교
ⓑ 제거하다, 없애다
ⓒ 파괴하다, 멸망시키다
ⓓ 오염, 공해
ⓔ 확인하다

ⓕ 목격자, 증인
ⓖ 비난하다, ~을 탓하다
ⓗ 붓다, 따르다
ⓘ 소개하다, 도입하다
ⓙ 임금, 급료

Answer 1.ⓖ 2.ⓔ 3.ⓒ 4.ⓘ 5.ⓐ 6.ⓑ 7.ⓙ 8.ⓕ

6일

☑ 잘 외워지지 않는 단어는 박스에 체크하여 복습하세요.

□ abroad	團 해외로, 외국에	□ note	動 적어두다, 주의하다 名 기록
□ annoy	動 짜증나게 하다, 괴롭히다	□ notice	動 주목하다, 알아채다 名 통지
□ blow	動 불다 名 강타	□ potential	形 가능성이 있는 名 가능성, 잠재력
□ bond	名 유대, 채권 動 접합하다	□ poverty	名 빈곤, 가난
□ boring	形 지루한, 따분한	□ practice	動 연습하다, 실행하다 名 관습
□ connect	動 연결하다, 관련시키다	□ praise	動 칭찬하다, 찬미하다 名 칭찬
□ consider	動 간주하다, 고려하다	□ pray	動 기도하다, 기원하다
□ contact	動 연락을 취하다 名 접촉, 연락	□ replace	動 대신하다, 대체하다
□ detail	名 세부 사항 動 상술하다, 열거하다	□ reply	動 대답하다, 대응하다
□ develop	動 발달하다, 개발하다	□ require	動 요구하다, 필요로 하다
□ entire	形 전체의, 완전한	□ resist	動 저항하다, 견디다
□ envy	動 부러워하다, 질투하다	□ respect	動 존경하다, 존중하다 名 존경
□ fix	動 고정시키다, 수리하다	□ skin	名 피부, 가죽
□ flat	形 평평한, 납작한	□ soil	名 흙, 땅
□ flavor	名 맛, 풍미 動 맛을 내다	□ solid	形 단단한, 고체의
□ give	動 주다, 제공하다	□ solution	名 해결책, 해답
□ glad	形 즐거운, 기쁜	□ solve	動 풀다, 해결하다
□ heavy	形 무거운, 과중한	□ sound	名 소리 動 ~처럼 들리다
□ help	動 돕다 名 도움, 구조	□ source	名 근원, 출처
□ hide	動 감추다, 숨다	□ surround	動 둘러싸다
□ knowledge	名 지식, 인식	□ tiny	形 아주 작은
□ lesson	名 수업, 교훈	□ tool	名 도구, 수단
□ mean	動 의미하다, 의도하다 形 인색한	□ warn	動 경고하다, 주의를 주다
□ meet	動 만나다, 충족시키다	□ waste	動 낭비하다 名 쓰레기
□ motivate	動 ~에게 동기를 주다, 자극하다	□ weak	形 약한, 힘이 없는

QUIZ 각 단어의 뜻에 해당하는 알파벳을 괄호 안에 쓰세요.

1. abroad	5. poverty	ⓐ 빈곤, 가난	ⓕ 해외로, 외국에
2. consider	6. replace	ⓑ 전체의, 완전한	ⓖ 유대, 채권
3. entire	7. resist	ⓒ 대신하다, 대체하다	ⓗ 둘러싸다
4. motivate	8. surround	ⓓ ~에게 동기를 주다	ⓘ 저항하다, 견디다
		ⓔ 연결하다, 관련시키다	ⓙ 간주하다, 고려하다

Answer 1.ⓕ 2.ⓙ 3.ⓑ 4.ⓓ 5.ⓐ 6.ⓒ 7.ⓘ 8.ⓗ

☑ 잘 외워지지 않는 단어는 박스에 체크하여 복습하세요.

□ appear	통 나타나다, ~인 듯하다	□ nuclear	형 핵의, 원자력의
□ area	명 지역, 분야	□ occur	통 일어나다, 발생하다
□ argue	통 논의하다, 주장하다	□ odd	형 이상한, 홀수의
□ bottom	명 밑, 바닥 형 맨 아래쪽의	□ precious	형 값비싼, 귀중한
□ bright	형 밝은, 영리한	□ predict	통 예언하다, 예측하다
□ contest	명 경쟁, 경연 통 논쟁하다	□ prefer	통 ~을 더 좋아하다, 선호하다
□ cost	명 값, 비용 통 (비용이) 들다	□ prepare	통 준비하다, 대비하다
□ cover	통 덮다, 가리다, 다루다 명 덮개	□ press	통 누르다, 압력을 가하다 명 언론
□ device	명 장치, 방법	□ repair	통 수리하다 명 수리, 보수
□ disappear	통 사라지다, 없어지다	□ respond	통 대답하다, 반응하다
□ equal	형 같은, 동등한	□ rest	명 휴식, 나머지 통 쉬다
□ escape	통 달아나다, 탈출하다	□ restore	통 복구하다, 회복하다
□ even	부 훨씬, ~조차 형 평평한, 짝수의	□ retire	통 은퇴하다, 물러서다
□ focus	통 집중하다 명 초점, 주목	□ space	명 공간, 우주 통 간격을 두다
□ form	통 형성하다, 구성하다 명 형태	□ special	형 특별한, 전문의
□ global	형 전 세계의, 광범위한	□ species	명 종, 종류
□ gloomy	형 어두운, 우울한	□ speech	명 연설, 담화
□ grade	명 등급, 학년, 성적 통 분류하다	□ spill	통 쏟다, 엎지르다 명 유출
□ hold	통 붙들다, 유지하다, 개최하다	□ spot	명 점, 장소 통 발견하다
□ hug	통 껴안다, 포옹하다 명 포옹	□ stage	명 무대, 단계
□ limit	명 한계, 제한 통 한정하다	□ tight	형 단단한, 꽉 조이는
□ lively	형 생기 넘치는, 활발한	□ touch	통 만지다, 접촉하다
□ local	형 지역의, 현지의	□ trade	명 거래, 무역 통 거래하다
□ melt	통 녹다, 녹이다	□ wide	형 넓은, 광범위한
□ mild	형 온화한, 순한	□ welfare	명 복지, 행복

QUIZ 각 단어의 뜻에 해당하는 알파벳을 괄호 안에 쓰세요.

1. cover	5. nuclear	ⓐ 지역의, 현지의	ⓕ 장치, 방법
2. device	6. retire	ⓑ 복지, 행복	ⓖ 핵의, 원자력의
3. escape	7. spot	ⓒ 거래, 무역	ⓗ 한계, 제한
4. limit	8. trade	ⓓ 달아나다, 탈출하다	ⓘ 점, 장소, 발견하다
		ⓔ 은퇴하다, 물러서다	ⓙ 덮다, 가리다, 다루다

Answer 1.ⓙ 2.ⓕ 3.ⓓ 4.ⓗ 5.ⓖ 6.ⓔ 7.ⓘ 8.ⓒ

☑ 잘 외워지지 않는 단어는 박스에 체크하여 복습하세요.

□ arrest	통 체포하다, 구속하다	□ offer	통 제공하다, 제안하다 명 제의
□ ask	통 묻다, 부탁하다	□ order	통 명령하다, 주문하다 명 순서
□ borrow	통 빌리다	□ present	통 주다, 제출하다 형 현재의 명 선물
□ brave	형 용감한, 용맹한	□ price	명 값, 가격
□ break	통 부서지다, 고장나다 명 휴가	□ pride	명 자존심, 자긍심
□ crash	통 충돌하다, 무너지다 명 추락	□ prize	명 상, 포상 통 소중하게 여기다
□ create	통 창조하다, 창출하다	□ process	명 과정, 절차 통 처리하다
□ disappoint	통 실망시키다	□ result	명 결과 통 발생하다, 기인하다
□ discover	통 발견하다, 알다	□ return	통 돌아가다, 돌려주다
□ discuss	통 논의하다, 토론하다	□ reveal	통 드러내다, 밝히다
□ evidence	명 증거, 흔적	□ review	통 재검토하다, 복습하다 명 논평
□ explain	통 설명하다	□ revise	통 수정하다, 개정하다
□ follow	통 따라가다, 이해하다	□ spring	명 봄, 샘 통 뛰어오르다
□ foreign	형 외국의, 대외의	□ stand	통 서다, 견디다 명 태도
□ fortune	명 부, 재산, 운	□ start	통 시작하다 명 시작, 출발
□ greet	통 인사하다, 환영하다	□ state	명 상태, 국가 통 말하다
□ ground	명 지면, 기초 통 ~에 근거를 두다	□ stay	통 머무르다, 그대로 있다
□ huge	형 거대한, 막대한	□ steal	통 훔치다, 도용하다
□ human	명 사람 형 인간의	□ store	통 저장하다, 보관하다 명 상점
□ hunger	명 굶주림, 기아	□ strange	형 이상한, 낯선
□ locate	통 위치를 정하다, 찾아내다	□ tear	통 찢다, 뜯다 명 눈물
□ loose	형 풀린, 느슨한	□ tradition	명 전통
□ mind	명 마음, 정신 통 주의하다	□ widespread	형 광범위한, 널리 퍼진
□ miss	통 그리워하다, 놓치다 명 실수	□ wild	형 야생의, 거친
□ mix	통 섞다, 어울리다 명 혼합물	□ will	명 의지, 유언장

QUIZ 각 단어의 뜻에 해당하는 알파벳을 괄호 안에 쓰세요.

1. arrest	5. process	ⓐ 전통	ⓕ 드러내다, 밝히다
2. crash	6. reveal	ⓑ 찢다, 뜯다, 눈물	ⓖ 제공하다, 제안하다
3. hunger	7. store	ⓒ 체포하다, 구속하다	ⓗ 충돌하다, 무너지다
4. locate	8. tear	ⓓ 위치를 정하다, 찾아내다	ⓘ 저장하다, 보관하다
		ⓔ 과정, 절차, 처리하다	ⓙ 굶주림, 기아

Answer 1. ⓒ 2. ⓗ 3. ⓙ 4. ⓓ 5. ⓔ 6. ⓕ 7. ⓘ 8. ⓑ

9일

☐ assist	통 돕다, 조력하다	☐ original	형 최초의, 독창적인 명 원본
☐ attitude	명 태도, 자세	☐ profit	명 이익, 이득 통 이익을 얻다
☐ attract	통 끌어당기다, 매혹하다	☐ project	명 프로젝트, 계획 통 투영하다
☐ bring	통 가져오다, 초래하다	☐ promise	통 약속하다 명 약속, 전망
☐ crime	명 죄, 범죄	☐ proper	형 적절한, 알맞은
☐ critical	형 비판적인, 대단히 중요한	☐ protect	통 보호하다, 지키다
☐ divide	통 나누다, 분배하다	☐ rich	형 부유한, 비옥한 명 부자들
☐ draw	통 그리다, 당기다, 끌다	☐ ride	통 타다, 타고 가다 명 타고 가기
☐ drive	통 운전하다, 몰다	☐ right	형 옳은, 오른쪽의 명 권리
☐ exact	형 정확한, 정밀한	☐ ripe	형 익은, 숙성한
☐ examination	명 조사, 시험	☐ risk	명 위험, 모험 통 위태롭게 하다
☐ free	형 자유로운, 무료의 통 석방하다	☐ satisfy	통 만족시키다, 충족시키다
☐ freeze	통 얼다, 얼 정도로 춥다	☐ stretch	통 잡아 늘이다, 뻗다
☐ fresh	형 새로운, 신선한	☐ strict	형 엄한, 엄격한
☐ gather	통 모으다, 모이다	☐ stuff	명 물질, 재료 통 채워 넣다
☐ grow	통 성장하다, 재배하다	☐ subject	명 주제, 과목, 대상 형 영향을 받는
☐ hurry	통 서두르다, 급히 가다 명 서두름	☐ submit	통 제출하다, 항복하다
☐ invent	통 발명하다, 창안하다	☐ suffer	통 (고통·슬픔 등을) 겪다, 견디다
☐ invite	통 초대하다, 청하다	☐ supply	통 공급하다, 제공하다 명 공급
☐ joke	명 농담, 장난 통 놀리다	☐ train	통 훈련하다, 가르치다 명 열차
☐ lose	통 잃다, 지다	☐ transfer	통 옮기다, 갈아타다 명 이동
☐ moral	형 도덕상의, 교훈적인 명 교훈	☐ trap	명 덫, 속임수 통 덫을 놓다
☐ motive	명 동기, 자극	☐ undergo	통 (안 좋은 일을) 겪다, 받다
☐ move	통 움직이다, 이사하다, 감동시키다	☐ worry	통 걱정하다 명 걱정, 우려
☐ origin	명 기원, 출처	☐ worth	형 ~의 가치가 있는 명 가치, 값어치

QUIZ 각 단어의 뜻에 해당하는 알파벳을 괄호 안에 쓰세요.

1. assist	5. ripe	ⓐ 엄한, 엄격한	ⓕ 옮기다, 갈아타다
2. critical	6. satisfy	ⓑ 만족시키다, 충족시키다	ⓖ 가져오다, 초래하다
3. freeze	7. transfer	ⓒ 비판적인, 대단히 중요한	ⓗ 이익, 이득
4. profit	8. undergo	ⓓ 익은, 성숙한	ⓘ 돕다, 조력하다
		ⓔ 얼다, 얼 정도로 춥다	ⓙ (안 좋은 일을) 겪다, 받다

☑ 잘 외워지지 않는 단어는 박스에 체크하여 복습하세요.

□ author	명 작가, 저자	□ prove	동 증명하다, 시험하다
□ avoid	동 피하다, 막다	□ public	형 공공의, 공중의　명 대중
□ crop	명 농작물　동 수확하다, 자르다	□ pull	동 끌다, 당기다, 뽑다
□ crowd	명 군중　동 몰려들다, 붐비다	□ pure	형 순수한, 깨끗한
□ culture	명 문화, 교양	□ push	동 밀다, 누르다, 강요하다
□ damage	명 손해, 피해　동 손해를 입히다	□ role	명 역할, 임무
□ example	명 예, 사례, 본보기	□ rude	형 버릇없는, 무례한
□ exercise	명 운동, 연습　동 운동하다	□ rule	명 규칙, 지배　동 통치하다
□ exist	동 존재하다, 있다	□ run	동 달리다, 운영하다
□ export	동 수출하다　명 수출, 수출품	□ rural	형 시골의, 전원의
□ fuel	명 연료, 식량　동 연료를 공급하다	□ scream	동 비명을 지르다, 소리치다　명 비명
□ fund	명 기금, 자금　동 자금을 제공하다	□ sum	명 총계, 금액
□ guard	동 지키다　명 경호원, 감시	□ surface	명 표면, 겉　형 표면의
□ guess	동 추측하다, 짐작하다　명 추측	□ survive	동 살아남다, 생존하다
□ guide	동 안내하다, 지도하다　명 지침	□ symbol	명 상징, 기호
□ issue	명 발행물, 문제　동 나오다	□ symptom	명 증상, 조짐
□ item	명 항목, 물품	□ treat	동 대우하다, 간주하다, 치료하다
□ journey	명 여행　동 여행하다	□ trick	명 속임수, 재주　동 속이다
□ joy	명 기쁨, 즐거움	□ tropical	형 열대의, 열대 지방의
□ judge	명 판사　동 재판하다, 판단하다	□ turn	동 돌리다, 뒤집다　명 회전, 차례
□ murder	명 살인　동 살해하다	□ universe	명 우주
□ muscle	명 근육, 근력	□ unusual	형 보통이 아닌, 별난
□ outdoor	형 야외의, 집 밖의	□ urgent	형 긴급한, 시급한
□ owe	동 빚지고 있다, 신세를 지고 있다	□ useful	형 유용한, 편리한
□ own	형 자기 자신의　동 소유하다	□ wrap	동 감싸다, 포장하다, 두르다

QUIZ 각 단어의 뜻에 해당하는 알파벳을 괄호 안에 쓰세요.

1. exist	5. prove	ⓐ 증명하다, 시험하다	ⓕ 연료, 식량
2. export	6. surface	ⓑ 손해, 피해	ⓖ 존재하다, 있다
3. fuel	7. symptom	ⓒ 긴급한, 시급한	ⓗ 증상, 조짐
4. owe	8. urgent	ⓓ 표면, 겉	ⓘ 빚지고 있다, 신세를 지고 있다
		ⓔ 수출하다, 수출	ⓙ 유용한, 편리한

Answer 1.ⓖ 2.ⓔ 3.ⓕ 4.ⓘ 5.ⓐ 6.ⓓ 7.ⓗ 8.ⓒ

합격을 위한 **확실한 해답!**

해커스공무원 교재 시리즈

보카

공무원 보카

기초

공무원
기초 영문법/독해

입문서

공무원 처음 헌법
해설집/판례집

공무원 처음 행정법
판례집

기본서

공무원 영어/국어/한국사
기본서

공무원 행정학/행정법총론
기본서

공무원 세법/회계학
기본서

공무원 교정학
기본서

공무원 교육학
기본서

공무원 사회복지학개론
기본서

공무원 헌법
기본서

공무원 경제학
기본서

공무원 국제법/국제정치학
기본서

공무원 무역학/관세법
기본서

법원직 헌법/민법/민사소송법/
형법/형사소송법/상법/부동산등기법
기본서

연표·필기·빈칸노트

공무원 한국사
연표노트

공무원 영문법/국어/한국사
합격생 필기노트

공무원 한국사/관세법
빈칸노트

한자성어 어휘

공무원 국어
한자성어

핵심·요점정리

공무원 국어/한국사
핵심정리

공무원 국제법/국제정치학
요점정리

공무원 행정법총론/헌법
핵심요약집

공무원 영어 입문서

해커스 공무원 영어

기초 독해

해 설 집

정답 · 해석 · 해설

해커스공무원 gosi.Hackers.com

공무원 학원 · 공무원 인강 · 본 교재 무료 동영상강의 일부 제공 ·
무료 매일 문법/독해/어휘 문제풀기 및 해설강의

ⅲ 해커스공무원

해커스 공무원 영어
기초 독해

해설집

정답 · 해석 · 해설

해커스 공무원

Chapter 01 주제·제목·요지·목적 파악

p.48

01 ③	02 ②	03 ①	04 ③	05 ③	06 ①	07 ③	08 ②
09 ④	10 ④	11 ④	12 ①				

01 다음 글의 주제로 가장 적절한 것은?

When searching for a job, / the key to getting hired / is having
직장을 구할 때   채용되는 것의 비결은

a strong set of skills / and solid educational background. This is
확실한 기술을 갖추는 것이다   그리고 탄탄한 교육 배경을   이것은

because / companies look for candidates / who can competently
~하기 때문이다   회사들은 지원자들을 찾는다   능숙하게 그들의 업무를 수행할 수 있는

fulfill their tasks / and who have a proven record of success. In
그리고 성과가 증명된 기록이 있는

this sense, / networking can also increase / chances of
이런 의미에서   인적 네트워크 형성은 또한 높일 수 있다   채용될 확률을

employment / because companies favor applicants /
                    회사는 지원자를 선호하기 때문이다

*recommended / by someone / **whom they can trust or respect.
추천된   사람에 의해   그들이 신뢰하거나 존중할 수 있는

① Creating an ideal résumé
② How to find job postings
③ Traits valued by employers
④ How to locate good candidates

직장을 구할 때 채용되는 것의 비결은 확실한 기술과 탄탄한 교육 배경을 갖추는 것이다. 이것은 회사들이 능숙하게 자신의 업무를 수행할 수 있고 성과가 증명된 기록이 있는 지원자들을 찾기 때문이다. 이런 의미에서, 인적 네트워크 형성도 채용될 확률을 높일 수 있는데, 회사는 자신들이 신뢰하거나 존중할 수 있는 사람에 의해 추천된 지원자를 선호하기 때문이다.

① 이상적인 이력서 만들기
② 일자리 공고를 찾는 방법
③ 고용주가 가치 있게 여기는 특성들
④ 좋은 지원자를 찾아내는 방법

> **해설** 지문의 주제를 묻는 문제입니다. 지문 처음에서 직장을 구하는 지원자가 채용되는 것의 비결을 언급하고, 회사들은 확실한 기술과 탄탄한 교육 배경을 갖춘 지원자는 물론, 그들이 신뢰하는 사람에 의해 추천된 지원자를 선호한다는 것을 설명하고 있습니다. 따라서 이 지문의 주제를 '고용주가 가치 있게 여기는 특성들'이라고 표현한 ③번이 정답입니다.

> **어휘** key 圀 비결, 핵심 solid 圀 탄탄한, 고체의 candidate 圀 지원자, 후보자 competently 뿐 능숙하게, 유능하게
> fulfill 동 수행하다, 만족시키다 employment 圀 채용, 고용 applicant 圀 지원자 recommend 동 추천하다
> respect 동 존중하다 trait 圀 특성, 특징

> **구문 독해** * **과거분사가 명사를 꾸며주는 수식어인 경우** ~된
> recommended는 앞에 있는 applicants를 꾸며주는 수식어입니다. 이처럼 과거분사가 명사를 꾸며주는 수식어인 경우, '~된' 이라고 해석합니다.

> ** **목적격 관계대명사(whom)가 이끄는 절이 수식어인 경우** 주어가 동사하는
> whom they can trust or respect는 앞에 있는 someone을 꾸며주는 수식어입니다. 이처럼 목적격 관계대명사(whom) 가 이끄는 절이 수식어인 경우, '주어가 동사하는'이라고 해석합니다.

02 다음 글의 제목으로 가장 적합한 것은?

Although smartphones have only been around / for about a
비록 스마트폰이 겨우 있어 왔지만   10년 남짓

decade, / the technology continues to develop / at an incredible
그 기술은 계속해서 발전하고 있다   믿기 힘든 속도로

rate. Consequently, / smartphones are becoming more
결과적으로   스마트폰은 더 진보되어 가고 있다

advanced / than anyone / in the past / ever imagined. For
그 누구보다   과거에   상상했다   For

instance, / the latest smartphones have programs / that can
예를 들어   최신 스마트폰은 프로그램을 가지고 있다   이해할 수 있는

understand / and accurately respond / to basic spoken
그리고 정확히 반응할 수 있는   기본적인 음성 명령어에

commands. This allows people / *to use the phone totally
이것은 사람들이 ~하게 한다   손을 전혀 쓰지 않고 핸드폰을 사용하게

hands-free. If smartphone technology continues to progress /
만일 스마트폰 기술이 계속해서 발전한다면

at this pace, / no one can say for sure / **what future models
이 속도로   아무도 확언할 수 없다   무엇을 미래의 기종이 할 수 있게 될지

will be able to do.

① Advanced Functions of Future Smartphone Models
②Smartphone Technology and Its Rapid Evolution
③ Why Smartphones Are Changing So Quickly
④ Why People Have Trouble Using Smartphones

스마트폰이 있은 지 겨우 10년 남짓 되었지만, 스마트폰 기술은 믿기 힘든 속도로 계속해서 발전하고 있다. 결과적으로, 스마트폰은 과거 그 누가 상상했던 것보다도 더 진보되어 가고 있다. 예를 들어, 최신 스마트폰은 기본적인 음성 명령어를 이해하고 그에 정확히 반응할 수 있는 프로그램을 가지고 있다. 이것은 사람들이 손을 전혀 쓰지 않고 핸드폰을 사용하게 한다. 만일 스마트폰 기술이 이 속도로 계속해서 발전한다면, 미래의 기종은 무엇을 할 수 있게 될지 아무도 확언할 수 없다.

① 미래 스마트폰 기종의 발전된 기능
②스마트폰 기술과 그 급속한 발전
③ 왜 스마트폰이 그렇게 빨리 바뀌는지
④ 왜 사람들이 스마트폰을 사용하는 데 어려움을 겪는지

해설 지문의 제목을 묻는 문제입니다. 지문 처음에서 스마트폰 기술이 매우 빠른 속도로 발전하고 있다고 하고, 그 기술 몇 가지를 예로 들어 설명하고 있습니다. 따라서 이 지문의 제목을 '스마트폰 기술과 그 급속한 발전'이라고 표현한 ②번이 정답입니다.

어휘 decade 圖 10년   incredible 圖 믿기 힘든   rate 圖 속도   advanced 圖 진보한, 선진의   accurately 빠 정확히
command 圖 명령어, 명령   progress 圖 발전하다 진전   pace 圖 속도   function 圖 기능 圖 기능하다   rapid 圖 급속한, 빠른
evolution 圖 발전, 진화

구문
독해   ***** to 부정사가 목적격 보어인 경우   ~하게
to use ~ hands-free는 목적어 people을 보충 설명해 주는 목적격 보어입니다. 이처럼 to 부정사가 목적격 보어인 경우, '~하게'라고 해석합니다.

** 의문사 what이 이끄는 명사절이 목적어인 경우   무엇을 주어가 동사하는지
what future models will be able to do는 동사 can say의 목적어입니다. 이처럼 의문사 what이 이끄는 명사절이 목적어인 경우, '무엇을 주어가 동사하는지'라고 해석합니다.

Ch.1 주제·제목·요지·목적 파악   해커스 공무원 영어 기초 독해

03 다음 글의 제목으로 가장 적절한 것은?

Dorothy was nervous / about starting her first job / after
　　Dorothy는 걱정하고 있었다　　　그녀의 첫 직장에 다니기 시작하는 것에 대해

graduating from college. She wanted to make a good
대학 졸업 후　　　　　　　　　　그녀는 좋은 인상을 주고 싶었다

impression / but doubted her ability / *to do the work well. In
인상　　　하지만 그녀의 능력을 확신하지 못했다　　　그 일을 잘할

order to prepare herself / for the first day, / she rehearsed her
그녀 자신을 준비하기 위해　　　첫날을 위한　　　그녀는 그녀의 직무를 연습했다

job duties / and studied up / on the history of the company.
직무를　　그리고 공부했다　　　회사의 연혁에 대해

When she started working / two weeks later, / her new boss was
그녀가 일을 시작했을 때　　　2주 후　　　그녀의 새 사장은

very impressed / with the effort / that she put forth. "You're
매우 깊은 감명을 받았다　　노력에　　그녀가 기울이는

doing a great job," / he said. "Keep it up! / I can already tell /
당신은 잘하고 있어요　　그가 말했다　계속 이렇게 하세요　나는 벌써 장담할 수 있어요

that you have a rewarding future / ahead." After this experience, /
당신에게 보람 있는 미래가 있다고　　앞으로　　이 경험 이후

Dorothy understood / **that getting ready / in advance / for
Dorothy는 알게 되었다　　　준비하는 것이　　　미리

what is to come / is the best way / to allay anxieties.
다가올 것에 대해　　가장 좋은 방법이라는 것을　　불안을 누그러뜨리는

① The Value of Being Prepared
② The Key to Finding an Ideal Job
③ Recovering from a Mistake
④ Experiencing a Career Change

Dorothy는 대학 졸업 후 첫 직장에 다니기 시작하는 것에 대해 걱정하고 있었다. 그녀는 좋은 인상을 주고 싶었지만, 그 일을 잘할 그녀의 능력을 확신하지 못했다. 그녀는 첫날을 위한 준비를 하기 위해 직무를 연습하고 회사의 연혁에 대해 공부했다. 2주 후 그녀가 일을 시작했을 때, 그녀의 새 사장은 그녀가 기울이는 노력에 매우 깊은 감명을 받았다. "당신은 잘하고 있어요. 계속 이렇게 해나가세요! 나는 벌써 당신에게 앞으로 보람 있는 미래가 기다리고 있다고 장담할 수 있어요."라고 사장이 말했다. 이 경험 이후, Dorothy는 다가올 것에 대해 미리 준비하는 것이 불안을 누그러뜨리는 가장 좋은 방법이라는 것을 알게 되었다.

①준비되어 있는 것의 중요성
② 이상적인 직업을 찾는 비결
③ 실수에서 회복하기
④ 이직 경험하기

해설　지문의 제목을 묻는 문제입니다. 지문 처음에서 Dorothy가 첫 직장에서 일을 잘하기 위해 업무를 연습해보는 등 자신을 준비했다고 하고, 지문 마지막에서 일을 잘하여 사장에게 칭찬을 받은 Dorothy가 미리 준비하는 것의 중요성을 알게 되었다는 경험을 보여주고 있습니다. 따라서 이 지문의 제목을 '준비되어 있는 것의 중요성'이라고 표현한 ①번이 정답입니다.

어휘　impression 圏 인상　doubt 圄 확신하지 못하다 圄 의심　rehearse 圄 연습하다　duty 圀 직무, 의무
be impressed with ~에 깊은 감명을 받다　rewarding 圀 보람 있는　allay 圄 누그러뜨리다, 가라앉히다　anxiety 圀 불안
ideal 圀 이상적인　recover 圄 회복하다, 되찾다

구문
독해　***** to 부정사가 명사를 꾸며주는 수식어인 경우　~할
to do the work well은 앞에 있는 her ability를 꾸며주는 수식어입니다. 이처럼 to 부정사가 명사를 꾸며주는 수식어인 경우, '~할'이라고 해석합니다.

** that이 이끄는 명사절이 목적어인 경우　주어가 동사하다는 것을
that getting ready ~ anxieties는 동사 understood의 목적어입니다. 이처럼 that이 이끄는 명사절이 목적어인 경우, '주어가 동사하다는 것을'이라고 해석합니다.

04 다음 글을 쓴 목적으로 가장 적절한 것은?

*It is important / that our government reduce taxes / on 중요하다 / 우리 정부가 세금을 줄이는 것은 imported products. **Getting rid of trade barriers / will attract 수입품에 대한 / 무역 장벽을 없애는 것은 overseas companies / to sell products / in our country. This / in 해외 기업들을 끌어들일 것이다 / 제품을 팔도록 / 우리나라에 / 이것은 turn / will save consumers money / by lowering the costs of 결국 / 소비자들이 돈을 절약하게 할 것이다 / 소비재의 가격을 줄임으로써 consumer goods. Moreover, / foreign goods will not threaten 게다가 / 외국 제품은 국내 제조업자를 위협하지 않을 것이다 local manufacturers / as some people fear. Rather, / lower taxes 일부 사람들이 두려워하는 것처럼 / 오히려 / 낮은 세금은 will be a great way / to encourage more competition, / which 좋은 방법이 될 것이다 / 더 많은 경쟁을 장려할 will lead to higher quality products. Thus, / the taxes on foreign 이것은 더 질 높은 제품으로 이어질 것이다 / 따라서 / 외국 제품에 대한 세금은 goods / should be decreased. 줄어들어야 한다 ① To attract business from international companies ② To show how consumers can budget for shopping ③ To argue why import taxes should be lowered ④ To suggest ways of avoiding trade barriers	우리 정부가 수입품에 대한 세금을 줄이는 것은 중요하다. 무역 장벽을 없애는 것은 해외 기업들이 우리나라에 제품을 팔도록 끌어들일 것이다. 이것은 결국 소비재의 가격을 줄임으로써 소비자들이 돈을 절약하게 할 것이다. 게다가 외국 제품은 일부 사람들이 두려워하는 것처럼 국내 제조업자에 대한 위협이 되지 않을 것이다. 오히려, 낮은 세금은 더 많은 경쟁을 장려할 좋은 방법이 될 것이며, 이것은 더 질 높은 제품으로 이어질 것이다. 따라서 외국 제품에 대한 세금은 줄어들어야 한다. ① 국제 기업들의 사업을 끌어들이기 위해 ② 소비자들이 어떻게 쇼핑을 위한 예산을 세울 수 있는지 보여주기 위해 ③ 왜 수입 세금이 낮춰져야 하는지 주장하기 위해 ④ 무역 장벽을 피하는 방법을 제안하기 위해

해설 지문의 목적을 묻는 문제입니다. 지문 처음에서 정부가 수입품에 대한 세금을 줄이는 것이 중요하다고 주장하고, 이에 대한 여러 가지 이유를 나열한 뒤 지문 마지막에서 외국 제품에 대한 세금이 줄어들어야 한다는 것을 다시 강조하고 있습니다. 따라서 이 지문의 목적을 '왜 수입 세금이 낮춰져야 하는지 주장하기 위해'라고 표현한 ③번이 정답입니다.

어휘 import [동] 수입하다 get rid of ~을 없애다 barrier [명] 장벽 attract [동] 끌어들이다, 마음을 끌다 overseas [형] 해외의 manufacturer [명] 제조업자 fear [동] 두려워하다 encourage [동] 장려하다, 촉진하다 competition [명] 경쟁 budget [동] 예산을 세우다 [명] 예산

[구문독해] * 가짜 주어 it과 진짜 주어 that이 이끄는 명사절이 쓰인 경우 주어가 동사하는 것은

It은 가짜 주어로 해석하지 않으며 that our government ~ products가 진짜 주어입니다. 이처럼 that이 이끄는 명사절이 주어로 쓰인 경우, '주어가 동사하는 것은'이라고 해석합니다.

** 동명사가 주어인 경우 ~하는 것은

Getting rid of trade barriers는 주어입니다. 이처럼 동명사가 주어인 경우, '~하는 것은'이라고 해석합니다.

05 다음 글의 제목으로 가장 적절한 것은?

One day, / a professor talked to his students / about why
어느 날   한 교수는 그의 학생들에게 이야기했다

people's decisions should not be affected / by others. He
왜 사람의 결정이 영향받아서는 안 되는지에 대해   다른 사람들에 의해

explained / that every choice / we make / should be one / *that
그는 설명했다   모든 결정이   우리가 내리는   그것이어야 한다고

feels right to us. He told them / about how all of his friends /
우리에게 맞다고 생각하는   그는 그들에게 말했다   그의 모든 친구들이 어떠했는지에 대해

wanted careers / that would make them a lot of money. When
직업을 원했다   그들이 많은 돈을 벌게 해주는

they heard / that he wanted to study fine art, / they said / he
그들이 듣자   그가 미술을 공부하고 싶다는 것을   그들은 말했다

would always be poor. However, / he could not ignore / his
그는 항상 가난할 것이라고   하지만   그는 무시할 수 없었다

passion for great artwork, / so he did not listen to his friends /
위대한 미술 작품에 대한 그의 열정을   그래서 그는 그의 친구들의 말을 듣지 않았다

and went on to study / at the top art school / in Paris. "Money
그리고 계속해서 공부했다   최고의 예술 학교에서   파리의

wasn't important / to me," / he said. "I chose to do / **what I
돈은 중요하지 않았습니다   저에게   그가 말했다   저는 하기로 정했습니다   제가 좋아하는

love, / and I don't regret it."
것을   그리고 저는 후회하지 않습니다

① The Benefit of Listening to Your Friends
② How to Become a Successful Artist
③ The Importance of Doing What You Cherish
④ How to Graduate with Strong Grades

어느 날, 한 교수는 학생들에게 왜 사람의 결정이 다른 사람들에게 영향받아서는 안 되는지에 대해 이야기했다. 그는 우리가 내리는 모든 결정은 자신이 맞다고 생각하는 것이어야 한다고 설명했다. 그는 학생들에게 어떻게 그의 친구들은 모두 많은 돈을 벌게 해주는 직업을 원했는 지에 대해 말했다. 그의 친구들은 그가 미술을 공부하고 싶다는 것을 듣자, 그는 항상 가난할 것이라고 말했다. 하지만 그는 위대한 미술 작품에 대한 그의 열정을 무시할 수 없어서, 친구들의 말을 듣지 않았고 계속해서 파리 최고의 예술 학교에서 공부했다. "돈은 저에게 중요하지 않았습니다. 저는 제가 좋아하는 것을 하기로 정했고, 그것을 후회하지 않습니다."라고 교수가 말했다.

① 당신 친구의 말을 듣는 것의 이점
② 성공한 예술가가 되는 방법
③ 당신이 소중히 여기는 것을 하는 것의 중요성
④ 높은 점수로 졸업하는 방법

해설 지문의 제목을 묻는 문제입니다. 지문 전반에 걸쳐 주변 사람들의 말에 영향받지 않고 자신이 좋아하는 것을 하기로 정한 후 그 결정을 후회하지 않는다는 교수의 이야기를 들려주고 있습니다. 따라서 이 지문의 제목을 '당신이 소중히 여기는 것을 하는 것의 중요성'이라고 표현한 ③번이 정답입니다.

어휘 decision 몡 결정 career 몡 직업, 경력 fine art 몡 미술 ignore 통 무시하다 passion 몡 열정 regret 통 후회하다
cherish 통 소중히 여기다

구문독해 * **주격 관계대명사(that)가 이끄는 절이 수식어인 경우** 동사하는
that feels right to us는 앞에 있는 one을 꾸며주는 수식어입니다. 이처럼 주격 관계대명사(that)가 이끄는 절이 수식어인 경우, '동사하는'이라고 해석합니다.

** **what이 이끄는 명사절이 목적어인 경우** 주어가 동사하는 것을
what I love는 to do의 목적어입니다. 이처럼 what이 이끄는 명사절이 목적어인 경우, '주어가 동사하는 것을'이라고 해석합니다.

06 다음 글의 주제로 가장 적절한 것은?

A few weeks ago, / officials of a national park / in Senegal /
몇 주 전에   한 국립 공원의 관리인들은   세네갈의

introduced thousands of insects / into the reserve. The insects
수천 마리의 곤충을 들여왔다   보호 구역으로

were brought in / *to eat a dangerous weed / that takes
곤충들은 들여져 왔다   위험한 잡초를 먹기 위해

nutrients away / from other plants, / particularly ferns. The
영양소를 빼앗아 가는   다른 식물들의   특히 양치류

weeds are an issue / because ferns are / an important part of
잡초는 문제가 된다   양치류는 ~이기 때문이다   동물의 식단의 중요한 부분

the diet of animals / **living in the park. The park supervisor
동물의 식단   공원에 사는   공원 관리인은

expects / numbers of the harmful weed / to go down / within a
예상한다   해로운 잡초의 수가   줄어들 것을   일주일 안에

week / after the insects are introduced. This will prevent the
이 곤충들이 들여져 온 후   이것은 손실을 방지할 것이다

loss / of a main food source / for the reserve animals.
주 식량원의   보호 구역 동물들의

① Controlling an unwanted plant species
② Animals that damage plants in the park
③ Rare wildlife populations in the park
④ The protection of local insect varieties

몇 주 전에, 세네갈의 한 국립 공원의 관리인들은 보호 구역으로 수천 마리의 곤충을 들여왔다. 곤충들은 다른 식물, 특히 양치류의 영양소를 빼앗아 가는 위험한 잡초를 먹기 위해 들여져 왔다. 양치류는 공원에 사는 동물의 식단의 중요한 부분이기 때문에 잡초가 문제가 된다. 공원 관리인은 이 곤충들을 들여오고 일주일 안에 해로운 잡초의 수가 줄어들 것을 예상한다. 이것은 보호 구역 동물들의 주 식량원의 손실을 방지할 것이다.

① 원치 않은 식물 종 억제하기
② 공원의 식물에 해를 끼치는 동물들
③ 공원 내 희귀한 야생 동물 개체 수
④ 현지 곤충 다양성 보호

해설 지문의 주제를 묻는 문제입니다. 지문 처음에서 공원에 있는 위험한 잡초를 없애기 위해 수천 마리의 곤충이 들여져 왔다고 하고, 이 곤충들이 들어온 후 그 잡초의 수가 줄어들 것으로 예상된다고 설명하고 있습니다. 따라서 이 지문의 주제를 '원치 않은 식물 종 억제하기'라고 표현한 ①번이 정답입니다.

어휘 introduce 圄 들여오다, 소개하다 reserve 圀 보호 구역 圄 남겨 두다 weed 圀 잡초 fern 圀 양치류 supervisor 圀 관리인, 감독자 loss 圀 손실 rare 圈 희귀한, 드문 wildlife 圀 야생 동물 variety 圀 다양성

 * to 부정사가 동사를 꾸며주는 수식어인 경우 ~하기 위해
to eat ~ ferns는 앞에 있는 were brought in을 꾸며주는 수식어입니다. 이처럼 to 부정사가 동사를 꾸며주는 수식어로 쓰인 경우, '~하기 위해'라고 해석합니다.

** 현재분사가 명사를 꾸며주는 수식어인 경우 ~하는
living in the park는 앞에 있는 animals를 꾸며주는 수식어입니다. 이처럼 현재분사가 명사를 꾸며주는 수식어인 경우, '~하는'이라고 해석합니다.

07 다음 글의 주제로 가장 적합한 것은?

According to Kirk Whitaker / of the Global Energy Council, /
Kirk Whitaker에 의하면   세계 에너지 협의회의

worldwide demand for energy / *has increased / in the past
에너지에 대한 세계적인 수요는   증가해 왔다   지난 10년간

decade. In particular, / demand has expanded / in developing
특히   수요가 확대되었다   개발도상국에서

countries. However, / these countries do not use / many
하지만   이 나라들은 사용하지 않는다

alternative energy sources / because of their high price.
많은 대체 에너지원을   그것들의 높은 가격 때문에

Instead, / these nations rely on coal and petroleum / to create
대신에   이 나라들은 석탄과 석유에 의존한다

most of their energy. **In order for fossil fuel use / to be
그들 에너지의 대부분을 만들기 위해   화석 연료 사용이 ~하기 위해서는   줄어들기

reduced / in the developing world, / Whitaker argues / that
개발도상국에서   Whitaker는 주장한다

solar and wind power / need to be cheaper.
태양열과 풍력 발전이   더 저렴해질 필요가 있다고

① Increased energy consumption of developing countries
② Main risks of using fossil fuels for energy
③ Alternative energy barriers in developing countries
④ International efforts to help developing countries

세계 에너지 협의회의 Kirk Whitaker에 의하면, 에너지에 대한 세계적인 수요는 지난 10년간 증가해 왔다. 특히, 개발도상국에서 수요가 확대되었다. 하지만 이 나라들은 높은 가격 때문에 대체 에너지원을 많이 사용하지 않는다. 대신에, 이 나라들은 에너지의 대부분을 만들기 위해 석탄과 석유에 의존한다. 개발도상국에서 화석 연료 사용이 줄어들기 위해서는, Whitaker는 태양열과 풍력 발전이 더 저렴해질 필요가 있다고 주장한다.

① 개발도상국의 증가된 에너지 소비
② 에너지를 위해 화석 연료를 사용하는 것의 주된 위험
③ 개발도상국에서의 대체 에너지에 대한 장벽
④ 개발도상국을 원조하기 위한 국제적인 노력

해설   지문의 주제를 묻는 문제입니다. 지문 중간에서 개발도상국은 대체 에너지원의 높은 가격 때문에 그것을 많이 사용하지 않는다고 하고, 지문 마지막에서 개발도상국이 대체 에너지원을 더 많이 사용할 수 있도록 대체 에너지원 발전이 더 저렴해져야 한다고 주장하고 있습니다. 따라서 이 지문의 주제를 '개발도상국에서의 대체 에너지에 대한 장벽'이라고 표현한 ③번이 정답입니다.

어휘   demand 웹 수요   expand 통 확대되다   developing country 개발도상국   alternative energy 대체 에너지
rely on ~에 의존하다   coal 웹 석탄   petroleum 웹 석유   consumption 웹 소비   risk 웹 위험

구문 독해   *   **동사가 'have 동사 + p.p.'인 경우**   ~해 왔다
has increased는 'have 동사 + p.p' 형태의 동사로, '~해 왔다'라고 해석합니다.

**   **in order for A to 부정사**   A가 ~하기 위해서는
In order for ~ world에는 'in order for A(fossil fuel use) to 부정사'가 사용되어, '화석 연료 사용이 개발도상국에서 줄어들기 위해서는'이라고 해석합니다.

08 다음 글의 제목으로 가장 적절한 것은?

Around three thousand years ago, / people *in Southwest Asia
약 3천 년 전에   서남아시아와 그리스의 사람들은

and Greece / started **growing and trading saffron / as a food
                    사프란을 재배하고 거래하기 시작했다   음식 향신료로써

spice. They did so / because saffron has a unique smell and
그들은 그렇게 했다   사프란은 독특한 향과 쓴 맛을 가졌기 때문이다

bitter taste / that works well in food. Aside from cooking, /
                        음식에 잘 맞는   요리 외에

saffron has also been used / as medicine / since ancient times.
사프란은 또한 사용되었다   약으로써   고대부터

Numerous traditional cultures have used it / to cure stomach
많은 전통 문화들은 그것을 사용했다   복통을 낫게 하고

problems and heal wounds. Modern studies suggest / that
상처를 치료하기 위해   현대 연구는 시사한다

saffron can even help / prevent some types of cancer. These are
사프란이 심지어 도움이 될 수 있다고   몇 종류의 암을 예방하는 데

just a few of the many ways / in which the ingredient can be
이러한 것들은 많은 방법 중 몇 가지에 불과하다   이 재료가 활용될 수 있는

utilized.

① How to Cook with Saffron
②Saffron's Various Uses
③ Saffron's Medicinal Purposes
④ The Discovery of Saffron

약 3천 년 전에, 서남아시아와 그리스의 사람들은 사프란을 음식 향신료로써 재배하고 거래하기 시작했다. 그들은 사프란이 음식에 잘 맞는 독특한 향과 쓴 맛을 가졌기 때문에 그렇게 했다. 요리 외에, 사프란은 고대부터 약으로도 사용되었다. 많은 전통 문화는 복통을 낫게 하고 상처를 치료하는 데 사프란을 사용했다. 현대 연구는 사프란이 심지어 몇 종류의 암을 예방하는 데 도움이 될 수 있다고 시사한다. 이러한 것들은 이 재료를 활용할 수 있는 많은 방법 중 몇 가지에 불과하다.

① 사프란으로 요리하는 방법
②사프란의 다양한 용도
③ 사프란의 의학적 목적
④ 사프란의 발견

해설 지문의 제목을 묻는 문제입니다. 지문 전반에 걸쳐 사프란이 음식 향신료 및 약으로 사용되어 왔다고 하고, 이외에도 더 많은 용도로 활용될 수 있다는 것을 설명하고 있습니다. 따라서 이 지문의 제목을 '사프란의 다양한 용도'라고 표현한 ②번이 정답입니다.

어휘 **grow** 圖 재배하다, 자라다 **trade** 圖 거래하다 圆 무역 **unique** 圈 독특한 **bitter** 圈 맛이 쓴 **aside from** ~ 외에
numerous 圈 많은 **cure** 圖 낫게 하다, 치유하다 **heal** 圖 치료하다 **wound** 圆 상처 **ingredient** 圆 재료
utilize 圖 활용하다, 이용하다 **discovery** 圆 발견

구문
독해
* 「전치사(in) + 명사」가 명사를 꾸며주는 수식어인 경우 ~의
  in Southwest Asia and Greece는 앞에 있는 people을 꾸며주는 수식어입니다. 이처럼 「전치사(in) + 명사」가 명사를 꾸며주는 경우, '~의'라고 해석합니다.

** 동명사가 목적어인 경우 ~하기
  growing and trading ~ spice는 동사 started의 목적어입니다. 이처럼 동명사가 목적어인 경우 '~하기'라고 해석합니다.

09 다음 글의 주제로 가장 적절한 것은?

Henry Kissinger was an American statesman / who was known
Henry Kissinger는 미국 정치인이었다   그의 영향력으로

for his influence / on foreign policy. He argued / that foreign
알려진   외교 정책에 대한   그는 주장했다   외교 정책이

policy should focus on / achievable goals / and *criticized other
집중해야 한다고   달성할 수 있는 목표에   그리고 다른 정치인들을

politicians / for being too inflexible / **when interacting with other
비난했다   너무 융통성이 없는 것에 대해   다른 나라들과 교류할 때

nations / that hold different political beliefs. For example, /
              서로 다른 정치적 신념을 가진   예를 들어

during the Cold War, / many American politicians viewed
          냉전 중에   많은 미국 정치인들은

Russia as evil / and refused to engage with the country at all.
러시아를 악으로 보았다   그리고 그 나라와 일절 관계를 맺기 거부했다

However, / Kissinger tried to reduce conflict / between the two
하지만   Kissinger는 갈등을 줄이려고 노력했다   두 나라 간의

states / through open discussions. His approach / eventually
          열린 토론을 통해   그의 접근법은   결국

proved very successful, / as it helped prevent a major war.
매우 성공적인 것으로 증명되었다   이것은 큰 전쟁을 방지하는 데 도움이 되었기 때문이다

① 미국의 도덕성을 둘러싼 논쟁들
② 미국과 러시아의 관계에 대한 역사
③ Kissinger가 미국 시민이 된 경위
④ 외교 정책에 대한 Kissinger의 현실적 접근법

Henry Kissinger는 외교 정책에 대한 그의 영향력으로 알려진 미국 정치인이었다. 그는 외교 정책이 달성할 수 있는 목표에 집중해야 한다고 주장했고, 다른 정치인들은 상이한 정치적 신념을 가진 다른 나라들과 교류할 때 너무 융통성이 없다고 비난했다. 예를 들어, 냉전 중에 많은 미국 정치인들은 러시아를 악으로 보고 러시아와 일절 관계를 맺기 거부했다. 하지만 Kissinger는 열린 토론을 통해 두 나라 간의 갈등을 줄이려고 노력했다. 그의 접근법은 결국 큰 전쟁을 방지하는 데 도움이 되었기 때문에, 매우 성공적인 것으로 증명되었다.

해설 지문의 주제를 묻는 문제입니다. 지문 중간에서 다른 정치인들과 달리 Henry Kissinger는 열린 토론을 통해 미국과 러시아의 갈등을 줄이려고 노력했다고 하고, 지문 마지막에서 이러한 그의 접근법이 큰 전쟁을 막는 데 도움이 되었다고 했습니다. 따라서 이 지문의 주제를 '외교 정책에 대한 Kissinger의 현실적 접근법'이라고 표현한 ④번이 정답입니다.

어휘 statesman 圆 정치인 be known for ~로 알려져 있다 influence 圆 영향력, 영향 policy 圆 정책 achievable 圈 달성할 수 있는 criticize 圄 비난하다 inflexible 圈 융통성이 없는 refuse 圄 거부하다, 거절하다 engage 圄 관계를 맺다, 약속하다 conflict 圆 갈등 approach 圆 접근법 圄 다가가다

[구문독해] * **동사가 전치사와 함께 쓰인 경우(criticize A for B)** B에 대해 A를 비난하다
criticized other politicians for being too inflexible은 동사 criticize가 전치사 for과 함께 criticize A for B 형태로 쓰인 경우입니다. 이처럼 동사가 전치사와 함께 쓰인 경우(criticize A for B), 'B에 대해 A를 비난하다'라고 해석합니다.

** **'접속사 when + 현재분사'가 쓰인 분사구문이 문장을 꾸며주는 수식어인 경우** ~할 때
when interacting ~ beliefs는 앞에 있는 문장을 꾸며주는 수식어입니다. 이처럼 '접속사 when + 현재분사'가 쓰인 분사구문이 문장을 꾸며주는 수식어인 경우, '~할 때'라고 해석합니다.

10 다음 글의 요지로 가장 적절한 것은?

The steelhead trout is a unique species of fish / *found along the
무지개 송어는 독특한 물고기 종이다 태평양 연안을 따라 발견되는
Pacific coast / of North America. Every year, / tens of thousands
북아메리카의 매년 이 물고기 수백만 마리가
of these fish / would make the long journey / from the ocean to
먼 길을 가곤 했다 바다에서 개울로
the streams / **where they were born. Now / these numbers
그들이 태어난 지금은 이 숫자가
have been significantly reduced / due to human activity. In fact, /
크게 줄었다 인간 활동으로 인해 사실
the steelhead trout is in danger / of becoming extinct. The
무지개 송어는 위험에 처해 있다 멸종될
steelhead's attempt / to complete its lifecycle and spawn / has
무지개 송어의 시도는 그것의 생애 주기를 마무리하며 알을 낳으려는
been prevented / primarily by logging and construction. These
방해받았다 주로 벌목과 건설에 의해
activities / have not only polluted breeding habitats, / but in some
이 활동들은 번식 서식지를 오염시켰을 뿐만 아니라 어떤 경우에는
cases, / they have made them completely inaccessible / because
~하기도 했다 그것들은 그것에 완전히 접근할 수 없게 만들었다 댐 때문에
of the dams / that have been built. Ultimately, / the inability of
지어진 결국 무지개 송어가 ~할 수 없는 것은
the steelhead / to return home / to spawn / renders it incapable
집으로 돌아갈 알을 낳기 위해 그것을 번식하지 못하게 한다
of reproducing / at all. If an effort is not made / to save their
아예 노력이 이루어지지 않는다면 그들의 서식지를
habitat, / steelhead populations will continue to decrease /
구하려는 무지개 송어의 개체 수는 계속 감소할 것이다
over time.
시간이 지남에 따라

① Steelhead trout must return to where they were born.
② Thousands of fish migrate from the Pacific Ocean each year.
③ People do not do enough to prevent water pollution.
④ The steelhead population is threatened by land development.

무지개 송어는 북아메리카의 태평양 연안을 따라 발견되는 독특한 물고기 종이다. 매년 무지개 송어 수백만 마리가 바다에서 그들이 태어난 개울로 먼 길을 가곤 했다. 지금은 이 숫자가 인간 활동으로 인해 크게 줄었다. 사실, 무지개 송어는 멸종될 위험에 처해 있다. 생애 주기를 마무리하며 알을 낳으려는 무지개 송어의 시도는 주로 벌목과 건설로 방해받았다. 이 활동들은 번식지를 오염시켰을 뿐만 아니라, 어떤 경우에는 지어진 댐 때문에 번식지를 완전히 접근할 수 없게 만들기도 했다. 결국 무지개 송어는 알을 낳기 위해 집으로 돌아갈 수 없어, 아예 번식하지 못하게 된다. 무지개 송어의 서식지를 구하려는 노력이 이루어지지 않는다면, 그 개체 수는 시간이 지남에 따라 계속 감소할 것이다.

① 무지개 송어는 그들이 태어났던 곳으로 반드시 돌아가야 한다.
② 수천 마리의 물고기가 매년 태평양으로부터 이동한다.
③ 사람들은 수질 오염을 예방하기 위해 충분히 행동하지 않는다.
④ 무지개 송어의 개체 수는 토지 개발로 인해 위협받고 있다.

해설 지문의 요지를 묻는 문제입니다. 지문 중간에서 무지개 송어의 번식지에서 이뤄지는 벌목과 건설 작업 때문에 무지개 송어가 멸종될 위험에 처했다고 하고, 지문 마지막에서 무지개 송어의 번식지를 구하려는 노력이 이루어지지 않는다면 그 개체 수가 계속 감소할 것이라고 했습니다. 따라서 이 지문의 요지를 '무지개 송어의 개체 수는 토지 개발로 인해 위협받고 있다'라고 표현한 ④번이 정답입니다.

어휘 extinct [형] 멸종된 spawn [동] 알을 낳다 prevent [동] 방해하다, 방지하다 pollute [동] 오염시키다 breeding [명] 번식 habitat [명] 서식지 incapable [형] ~을 할 수 없는 reproduce [동] 번식하다, 복사하다 migrate [동] 이동하다 threaten [동] 위협하다

[구문독해] * 과거분사가 명사를 꾸며주는 수식어인 경우 ~되는

found ~ North America는 앞에 있는 a unique species of fish를 꾸며주는 수식어입니다. 이처럼 과거분사가 명사를 꾸며주는 수식어인 경우, '~되는'이라고 해석합니다.

** 관계부사(where)가 이끄는 절이 수식어인 경우 주어가 동사한

where they were born은 앞에 있는 the streams를 꾸며주는 수식어입니다. 이처럼 관계부사(where)가 이끄는 절이 수식어인 경우, '주어가 동사한'이라고 해석합니다.

11 다음 글을 쓴 목적으로 가장 적절한 것은?

According to the United Nations Population Division, / the world
국제 연합 인구국에 따르면
population is expanding faster / than originally estimated. One
세계 인구는 빠르게 팽창하고 있다 기존에 추정했던 것보다
reason for this / is *that there is a flaw / in the way / future
이에 대한 한 가지 이유는 결함이 있다는 것이다 방법에의
population sizes are predicted. This error has to do with / how
미래 인구 수준이 예측되는 이 오류는 ~과 관련이 있다
life expectancy was initially calculated. When the calculation
기대 수명이 처음에 산출되었던 방법 이 계산 공식이
formula was first created, / the average life expectancy / for
처음 만들어졌을 때 평균 기대 수명은
humans / was 60 years. Today, / however, / humans are
사람의 60세였다 오늘날 하지만 사람은 기대된다
expected / to live 67 years / on average. This is due to
67년을 살 것으로 평균적으로 이것은
improvements / in areas / such as health care, education, and
개선 때문이다 영역의 의료 서비스, 교육, 그리고 영양과 같은
nutrition. Such a large increase / was not foreseen / when
이러한 큰 증가는 예견되지 않았다
researchers made the original population estimate, / and it
연구원들이 원래의 인구 예측을 했을 때
completely changed the equation. **It is important / to consider /
그리고 이것은 완전히 방정식을 바꾸었다 중요하다 고려하는 것이
all of the changing factors / that are included / in the calculation /
모든 변동 요인을 포함되는 계산에
in order to accurately predict / future population sizes.
정확히 예측하기 위해 미래의 인구 규모를

① To identify popular types of equations
② To discuss the growing elderly population
③ To question the relevance of population predictions
④ To explain an unanticipated population growth

국제 연합 인구국에 따르면, 세계 인구는 기존에 추정했던 것보다 더 빠르게 팽창하고 있다. 이에 대한 한 가지 이유는 미래 인구 수준을 예측하는 방법에 결함이 있다는 것이다. 이 오류는 기대 수명이 처음 산출되었던 방법과 관련이 있다. 이 계산 공식이 처음 만들어졌을 때 사람의 평균 기대 수명은 60세였다. 하지만 오늘날 사람은 평균 67년을 살 것으로 기대된다. 이것은 의료 서비스, 교육, 영양과 같은 영역이 개선되었기 때문이다. 이러한 큰 증가는 연구원들이 원래 인구를 예측했을 당시에는 예견되지 않았으며, 방정식을 완전히 바꾸었다. 따라서 미래의 인구 규모를 정확히 예측하기 위해 계산에 포함되는 모든 변동 요인을 고려하는 것이 중요하다.

① 인기 있는 방정식의 유형을 밝히기 위해
② 증가하는 노년 인구에 대해 논의하기 위해
③ 인구 예측의 타당성에 의문을 제기하기 위해
④ 예상치 않은 인구 성장을 설명하기 위해

해설 지문의 목적을 묻는 문제입니다. 지문 처음에서 세계 인구가 기존에 추정했던 것보다 더 빠르게 팽창하고 있다고 하고, 이는 과거의 인구 예측 방법은 인간의 평균 기대 수명이 늘어날 것이라는 변동 요인을 고려하지 않았기 때문이라고 설명하고 있습니다. 따라서 이 지문의 목적을 '예상치 않은 인구 성장을 설명하기 위해'라고 표현한 ④번이 정답입니다.

어휘 division [명] (관청 등의) 국, 분할 estimate [동] 추정하다 [명] 추정치 flaw [명] 결함, 흠 predict [동] 예측하다, 예견하다
have to do with ~과 관련이 있다 life expectancy 기대 수명 initially [부] 처음에 calculate [동] 산출하다, 계산하다
formula [명] 공식 improvement [명] 개선 nutrition [명] 영양 foresee [동] 예견하다 original [형] 원래의 equation [명] 방정식, 등식
identify [동] 밝히다, 확인하다 question [동] 의문을 제기하다 [명] 질문 unanticipated [형] 예상하지 않은

[구문 독해] * that이 이끄는 명사절이 주격 보어인 경우 주어가 동사하다는 것
that there is ~ are predicted는 주어 One reason for this를 보충 설명해주는 주격 보어입니다. 이처럼 that이 이끄는 명사절이 주격 보어인 경우, '주어가 동사하다는 것'이라고 해석합니다.

** 가짜 주어 it과 진짜 주어 to 부정사가 쓰인 경우 ~하는 것이
It은 가짜 주어로 해석하지 않으며 to consider ~ the calculation이 진짜 주어입니다. 이처럼 to 부정사가 진짜 주어로 쓰인 경우, '~하는 것이'라고 해석합니다.

12 글의 제목으로 가장 적절한 것은?

City police announced / that they will no longer tolerate /
시 경찰국은 발표했다   그들이 더 이상 용인하지 않을 것이라고

drunken and uncooperative behavior. Officers *are abused / by
취태와 비협조적인 태도를   경관들은 학대받는다

the intoxicated men and women / they must deal with / on a
술 취한 남성과 여성에게   그들이 대해야 하는

daily basis. Police officers have been yelled at, spat on, / and
매일   경찰관들은 고함질러 불려졌고 침이 뱉어졌다

even punched and kicked. Until now, / this type of disrespectful
그리고 심지어 주먹에 치이고 발로 차였다   지금까지   이러한 종류의 무례한 행동은

behavior/ has largely been excused, / and officers have
                                        대부분 용인되었다   그리고 경관들은 주저했다

hesitated / to assert their authority / for fear of being accused /
주저했다   그들의 권위를 주장하기를   고발당할까 봐

of using excessive force. But officials say / enough is enough, /
과도한 경찰력을 사용했다고   하지만 경관들은 말한다   계속 이대로 둘 수는 없다고

and those / who act this way / will be charged and fined. Police
그리고 사람들은   이렇게 행동하는   기소되고 벌금이 물릴 것이라고

officers are loyal public servants / **who treat citizens with
경찰관은 충실한 공무원이다   시민을 존경으로 대하는

respect / and, drunk or not, / citizens should treat officers / the
존경으로   그리고 술에 취했든 취하지 않았든   시민도 경찰관을 대해야 한다

same way.
똑같은 방식으로

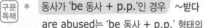① 취태에 대한 경찰의 엄중 단속
② 공공장소에서 음주를 금지하는 새 법
③ 과도한 음주로 인해 발생하는 문제들
④ 민중과 경찰 간의 충돌

시 경찰국은 더 이상 취태와 비협조적인 태도를 용인하지 않을 것이라고 발표했다. 경관들은 매일 그들이 대해야 하는 술 취한 사람들에게 학대 받는다. 그들은 경찰관들에게 고함을 지르고 침을 뱉고 심지어 주먹으로 치고 발로 차기도 했다. 지금까지는 이러한 무례한 행동이 대부분 용인되었고, 경관들도 과도한 경찰력을 사용했다고 고발당할까 봐 권위를 주장하기를 주저했다. 하지만 경관들은 계속 이대로 둘 수는 없다고 하며, 이렇게 행동하는 사람은 기소되고 벌금이 물릴 것이라고 한다. 경찰관은 시민을 존경으로 대하는 충실한 공무원이며, 술에 취했든 취하지 않았든 시민 역시 경찰관을 똑같은 방식으로 대해야 한다.

Ch.1 주제 · 제목 · 요지 · 목적 파악 해커스 공무원 영어 기초 독해

해설 지문의 제목을 묻는 문제입니다. 지문 처음에서 경찰이 더 이상 취태를 용인하지 않을 것이라고 하며, 지문 전반에 걸쳐 경찰이 술 취한 사람들에 대해 이전보다 강경한 태도를 취할 것이라고 설명하고 있습니다. 따라서 이 지문의 제목을 '취태에 대한 경찰의 엄중 단속'이라고 표현한 ①번이 정답입니다.

어휘 tolerate 图 용인하다 drunken 웹 술이 취한 uncooperative 웹 비협조적인 abuse 图 학대하다 명 남용 intoxicated 웹 취한 on a daily basis 매일 yell 图 고함치다 spit 图 침을 뱉다 punch 图 주먹으로 치다 kick 图 발로 차다 disrespectful 웹 무례한 excuse 图 용서하다 명 변명 hesitate 图 주저하다 accuse 图 고발하다 charge 图 기소하다, 청구하다 fine 图 벌금을 과하다

구문 독해 * 동사가 'be 동사 + p.p.'인 경우 ～받다
are abused는 'be 동사 + p.p.' 형태의 동사로, '～받다'라고 해석합니다.

** 주격 관계대명사(who)가 이끄는 절이 수식어인 경우 동사하는
who treat citizens with respect는 앞에 있는 loyal public servants를 꾸며주는 수식어입니다. 이처럼 주격 관계대명사 (who)가 이끄는 절이 수식어인 경우, '동사하는'이라고 해석합니다.

Chapter 02 문단 요약

p.70

01 ①	02 ②	03 ④	04 ③	05 ①	06 ④	07 ①	08 ③

01 다음 글을 읽고 아래 문장의 빈칸에 들어갈 가장 적절한 것은?

A recent study / conducted by researchers / at Northwestern
최근의 연구는 연구원들에 의해 실시된 Northwestern 대학의
University / has shown a connection / between sleep and
연관성을 보여주었다 수면과 학습 사이의
learning. Researchers played a song / to a group of music
연구원들은 노래를 들려주었다 한 그룹의 음악과 학생들에게
students, / *which they had learned / earlier in the day, / after
그들이 배웠던 그날 먼저
they had fallen asleep. Despite being unconscious, / the
그들이 잠든 후에 의식이 없었음에도 불구하고
students improved their ability / to play the song / **by listening
학생들은 그들의 능력을 향상시켰다 곡을 연주하는
to the music / as they slept. The results from this study
음악을 들음으로써 그들이 자는 동안 이 연구의 결과는
suggest / that some abilities can be improved / during sleep.
시사한다 어떤 능력들은 향상될 수 있다는 것을 수면 중에

The passage suggests that sleep is a potential opportunity to absorb information.

① opportunity to absorb information
② technique to forget about music
③ way to reduce brain activity
④ means to get appropriate rest

Northwestern 대학의 연구원들에 의해 실시된 최근의 연구는 수면과 학습 사이의 연관성을 보여주었다. 연구원들은 한 그룹의 음악과 학생들에게, 그들이 잠든 후에 그날 먼저 배웠던 노래를 들려주었다. 학생들은 의식이 없었음에도 불구하고, 자는 동안 음악을 들음으로써 곡을 연주하는 능력이 향상되었다. 이 연구의 결과는, 어떤 능력은 수면 중에 향상될 수 있다는 것을 시사한다.

지문은 수면이 잠재적으로 정보를 흡수하는 기회임을 시사한다.

① 정보를 흡수하는 기회
② 음악에 대해 잊을 수 있는 기술
③ 뇌 활동을 줄이는 방법
④ 적당한 휴식을 취하는 방법

해설 지문의 내용을 요약한 문장의 빈칸을 채우는 문제입니다. 주어진 요약문을 통해 지문에서 수면이 잠재적인 무엇이라고 시사하는지를 빈칸에 넣어야 한다는 것을 예상할 수 있습니다. 지문 전반에 걸쳐 수면 상태인 학생들에게 그날 연습했던 음악을 들려준 결과 그들의 연주 능력이 향상되었다고 했으므로, '정보를 흡수하는 기회'라고 한 ①번이 정답입니다.

어휘 conduct [동] 실시하다, 하다 connection [명] 연관성 unconscious [형] 의식이 없는, 무의식의 ability [명] 능력 absorb [동] 흡수하다 means [명] 방법, 수단 appropriate [형] 적당한, 적절한

[구문 독해] * 목적격 관계대명사(which)가 이끄는 절이 수식어인 경우 주어가 동사한

which they had learned ~ day는 앞에 있는 a song을 꾸며주는 수식어입니다. 이처럼 목적격 관계대명사(which)가 이끄는 절이 수식어인 경우, '주어가 동사한'이라고 해석합니다.

** by 동명사 ~함으로써

by listening ~ slept에는 'by 동명사'가 사용되어, '그들이 자는 동안 음악을 들음으로써'라고 해석합니다.

02 다음 글의 내용을 가장 잘 요약한 것은?

Throughout history, / high-heeled shoes have been worn / by both men and women. The invention of horse riding boots / in the 1500s / is a perfect example. They featured a raised heel / to ensure / *that both male and female riders / could keep their feet / in the foot straps. Earlier, / in the Middle Ages, / a special high heel / was worn by both genders / for outdoor use. These high-heeled shoes / were slipped on / over expensive shoes / to protect them from becoming dirty. These days, / dress shoes / for both men and women / often have raised heels, / though the formal shoes / **worn by men / usually have much lower heels / than those / worn by women.

역사를 통틀어 / 굽이 높은 구두는 신어져 왔다 / 남자와 여자 모두에게 / 승마 부츠의 발명이 / 1500년대의 / 완벽한 예이다 / 그것들은 높은 굽을 특징으로 한다 / 확실하게 하기 위해 / 남성과 여성 기수들이 / 그들의 발이 계속 있을 수 있도록 하는 것을 / 발걸이에 / 초기에 / 중세 시대의 / 특별한 굽이 높은 구두가 / 두 성 모두에 의해 신겼다 / 야외용으로 / 이러한 굽이 높은 구두는 / 신겼다 / 비싼 신발 위에 / 그것들이 더러워지는 것을 막기 위해 / 오늘날 / 예복용 구두는 / 남자와 여자 모두를 위한 / 흔히 높은 굽이 있다 / 정장용 구두가 ~이긴 하지만 / 남자들에 의해 신어지는 / 보통 훨씬 낮은 굽이 있다 / 그것들보다 / 여자들에 의해 신어지는

① The functions of high-heeled shoes have changed differently for each gender.
② Both genders have traditionally worn high-heeled shoes.
③ The design of high-heeled shoes made them ideal for outdoor activities.
④ High-heeled shoes were a marking of social standing.

역사를 통틀어, 굽이 높은 구두는 남자와 여자 모두가 신었다. 1500년대의 승마 부츠의 발명이 완벽한 예이다. 승마 부츠는 높은 굽을 특징으로 하는데, 남녀 기수들이 그들의 발을 확실하게 발걸이에 계속 있을 수 있도록 하기 위해서이다. 중세 시대 초기에, 남녀 모두 특별한 굽이 높은 구두를 야외용으로 신었다. 이러한 굽이 높은 구두는 비싼 신발이 더러워지는 것을 막기 위해 그 위에 덧대어 신었다. 오늘날 남녀 예복용 구두에는 흔히 높은 굽이 달려있긴 하지만, 남자들이 신는 정장용 구두에 여자들이 신는 것보다 보통 훨씬 더 낮은 굽이 달려있다.

① 각 성을 위한 굽이 높은 구두의 기능은 다르게 변했다.
② 전통적으로 모든 성이 굽이 높은 구두를 신었다.
③ 굽이 높은 구두의 디자인은 그것을 야외 활동을 위해 가장 알맞게 만들었다.
④ 굽이 높은 구두는 사회적 지위의 표시였다.

해설 지문의 내용을 가장 잘 요약한 문장을 고르는 문제입니다. 지문 처음에서 굽이 높은 구두는 역사를 통틀어 남자와 여자 모두가 신었다고 하고, 시간이 지남에 따라 남자와 여자 모두가 신은 굽이 높은 구두의 예를 들어 설명하고 있으므로, '전통적으로 모든 성이 굽이 높은 구두를 신었다'라고 한 ②번이 정답입니다.

어휘 feature [동] 특징으로 삼다 [명] 특징 ensure [동] 확실하게 하다, 보장하다 slip on 신다, 미끄러져 넘어지다 ideal [형] 가장 알맞은, 이상적인 marking [명] 표시 standing [명] 지위

[구문독해] * **that이 이끄는 명사절이 목적어인 경우** 주어가 동사하는 것을

that both male ~ straps는 to ensure의 목적어입니다. 이처럼 that이 이끄는 명사절이 목적어인 경우, '주어가 동사하는 것을'이라고 해석합니다.

** **과거분사가 명사를 꾸며주는 수식어인 경우** ~되어진

worn by men은 앞에 있는 the formal shoes를, worn by women은 앞에 있는 those를 꾸며주는 수식어입니다. 이처럼 과거분사가 명사를 꾸며주는 수식어인 경우, '~되어진'이라고 해석합니다.

03 다음 글을 읽고 아래 문장의 빈칸에 들어갈 가장 적절한 것은?

On special occasions / like New Year's Eve, / fireworks light up
특별한 때에　　　　　　　12월 31일 같이　　　　　　불꽃은 밤하늘을 밝힌다

the night sky / in a display of fantastic designs / and brilliant
환상적인 모양의 배열로　　　　　　그리고 화려한 색깔로

colors. Considering their beautiful appearance, / it is not easy /
그것들의 아름다운 모습을 생각하면　　　　　　쉽지 않다

to associate them / with harmful chemicals, / especially
그것들을 연관 짓는 것은　　　　유해한 화학 물질과　　　　특히

ingredients / that are used / to manufacture explosives. For
재료들　　　　　사용되는　　　　폭약을 제조하기 위해

starters, / fireworks must include a fuel / that lights / when
우선　　　불꽃은 연료를 반드시 포함해야 한다　　　불이 붙는

exposed to fire. An oxidizer is also needed, / as this chemical
불에 노출되었을 때　　　산화제도 필요하다　　　　이 화학 물질은

provides the oxygen / needed for the fuel / to burn. *To produce
산소를 제공하기 때문이다　　　연료에 필요한　　　타는 데　색깔을 만들어 내기 위해

colors / when the fireworks explode, / at least one coloring
불꽃이 터질 때　　　　적어도 색을 내는 하나의 화학물질이

chemical / must be added. The final ingredient is a binder / that
반드시 첨가되어야 한다　　　마지막 재료는 결합재이다

**keeps the various ingredients / from separating. These
다양한 재료가 ~하게 하는　　　분리되지 않게

substances are used / in the production of all fireworks.
이 물질들은 사용된다　　　　모든 불꽃의 제작에

> The passage states that fireworks must <u>contain certain key</u>
> <u>ingredients</u>.

① be kept away from children
② be displayed on special occasions
③ include fuels to create color
④ contain certain key ingredients

12월 31일 같이 특별한 때에, 불꽃은 환상적인 모양의 배열과 화려한 색깔로 밤하늘을 밝힌다. 불꽃의 아름다운 모습을 생각하면, 불꽃을 유해한 화학 물질, 특히 폭약을 제조하기 위해 사용되는 재료들과 연관 짓는 것은 쉽지 않다. 우선, 불꽃은 불에 노출되었을 때 불이 붙는 연료를 반드시 포함해야 한다. 산화제도 필요한데, 이 화학 물질은 연료가 타는 데 필요한 산소를 제공하기 때문이다. 불꽃이 터질 때의 색깔을 만들어 내기 위해, 색을 내는 화학 물질이 반드시 적어도 하나 이상 첨가되어야 한다. 마지막 재료는 다양한 재료가 분리되지 않게 하는 결합재이다. 이 물질들은 모든 불꽃의 제작에 사용된다.

> 지문은 불꽃이 반드시 특정 기본 재료들을 포함해야 한다고 말한다.

① 아이들로부터 멀리 떨어뜨려 놓아야
② 특별한 경우에 보여져야
③ 색을 만들기 위해 연료를 포함해야
④ 특정 기본 재료들을 포함해야

해설　지문의 내용을 요약한 문장의 빈칸을 채우는 문제입니다. 주어진 요약문을 통해 빈칸에 불꽃은 반드시 어떠해야 하는지를 넣어야 한다는 것을 예상할 수 있습니다. 지문 전반에 걸쳐 불꽃이 제대로 작동하기 위해 꼭 필요한 재료 네 가지를 설명하고 있으므로, '특정 기본 재료들을 포함해야' 한다고 한 ④번이 정답입니다.

어휘　**firework** 몡 폭죽　**display** 몡 전시 동 진열하다　**brilliant** 혱 화려한　**explosive** 몡 폭약, 폭발물　**light** 동 불이 붙다 몡 빛
expose 동 노출시키다, 드러내다　**explode** 동 터지다, 폭발하다　**separate** 동 분리되다, 나누다　**substance** 몡 물질
keep away 멀리 하다　**key** 혱 기본적인 몡 열쇠

구문　*** to 부정사가 문장을 꾸며주는 수식어인 경우**　~하기 위해
독해
To produce colors when the fireworks explode는 뒤에 있는 문장 전체를 꾸며주는 수식어입니다. 이처럼 to 부정사가 문장을 꾸며주는 수식어인 경우, '~하기 위해'라고 해석합니다.

** 동사가 전치사와 함께 쓰인 경우(keep A from B)　A가 B하지 않게 하다
keeps ~ from separating은 동사 keep이 전치사 from과 함께 keep A from B 형태로 쓰인 경우입니다. 이처럼 동사가 전치사와 함께 쓰인 경우(keep A from B), 'A가 B하지 않게 하다'라고 해석합니다.

04 다음 글을 읽고 아래 문장의 빈칸에 들어갈 가장 적절한 것은?

Gross domestic product (GDP) is useful / for determining / how
국내 총생산(GDP)은 유용하다 알아내는 데
an economy is doing. It is commonly defined / as the total
경제가 어떻게 돌아가고 있는지 이것은 보통 정의된다 총 가치로써
value / of all goods and services / produced within a country /
모든 상품과 서비스의 한 나라 안에서 생산된
over a year. There are three methods / used by economists /
1년 동안 세 가지 방법이 있다 경제학자들에 의해 사용되는
to determine GDP. The first involves / estimating the price /
GDP를 알아내기 위해 첫 번째는 수반한다 가격을 추산하는 것을
*that domestically produced goods and services / sell for.
국내에서 생산된 상품과 서비스가 팔리는
Another method is based on / how much money people earn.
다른 방법은 ~에 기초한다 사람들이 돈을 얼마나 벌었는지
However, / the most accurate way / to figure out a country's
하지만 가장 정확한 방법은 한 나라의 GDP를 계산하는
GDP / is **to calculate the total amount / that the country's
총 양을 산출하는 것이다 그 나라의 국민이 소비하는
citizens spend.

> The passage states that GDP can be calculated several different ways.

① based on either goods or services
② used to increase consumer spending
③ calculated several different ways
④ estimated based on population

국내 총생산(GDP)은 경제가 어떻게 돌아가고 있는지 알아내는 데 유용하다. GDP는 보통 1년 동안 한 나라 안에서 생산된 모든 상품과 서비스의 총 가치로 정의된다. GDP를 알아내기 위해 경제학자들이 사용하는 세 가지 방법이 있다. 첫 번째는 국내에서 생산된 상품과 서비스가 팔리는 가격을 추산하는 것을 수반한다. 다른 방법은 사람들이 돈을 얼마나 벌었는지에 기초한다. 하지만 한 나라의 GDP를 계산하는 가장 정확한 방법은 그 나라의 국민이 소비하는 총 양을 산출하는 것이다.

> 지문은 GDP가 몇 가지 다른 방법으로 계산될 수 있다고 말한다.

① 상품이나 서비스에 기초할
② 소비자 지출을 늘리기 위해 사용될
③ 몇 가지 다른 방법으로 계산될
④ 인구에 근거하여 추산될

해설 지문의 내용을 요약한 문장의 빈칸을 채우는 문제입니다. 주어진 요약문을 통해 빈칸에 지문에서 GDP가 어떠할 수 있는지를 넣어야 한다는 것을 예상할 수 있습니다. 지문 중간에서 GDP를 측정하는 데 세 가지 방법이 있다고 하며 그 방법들을 설명하고 있으므로, '몇 가지 다른 방법으로 계산될' 수 있다고 한 ③번이 정답입니다.

어휘 determine [동] 알아내다, 결정하다 define [동] 정의하다 value [명] 가치, 값 economist [명] 경제학자 estimate [동] 추산하다 domestically [부] 국내에서 sell for 팔리다 be based on ~에 근거하다 accurate [형] 정확한 figure out 계산해 내다, 생각해 내다 spending [명] 지출, 소비

[구문독해] * 목적격 관계대명사(that)가 이끄는 절이 수식어인 경우 주어가 동사하는

that domestically ~ sell for는 앞에 있는 the price를 꾸며주는 수식어입니다. 이처럼 목적격 관계대명사(that)가 이끄는 절이 수식어인 경우, '주어가 동사하는'이라고 해석합니다.

** to 부정사가 주격 보어인 경우 ~하는 것

to calculate ~ spend는 주어 the most accurate way ~ GDP를 보충 설명해 주는 주격 보어입니다. 이처럼 to 부정사가 주격 보어인 경우, '~하는 것'이라고 해석합니다.

05 밑줄 친 부분에 들어갈 가장 적절한 것은?

Do you find *it difficult / to remember new information? If so, /
어렵다고 생각하는가 새로운 정보를 기억하는 것을 만약 그렇다면

here are a couple of tips / **to help you improve your memory.
여기 몇 가지 조언이 있다 당신의 기억력을 향상시키도록 도와줄

First, / make sure / to focus completely / on the material / you
먼저 반드시 ~하도록 하라 완전히 집중하도록 자료에

are learning. Too often / we try to study / while watching TV or
당신이 배우고 있는 너무 자주 우리는 공부를 하려고 한다 TV를 보거나

listening to music. Eliminate any distractions / that may cause
음악을 들으면서 모든 방해물을 제거하라 당신이

you to lose focus. Second, / try to connect / what you are
집중력을 잃게 할 만한 둘째로 연결하려고 노력하라 당신이 배우고 있는 것을

learning / with a familiar context. Comparing and contrasting
친숙한 상황과 새로운 정보를 비교하고 대조하는 것은

the new information / with things / you already know / will
것들과 당신이 이미 알고 있는 확실하게

ensure / it remains in your mind / for a long time.
할 것이다 그것이 당신의 기억 속에 남아있는 것을 오랫동안

> To remember new information, you must (A)concentrate on it and (B)relate it to a subject you are knowledgeable about.

(A)	(B)
① concentrate	relate
② speculate	relate
③ concentrate	present
④ speculate	present

새로운 정보를 기억하는 것을 어렵다고 생각하는가? 만약 그렇다면, 여기 당신의 기억력을 향상시키도록 도와줄 몇 가지 조언이 있다. 먼저, 반드시 당신이 배우고 있는 자료에 완전히 집중하도록 하라. 너무 자주, 우리는 TV를 보거나 음악을 들으면서 공부를 하려고 한다. 집중력을 잃게 할 만한 모든 방해물을 제거하라. 둘째로, 당신이 배우고 있는 것을 친숙한 상황과 연결하려고 노력하라. 새로운 정보를 당신이 이미 알고 있는 것들과 비교하고 대조하는 것은 배운 것이 확실하게 당신의 기억 속에 오랫동안 남아있게 할 것이다.

> 새로운 정보를 기억하기 위해, 당신은 반드시 그것에 (A)집중해야 하고 그것을 당신이 잘 알고 있는 대상과 (B)관련지어야 한다.

(A)	(B)
① 집중	관련지어야
② 추측	관련지어야
③ 집중	주어야
④ 추측	주어야

해설 지문의 내용을 요약한 문장의 빈칸을 채우는 문제입니다. 주어진 요약문을 통해 빈칸에 새로운 정보를 기억하기 위해 반드시 해야 하는 것들을 넣어야 한다는 것을 예상할 수 있습니다. 지문 전반에 걸쳐 새로운 정보를 잘 기억하려면 배우고 있는 것에 완전히 집중하고, 배우고 있는 것을 자신에게 친숙한 상황과 연결하라고 했으므로, 반드시 그것에 '집중'해야 하고 그것을 잘 알고 있는 대상과 '관련지어야' 한다고 한 ①번이 정답입니다.

어휘 make sure 반드시 ~하다 focus [동] 집중하다 material [명] 자료, 재료 eliminate [동] 제거하다 distraction [명] 방해물 context [명] 상황, 문맥 contrast [동] 대조하다 subject [명] 대상, 주제 knowledgeable [형] 아는 것이 많은, 지식 있는 speculate [동] 추측하다

[구문독해] * 가짜 목적어 it과 진짜 목적어 to 부정사가 쓰인 경우 ~하는 것을

it은 동사 find의 가짜 목적어로 해석하지 않으며 to remember new information이 진짜 목적어입니다. 이처럼 to 부정사가 진짜 목적어로 쓰인 경우, '~하는 것을'이라고 해석합니다.

** to 부정사가 명사를 꾸며주는 수식어인 경우 ~할

to help ~ memory는 앞에 있는 a couple of tips를 꾸며주는 수식어입니다. 이처럼 to 부정사가 명사를 꾸며주는 수식어인 경우, '~할'이라고 해석합니다.

06 다음 글의 내용을 가장 잘 요약한 것은?

Today I am here / to talk about / *why you should consider / using cloth diapers. While disposable diapers are very convenient, / they are a major threat / to the environment. Based on an online survey / of parents with toddlers, / the average baby goes through 5,000 diapers / before being toilet trained. It takes approximately 250,000 trees / to supply enough diapers / for all the babies / in America, / and over 3.4 million tons of disposable diapers / end up in landfills / each year. On the other hand, / cloth diapers can be washed and reused / hundreds of times / before they need to be replaced. **Not only does this reduce / the amount of waste / ending up in landfills, / but it also saves hundreds of thousands of trees / from being cut down. I therefore encourage new parents / to try using cloth diapers / whenever possible.

오늘 저는 여기에 있습니다 / ~에 대해 이야기하기 위해 / 왜 여러분이 고려해야 하는지 / 천 기저귀를 사용하는 것을 / 일회용 기저귀는 매우 편리하기는 하지만 / 그것들은 큰 위협입니다 / 환경에 / 한 온라인 설문조사에 의하면 / 유아가 있는 부모 대상의 / 보통의 아기는 5천 개의 기저귀를 차게 됩니다 / 용변 연습을 받기 전까지 / 약 25만 그루의 나무가 필요합니다 / 충분한 기저귀를 공급하는 데 / 모든 아기를 위한 / 미국에 있는 / 그리고 340만 톤 이상의 일회용 기저귀가 / 쓰레기 매립지에 버려집니다 / 매년 / 반면에 / 천 기저귀는 세탁되고 재사용될 수 있습니다 / 수백 번 / 그것들이 교체가 필요해지기 전까지 / 이것은 줄일 뿐만 아니라 / 쓰레기의 양을 / 쓰레기 매립지에 버려지는 / 수십만 그루의 나무가 ~하지 않아도 되게 합니다 / 잘리지 / 그러므로 저는 새로 부모가 된 이들에게 권합니다 / 천 기저귀를 사용해 보도록 / 가능할 때마다

① Disposable diapers should not be placed in public landfills.
② Cloth diapers are sometimes easier to use than disposable ones.
③ Disposable diapers should be recycled to preserve the environment.
④ Cloth diapers are more environmentally friendly than disposable ones.

오늘 저는 왜 여러분이 천 기저귀 사용을 고려해야 하는지에 대해 이야기하기 위해 여기에 있습니다. 일회용 기저귀는 매우 편리하기는 하지만, 환경에 큰 위협이 됩니다. 유아가 있는 부모를 대상으로 한 어느 온라인 설문조사에 의하면, 보통의 아기는 용변 연습하기 전까지 5천 개의 기저귀를 차게 됩니다. 미국에 있는 모든 아기에게 기저귀를 충분히 공급하려면 약 25만 그루의 나무가 필요하며, 매년 340만 톤 이상의 일회용 기저귀가 쓰레기 매립지에 버려집니다. 반면에, 천 기저귀는 교체가 필요해지기 전까지 수백 번을 세탁하고 재사용할 수 있습니다. 이것은 매립지에 버려지는 쓰레기의 양을 줄일 뿐만 아니라, 수십만 그루의 나무가 잘리지 않아도 되게 합니다. 그러므로 저는 새로 부모가 된 이들에게 가능할 때마다 천 기저귀를 사용해 보도록 권합니다.

① 일회용 기저귀는 공공 쓰레기 매립지에 버려져서는 안 된다.
② 천 기저귀는 때때로 일회용 기저귀보다 사용하기 더 쉽다.
③ 일회용 기저귀는 환경을 보호하기 위해 재활용되어야 한다.
④ 천 기저귀는 일회용 기저귀보다 더 환경친화적이다.

해설 지문의 내용을 가장 잘 요약한 문장을 고르는 문제입니다. 지문 전반에 걸쳐 일회용 기저귀는 쓰레기 매립지에 엄청난 양이 버려져 환경에 위협이 되는 반면, 천 기저귀는 세탁할 수 있고 재사용할 수 있기 때문에 일회용 기저귀보다 배출되는 쓰레기의 양이 훨씬 적다는 것을 설명하고 있습니다. 따라서 지문의 내용을 '천 기저귀는 일회용 기저귀보다 더 환경친화적이다'라고 요약한 ④번이 정답입니다.

어휘 consider [동] 고려하다 diaper [명] 기저귀 disposable [형] 일회용의 convenient [형] 편리한 threat [명] 위협 toddler [명] 유아 landfill [명] 쓰레기 매립지 reuse [동] 재사용하다 recycle [동] 재활용하다 preserve [동] 보호하다, 지키다

[구문 독해] * 의문사 why가 이끄는 명사절이 목적어인 경우 왜 주어가 동사하는지

why you should consider ~ diapers는 전치사 about의 목적어입니다. 이처럼 의문사 why가 이끄는 명사절이 목적어인 경우, '왜 주어가 동사하는지'라고 해석합니다.

** not only A but also B A뿐만 아니라 B

Not only ~ cut down에는 내용을 강조하는 'not only A(does this reduce ~ landfills) but also B(saves ~ being cut down)'가 사용되어, '이것은 매립지에 버려지는 쓰레기의 양을 줄일 뿐만 아니라, 수십만 그루의 나무가 잘리지 않아도 되게 합니다'라고 해석합니다.

07 밑줄 친 부분에 들어갈 가장 적절한 것은?

Reality TV is / a type of television programming / *that focuses
리얼리티 TV는 ~이다   텔레비전 프로그램의 한 형태

on regular people / instead of actors / and does not follow a
일반인에 초점을 맞추는   배우 대신   그리고 대본을 따르지 않는

script. The first-ever reality series / was the 1948 program
대본   사상 최초의 리얼리티 시리즈는   1948년의 프로그램

Candid Camera. On this show, / people were put into amusing
『Candid Camera』 였다   이 쇼에서   사람들은 재미있는 상황에 놓였다

situations / without **knowing / they were being filmed. Over 50
알지 않은 채   그들이 촬영되는 중이었다는 것을   50여 년 후에

years later, / *Survivor* was created, / a show / in which
『Survivor』가 만들어졌다   쇼인

contestants were filmed / trying to survive on their own / in an
참가자들이 녹화되었던   스스로 살아남기 위해 노력하는 것

isolated tropical locale. The program consistently topped
외딴 열대 지방의 장소에서   이 프로그램은 꾸준히

viewership ratings, / and its success led / to a flood of reality
시청자 순위의 정상을 차지했다   그리고 이것의 성공은 이어졌다   리얼리티 쇼의 홍수로

shows, / which now make up / a major portion of television
이것은 현재 차지한다   텔레비전 프로그램 편성의 대부분을

programming.

The passage indicates that the situations happening on
reality TV programs are <u>unrehearsed</u>.

---

① unrehearsed
② humorous
③ competitive
④ difficult

리얼리티 TV는 배우 대신 일반인에 초점을 맞추고 대본을 따르지 않는 텔레비전 프로그램의 한 형태이다. 사상 최초의 리얼리티 시리즈는 1948년의 프로그램 『Candid Camera』 였다. 이 쇼에서, 사람들은 그들이 촬영되는 중이었다는 것을 모른 채 재미있는 상황에 놓였다. 50여 년 후에, 외딴 열대 지방의 장소에서 참가자들이 스스로 살아남기 위해 노력하는 모습이 녹화되는 쇼인 『Survivor』가 만들어졌다. 이 프로그램은 꾸준히 시청자 순위의 정상을 차지했고, 이것의 성공은 리얼리티 쇼의 홍수로 이어졌고, 이것은 현재 텔레비전 프로그램 편성의 대부분을 차지한다.

지문은 리얼리티 TV 프로그램에서 일어나는 상황이 즉흥적이라는 것을 시사한다.

---

① 즉흥이라는
② 재미있다는
③ 경쟁적이라는
④ 어렵다는

해설 지문의 내용을 요약한 문장의 빈칸을 채우는 문제입니다. 주어진 요약문을 통해 빈칸에 리얼리티 TV 프로그램에서 일어나는 상황이 어떠한지를 넣어야 한다는 것을 예상할 수 있습니다. 지문 처음에서 리얼리티 TV 프로그램은 일반인에 초점을 맞추고 대본을 따르지 않는 프로그램이라고 하며 그 뒤에서 예를 들고 있으므로, '즉흥적이라는' 것을 시사한다고 한 ①번이 정답입니다.

어휘 script 뗑 대본 film 동 촬영하다 contestant 뗑 참가자, 출연자 isolated 톙 외딴 tropical 톙 열대 지방의 locale 뗑 장소, 배경 consistently 뛴 꾸준히, 끊임없이 viewership 뗑 시청자 rating 뗑 순위 flood 뗑 홍수 make up 차지하다, 구성하다 indicate 동 시사하다, 보여주다 competitive 톙 경쟁적인

구문
독해
* 주격 관계대명사(that)가 이끄는 절이 수식어인 경우 동사하는
that focuses ~ a script는 앞에 있는 a type of television programming을 꾸며주는 수식어입니다. 이처럼 주격 관계대명사(that)가 이끄는 절이 수식어인 경우, '동사하는'이라고 해석합니다.

** 동명사가 목적어인 경우 ~하기
knowing they were being filmed는 전치사 without의 목적어입니다. 이처럼 동명사가 목적어인 경우, '~하기'라고 해석합니다.

08 다음 글의 내용을 가장 잘 요약한 것은?

The right to legal counsel / is guaranteed by law / in most
법적 조언을 받을 권리는 법으로 보장된다 대부분의

countries. To uphold this law, / there are public defenders, / or
나라에서 이 법을 유지하기 위해 국선 변호인들이 있다

lawyers / who provide free services / to those / who cannot
변호사들인 무료 서비스를 제공하는 그들에게

afford to pay legal fees. However, / many US states / have had
수임료를 지불할 형편이 안 되는 하지만 많은 미국의 주들이

to reduce their budgets / for public defenders / in order to
그들의 예산을 줄여야 했다 국선 변호인에 대한

provide other public services. This budget cut / puts the integrity
다른 공공 서비스를 제공하기 위해 이 예산 삭감은

of the justice system / at risk / because public defenders / *are
사법 제도의 청렴성을 ~에 놓는다 위험에 국선 변호인은 ~하기 때문이다

given less time and money / to do their jobs. Less funding /
더 적은 시간과 돈을 받는다 그들의 일을 할 적은 자금은

results in staff shortages, / forcing public defenders / **to take
인력 부족을 야기한다 그래서 국선 변호인이 ~하게 만든다

on more clients / than they can handle. This limits the time /
더 많은 의뢰인을 맡게 그들이 다룰 수 있는 것보다 이것은 시간을 제한한다

they have / to prepare for each case, / which can affect their
그들이 가진 각 사건을 준비하는 이것은 그들의 능력에 영향을 미칠 수 있다

ability / to represent their clients fairly.
그들의 의뢰인을 공정하게 대변할

① Public defenders receive most of their funding from the government.
② Defendants are improperly represented by inadequate public defenders.
③ Low funding for public defenders has the potential to negatively impact their clients.
④ Public defenders should devote more time to prepare for each client's case.

법적 조언을 받을 권리는 대부분의 나라에서 법으로 보장되는 권리이다. 이 법을 유지하기 위해, 수임료를 지불할 형편이 안 되는 사람들에게 무료 서비스를 제공하는 변호사인 국선 변호인이 있다. 하지만 많은 미국의 주들이 다른 공공 서비스를 제공하기 위해 국선 변호인에 대한 예산을 줄여야 했다. 이러한 예산 삭감은 국선 변호인이 일할 시간과 돈을 더 적게 받게 하기 때문에 사법 제도의 청렴성을 위태롭게 한다. 적은 자금은 인력 부족을 야기하여, 국선 변호인이 그들이 다룰 수 있는 것보다 더 많은 의뢰인을 맡게 만든다. 이것은 국선 변호인이 각 사건을 준비하는 시간을 제한하며, 이것은 국선 변호인이 의뢰인을 공정하게 대변할 능력에 영향을 미칠 수 있다.

① 국선 변호인은 그들의 자금 대부분을 정부로부터 받는다.
② 피고는 자격이 불충분한 국선 변호인에 의해 제대로 변호받지 못한다.
③ 국선 변호인에 대한 적은 자금은 그들의 의뢰인에게 부정적으로 영향을 미칠 가능성이 있다.
④ 국선 변호인은 각 의뢰인의 사건을 준비하기 위해 더 많은 시간을 바쳐야 한다.

해설 지문의 내용을 가장 잘 요약한 문장을 고르는 문제입니다. 지문 전반에 걸쳐 국선 변호인을 위한 예산이 줄어들면 그들이 다룰 수 있는 것보다 많은 의뢰인을 맡게 되어 각 사건에 충분한 시간을 들일 수 없고, 결국 의뢰인을 대변할 그들의 능력에도 영향을 미치게 된다고 주장하고 있습니다. 따라서 지문의 내용을 '국선 변호인에 대한 적은 자금은 그들의 의뢰인에게 부정적으로 영향을 미칠 가능성이 있다'라고 요약한 ③번이 정답입니다.

어휘 counsel [명] 조언 guarantee [동] 보장하다 uphold [동] 유지하다, 지지하다 public defender 국선 변호인 afford [동] 형편이 되다 budget [명] 예산 integrity [명] 청렴, 진실성 funding [명] 자금 shortage [명] 부족 take on 떠맡다 handle [동] 다루다 represent [동] 대변하다 defendant [명] 피고 inadequate [형] 불충분한, 부적당한

[구문독해] * be given 받다

are given은 '주다'라는 뜻의 동사 give가 'be 동사 + p.p.'의 형태로 쓰인 것으로, '받다'라고 해석합니다.

** to 부정사가 목적격 보어인 경우 ~하게

to take on ~ handle은 목적어 public defenders를 보충 설명해 주는 목적격 보어입니다. 이처럼 to 부정사가 목적격 보어인 경우, '~하게'라고 해석합니다.

Chapter 03 내용 일치·불일치 파악

p.90

01 ①	02 ②	03 ④	04 ③	05 ④	06 ③	07 ①	08 ④
09 ①	10 ③	11 ②	12 ②				

01 다음 글의 내용과 일치하지 않는 것을 고르시오.

One technique / people use / *to create a more peaceful mind /
한 가지 방법은 / 사람들이 사용하는 / 더 평화로운 마음을 만들기 위해

is to practice meditation. It is a great way / to manage the
명상을 수련하는 것입니다 / 그것은 좋은 방법입니다 / 스트레스를 다루는

stress / of everyday life. To meditate, / sit quietly / in a
일상 생활의 / 명상하려면 / 조용히 앉으세요

comfortable chair / and close your eyes. Focus on / relaxing all
편안한 의자에 / 그리고 당신의 눈을 감으세요 / ~에 집중하세요

of your muscles. It is crucial / to make sure / that the muscles /
당신의 모든 근육을 이완하는 데 / 매우 중요합니다 / 확실히 하는 것이 / 근육이

from your feet up to your neck / are loose. Take a deep breath, /
당신의 발에서부터 목까지의 / 풀려 있는 것을 / 심호흡하세요

and then let it out slowly. Continue doing this / for about five
그리고 그것을 천천히 뱉어내세요 / 이것을 계속하세요 / 약 5분 동안

minutes, / and you will find yourself / **feeling much calmer.
그러면 당신은 자기자신이 ~한 것을 발견할 것입니다 / 훨씬 차분함을 느끼고 있는 것

① Meditation may lead to stress if done incorrectly.
② People should sit with their eyes shut when meditating.
③ Muscle relaxation is an important element of meditation.
④ The goal of meditation is to become more peaceful.

더 평화로운 마음을 만들기 위해 사람들이 사용하는 한 가지 방법은 명상을 수련하는 것입니다. 그것은 일상 생활의 스트레스를 다루는 좋은 방법입니다. 명상하려면, 편안한 의자에 조용히 앉아 눈을 감으세요. 당신의 모든 근육을 이완하는 데 집중하세요. 당신의 발에서부터 목까지의 근육이 확실히 풀려 있는 것이 매우 중요합니다. 심호흡하고 천천히 뱉어내세요. 이것을 약 5분 동안 계속하면, 당신이 훨씬 차분함을 느끼고 있는 것을 발견할 것입니다.

① 명상은 잘못 실행하면 스트레스로 이어질 수도 있다.
② 사람들은 명상할 때 눈을 감은 채로 앉아야 한다.
③ 근육 이완은 명상의 중요한 요소이다.
④ 명상의 목표는 더 평화로워지는 것이다.

해설 지문의 내용과 일치하지 않는 것을 고르는 문제입니다. ①번의 키워드인 stress(스트레스)가 등장한 지문 주변의 내용을 살펴보면, 명상은 스트레스를 다루는 좋은 방법이라고 했으므로, 명상을 잘못 실행하면 스트레스로 이어질 수도 있다는 것은 지문의 내용과 다릅니다. 따라서 ①번이 지문의 내용과 일치하지 않습니다.

어휘 meditation [명] 명상 manage [동] 다루다, 감당하다 meditate [동] 명상하다 crucial [형] 매우 중요한, 중대한
loose [동] 풀다, 느슨하게 하다 calm [형] 차분한, 조용한 incorrectly [부] 부정확하게 relaxation [명] 이완

[구문독해] * to 부정사가 동사를 꾸며주는 수식어인 경우 ~하기 위해
to create a more peaceful mind는 앞에 있는 use를 꾸며주는 수식어입니다. 이처럼 to 부정사가 동사를 꾸며주는 수식어인 경우, '~하기 위해'라고 해석합니다.

** 현재분사가 목적격 보어인 경우 ~하고 있는 것
feeling much calmer는 목적어 yourself를 보충 설명해 주는 목적격 보어입니다. 이처럼 현재분사가 목적격 보어인 경우, '~하고 있는 것'이라고 해석합니다.

02 다음 글의 내용과 일치하는 것을 고르시오.

After decades of steady increase, / Americans today are
수십 년간의 꾸준한 증가 이후   오늘날의 미국인은

watching less / cable and satellite TV. In fact, / approximately
더 적게 보고 있다   케이블 TV와 위성 TV를   사실

11 percent of Americans / canceled their cable and satellite TV
미국인의 약 11퍼센트가   그들의 케이블 TV와 위성 TV 시청을 취소했다

subscriptions / last year alone. Experts predict / that this
시청을   작년 한 해 동안에만   전문가들은 예측한다

number will increase / in the coming years. Since most shows
이 숫자가 증가할 것이라고   다가오는 몇 년간   대부분의 프로그램을

are available online / for free, / people do not feel / *it is
온라인으로 볼 수 있기 때문에   무료로   사람들은 생각하지 않는다

necessary / to spend over 100 dollars / per month / on these
필요하다고   100달러 이상 쓰는 것은   한 달에

subscriptions. This trend has caused / the profits / of cable and
이러한 시청을 위해   이러한 경향은 ~하게 했다   수익이

satellite TV providers / **to shrink.
케이블 TV와 위성 TV 제공 업체의   줄어들게

① Cable and satellite TV subscriptions increased last year.
②Many TV programs can be found on the Internet.
③ People have to pay 100 dollars to cancel their TV
   subscription.
④ Satellite TV subscriptions are more popular than cable ones.

수십 년간의 꾸준한 증가 이후, 오늘날의 미국인은 케이블 TV와 위성 TV를 더 적게 보고 있다. 사실, 작년 한 해 동안에만 미국인의 약 11퍼센트가 케이블 TV와 위성 TV 시청을 취소했다. 전문가들은 이 숫자가 다가오는 몇 년간 증가할 것이라고 예측한다. 대부분의 프로그램을 온라인으로 무료로 볼 수 있기 때문에, 사람들은 TV 시청을 위해 한 달에 100달러 이상 쓰는 것은 필요하지 않다고 생각한다. 이러한 경향은 케이블 TV와 위성 TV 제공 업체의 수익이 줄어들게 했다.

① 케이블 TV와 위성 TV 시청은 작년에 증가했다.
②많은 TV 프로그램을 인터넷상에서 찾을 수 있다.
③ 사람들은 TV 시청을 취소하기 위해 100달러를 지불해야 한다.
④ 위성 TV 시청이 케이블 TV 시청보다 더 인기 있다.

해설 지문의 내용과 일치하는 것을 묻는 문제입니다. ②번의 키워드인 on the Internet(인터넷상에서)을 바꾸어 표현한 지문의 online(온라인으로) 주변의 내용에서, 대부분의 TV 프로그램을 온라인으로 무료로 볼 수 있다는 것을 알 수 있습니다. 따라서 ②번이 지문의 내용과 일치합니다.

① 작년 한 해 동안 미국인의 약 11퍼센트가 케이블 TV와 위성 TV 시청을 취소했다고 했으므로, 케이블 TV와 위성 TV의 시청이 작년에 증가하였다는 것은 지문의 내용과 반대입니다.
③ TV 시청을 위해 한 달에 100달러 이상 써야 한다고 했으므로, TV 시청을 취소하기 위해 100달러를 지불해야 한다는 것은 지문의 내용과 다릅니다.
④ 위성 TV 시청과 케이블 TV 시청의 인기를 비교하는 내용은 언급되지 않았습니다.

어휘 satellite 뗑 위성 approximately 뮈 대략 cancel 통 취소하다 subscription 뗑 시청, 구독 expert 뗑 전문가
predict 통 예측하다 profit 뗑 수익 shrink 통 줄어들다

구문
독해 * 가짜 주어 it과 진짜 주어 to 부정사가 쓰인 경우   ~하는 것은
   it은 가짜 주어로 해석하지 않으며 to spend ~ subscriptions가 진짜 주어입니다. 이처럼 to 부정사가 주어로 쓰인 경우,
   '~하는 것은'이라고 해석합니다.

** to 부정사가 목적격 보어인 경우   ~하게
   to shrink는 목적어 the profits ~ providers를 보충 설명해 주는 목적격 보어입니다. 이처럼 to 부정사가 목적격 보어인 경우,
   '~하게'라고 해석합니다.

03 다음 글의 내용과 일치하지 <u>않는</u> 것을 고르시오.

Some animals use / a toxic substance / *called venom / to
몇몇 동물들은 사용한다   유독성 물질을   독이라고 불리는

disable or kill other creatures. This substance is usually injected /
다른 생물을 무력하게 만들거나 죽이기 위해   이 물질은 대개 주입된다

into other animals / through stings or bites. Because venom is
다른 동물에게   찔리거나 물린 상처를 통해   독은

introduced directly / into the bloodstream, / it takes effect very
직접적으로 들어가기 때문에   혈류에   그것은 매우 빠르게 효과를 발휘한다

quickly. Some venoms result in instant death, / while others
          어떤 독은 즉사를 야기한다   어떤 것들은 그들의

**prevent their victims / from moving. The most common types
희생자가 ~하는 것을 막는 반면   움직이는 것   독이 있는 가장 흔한 종류의 동물은

of venomous animals / are spiders, wasps, scorpions, and
          거미, 말벌, 전갈, 그리고 뱀이다

snakes. However, / there are also a few mammals / that have
하지만   일부 포유동물도 있다

venomous bites.
물면 독액을 분비하는

① Venom enters the body through an injury to the skin.
② Venom takes effect almost immediately once it has been
   injected.
③ Attacks by a venomous creature do not always result in
   death.
④ Only cold-blooded animals deliver venomous attacks.

몇몇 동물들은 다른 생물을 무력하게 만들거나 죽이기 위해 독이라고 불리는 유독성 물질을 사용한다. 이 물질은 대개 찔리거나 물린 상처를 통해 다른 동물에게 주입된다. 독은 혈류에 직접적으로 들어가기 때문에, 매우 빠르게 효과를 발휘한다. 어떤 독은 즉사를 야기하는 반면, 어떤 것들은 희생자를 움직이지 못하게 한다. 독이 있는 가장 흔한 종류의 동물은 거미, 말벌, 전갈, 뱀이다. 하지만 물면 독액을 분비하는 포유동물도 일부 있다.

① 독은 피부에 생긴 상처를 통해 몸에 들어간다.
② 독은 일단 주입되면 거의 즉시 효력을 발휘한다.
③ 독이 있는 생물의 공격이 항상 죽음을 야기하는 것은 아니다.
④ 냉혈 동물만 독이 있는 공격을 한다.

해설 지문의 내용과 일치하지 않는 것을 묻는 문제입니다. ④번의 키워드인 venomous(독이 있는)가 등장한 지문 주변의 내용을 살펴보면, 독이 있는 가장 흔한 종류의 동물은 거미, 말벌 등이지만 물면 독액을 분비하는 포유동물도 일부 있다고 했으므로, 냉혈 동물만 독이 있는 공격을 한다는 것은 지문의 내용과 다릅니다. 따라서 ④번이 지문의 내용과 일치하지 않습니다.

어휘 toxic 휑 유독성의 venom 명 독 disable 동 무력하게 하다 inject 동 주입하다 sting 명 찔린 상처 동 쏘다 bite 명 물린 상처 동 물다 bloodstream 명 혈류 instant 휑 즉각적인 victim 명 희생자 venomous 휑 독이 있는 wasp 명 말벌 immediately 뷘 즉시 cold-blooded 휑 냉혈의 deliver 동 (공격을) 가하다, 배달하다

구문
독해 ***과거분사가 명사를 꾸며주는 수식어인 경우*** ~되는
called venom은 앞에 있는 a toxic substance를 꾸며주는 수식어입니다. 이처럼 과거분사가 명사를 꾸며주는 수식어인 경우, '~되는'이라고 해석합니다.

**** ***동사가 전치사와 함께 쓰인 경우(prevent A from B)*** A가 B하지 못하게 하다
prevent their victims from moving은 동사 prevent가 전치사 from과 함께 prevent A from B 형태로 쓰인 경우입니다. 이처럼 동사가 전치사와 함께 쓰인 경우(prevent A from B), 'A가 B하지 못하게 하다'라고 해석합니다.

04 다음 글의 내용과 일치하는 것을 고르시오.

The influence / that people have on one another / can be *both
영향은   사람들이 서로에게 주는

positive and negative. In the case of teenagers, / people usually
긍정적일 수도 있고 부정적일 수도 있다   십대의 경우   사람들은 보통

assume / that this sort of influence, / known as peer pressure, /
추측한다   이러한 종류의 영향력이   또래 압력이라고 알려진

has harmful effects. For instance, / teenagers / who give in / to
해로운 영향을 미친다고   예를 들어   십대들은   ~에 굴하는

peer pressure / may partake in / such negative behaviors / as
또래 압력에   ~에 참여할 수도 있다   부정적인 행동들

underage smoking and drinking. In spite of this, / peer pressure
미성년자 흡연이나 음주와 같이   이럼에도 불구하고   또래 압력은

can also serve as / a positive force / in a young person's life. As
~의 역할도 할 수 있다   긍정적인 힘   청소년의 인생에

sociologist Michael Boone says, / "If a teenager has friends /
사회학자 Michael Boone의 말에 의하면   십대가 친구를 두면

who care about doing well in school, / he or she **is more likely /
학교에서 잘하는 것에 관심 있는   그 또는 그녀는 가능성이 더 높다

to make schoolwork a priority."
학교 공부를 우선으로 둘

① Teenagers are the only group affected by peer pressure.
② Friends are the greatest influence in a teenager's life.
③ Peer pressure can be beneficial to teenagers in some
  situations.
④ Teenagers will prioritize schoolwork if they are unaffected by
  their friends.

사람들이 서로에게 주는 영향은 긍정적일 수도 있고 부정적일 수도 있다. 십대의 경우, 사람들은 보통 또래 압력이라고 알려진 이러한 영향력이 해로운 영향을 미친다고 추측한다. 예를 들어, 또래 압력에 굴하는 십대들은 미성년자 흡연이나 음주와 같이 부정적인 행동에 참여할 수도 있다. 이럼에도 불구하고 또래 압력은 청소년의 인생에 있어 긍정적인 힘도 될 수 있다. 사회학자 Michael Boone의 말에 의하면, "십대가 학교에서 잘하는 것에 관심 있는 친구를 두면, 그 십대는 학교 공부를 우선으로 둘 가능성이 더 높다."

① 십대가 또래 압력에 영향을 받는 유일한 집단이다.
② 친구들이 십대의 삶에 가장 큰 영향을 끼친다.
③ 또래 압력이 어떤 상황에서는 십대에게 유익할 수 있다.
④ 십대는 친구들에게 영향받지 않는다면 학교 공부를 우선시할 것이다.

해설 지문의 내용과 일치하는 것을 묻는 문제입니다. ③번의 키워드인 beneficial(이로운)을 바꾸어 표현한 지문의 positive(긍정적인) 주변의 내용에서 또래 압력이 청소년의 인생에 긍정적인 힘이 될 수 있다는 것을 알 수 있습니다. 따라서 ③번이 지문의 내용과 일치합니다.

① 십대가 또래 압력에 영향을 받는 유일한 집단인지는 지문에 언급되지 않았습니다.
② 친구들이 십대의 삶에 가장 큰 영향을 끼치는지는 지문에 언급되지 않았습니다.
④ 십대가 학교에서 잘하는 것에 관심 있는 친구를 두면 학교 공부를 우선으로 둘 가능성이 높다고 했지만, 그들이 친구들에게 영향받지 않으면 학교 공부를 우선시할 것인지는 알 수 없습니다.

어휘 influence 명 영향 assume 동 추측하다 peer pressure 또래 압력, 동료 집단으로부터 받는 사회적 압력 give in ~에 굴하다
partake in ~에 참가하다 underage 형 미성년의 sociologist 명 사회학자 priority 명 우선, 우선 사항
beneficial 형 유익한 prioritize 동 우선시하다

* both A and B A도 B도
  can be both positive and negative에는 'both A(positive) and B(negative)'가 사용되어, '긍정적일 수도 있고 부정적일 수도 있다'라고 해석합니다.

** be likely to ~ ~할 가능성이 높다
  is more likely to ~ a priority에는 'be likely to ~'가 사용되어, '학교 공부를 우선으로 둘 가능성이 더 높다'라고 해석합니다.

05 다음 글의 내용과 일치하지 않는 것을 고르시오.

A man noticed / *that a pipe under the kitchen sink / was leaking. He called a plumber, / who said / it would cost 65 dollars / to fix the pipe. The man refused / **to pay that much / and decided / to do the work himself. He borrowed some tools / from a friend / and found a home repair website / with clear instructions. When he attempted to repair the pipe, / however, / he only damaged it further. In the end, / he was forced / to admit defeat / and call the plumber. When the plumber fixed the pipe, / he had to pay 120 dollars / to repair the additional damage.

남자는 알아차렸다 / 부엌 싱크대 밑의 파이프가 / 새고 있다는 것을 / 그는 배관공을 불렀다 / 그는 말했다 / 65달러가 들 것이라고 / 파이프를 고치는 데 / 남자는 거절했다 / 그렇게 많이 지불하기를 / 그리고 결정했다 / 스스로 그 일을 하기로 / 그는 공구 몇 개를 빌렸다 / 친구에게서 / 그리고 집 수리 웹사이트를 찾았다 / 명료한 설명을 제공하는 / 그가 파이프를 수리하려고 시도하자 / 하지만 / 그는 그것을 더 손상시키기만 했다 / 결국 / 그는 ~할 수밖에 없었다 / 패배를 인정할 / 그리고 배관공을 부를 / 배관공이 파이프를 고쳤을 때 / 그는 120달러를 지불해야 했다 / 추가 손상을 수리하는 데

① The man spent over 65 dollars to have the pipe repaired.
② The man looked for pipe repair information online.
③ The man did not want to pay a plumber to fix the plumbing problem.
④ The man asked his friend to help him repair the pipe.

남자는 부엌 싱크대 밑의 파이프가 새고 있다는 것을 알아차렸다. 그는 배관공을 불렀고, 배관공은 파이프를 고치는 데 65달러가 들 것이라고 말했다. 남자는 그렇게 많은 돈을 지불하기를 거절했고 스스로 고치기로 결정했다. 그는 친구에게서 공구 몇 개를 빌렸고 명료한 설명을 제공하는 집 수리 웹사이트를 찾았다. 하지만 그가 파이프를 수리하려고 시도하자 파이프를 더 손상시키기만 했다. 그는 결국 패배를 인정하고 배관공을 부를 수밖에 없었다. 배관공이 파이프를 고쳤을 때 남자는 추가 손상까지 수리하는 데 120달러를 지불해야 했다.

① 남자는 파이프를 수리하는 데 65달러 넘게 썼다.
② 남자는 파이프 수리에 대한 정보를 인터넷에서 찾아보았다.
③ 남자는 배관 문제를 고치기 위해 배관공에게 돈을 지불하고 싶어하지 않았다.
④ 남자는 그의 친구에게 그가 파이프 수리하는 것을 도와달라고 부탁했다.

해설 지문의 내용과 일치하지 않는 것을 고르는 문제입니다. ④번의 키워드인 friend(친구)가 등장한 지문 주변의 내용에서, 남자가 그의 친구에게서 공구를 빌려 스스로 파이프를 고치기로 결정했다고 했으므로, 친구에게 파이프 수리하는 것을 도와달라고 부탁했다는 것은 지문의 내용과 다릅니다. 따라서 ④번이 지문의 내용과 일치하지 않습니다.

어휘 leak [동] 새다 plumber [명] 배관공 fix [동] 고치다, 고정시키다 refuse [동] 거절하다 tool [명] 공구, 도구 repair [명] 수리 [동] 수리하다 instruction [명] 설명 attempt [동] 시도하다 damage [동] 손상시키다 [명] 손상 admit [동] 인정하다 defeat [명] 패배 [동] 패배시키다 additional [형] 추가의

[구문독해] * **that이 이끄는 명사절이 목적어인 경우** 주어가 동사하다는 것을

that a pipe ~ was leaking은 동사 noticed의 목적어입니다. 이처럼 that이 이끄는 명사절이 목적어인 경우, '주어가 동사하는 것을'이라고 해석합니다.

** **to 부정사가 목적어인 경우** ~하기를

to pay that much는 동사 refused의 목적어입니다. 이처럼 to 부정사가 목적어인 경우, '~하기를'이라고 해석합니다.

Electronic passports are documents / *that include a digital
전자 여권은 문서이다   디지털 스캔을 포함한

scan / of a traveler's personal information, / such as his or her
여행자의 개인 정보의

signature, picture, fingerprints, / and travel records. Several
그 또는 그녀의 서명, 사진, 지문과 같은   그리고 여행 기록

countries **have already begun / to eliminate the old style of
몇몇 나라들은 이미 시작했다   예전 방식의 여권을 없애기

passport / and provide their citizens / with this new electronic
그리고 그들의 국민에게 제공하기   이러한 새 전자 여권을

passport. Accordingly, / international travelers will eventually
따라서   국제 여행객은 결국

have to use / the electronic ones. A person / who currently has
사용해야 할 것이다   전자 여권을   사람은   현재 기존 여권을 가진

a regular passport / may continue to use it, / however. Once it
계속 그것을 사용해도 된다   하지만   일단

expires, / an electronic passport will be issued.
그것이 만료되면   전자 여권이 발부될 것이다

① Electronic passports contain information about a person's appearance.
② Some countries have already issued electronic passports.
③ International travel is not allowed without an electronic passport.
④ Traditional passports will gradually be replaced with electronic ones.

전자 여권은 개인의 서명, 사진, 지문, 여행 기록과 같은 여행자의 개인 정보를 디지털 스캔한 것을 포함한 문서이다. 몇몇 나라들은 이미 예전 방식의 여권을 없애고 국민에게 이러한 새 전자 여권을 제공하기 시작했다. 따라서 국제 여행객은 결국 전자 여권을 사용해야 할 것이다. 하지만 현재 기존 여권을 가진 사람은 계속 그것을 사용해도 된다. 일단 그것이 만료되면, 전자 여권이 발부될 것이다.

① 전자 여권에는 개인의 외모에 대한 정보가 들어 있다.
② 몇몇 나라들은 이미 전자 여권을 발부했다.
③ 국제 여행은 전자 여권 없이는 허용되지 않는다.
④ 기존 여권은 점차 전자 여권으로 교체될 것이다.

해설   지문의 내용과 일치하지 않는 것을 묻는 문제입니다. ③번의 키워드인 international travel(국제 여행)과 관련된 지문의 international travelers(국제 여행객) 주변의 내용에서, 예전 방식의 여권이 없어지고 있긴 하지만 기존 여권을 가진 사람은 그것이 만료되기 전까지 사용할 수 있다고 했으므로, 국제 여행이 전자 여권 없이는 허용되지 않는다는 것은 지문의 내용과 다릅니다. 따라서 ③번이 지문의 내용과 일치하지 않습니다.

어휘   electronic 閻 전자의   signature 阌 서명   fingerprint 阌 지문   eliminate 劚 없애다, 제거하다   expire 劚 만료되다
      issue 劚 발부하다, 발행하다   appearance 阌 외모   gradually 哙 점차, 서서히   be replaced with ~으로 교체되다

*   <u>주격 관계대명사(that)가 이끄는 절이 수식어인 경우</u>   동사한
    that include ~ travel records는 앞에 있는 documents를 꾸며주는 수식어입니다. 이처럼 주격 관계대명사(that)가 이끄는 절이 수식어인 경우, '동사한'이라고 해석합니다.

**   <u>동사가 'have 동사 + p.p.'인 경우</u>   ~했다
     have begun은 'have 동사 + p.p.' 형태의 동사로, '~했다'라고 해석합니다.

07 다음 글의 내용과 일치하는 것을 고르시오.

There is an ongoing debate / about gun control / in the United
계속 진행 중인 논쟁이 있다   총기 규제에 관해   미국에서
States / as people have differing opinions / on *how current laws
사람들은 견해가 상이하기 때문에   어떻게 현행법이
should be understood. Opponents of gun control argue / that a
이해되어야 하는지에 대해   총기 규제법 반대자들은 주장한다
citizen's right / to own weapons / is protected by the
시민의 권리가   무기를 소유할   헌법에 의해 보호된다고
Constitution. These people believe / it is illegal / to regulate or
이 사람들은 생각한다   불법이라고   총기 소유를
limit gun ownership. Gun control supporters / disagree. They
규제하거나 제한하는 것이   총기 규제법 지지자들은   동의하지 않는다   그들은
claim / **that the Constitution permits / ownership of certain
주장한다   헌법이 허용한다고   특정 종류의 총기 소유를
types of guns, / but that it must be regulated. According to their
하지만 이는 반드시 규제되어야 한다고   그들의 해석에 따르면
interpretation, / the government has the authority / to enforce
정부는 권한이 있다   총기 규제법을 시행할
gun control.

① The Constitution's definition of the right to own guns
   continues to be an issue.
② There is overall agreement on the interpretation of gun
   ownership laws.
③ Gun control opponents argue that there should be no
   ownership limitations on some types of guns.
④ Gun control advocates believe that existing law bans all
   weapons.

미국에서 총기 규제에 관해 계속 진행 중인 논쟁이 있는데, 어떻게 현행법이 이해되어야 하는지에 대한 사람들의 견해가 상이하기 때문이다. 총기 규제법 반대자들은 무기를 소유할 시민의 권리가 헌법에 의해 보호된다고 주장한다. 이 사람들은 총기 소유를 규제하거나 제한하는 것이 불법이라고 생각한다. 총기 규제법 지지자들은 동의하지 않는다. 그들은 헌법이 특정 종류의 총기 소유는 허용하지만, 이는 반드시 규제되어야 한다고 주장한다. 그들의 해석에 따르면, 정부는 총기 규제법을 시행할 권한이 있다.

① 총기를 소유할 권리에 대한 헌법의 정의는 계속 쟁점이 되고 있다.
② 총기 소유법의 해석에 대해 전반적으로 의견이 일치한다.
③ 총기 규제법 반대자들은 몇몇 종류의 총기에 대한 소유 규제는 없어야 한다고 주장한다.
④ 총기 규제법 지지자들은 현행법이 모든 무기를 금지한다고 생각한다.

해설 지문의 내용과 일치하는 것을 묻는 문제입니다. ①번의 키워드인 continues to be an issue(계속 쟁점이 되고 있다)를 바꾸어 표현한 지문의 ongoing debate(계속 진행 중인 논쟁) 주변의 내용에서 총기 소유에 대한 헌법상의 정의가 계속 논란이 있는 쟁점임을 알 수 있습니다. 따라서 ①번이 지문의 내용과 일치합니다.

② 현행법을 어떻게 이해해야 하는지에 대한 사람들의 의견이 다르다고 했으므로, 총기 소유법의 해석에 대해 전반적으로 의견이 일치한다는 것은 지문의 내용과 다릅니다.
③ 총기 규제법 반대자들은 총기 소유에 대한 규제나 제한이 불법이라고 생각한다고 했으므로, 그들이 몇몇 종류의 총기에 대한 소유 규제만 없어야 한다고 주장한다는 것은 지문의 내용과 다릅니다.
④ 총기 규제법 지지자들은 헌법이 특정 종류의 총기 소유를 허용한다고 했으므로, 그들이 현행법이 모든 무기를 금지한다고 생각한다는 것은 지문의 내용과 다릅니다.

어휘 **debate** 圖 논쟁 **opponent** 圖 반대자 **constitution** 圖 헌법 **illegal** 圖 불법의 **regulate** 圖 규제하다 **interpretation** 圖 해석 **authority** 圖 권한 **overall** 圖 전반적인 **limitation** 圖 규제, 제한 **existing** 圖 현행의, 현존하는

구문
독해
* **의문사 how가 이끄는 명사절이 목적어인 경우** 어떻게 주어가 동사하는지
how ~ understood는 전치사 on의 목적어입니다. 이처럼 의문사 how가 이끄는 명사절이 목적어인 경우, '어떻게 주어가 동사하는지'라고 해석합니다.

** **that이 이끄는 명사절이 목적어인 경우** 주어가 동사하다고
that ~ guns와 that ~ regulated는 동사 claim의 목적어입니다. 이처럼 that이 이끄는 명사절이 목적어인 경우, '주어가 동사하다고'라고 해석합니다.

08 다음 글의 내용과 일치하는 것을 고르시오.

Located in the Netherlands, / the International Court of Justice
네덜란드에 위치한   국제 사법 재판소(ICJ)는

(ICJ) / was established / in 1945. The primary role of the ICJ / is
                설립되었다   1945년에   ICJ의 주된 역할은

*to settle disputes / between nations, / but it has been
분쟁을 해결하는 것이다   국가 간의   하지만 이것은

criticized / for lacking the ability / to enforce its decisions.
비난을 받아왔다   능력이 없는 것에 대해   그것의 판결을 강요할

This has led many governments / to **consider a victory or
이것은 많은 국가들을 이끌었다   승리 또는 패배를 여기도록

defeat / in the ICJ / to be meaningless. For example, / in 1984 /
패배   ICJ에서의   무의미한 것으로   예를 들어   1984년에

the ICJ ruled / that the United states had violated international
ICJ는 판결을 내렸다   미국이 국제법을 위반했다고

law / by supporting rebels / in Nicaragua. The United states
반군을 지지하여   니카라과의   미국은

simply ignored this decision / and refused to allow the United
이 판결을 간단히 무시했다   그리고 국제 연합을 허락하기 거부했다

Nations / to take any disciplinary action.
                어떠한 징계 조치도 시행하도록

① The ICJ was established in the United States in 1945.
② Decisions by the ICJ are strongly enforced.
③ The United States is a firm supporter of the ICJ.
④Nations often disregard the decisions of the ICJ.

네덜란드에 위치한 국제 사법 재판소(ICJ)는 1945년에 설립되었다. ICJ의 주된 역할은 국가 간의 분쟁을 해결하는 것이지만 ICJ는 판결을 강요할 능력이 없는 것에 대해 비난을 받아왔다. 이로 인해 많은 국가들은 ICJ에서의 승리 또는 패배를 무의미한 것으로 여기게 되었다. 예를 들어, ICJ는 1984년에 미국이 니카라과의 반군을 지지하여 국제법을 위반했다고 판결을 내렸다. 미국은 이 판결을 간단히 무시해버렸고 국제 연합이 어떠한 징계 조치도 시행하도록 허락하기 거부했다.

① ICJ는 1945년에 미국에서 설립되었다.
② ICJ의 판결은 강력하게 시행된다.
③ 미국은 ICJ의 확고한 지지자이다.
④나라들은 ICJ의 판결을 흔히 무시한다.

해설 지문의 내용과 일치하는 것을 고르는 문제입니다. ④번의 키워드인 decisions(판결)가 등장한 지문 주변의 내용을 살펴보면, ICJ는 판결을 거의 강요할 수 없기 때문에 많은 국가들이 ICJ의 판결을 무의미한 것으로 여긴다고 했으므로, 나라들이 ICJ의 판결을 흔히 무시한다는 것을 알 수 있습니다. 따라서 ④번이 지문의 내용과 일치합니다.

① ICJ는 네덜란드에 위치한다고 했으므로, ICJ가 미국에서 설립되었다는 것은 지문의 내용과 다릅니다.
② ICJ는 판결을 강요할 수 없다고 했으므로, ICJ의 판결이 강력하게 시행된다는 것은 지문의 내용과 다릅니다.
③ 미국은 ICJ의 판결을 무시했다고 했으므로, 미국이 ICJ의 확고한 지지자라는 것은 지문의 내용과 다릅니다.

어휘 located 혭 ~에 위치한   primary 혭 주된, 주요한   settle 통 해결하다, 정착하다   dispute 혭 분쟁, 논쟁   criticize 통 비난하다
lack 통 ~이 없다 혭 부족   enforce 통 강요하다, 시행하다   decision 혭 판결, 결정   meaningless 혭 무의미한   violate 통 위반하다
rebel 혭 반군   ignore 통 무시하다   disciplinary 혭 징계의   disregard 통 무시하다

* **to 부정사가 주격 보어인 경우** ~하는 것
  to settle disputes between nations는 주어 The primary role of the ICJ를 보충 설명해 주는 주격 보어입니다. 이처럼 to 부정사가 주격 보어인 경우, '~하는 것'이라고 해석합니다.

** **consider A to be B** A를 B로 여기다
  consider ~ to be meaningless에는 'consider A(a victory or defeat in the ICJ) to be B(meaningless)'가 사용되어, 'ICJ에서의 승리 또는 패배를 무의미한 것으로 여기다'라고 해석합니다.

09 다음 글의 내용과 일치하지 <u>않는</u> 것을 고르시오.

Italian inventor Salvino D'Armate / created the first functional
이탈리아의 발명가 Salvino D'Armate는 　　　　　최초의 실용적인 안경을 만들었다

eyeglasses / in 1284. His basic design / remained unchanged /
안경을 　　1284년에 　　그의 기본 디자인은 　　바뀌지 않은 채 남아있었다

until the early 19th century / *when American scientist
19세기 초까지 　　　　　미국의 과학자 벤자민 프랭클린이

Benjamin Franklin / altered this design / to invent bifocals.
　　　　　　　이 디자인을 바꾼 　　이중 초점 안경을 발명하기 위해

Unlike previous types of glasses, / Franklin's bifocals had / two
이전 종류의 안경과 달리 　　　프랭클린의 이중 초점 안경은 ~가 있었다

types of lenses / combined in a single frame. This made **it
두 종류의 렌즈 　　　하나의 테로 결합된 　　이것은 ~하는 것을

possible / for people / who were both near- and farsighted / to
가능하게 했다 　사람들이 　　　근시이면서도 원시였던

see clearly. Bifocals were made / by extending a metal wire /
선명하게 보는 것을 　이중 초점 안경은 만들어졌다 　금속 와이어를 연장시켜서

through the center of the frame. This split the frame in half /
　　　안경테 가운데로 지나가도록 　　이것은 안경테를 반으로 나누었다

and held each lens in place.
그리고 각각의 렌즈를 제자리에 고정시켰다

① 벤자민 프랭클린이 이중 초점 안경을 처음으로 사서 착용했다.
② 안경을 처음 발명한 사람은 Salvino D'Armate이다.
③ 안경은 13세기에 처음 발명되었다.
④ 이중 초점 안경은 하나 이상의 시력 문제가 있는 사람들에게 적합하다.

이탈리아의 발명가 Salvino D'Armate는 1284년에 최초의 실용적인 안경을 만들었다. 그의 기본 디자인은 미국의 과학자 벤자민 프랭클린이 이중 초점 안경을 발명하기 위해 이 디자인을 바꾼 19세기 초까지 바뀌지 않은 채 남아있었다. 이전 종류의 안경과 달리, 프랭클린의 이중 초점 안경은 두 종류의 렌즈가 하나의 테로 결합되어 있었다. 이것은 근시이면서도 원시인 사람들이 선명하게 보는 것을 가능하게 했다. 이중 초점 안경은 금속 와이어를 안경테 가운데로 지나가도록 연장시켜서 만들었다. 이것은 안경테를 반으로 나누고 각각의 렌즈를 제자리에 고정시켰다.

해설 지문의 내용과 일치하지 않는 것을 묻는 문제입니다. ①번의 벤자민 프랭클린이 등장한 지문 주변의 내용을 살펴보면, 벤자민 프랭클린은 이중 초점 안경을 발명했다고 했으므로, 그가 이중 초점 안경을 처음으로 사서 착용했다는 것은 지문의 내용과 다릅니다. 따라서 ①번이 지문의 내용과 일치하지 않습니다.

어휘 **inventor** 몡 발명가　**functional** 몡 실용적인, 기능의　**remain** 동 남다, 여전히 ~이다　**alter** 동 바꾸다, 고치다　**previous** 몡 이전의 **combine** 동 결합하다　**frame** 몡 (안경)테, 틀　**nearsighted** 몡 근시의　**farsighted** 몡 원시의　**extend** 동 연장하다

구문
독해
* <u>관계부사(when)가 이끄는 절이 수식어인 경우</u> 주어가 동사한
　　when American scientist ~ bifocals는 앞에 있는 the early 19th century를 꾸며주는 수식어입니다. 이처럼 관계부사 (when)가 이끄는 절이 수식어인 경우, '주어가 동사한'라고 해석합니다.

** <u>가짜 목적어 it과 진짜 목적어 to 부정사가 쓰인 경우</u> ~하는 것을
　　it은 동사 made의 가짜 목적어로 해석하지 않으며 to see clearly가 진짜 목적어입니다. 이처럼 to 부정사가 진짜 목적어로 쓰인 경우, '~하는 것을'이라고 해석합니다.

10 다음 글의 내용과 일치하는 것을 고르시오.

To reduce reliance / on petroleum-based fuels, / more people
의존도를 줄이기 위해　　　　　석유 연료에 대한

are turning to biodiesel. Biodiesel is a diesel fuel / made from
더 많은 사람이 바이오디젤로 향하고 있다　　바이오디젤은 디젤 연료이다

animal fats or plant oils. One advantage of biodiesel is / that
동물성 지방이나 식물성 기름으로 만들어지는　　바이오디젤의 한 가지 장점은 ~이다

there is no need / *to modify existing vehicle engines / to use it.
필요가 없다는 것　　　　기존의 자동차 엔진을 바꿀　　　그것을 사용하기 위해

Another is / that biodiesel is a clean energy source, / which
또 다른 장점은 ~이다　　　바이오디젤이 청정에너지원이라는 것　　　이것은

means / that it produces fewer pollutants / than other fuels.
뜻한다　　　그것이 더 적은 오염 물질을 생산한다는 것을　　다른 연료들보다

However, / these benefits do not come / without problems.
하지만　　　이러한 혜택은 오지 않는다　　　문제 없이

Engines / powered by biodiesel / require more fuel / but are less
엔진은　　바이오디젤로 작동되는　　더 많은 연료를 필요로 한다　　하지만 덜 강하다

powerful / than conventional ones. **As biodiesel is still
　　　　일반적인 것보다　　　　바이오디젤이 여전히

expensive / to produce, / it is not very cost-effective / for
비싸기 때문에　생산하기　　이것은 비용 효율이 별로 높지 않다

consumers either. Despite these drawbacks, / future use of
소비자들에게도　　　　이러한 단점들에도 불구하고　　앞으로 바이오디젤의 사용은

biodiesel / is expected to increase.
　　　　늘어날 것으로 예상된다

① Biodiesel generates more energy than traditional fossil fuels.
② Engines must be altered to make use of biodiesel.
③ Petroleum fuels cause more pollution than biodiesel.
④ Biodiesel is popular because it is comparatively inexpensive.

석유 연료에 대한 의존도를 줄이기 위해, 더 많은 사람이 바이오디젤로 향하고 있다. 바이오디젤은 동물성 지방이나 식물성 기름으로 만들어지는 디젤 연료이다. 바이오디젤의 한 가지 장점은 그것을 사용하기 위해 기존의 자동차 엔진을 바꿀 필요가 없다는 것이다. 또 다른 장점은 바이오디젤이 청정 에너지원이라는 것인데, 이것은 다른 연료들보다 오염 물질을 더 적게 생산한다는 것을 뜻한다. 하지만 이러한 혜택은 문제 없이 오지 않는다. 바이오디젤로 작동되는 엔진은 더 많은 연료를 필요로 하지만, 일반 엔진보다는 덜 강하다. 바이오디젤은 여전히 생산하기 비싸기 때문에, 소비자들에게도 비용 효율이 별로 높지 않다. 이러한 단점들에도 불구하고, 앞으로 바이오디젤의 사용은 늘어날 것으로 예상된다.

① 바이오디젤은 기존 화석 연료보다 더 많은 에너지를 만들어 낸다.
② 엔진은 바이오디젤을 사용하기 위해 개조되어야 한다.
③ 석유 연료는 바이오디젤보다 더 많은 오염을 일으킨다.
④ 바이오디젤은 비교적 비싸지 않기 때문에 인기 있다.

해설　지문의 내용과 일치하는 것을 묻는 문제입니다. ③번의 키워드인 pollution(오염)과 관련된 지문의 pollutants(오염 물질) 주변의 내용에서 바이오디젤이 석유 연료를 포함한 다른 연료들보다 오염 물질을 더 적게 생산한다는 것을 알 수 있습니다. 따라서 ③번이 지문의 내용과 일치합니다.

　　① 바이오디젤이 기존 화석 연료보다 더 많은 에너지를 만들어 내는지에 대해서는 언급되지 않았습니다.
　　② 바이오디젤을 사용하기 위해 기존의 자동차 엔진을 바꿀 필요가 없다고 했으므로, 바이오디젤을 사용하기 위해 엔진이 개조되어야 한다는 것은 지문의 내용과 반대입니다.
　　④ 바이오디젤은 생산하기 더 비싸다고 했으므로, 바이오디젤이 비교적 비싸지 않다는 것은 지문의 내용과 반대입니다.

어휘　reliance 圆 의존도, 의존　petroleum 圆 석유　advantage 圆 장점, 이점　there is no need to ~할 필요가 없다
　　modify 圄 바꾸다, 변경하다　existing 圈 기존의, 현존하는　pollutant 圆 오염 물질　power 圄 작동시키다 圆 힘
　　conventional 圈 일반적인, 종래의　cost-effective 圈 비용 효율이 높은　drawback 圆 단점, 문제점　alter 圄 개조하다, 바꾸다
　　comparatively 圈 비교적　inexpensive 圈 비싸지 않은

구문　* to 부정사가 명사를 꾸며주는 수식어인 경우　~할
독해　　to modify ~ it은 앞에 있는 need를 꾸며주는 수식어입니다. 이처럼 to 부정사가 명사를 꾸며주는 수식어인 경우, '~할'이라고 해석합니다.

　　** 부사절 접속사 as가 이끄는 절이 문장을 꾸며주는 수식어인 경우　주어가 동사하기 때문에
　　　As biodiesel ~ to produce는 뒤에 있는 문장을 꾸며주는 수식어입니다. 이처럼 부사절 접속사 as가 이끄는 절이 문장을 꾸며주는 수식어인 경우, 문맥에 따라 '주어가 동사하기 때문에', '주어가 동사하면서' 등 다양한 의미로 해석이 가능한데, 이 경우에는 '주어가 동사하기 때문에'라고 해석하는 것이 자연스럽습니다.

11 다음 글의 내용과 일치하지 <u>않는</u> 것을 고르시오.

*That certain universities give special favors / for the relatives
일부 대학이 특별한 호의를 베푸는 것은   졸업생의 가족에게

of alumni / is a worrying reality / that must be changed. These
걱정스러운 현실이다   반드시 바뀌어야 하는

students are known / as legacy students, / and they have a far
이 학생들은 알려져 있다   유산 학생이라고   그리고 그들은 훨씬

greater chance / of being accepted / into some of the top
더 큰 가능성이 있다   받아들여질   몇몇 일류 대학에

universities / in the nation. For example, / Harvard accepts /
우리나라의   예를 들어   하버드 대학은 받아들인다

almost **four times as many legacy students / as regular
거의 4배만큼이나 많은 유산 학생을

candidates, / despite many unsuccessful applicants / having
일반 응시자의   많은 불합격한 응시자들이 ~함에도 불구하고

higher academic scores / and being more qualified. This is an
더 높은 학업 점수가 있음   그리고 더 자격이 있음   이것은

unfair practice / that harms the integrity of the academic world.
불공평한 관행이다   학계의 청렴성을 훼손하는

Yet, / private universities require considerable funding / to afford
하지만   사립 대학은 상당한 자금을 필요로 하다

superior facilities and professors, / and they rely heavily / on
우수한 시설과 교수진을 제공하는 데   그래서 그들은 심하게 의존한다

donations from alumni. With this in mind, / it is unlikely / that
졸업생으로부터의 기부금에   이것을 염두에 두면   ~할 것 같지 않다

the unfair practice / of selecting legacy students / will end any
이 불공평한 관행이   유산 학생을 선발하는   곧 끝날

time soon.

① Previous graduates are a source of funds for private
   universities.
② Harvard rarely offers admission to relatives of its alumni.
③ Legacy students are more likely to be admitted by certain
   universities.
④ Legacy admissions will probably remain in practice in the future.

일부 대학들이 졸업생의 가족에게 특별한 호의를 베푸는 것은 반드시 바뀌어야 하는 걱정스러운 현실이다. 이 학생들은 유산 학생이라고 알려져 있으며, 그들은 우리나라의 몇몇 일류 대학에 받아들여질 가능성이 훨씬 더 크다. 예를 들어, 하버드 대학은 일반 응시자의 거의 4배만큼이나 많은 유산 학생을 받아들이는데, 많은 불합격한 응시자들이 더 높은 학업 점수와 더 자격을 갖추었음에도 불구하고 그러하다. 이것은 학계의 청렴성을 훼손하는 불공평한 관행이다. 하지만 사립 대학은 우수한 시설과 교수진을 제공하는 데 상당한 자금을 필요로 하기에, 졸업생으로부터의 기부금에 심하게 의존한다. 이것을 염두에 두면, 유산 학생을 선발하는 이 불공평한 관행이 곧 끝날 것 같지는 않다.

① 이전 졸업생들은 사립 대학들의 자금원이다.
② 하버드 대학은 졸업생 가족을 거의 입학시키지 않는다
③ 유산 학생은 일부 대학에서 받아들여질 가능성이 더 높다.
④ 유산 입학은 아마 미래에도 남아있을 관행이다.

해설 지문의 내용과 일치하지 않는 것을 묻는 문제입니다. ②번의 키워드인 Harvard(하버드 대학)가 등장한 지문 주변의 내용을 살펴보면, 하버드 대학은 일반 응시자의 4배나 되는 유산 학생을 받는다고 했으므로, 하버드 대학이 졸업생 가족을 거의 입학시키지 않는다는 것은 지문의 내용과 다릅니다. 따라서 ②번이 지문의 내용과 일치하지 않습니다.

어휘 relative 圐 일가, 친척 alumni 圐 졸업생들 legacy 圐 유산 qualified 圐 자격이 있는 integrity 圐 청렴, 진실성
superior 圐 우수한 facility 圐 시설 donation 圐 기부금 graduate 圐 졸업생 圐 졸업하다 admission 圐 입학

구문
독해 * that이 이끄는 명사절이 주어인 경우 주어가 동사하는 것은
That certain universities ~ alumni는 주어입니다. 이처럼 that이 이끄는 명사절이 주어인 경우, '주어가 동사하는 것은'이라고
해석합니다.

** A times as ~ as … …의 A배만큼이나 ~한
four times as many legacy students as regular candidates에는 'A times as ~ as …'가 사용되어, '일반
응시자의 4배 만큼이나 많은 유산 학생'이라고 해석합니다.

12 다음 글의 내용과 일치하는 것을 고르시오.

South Korea has millions of visitors / every year, / and the
한국은 수백만 명의 방문객이 있다 매년
National Police Agency has launched / a tourist police force /
그리고 경찰청은 출범했다 관광경찰대를
*to help keep Korea / a popular tourist destination. The new
한국이 ~으로 유지되는 데 일조하기 위해 인기 있는 관광지
force consists of / around 100 policemen and women. The
새 경찰대는 ~으로 이루어져 있다 약 100명의 남녀 경관으로
officers, / who are unarmed / and wear special uniforms, / will
이 경찰들은 무장하지 않은 그리고 전용 제복을 입은
be patrolling tourist-heavy areas / like Myeong-dong and
관광객이 많은 지역의 순찰을 돌 것이다 명동이나
Itaewon. Foreigners / **who are having trouble / with vendors
이태원 같은 외국인들 고생하고 있는 상인이나
or language / can ask for assistance / from one of these
언어 문제로 도움을 요청할 수 있다 여러 언어를 하는
multilingual officers, / fluent in English, Mandarin, or Japanese.
이 경찰관 중 한 명으로부터 영어, 중국어 또는 일본어가 유창한
The director of the force states / that the team was not
경찰대 책임자는 전한다 이 팀이 소집된 것이 아니라고
assembled / because Korea was unsafe; / rather, / they should
한국이 안전하지 않기 때문에 오히려 그들은 ~으로
be seen / as ambassadors / for the country.
여겨져야 한다고 대사로 나라를 위한

① 매년 수백만 명이 관광경찰대를 보러 한국에 온다.
② 관광경찰대는 무기를 지니지 않고 순찰을 돈다.
③ 관광경찰대는 여러 나라 출신의 경관들로 선발되었다.
④ 한국의 치안이 불안하기 때문에 관광경찰대가 필요하다.

한국은 매년 수백만 명의 방문객이 있으며, 경찰청은 한국이 인기 있는 관광지로 유지되는 데 일조하기 위해 관광경찰대를 출범했다. 새 경찰대는 약 100명의 남녀 경관으로 이루어져 있다. 무장하지 않고 전용 제복을 입은 이 경찰들은 명동이나 이태원 같이 관광객이 많은 지역을 순찰할 것이다. 상인이나 언어 문제로 인해 고생하고 있는 외국인은 영어나 중국어, 일본어가 유창하고 여러 언어를 하는 이 경찰관 중 한 명에게 도움을 요청할 수 있다. 경찰대 책임자는 한국이 안전하지 않기 때문에 이 팀이 소집되었다기보다, 오히려 그들이 나라를 위한 대사로 비춰져야 한다고 전한다.

해설 지문의 내용과 일치하는 것을 고르는 문제입니다. ②번의 무기를 지니지 않는다는 것을 바꾸어 표현한 지문의 unarmed(무장하지 않은) 주변의 내용에서 새로 출범한 관광경찰대는 무기를 지니지 않은 채 근무한다는 것을 알 수 있습니다. 따라서 ②번이 지문의 내용과 일치합니다.

① 매년 수백만 명이 한국을 방문한다고는 했지만, 그 이유는 언급되지 않았습니다.
③ 관광경찰대가 여러 언어를 할 수 있는 남녀 경관들로 이루어져 있다고는 했지만, 그들이 여러 나라 출신의 경관들인지는 언급되지 않았습니다.
④ 한국이 안전하지 않기 때문에 관광경찰대가 소집된 것이 아니라고 했으므로, 한국의 치안이 불안하기 때문에 관광경찰대가 필요하다는 것은 지문의 내용과 다릅니다.

어휘 launch [동] 출범하다, 시작하다 police force 경찰대 destination [명] 사람들이 많이 찾는 곳, 목적지 unarmed [형] 무장하지 않은 patrol [동] 순찰을 돌다 assistance [명] 도움, 지원 multilingual [형] 여러 언어를 하는 fluent [형] 유창한 assemble [동] 소집하다, 모이다 ambassador [명] 대사

[구문 독해] * to 부정사가 동사를 꾸며주는 수식어인 경우 ~하기 위해

to help keep ~ destination은 앞에 있는 has launched를 꾸며주는 수식어입니다. 이처럼 to 부정사가 동사를 꾸며주는 수식어인 경우, '~하기 위해'라고 해석합니다.

** 주격 관계대명사(who)가 이끄는 절이 수식어인 경우 동사하는

who are having ~ language는 앞에 있는 Foreigners를 꾸며주는 수식어입니다. 이처럼 주격 관계대명사(who)가 이끄는 절이 수식어인 경우, '동사하는'이라고 해석합니다.

p.112

01 ②	02 ①	03 ②	04 ④	05 ③	06 ④	07 ②	08 ①

01 다음 글에 의하면, Hanson의 여동생이 화를 낸 이유는?

Hanson, / a frugal man / by nature, / was always looking for
Hanson은   절약하는 사람인   천성적으로   언제나 방법을 찾았다

ways / *to save a few extra dollars. When his sister visited him /
        몇 달러를 추가로 절약할   그의 여동생이 그를 방문하러 왔을 때

from out of town, / he naturally decided / to book the cheapest
   도시 밖에서   그는 당연히 결정했다   가장 저렴한 호텔 방을 예약하기로

hotel room / that he could find. Though he was pleased / at
             그가 찾을 수 있는   그는 만족했지만

having spent so little, / the room itself turned out to be horrible.
돈을 그렇게 적게 쓴 것에   그 방 자체는 끔찍한 것으로 드러났다

There were stains in the carpet, / dirty sheets on the bed, / and
   카펫에는 얼룩이 있었다   침대 위에는 더러운 시트

mold growing all over the walls. Needless to say, / his sister was
그리고 벽 곳곳에 자라나고 있는 곰팡이   말할 필요도 없이   그의 여동생은

furious. **It was only then / that Hanson realized / that we get
몹시 화를 냈다   바로 그때였다   Hanson이 깨달은 것은   우리는 정확히 받는다는 것을

exactly / what we pay for.
           우리가 지불한 만큼

① The hotel room was too expensive.
②The hotel room was unclean.
③ Hanson's house was old.
④ Hanson was late.

천성적으로 절약하는 사람인 Hanson은 언제나 몇 달러를 추가로 절약할 방법을 찾았다. 그의 여동생이 도시 밖에서 그를 방문하러 왔을 때, 그는 당연히 찾을 수 있는 가장 저렴한 호텔 방을 예약하기로 결정했다. 그는 돈을 그렇게 적게 쓴 것에 만족했지만, 방 자체는 끔찍한 것으로 드러났다. 카펫에는 얼룩이, 침대 위에는 더러운 시트가 있었고, 벽 곳곳에는 곰팡이가 자라나고 있었다. 말할 필요도 없이, 여동생은 몹시 화를 냈다. Hanson이 우리는 정확히 지불한 만큼 받는다는 것을 깨달은 것은 바로 그때였다.

① 호텔 방이 너무 비쌌다.
②호텔 방이 더러웠다.
③ Hanson의 집이 낡았다.
④ Hanson이 늦었다.

해설 Hanson의 여동생이 화를 낸 이유를 파악하는 문제입니다. 지문 중간에서 Hanson이 돈을 절약하기 위해 찾을 수 있는 가장 저렴한 가격의 호텔 방을 예약했으나, 카펫에는 얼룩이 있고 침대 시트도 더러웠으며 벽에는 곰팡이가 있어 여동생이 몹시 화를 냈다고 했습니다. 따라서 Hanson의 여동생이 화를 낸 이유는 '호텔 방이 더러웠기' 때문이므로, ②번이 정답입니다.

어휘 frugal 혱 절약하는   nature 몡 천성, 자연   book 통 예약하다   turn out ~인 것으로 드러나다   horrible 혱 끔찍한
stain 몡 얼룩, 때   mold 몡 곰팡이   needless to say 말할 필요도 없이   furious 혱 몹시 화가 난   realize 통 깨닫다
unclean 혱 더러운, 불결한

 * **to 부정사가 명사를 꾸며주는 수식어인 경우**   ~할
   to save a few extra dollars는 앞에 있는 ways를 꾸며주는 수식어입니다. 이처럼 to 부정사가 명사를 꾸며주는 수식어인
   경우, '~할'이라고 해석합니다.

** **it is ~ that …**   …한 것은 바로 ~이다
   It was only then that ~ pay for에는 강조를 나타내는 'it is ~ that …'이 사용되어, 'Hanson이 우리는 정확히 지불한 만큼
   받는다는 것을 깨달은 것은 바로 그때였다'라고 해석합니다.

Long ago, / getting married / in China / was a complicated
옛날에　　　　결혼하는 것은　　　중국에서　　　　복잡한 과정이었다

process. Typically, / an unmarried man's parents / *would search
일반적으로　　　　결혼하지 않은 남자의 부모가　　　신부를 찾아 다니곤 했다

for a bride. **Once the parents introduced the man and the
일단 부모가 남자와 여자를 서로 소개하면

woman, / the potential couple would check / each other's
부부가 될 가능성이 있는 두 사람은 확인했다　　　서로의 생년월일을

birthdates. If the birthdates matched together well, / then a
생년월일이 서로 잘 맞으면

marriage could take place. Eventually, / the groom's family
그 다음에 결혼이 성사될 수 있었다　　　최종적으로　　　신랑의 가족은

would send gifts / to the bride's family / as a proposal. On the
선물을 보내곤 했다　　　신부의 가족에게　　　청혼으로

day of the wedding, / the bridal party would walk / to the
결혼식 당일에는　　　　　신부측 일행이 걸어가곤 했다

groom's home, / where the wedding ceremony would be held.
신랑의 집으로　　　　　결혼식이 진행되는

> According to the passage, couples in ancient China were
> considered fit for marriage as long as their birthdates were
> a good match.

①their birthdates were a good match
② their parents introduced them
③ the groom could afford good gifts
④ the bride's family picked the groom

옛날에 중국에서 결혼하는 것은 복잡한 과정이었다. 일반적으로, 결혼하지 않은 남자의 부모가 신부를 찾아다니곤 했다. 일단 부모가 남자와 여자를 서로 소개하면, 부부가 될 가능성이 있는 두 사람은 서로의 생년월일을 확인했다. 생년월일이 서로 잘 맞으면, 결혼이 성사될 수 있었다. 최종적으로, 신랑의 가족은 청혼으로 신부의 가족에게 선물을 보내곤 했다. 결혼식 당일에는 신부측 일행이 결혼식이 진행되는 신랑의 집으로 걸어가곤 했다.

> 지문에 따르면, 고대 중국의 커플은 그들의 생년월일이 잘 맞기만 하면 결혼에 걸맞다고 여겨졌다.

①그들의 생년월일이 잘 맞기
② 그들의 부모가 그들을 소개하기
③ 신랑이 좋은 선물을 살 형편이 되기
④ 신부의 가족이 신랑을 고르기

해설　고대 중국의 커플이 결혼하기에 걸맞다고 여겨졌던 조건이 무엇인지를 파악하는 문제입니다. 지문 중간에서 소개받은 두 남녀의 생년월일이 서로 잘 맞으면 결혼이 성사될 수 있었다고 했습니다. 따라서 고대 중국의 커플은 '그들의 생년월일이 잘 맞기'만 하면 결혼에 걸맞다고 여겨졌으므로, ①번이 정답입니다.

어휘　complicated 톙 복잡한　typically 閉 일반적으로　bride 뗑 신부　potential 톙 가능성이 있는　match 통 맞다, 어울리다
take place 일어나다, 발생하다　groom 뗑 신랑　proposal 뗑 청혼, 제안　party 뗑 일행, 파티　hold 통 (식을) 거행하다, 잡고 있다
fit 통 걸맞다

구문　*　would 동사원형　～하곤 했다
독해　would search for a bride에는 과거의 불규칙적인 습관을 나타내는 'would 동사원형'이 사용되어, '신부를 찾아 다니곤 했다'
　　라고 해석합니다.

　　**　부사절 접속사 once가 이끄는 절이 문장을 꾸며주는 수식어인 경우　일단 주어가 동사하면
　　Once the parents ～ the woman은 앞에 있는 문장을 꾸며주는 수식어입니다. 이처럼 부사절 접속사 once가 이끄는 절이
　　문장을 꾸며주는 수식어인 경우, '일단 주어가 동사하면'이라고 해석합니다.

03 다음 글에 의하면, 비만인 사람들이 식욕을 조절하지 못하는 이유로 가장 적절한 것은?

According to doctor Jeffrey Friedman, / obesity should be
의사 Jeffrey Friedman에 의하면 비만은 여겨져야 한다

viewed / as *not simply a behavioral problem / but also a genetic
단순히 행동의 문제가 아니라 유전적인 것으로도

one. This new way / of viewing the obesity problem / is due to
이 새로운 방식은 비만 문제를 보는

the discovery of leptin. Leptin is a chemical / in the brain /
렙틴의 발견 덕분이다 렙틴은 화학 물질이다 뇌에 있는

that controls appetite / and makes people feel satisfied / with
식욕을 조절하는 그리고 사람이 만족을 느끼게 하는

smaller amounts of food. Friedman determined / that most
적은 양의 음식으로 Friedman은 밝혀냈다

overweight people / have low amounts of leptin. Their low leptin
비만인 사람의 대부분이 적은 양의 렙틴을 가지고 있다는 것을 그들의 낮은 렙틴 수치는

levels / cause them to crave food / and to continue eating / after
그들이 음식을 갈망하게 한다 그리고 계속 먹게 한다

their stomachs are full. Doctors are hopeful / that increasing
그들의 배가 부른 후에 의사들은 기대하고 있다 렙틴 수치를 높이는 것이

leptin levels / in obese people / will help them / **control their
비만인 사람들의 그들을 도울 것이라고 그들의 식욕을

appetites / and lose weight.
조절하게 그리고 체중을 줄이게

① lack of self-control
② deficiency of a chemical
③ insufficient appetite for food
④ history of bad eating habits

의사 Jeffrey Friedman에 의하면, 비만은 단순히 행동의 문제가 아니라 유전적인 문제로도 여겨져야 한다. 비만 문제를 보는 이 새로운 방식은 렙틴이 발견된 덕분이다. 렙틴은 식욕을 조절하고 적은 양의 음식으로도 사람이 만족을 느끼게 하는 뇌에 있는 화학 물질이다. Friedman은 비만인 사람의 대부분이 렙틴을 적게 가지고 있다는 것을 밝혀냈다. 그들은 낮은 렙틴 수치로 인해 음식을 갈망하게 되고 배가 부른 후에도 계속 먹게 된다. 의사들은 비만인 사람들의 렙틴 수치를 높이는 것이 그들의 식욕을 조절하고 체중을 줄이게 도울 것이라고 기대하고 있다.

① 자제력 부족
② 화학 물질의 결핍
③ 음식에 대한 불충분한 식욕
④ 나쁜 식습관의 내력

해설 비만인 사람들이 식욕을 조절하지 못하는 이유가 무엇인지를 파악하는 문제입니다. 지문 중간에서 비만인 사람 대부분은 식욕을 조절하고 적은 양의 음식으로도 만족을 느끼게 하는 화학 물질인 렙틴의 수치가 낮다는 것을 밝혀낸 연구 결과를 알려 주고 있습니다. 따라서 비만인 사람들이 식욕을 조절하지 못하는 것은 렙틴이라는 '화학 물질의 결핍' 때문이므로, ②번이 정답입니다.

어휘 obesity [명] 비만 behavioral [형] 행동의 genetic [형] 유전의 chemical [명] 화학 물질 appetite [명] 식욕, 욕구
overweight [형] 비만의, 과체중의 crave [동] 갈망하다 self-control [명] 자제력 deficiency [명] 결핍 insufficient [형] 불충분한

[구문 독해]

* **not A but B** A가 아니라 B

not simply ~ a genetic one에는 'not A(simply a behavioral problem) but B(a genetic one)'가 사용되어, '단순히 행동의 문제가 아니라 유전적인 문제'라고 해석합니다.

** **동사원형이 목적격 보어인 경우** ~하게

control their appetites와 lose weight는 목적어 them을 보충 설명해 주는 목적격 보어입니다. 이처럼 동사원형이 목적격 보어인 경우, '~하게'라고 해석합니다.

04 다음 글의 빈칸에 들어갈 말로 가장 적절한 것은?

Most drivers / these days / can hardly reach their destinations /
운전자의 대부분   요즘의   그들의 목적지에 도착하기가 무척 어렵다

without the aid of GPS navigation. Modern GPS navigation
          GPS 내비게이션의 도움이 없으면   현대 GPS 내비게이션 시스템은

systems / are highly advanced devices / that are able to
          고도로 진보한 장치들이다   제공할 수 있는

provide / ongoing updates / on traffic conditions, / in addition to
          계속되는 업데이트를   교통 상황에 대해   지도로 나타내는 것에 더해

mapping / multiple sets of directions. Moreover, / GPS systems
          여러 경로를   게다가   GPS 시스템은

can indicate / which lane the vehicle must be in / to make a
보여줄 수 있다   어느 차선에 자동차가 있어야 하는지

necessary turn / at a junction. This is particularly helpful / for
필요한 회전을 하기 위해   교차로에서   이것은 특히 도움이 된다

urban drivers / *when used / with the 3D building view mode.
도시의 운전자들에게   사용될 때   3D 빌딩 뷰 모드와 함께

Safety and convenience features, / like voice command, / allow
          안전과 편의 기능   음성 명령과 같은

for hands-free control of the device / and allow users / **to keep
장치를 손을 쓰지 않고 조종하게 해준다   그리고 사용자들이 ~하게 해준다

their full attention / on the road / when driving.
그들이 주의를 집중하게   도로에   운전할 때

> A feature of current GPS navigation systems not mentioned
> by the author is <u>local building search</u>.

① voice activated controls
② multiple route options
③ traffic lane guidance
④ local building search

요즘의 운전자 대부분은 GPS 내비게이션의 도움이 없으면 목적지까지 도착하기 무척 어려워한다. 현대 GPS 네비게이션 시스템은 여러 경로를 지도로 보여주는 것에 더해, 교통 상황에 대해 계속되는 업데이트를 제공할 수 있는 고도로 진보한 장치이다. 게다가 GPS 시스템은 교차로에서 필요한 회전을 하기 위해 자동차가 어느 차선에 있어야 하는지 보여줄 수 있다. 이것은 특히 3D 빌딩 뷰 모드와 함께 사용될 때 도시의 운전자들에게 도움이 된다. 음성 명령 같은 안전과 편의 기능은 손을 쓰지 않고 장치를 조종하게 해주어, 사용자들이 운전할 때 도로에 주의를 집중하게 해준다.

> 저자에 의해 언급되지 않은 현재의 GPS 내비게이션 시스템의 특징은 <u>지역 건물 검색</u>이다.

① 음성 인식 제어
② 여러 노선 안
③ 교통 차선 안내
④ 지역 건물 검색

해설 현재의 GPS 네비게이션 시스템의 특징으로 언급되지 않은 것이 무엇인지 파악하는 문제입니다. 지문 전반에 걸쳐 현대 GPS 네비게이션 시스템은 음성 명령 기능으로 손을 쓰지 않고도 조종할 수 있게 해주고, 여러 경로를 제시해 줄 수 있으며, 어느 차선에 있어야 하는지 보여줄 수 있다고 했습니다. GPS 네비게이션 시스템의 특징으로 3D 빌딩 뷰 모드를 사용할 수 있다고는 했지만 '지역 건물 검색'에 대해서는 언급되지 않았으므로, ④번이 정답입니다.

어휘 destination 명 목적지 advanced 형 진보한, 선진의 ongoing 형 계속 진행 중인 map 동 지도로 나타내다 명 지도
indicate 동 보여주다 lane 명 차선 junction 명 교차로, 나들목 urban 형 도시의 convenience 명 편의 command 명 명령
control 동 조종, 제어 activate 동 작동시키다, 활성화하다 guidance 명 안내

구문독해 * **'접속사 when + 과거분사'가 쓰인 분사구문이 문장을 꾸며주는 수식어인 경우** ~될 때
when used ~ mode는 앞에 있는 문장을 꾸며주는 수식어입니다. 이처럼 '접속사 when + 과거분사'가 쓰인 분사구문이 문장을 꾸며주는 수식어인 경우, '~될 때'라고 해석합니다.

** **to 부정사가 목적격 보어인 경우** ~하게
to keep ~ driving은 목적어 users를 보충 설명해 주는 보어입니다. 이처럼 to 부정사가 목적격 보어인 경우, '~하게'라고 해석합니다.

05 다음 글을 읽고 바이에른 축제의 특징으로 언급되지 않은 것을 고르면?

Thousands of people will come / to the US town of Frankenmuth,
수천 명의 인원이 올 것이다 / 미국 미시간 주의 도시 Frankenmuth에
Michigan, / for next week's Bavarian Festival. The event gives
다음 주의 바이에른 축제를 위해 / 축제는 방문객들에게
visitors / a chance / *to enjoy German culture / without traveling
준다 / 기회를 / 독일 문화를 즐길 / 유럽으로 여행가지 않고도
to Europe. Guests can learn basic German phrases, / eat
방문객들은 기본적인 독일어 표현을 배울 수 있다
traditional German food, / and purchase homemade arts and
독일 전통 음식을 먹을 수 있다 / 그리고 수제 예술품과 공예품을 구입할 수 있다
crafts / from the Bavaria region of Germany. Each evening will
독일의 바이에른 지역에서 온 / 매일 저녁은
feature / music performances by bands / **that play traditional
특별히 포함할 것이다 / 밴드의 음악 공연을 / 전통 바이에른 민속 음악을 연주하는
Bavarian folk music. The festival is held / only once a year, / so it
이 축제는 열린다 / 일 년에 한 차례만
is a rare opportunity / to experience German culture firsthand.
그래서 이것은 드문 기회이다 / 독일 문화를 직접 경험할 수 있는

① handmade items produced in Bavaria
② traditional German music acts
③ food from many European countries
④ lessons on the German language

수천 명의 인원이 다음 주의 바이에른 축제를 위해 미국 미시간 주의 도시 Frankenmuth에 올 것이다. 축제는 방문객들에게 유럽으로 여행가지 않고도 독일 문화를 즐길 기회를 준다. 방문객들은 기본적인 독일어 표현을 배우고, 독일 전통 음식을 먹고, 독일의 바이에른 지역에서 온 수제 미술품과 공예품을 구입할 수 있다. 매일 저녁에는 전통 바이에른 민속 음악을 연주하는 밴드의 음악 공연이 특별히 포함될 것이다. 이 축제는 일 년에 한 차례만 열리므로, 독일 문화를 직접 경험할 수 있는 드문 기회이다.

① 바이에른에서 생산된 수공예품
② 전통 독일 음악 공연 그룹
③ 여러 유럽 나라에서 온 음식
④ 독일어에 관한 수업

해설 바이에른 축제의 특징으로 언급되지 않은 것이 무엇인지를 파악하는 문제입니다. 지문 전반에 걸쳐 바이에른 축제에서는 독일 바이에른 지역에서 온 수제 미술품과 공예품을 구입할 수 있고, 매일 저녁 바이에른의 전통 민속 음악 공연을 볼 수 있고, 기본적인 독일어 표현도 배울 수 있다고 했습니다. 또한 바이에른 축제의 특징으로 전통 독일 음식을 먹을 수 있다고는 했지만, '여러 유럽 나라에서 온 음식'은 언급되지 않았으므로, ③번이 정답입니다.

어휘 homemade [형] 수제의 craft [명] 공예 feature [동] 특별히 포함하다 folk [형] 민속의 rare [형] 드문, 진귀한 firsthand [부] 직접 act [명] (음악) 공연 그룹

[구문독해] * **to 부정사가 명사를 꾸며주는 수식어인 경우** ~할

to enjoy ~ Europe은 앞에 있는 a chance를 꾸며주는 수식어입니다. 이처럼 to 부정사가 명사를 꾸며주는 수식어인 경우, '~할'이라고 해석합니다.

** **주격 관계대명사(that)가 이끄는 절이 수식어인 경우** 동사하는

that play traditional Bavarian folk music은 앞에 있는 bands를 꾸며주는 수식어입니다. 이처럼 주격 관계대명사(that)가 이끄는 절이 수식어인 경우, '동사하는'이라고 해석합니다.

06 다음 글의 빈칸에 들어갈 말로 가장 적절한 것은?

*Have you ever wondered / what causes the northern lights /
당신은 궁금해해본 적이 있는가 무엇이 북극광의 원인이 되는지

that illuminate the night sky / in extraordinary colors? This
밤하늘을 밝히는 놀라운 색깔로

beautiful phenomenon of science / can be seen in the skies /
이 아름다운 과학 현상은 하늘에서 볼 수 있다

near the North Pole / and its origins can be attributed / to the
북극 근처의 그리고 그 원인을 ~으로 돌릴 수 있다 태양으로

Sun. First of all, / the Sun constantly emits particles / **known
우선 태양은 끊임없이 입자를 방출한다

as electrons / throughout the solar system, / and Earth's
전자라고 알려진 태양계 도처에 그리고 지구의

magnetic field / pulls some of these particles / into the planet's
자기장은 이러한 입자의 일부를 끌어당긴다 지구의 대기로

atmosphere. Once they hit the atmosphere, / the electrons from
그것들이 대기에 부딪치면 태양에서 온 전자는

the Sun / collide with atoms of gases / such as oxygen,
기체 원자들과 충돌한다

nitrogen, and hydrogen. These collisions cause a colored glow /
산소, 질소 그리고 수소와 같은 이러한 충돌은 색깔 있는 불빛이 ~하게 한다

to appear in the sky.
하늘에 나타나게

> According to the passage, the northern lights are a result of matter from the Sun entering the atmosphere.

① reactions between different gas molecules
② disturbances in the planet's magnetic field
③ sunlight being reflected through the solar system
④ matter from the Sun colliding with the atmosphere

놀라운 색깔로 밤하늘을 밝히는 북극광의 원인이 무엇인지 궁금해해본 적이 있는가? 이 아름다운 과학 현상은 북극 근처 하늘에서 볼 수 있으며 그 원인을 태양에서 찾을 수 있다. 우선 태양은 전자라고 알려진 입자를 태양계 도처에 끊임없이 방출하는데, 지구의 자기장은 이러한 입자의 일부를 지구의 대기로 끌어당긴다. 그것들이 대기에 부딪치면, 태양에서 온 전자는 산소, 질소, 수소 같은 기체 원자들과 충돌한다. 이러한 충돌은 색깔 있는 불빛이 하늘에 나타나게 한다.

> 지문에 따르면, 북극광은 대기와 충돌하는 태양으로부터 온 물질의 결과이다.

① 서로 다른 기체 분자 간의 반응
② 지구 자기장에서의 교란
③ 태양계에 걸쳐 반사되는 햇빛
④ 대기와 충돌하는 태양으로부터 온 물질

해설 북극광이 무엇의 결과인지를 파악하는 문제입니다. 지문 마지막에서 태양에서 온 전자가 대기의 기체 원자와 충돌한 결과로 색깔 있는 불빛인 북극광이 하늘에 나타난다고 했습니다. 따라서 북극광은 '대기와 충돌하는 태양으로부터 온 물질'의 결과이므로, ④번이 정답입니다.

어휘 nothern lights 북극광, 오로라 illuminate [동] 밝히다 extraordinary [형] 놀라운, 비범한 emit [동] 방출하다, 내뿜다 particle [명] 입자 electron [명] 전자 magnetic field 자기장 atmosphere [명] 대기 collide [동] 충돌하다, 부딪치다 atom [명] 원자 glow [명] 불빛 [동] 빛나다 reaction [명] 반응 molecule [명] 분자 disturbance [명] 교란, 방해 reflect [동] 반사하다

[구문독해] * 동사가 'have 동사 + p.p.'인 경우 ~해본 적이 있다
have wondered는 'have 동사 + p.p.' 형태의 동사로, '~해본 적이 있다'라고 해석합니다.

** 과거분사가 명사를 꾸며주는 수식어인 경우 ~되어진
known as electrons는 앞에 있는 particles를 꾸며주는 수식어입니다. 이처럼 과거분사가 명사를 꾸며주는 수식어인 경우, '~되어진'이라고 해석합니다.

07 다음 글에 의하면, 가공되지 않은 초콜릿의 이점으로 언급되지 않은 것은?

It is commonly assumed / *that chocolate is unhealthy / because
일반적으로 생각된다 초콜릿이 건강에 해롭다고 그것이
it is sold / as a sugary snack. Unprocessed chocolate, / however, /
팔리기 때문에 단 과자로 가공되지 않은 초콜릿은 하지만
is full of nutrients. Studies claim / that it slows aging / and
영양소로 가득 차 있다 연구들은 주장한다 그것이 노화를 늦춘다고
reduces the risk of heart disease. Although unprocessed
그리고 심장병의 위험을 줄인다고 가공되지 않은 초콜릿이
chocolate is made / from the same cocoa beans / that processed
만들어짐에도 불구하고 같은 카카오 씨로
chocolate is made from, / the beans are not roasted, / which
가공된 초콜릿이 만들어지는 씨는 볶이지 않는다
preserves the antioxidants and vitamins / within them / that
이것은 항산화제와 비타민을 보존한다 그것들 안의
make them so healthy. Moreover, / unprocessed chocolate is a
그것들을 건강에 그렇게 좋게 만드는 게다가 가공되지 않은 초콜릿은
natural antidepressant / that can actually improve people's
천연 항우울제이다 사람들의 기분을 실제로 나아지게 할 수 있는
moods. Those / **who are serious / about their health / may well
사람들 진지한 그들의 건강에 대해 아마도
want to consider / choosing unprocessed chocolate / as their
고려하고 싶을 것이 당연하다 가공되지 않은 초콜릿을 선택하는 것을
next dessert.
그들의 다음번 디저트로

① It is rich in nutrients.
② It is used in antidepressants.
③ It helps delay aging.
④ It helps prevent heart conditions.

초콜릿은 단 과자로 팔리기 때문에 일반적으로 건강에 해롭다고 생각된다. 하지만 가공되지 않은 초콜릿은 영양소로 가득 차 있다. 연구들은 초콜릿이 노화를 늦추고 심장병의 위험을 줄인다고 주장한다. 가공되지 않은 초콜릿은 가공된 초콜릿을 만드는 것과 같은 카카오 씨로 만들어지지만, 카카오 씨를 볶지 않는데, 이 과정은 씨 안에 들어 그것을 건강에 그렇게 좋게 만드는 항산화제와 비타민을 보존한다. 게다가 가공되지 않은 초콜릿은 사람의 기분을 실제로 나아지게 할 수 있는 천연 항우울제이다. 자신의 건강에 대해 진지한 사람들은 아마 다음번 디저트로 가공되지 않은 초콜릿을 선택하는 것을 고려하고 싶을 것이 당연하다.

① 영양소가 풍부하다.
② 항우울제에 사용된다.
③ 노화를 늦추는 것을 돕는다.
④ 심장 질환 예방을 돕는다.

해설 가공되지 않은 초콜릿의 이점으로 언급되지 않은 것을 파악하는 문제입니다. 지문 전반에 걸쳐 가공되지 않은 초콜릿은 노화를 늦추고, 심장병의 위험을 줄이며, 카카오 씨를 볶지 않고 만들어 항산화제와 비타민이 보존되어 있다고 했습니다. 또한 가공되지 않은 초콜릿이 천연 항우울제로서 사람의 기분을 나아지게 한다고는 했지만, '항우울제에 사용된다'라고는 하지 않았으므로 ②번이 정답입니다.

어휘 assume [동] (사실이라고) 생각하다, 추정하다 sugary [형] 단, 설탕이 든 unprocessed [형] 가공되지 않은 nutrient [명] 영양소 aging [명] 노화 roast [동] 볶다, 굽다 antioxidant [명] 항산화제 antidepressant [명] 항우울제 delay [동] 늦추다 heart condition 심장 질환

구문독해

* **that이 이끄는 명사절이 목적어인 경우** 주어가 동사하다고

that chocolate ~ snack은 동사 is assumed의 목적어입니다. 이처럼 that이 이끄는 명사절이 목적어인 경우, '주어가 동사하다고'라고 해석합니다.

** **주격 관계대명사(who)가 이끄는 절이 수식어인 경우** 동사한

who are ~ health는 앞에 있는 Those를 꾸며주는 수식어입니다. 이처럼 주격 관계대명사(who)가 이끄는 절이 수식어인 경우, '동사한'이라고 해석합니다.

08 다음 글의 빈칸에 들어갈 말로 가장 적절한 것은?

If we want to improve / our country's financial situation, / we need to address the issue / of income tax refunds. Providing larger income tax refunds / can aid / not only companies but also consumers. Research shows / that many people increase their spending / after receiving an income tax refund, / *putting money back / into the economic cycle. Consumers benefit / from being able to purchase more goods / that they need, / while the increased spending / results in greater profits / for companies. In addition, / the government uses the income / that it collects from consumer purchases / to fund social programs / that help create employment. **Giving people / more tax money back / at the end of the year, / therefore, / is a great way / to give the economy a boost.

(우리가 개선하고 싶다면 / 우리의 국가의 재정 상황을 / 우리는 문제를 고심해 보아야 한다 / 소득세 환불금의 / 더 많은 소득세 환불금을 제공하는 것은 / 도울 수 있다 / 기업뿐만 아니라 소비자도 / 연구는 보여준다 / 많은 사람이 그들의 소비를 늘린다는 것을 / 소득세 환불금을 받은 후에 / 그래서 돈을 다시 제자리에 갖다 놓는다 / 경기 순환으로 / 소비자는 이익을 얻는다 / 더 많은 상품을 살 수 있게 되는 것으로부터 / 그들이 필요한 / 늘어난 소비는 ~하는 한편 / 더 큰 이익이 된다 / 기업에게 / 게다가 / 정부는 그 수입을 사용한다 / 소비자 구매로부터 걷어들이는 / 사회 프로그램을 지원하기 위해 / 일자리를 만드는 데 돕는 / 사람들에게 돌려주는 것은 / 더 많은 세금을 / 연말에 / 따라서 / 좋은 방법이다 / 경제에 활력을 불어넣는)

> According to the passage, increasing income tax refunds benefits companies because people use this money to shop.

① people use this money to shop
② they improve local economies
③ more job programs can be funded
④ people buy fewer expensive goods

우리가 국가 재정 상황을 개선하고 싶다면, 우리는 소득세 환불금 문제를 고심해 보아야 한다. 더 많은 소득세 환불금을 제공하는 것은 기업뿐만 아니라 소비자도 도울 수 있다. 연구는 많은 사람이 소득세 환불금을 받은 후에 소비를 늘려서 돈을 다시 경기 순환으로 제자리에 갖다 놓는다는 것을 보여준다. 소비자는 필요한 상품을 더 많이 살 수 있게 되어 이익을 얻는 한편, 늘어난 소비는 기업에게 더 큰 이익이 된다. 게다가 정부는 소비자 구매로부터 걷어들이는 수입을 일자리를 만드는 데 돕는 사회 프로그램을 지원하기 위해 사용한다. 따라서 사람들에게 연말에 더 많은 세금을 돌려주는 것은 경제에 활력을 불어넣는 좋은 방법이다.

> 지문에 따르면, 소득세 환불금을 늘리는 것은 사람들이 그 돈을 쇼핑하는 데 사용하기 때문에 기업에게 도움이 된다.

① 사람들이 그 돈을 쇼핑하는 데 사용하기
② 지역의 경제를 향상시키기
③ 더 많은 일자리 프로그램이 지원받을 수 있기
④ 사람들이 비싼 상품을 더 적게 사기

해설 소득세 환불금을 늘리는 것이 기업에게 도움이 되는 이유를 파악하는 문제입니다. 지문 중간에서 사람들은 소득세 환불금을 받고 나서 소비를 늘리기 때문에 기업에게 더 큰 이익이 된다는 연구 결과를 보여주고 있습니다. 따라서 소득세 환불금을 늘리는 것은 '사람들이 그 돈을 쇼핑하는 데 사용하기' 때문에 기업에게 도움이 되므로, ①번이 정답입니다.

어휘 financial [형] 재정의 address [동] (문제 등에 대해) 고심하다 [명] 주소 refund [명] 환불금 aid [동] 돕다 consumer [명] 소비자 economic [형] 경기의, 경제의 cycle [명] 순환, 주기 fund [동] 지원하다, 자금을 대다 employment [명] 일자리, 고용 boost [명] (신장시키는) 힘 [동] 북돋우다

[구문 독해]

* **분사구문이 문장을 꾸며주는 수식어인 경우** 그래서 (그 결과) ~하다

putting money ~ cycle은 앞에 있는 문장을 꾸며주는 수식어입니다. 이처럼 분사구문이 문장을 꾸며주는 수식어인 경우, 문맥에 따라 '그래서 (그 결과) ~하다', '~할 때', '~하면' 등 다양한 의미로 해석이 가능한데, 이 경우에는 '그래서 (그 결과) ~하다'라고 해석하는 것이 자연스럽습니다.

** **동명사가 주어인 경우** ~하는 것은

Giving ~ the year는 주어입니다. 이처럼 동명사가 주어인 경우, '~하는 것은'이라고 해석합니다.

p.132

01 ②	**02** ②	**03** ③	**04** ④	**05** ③	**06** ③	**07** ④	**08** ④
09 ③	**10** ②	**11** ①	**12** ③				

01 다음 글의 빈칸에 들어갈 가장 적절한 것을 고르시오.

Gun violence has always been / a serious problem / in the
총기 관련 범죄는 언제나 ~였다   심각한 문제

United States. In particular, / school shootings / and other
미국에서   특히   교내 총격 사건

incidents of gun violence / among youth / have occurred *more
그리고 다른 총기 폭력 사건은   청소년 사이에서의   이곳에서 더 자주 일어났다

frequently here / than anywhere else / in the world. For this
                  다른 어느 곳보다도   세계의

reason, / gun control has become a major issue / to the
이러한 이유로   총기 규제법은 주요 쟁점이 되었다

American public. In a recent survey, / 60 percent of American
미국 국민에게   최근의 한 조사에서   미국인의 60퍼센트는 생각했다

citizens felt / that guns should be harder to purchase. **That is
              총기가 구입하기 더 어려워져야 한다고   이것이

why / the government is trying / to gain approval / for new,
~한 이유이다   정부가 노력하는   동의를 얻으려고

more restrictive gun laws, / despite the controversy / such an
더 제한적인 새 총기 규제법에 대한   논란에도 불구하고

action will create.
그러한 조치가 불러일으킬

① less popular
② a major issue
③ relevant only
④ a unifying topic

총기 관련 범죄는 미국에서 언제나 심각한 문제였다. 특히, 교내 총격 사건과 청소년 사이에서의 다른 총기 폭력 사건은 세계의 다른 어느 곳보다도 미국에서 더 자주 일어났다. 이러한 이유로, 총기 규제법은 미국 국민에게 <u>주요 쟁점</u>이 되었다. 최근의 한 조사에서, 미국인의 60퍼센트는 총기가 구입하기 더 어려워져야 한다고 생각했다. 이것이 정부가 그러한 조치가 불러일으킬 논란에도 불구하고 더 제한적인 새 총기 규제법에 대한 동의를 얻으려고 노력하는 이유이다.

① 덜 인기 있는
② 주요 쟁점
③ ~만 관련된
④ 통일된 주제

해설 지문의 빈칸을 채우는 문제입니다. 빈칸이 있는 문장을 통해 빈칸에 총기 규제법이 미국 국민에게 어떤 것이 되었는지에 대한 내용이 나와야 적절하다는 것을 알 수 있습니다. 지문 전반에 걸쳐 미국 국민에게 총기 관련 사안들이 논란이 되고 있다는 것을 보여주고 있으므로, '주요 쟁점'이라고 한 ②번이 정답입니다.

어휘 shooting 圆 총격 violence 圆 폭력 survey 圆 조사 图 조사하다 purchase 图 구입하다 approval 圆 동의, 인정
restrictive 圆 제한적인 controversy 圆 논란 action 圆 조치, 행동 relevant 圆 관련된 unifying 圆 통일된, 통합하는

구문독해 * **비교급 + than anywhere** 다른 어느 곳보다도 더 ~한
more frequently ~ in the world에는 최상급을 나타내는 '비교급 + than anywhere'가 사용되어, '세계의 다른 어느 곳보다도 이곳에서 더 자주'라고 해석합니다.

** **That is why ~** 이것이 ~한 이유이다
That is why ~ will create에는 결과를 나타내는 'That is why ~'가 사용되어 '이것이 정부가 그러한 조치가 불러일으킬 논란에도 불구하고 더 제한적인 새 총기 규제법에 대한 동의를 얻으려고 노력하는 이유이다'라고 해석합니다 .

02 의미상 밑줄 친 부분에 들어갈 가장 적절한 것은?

The Grand Canyon *is considered a natural wonder, / and for
그랜드 캐니언은 자연의 불가사의로 여겨진다   그리고

good reason. Its unusual terrain / and the beautiful colors / of
그만한 이유가 있다   그것의 독특한 지형   그리고 아름다운 색

its rock formations / are like nothing else / in the world. I'm also
그것의 암층의   그 무엇과도 같지 않다   세상에 있는

amazed / by the enormous size of the canyon. It is 277 miles
나는 또한 놀랐다   그랜드 캐니언의 거대한 크기에   277마일 길이이다

long / and its width varies / between 4 and 18 miles. It is also
그리고 그것의 폭은 다양하다   4마일에서 18마일 사이로

over 1 mile deep, / which is almost unheard of. But don't take /
그것은 또한 1마일 이상의 깊이이다   이것은 거의 전례가 없다   하지만 받아들이지 말아라

the word of a scientist / **to understand / how remarkable the
과학자 한 명의 말을   알기 위해   그랜드 캐니언이 얼마나 놀라운지

Grand Canyon is. You simply need to see it / for yourself.
                        당신은 정말 그것을 봐야 한다   직접

① calming
②remarkable
③ ancient
④ accessible

그랜드 캐니언이 자연의 불가사의로 여겨지는 데는 그만한 이유가 있다. 그것의 독특한 지형과 암층의 아름다운 색은 세상의 그 무엇과도 비교할 수 없다. 나는 그랜드 캐니언의 거대한 크기에도 놀랐다. 그랜드 캐니언은 길이가 277마일이고 폭은 4마일에서 18마일로 다양하다. 그 깊이 또한 1마일 이상인데 이것은 거의 전례가 없다. 하지만 그랜드 캐니언이 얼마나 놀라운지 알기 위해 과학자 한 명의 말을 받아들이지 말아라. 당신은 정말 그것을 직접 봐야 한다.

① 침착한
②놀라운
③ 고대인
④ 접근 가능한

해설 지문의 빈칸을 채우는 문제입니다. 빈칸이 있는 문장을 통해 빈칸에 그랜드 캐니언의 어떤 점을 알기 위해 과학자 한 명의 말을 받아들이지 말라는 것인지에 대한 내용이 나와야 적절하다는 것을 알 수 있습니다. 지문 전반에 걸쳐 화자가 그랜드 캐니언의 독특한 지형과 전례 없는 규모에 놀랐다는 것을 설명하고 있으므로, '놀라운'이라고 한 ②번이 정답입니다.

어휘 wonder 圓 불가사의, 경탄   terrain 圓 지형, 지역   formation 圓 형성물, 형성   amazed 圈 놀란   vary 圖 다양하다
unheard of 전례가 없는   simply 图 정말, 간단히   ancient 圈 고대의

 * 동사가 'be 동사 + p.p.'인 경우   ~해지다
is considered는 'be 동사 + p.p.' 형태의 동사로, '~해지다'라고 해석합니다.

** to 부정사가 동사를 꾸며주는 수식어인 경우   ~하기 위해
to understand ~ is는 앞에 있는 don't take를 꾸며주는 수식어입니다. 이처럼 to 부정사가 동사를 꾸며주는 수식어인 경우, '~하기 위해'라고 해석합니다.

03 밑줄 친 부분에 공통으로 들어갈 말로 가장 적절한 것은?

In many ways, / Ancient Egyptian men and women had / an
여러모로   고대 이집트 남성과 여성은 가졌다

equal amount of influence. In fact, / women were considered
동일한 양의 영향력을   사실   여성은 똑같다고 여겨졌다

identical / to men / under the law. Like men, / they could own
똑같은   남성과   법 아래서   남성과 같이   그들은 토지를 소유할 수 있었다

land / and sit on juries. They could also be punished / under the
그리고 배심원이 될 수 있었다   그들은 또한 처벌받을 수 있었다   법 아래서

law / *as severely as males. In some cases, / women achieved
      남성들만큼 혹독하게   어떤 경우에는   여성은

the status of Pharaoh, / the most powerful office in Egypt.
파라오의 지위에 올랐다   이집트에서 가장 영향력 있는 공직인

Today, / women / **living in male-dominated societies / can gain
오늘날   여성들은   남성이 지배하는 사회에 사는

inspiration / from Ancient Egyptian women / as they struggle /
영감을 얻을 수 있다   고대 이집트 여성들로부터   그들이 애쓰고 있으므로

to become equal to men.
남성과 동일해지려고

① unusual
② fixed
③ equal
④ limited

여러모로, 고대 이집트 남성과 여성은 동일한 양의 영향력을 가졌다. 사실, 여성은 법 아래서 남성과 똑같다고 여겨졌다. 남성과 같이, 여성은 토지를 소유할 수 있었고 배심원도 될 수 있었다. 그들은 또한 법 아래서 남성만큼 혹독하게 처벌받을 수 있었다. 어떤 경우에는, 여성이 이집트에서 가장 영향력 있는 공직인 파라오의 지위에 오르기도 했다. 오늘날 남성이 지배하는 사회에 사는 여성들은 남성과 동일해지려고 애쓰고 있으므로 고대 이집트 여성을 통해 영감을 얻을 수 있다.

① 특이한
② 확고한
③ 동일한
④ 제한된

해설 지문의 빈칸을 채우는 문제입니다. 첫 번째 빈칸이 있는 문장을 통해 빈칸에 고대 이집트의 남성과 여성의 영향력은 어떠했는지에 대한 내용이, 두 번째 빈칸이 있는 문장을 통해 빈칸에 남성과 비교하여 어떠해지기를 원하는 현대 여성들이 고대 이집트 여성을 보고 영감을 얻을 수 있는지에 대한 내용이 나와야 적절하다는 것을 알 수 있습니다. 지문 전반에 걸쳐 고대 이집트의 여성은 법적으로 남성과 동등한 권리를 가졌다는 것을 설명하고 있으므로, '동일한'이라고 한 ③번이 정답입니다.

어휘 influence 圐 영향력   identical 圀 똑같은, 동일한   jury 圐 배심원단   punish 圄 처벌하다   severely 凨 혹독하게, 심하게
achieve 圄 (명성을) 얻다, 이루다   status 圐 지위, 신분   office 圐 공직, 사무실   dominate 圄 지배하다   inspiration 圐 영감
struggle 圄 애쓰다

구문
독해

* **as ~ as ⋯**   ⋯만큼 ~하게
as severely as males에는 동등함을 나타내는 'as ~ as ⋯'가 사용되어, '남성들만큼 혹독하게'라고 해석합니다.

** **현재분사가 명사를 꾸며주는 수식어인 경우**   ~하는
living in male-dominated societies는 앞에 있는 women을 꾸며주는 수식어입니다. 이처럼 현재분사가 명사를 꾸며주는 수식어인 경우, '~하는'이라고 해석합니다.

04 빈칸에 들어갈 말로 가장 적절한 것을 고르시오.

Today, / cycling is / a popular method of transportation, / but
오늘날 자전거 타기는 ~이다 인기 있는 교통 수단

this has *not always been the case. In the past, / a typical
하지만 항상 그래왔던 것은 아니다 과거에

bicycle had a large front wheel / with pedals / and a small back
자전거는 큰 앞 바퀴가 있었다 페달이 있는 그리고 작은 뒷바퀴가

wheel, / and the cyclist sat up / high off the ground. While this
그리고 자전거 타는 사람은 앉았다 땅에서 높이 떨어져 이 디자인은 ~지만

design / made them very fast, / they were also difficult / to
그것들을 매우 빨리 가게 만들었다 그것들은 또한 어려웠다

control. In fact, / many people crashed / and some were even
조종하기 사실 많은 사람이 충돌했다 그리고 일부는 죽기도 했다

killed. As a result, / many considered cycling / to be a
그 결과 많은 사람은 자전거 타기를 ~으로 여겼다

dangerous sport. All of this changed / when John Kemp Starley
위험한 스포츠로 이 모든 것은 바뀌었다 John Kemp Starley가 도입했을 때

introduced / the modern style of bicycle / in 1885. **Featuring
현대식 자전거를 1885년에

wheels of equal size / and a more practical pedal system, / his
같은 크기의 바퀴를 특징으로 했기 때문에 그리고 더 실용적인 페달 시스템

design proved to be / much more stable and safer / than those
그의 디자인은 ~인 것으로 드러났다 훨씬 더 안정적이고 안전한

of previous models.
이전 기종들의 것들보다

① potential
② casual
③ exotic
④ dangerous

오늘날 자전거 타기는 인기 있는 교통 수단이지만, 항상 그래왔던 것은 아니다. 과거에 전형적인 자전거는 페달이 있는 큰 앞 바퀴와 작은 뒷바퀴가 있었고, 타는 사람은 땅에서 높이 떨어져 앉았다. 이 디자인은 자전거를 매우 빨리 가게 만들었지만 자전거를 조종하는 것 또한 어려웠다. 사실, 많은 사람이 충돌했고 일부는 죽기도 했다. 그 결과, 많은 사람은 자전거 타기를 위험한 스포츠로 여겼다. 이 모든 것은 John Kemp Starley가 1885년에 현대식 자전거를 도입했을 때 바뀌었다. 같은 크기의 바퀴와 더 실용적인 페달 시스템을 특징으로 해서 그의 디자인은 이전 기종들의 디자인보다 훨씬 더 안정적이고 안전한 것으로 드러났다.

① 잠재적인
② 평상시의
③ 이국적인
④ 위험한

해설 지문의 빈칸을 채우는 문제입니다. 빈칸이 있는 문장을 통해 빈칸에 자전거가 어떤 스포츠로 여겨졌는지에 대한 내용이 나와야 적절하다는 것을 알 수 있습니다. 빈칸 앞 문장에 과거의 자전거는 그 디자인 때문에 조종하기 어려웠고 많은 사람이 충돌했다는 내용이 있으므로, '위험한'이라고 한 ④번이 정답입니다.

어휘 method [명] 수단, 방법 transportation [명] 교통, 수송 wheel [명] 바퀴, 핸들 cyclist [명] 자전거 타는 사람 crash [동] 충돌하다 feature [동] 특징으로 삼다 stable [형] 안정적인, 안정된 previous [형] 이전의 casual [형] 평상시의, 가벼운

[구문 독해] * **not always ~** 항상 ~한 것은 아니다

not always been the case에는 부분부정을 나타내는 'not always ~'가 사용되어, '항상 그래왔던 것은 아니다'라고 해석합니다.

** **분사구문이 문장을 꾸며주는 수식어인 경우** ~하기 때문에

Featuring wheels ~ system은 뒤에 있는 문장을 꾸며주는 수식어입니다. 이처럼 분사구문이 문장을 꾸며주는 수식어인 경우, 문맥에 따라 '~하기 때문에', '~할 때', '~하면' 등 다양한 의미로 해석이 가능한데, 이 경우에는 '~하기 때문에'라고 해석하는 것이 자연스럽습니다.

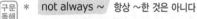

05 빈칸에 들어갈 말로 가장 적절한 것을 고르시오.

Internet bullying is becoming a major concern / in modern
인터넷 괴롭힘은 주요 걱정 거리가 되고 있다 현대 사회에서

society. It can *range / from hostile comments / on social
이것은 범위가 이를 수 있다 악의적인 댓글에서

networking pages / to posting videos or pictures / in order to
소셜 네트워크 페이지의 비디오나 사진을 올리는 것에까지

humiliate another person. Plus, / this type of harassment / is
다른 사람에게 창피를 주기 위해 게다가 이러한 유형의 괴롭힘은

difficult to stop / because the Internet can be accessed / from
저지하기 어렵다 인터넷은 접속 가능하기 때문이다

anywhere. According to recent research, / people are able to
어디서든지 최근의 조사에 따르면 사람들은 사용할 수 있다

use / their smartphones, laptops, / and other web browsing
그들의 스마트폰, 노트북을 그리고 다른 인터넷 검색 장치를

devices / for internet bullying / **whenever they would like.
인터넷 괴롭힘을 하려고 그들이 원할 때는 언제든지

Consequently, / Internet bullying can occur / anywhere and
따라서 인터넷 괴롭힘은 일어날 수 있다

anytime during the day.
하루 중 언제 어디서든

① only at school or in the workplace
② less frequently to children online
③ anywhere and anytime during the day
④ primarily to people who use smartphones

인터넷 괴롭힘은 현대 사회에서 주요 걱정 거리가 되고 있다. 이것은 범위가 소셜 네트워크 페이지의 악의적인 댓글에서 다른 사람에게 창피를 주기 위해 비디오나 사진을 올리는 것에까지 이를 수 있다. 게다가 인터넷은 어디서든지 접속 가능하기 때문에 이러한 유형의 괴롭힘은 저지하기 어렵다. 최근의 조사에 따르면, 사람들은 그들이 원할 때는 언제든지 인터넷 괴롭힘을 하려고 그들의 스마트폰이나 노트북, 다른 인터넷 검색 장치를 사용할 수 있다. 따라서 인터넷 괴롭힘은 하루 중 언제 어디서든 일어날 수 있다.

① 오직 학교나 직장에서
② 온라인상에서 아이들에게는 덜 자주
③ 하루 중 언제 어디서든
④ 주로 스마트폰을 사용하는 사람들에게

해설 지문의 빈칸을 채우는 문제입니다. 빈칸이 있는 문장을 통해 빈칸에 인터넷 괴롭힘이 어떠한 방식으로 일어날 수 있는지에 대한 내용이 나와야 적절하다는 것을 알 수 있습니다. 빈칸 앞 문장에 사람들은 어디에서나 인터넷에 접속할 수 있고 언제든지 여러 가지 인터넷 검색 장치를 사용하여 인터넷 괴롭힘을 할 수 있다는 내용이 있으므로, '하루 중 언제 어디서든'이라고 한 ③번이 정답입니다.

어휘 bullying [명] (약자) 괴롭히기 range [동] 이르다 hostile [형] 악의를 품은, 적대적인 post [동] 올리다, 게시하다 humiliate [동] 창피를 주다 harassment [명] 괴롭힘 device [명] 장치, 기구 primarily [부] 주로

[구문독해] * **range from A to B** 범위가 A에서 B에까지 이르다

range from hostile comments ~ another person에는 'range from A(hostile comments ~ pages) to B(posting videos ~ another person)'가 사용되어, '범위가 소셜 네트워크 페이지의 악의적인 댓글에서 다른 사람에게 창피를 주기 위해 비디오나 사진을 올리는 것에까지 이르다'라고 해석합니다.

** **부사절 접속사 whenever가 이끄는 절이 문장을 꾸며주는 수식어인 경우** 주어가 동사할 때는 언제든지

whenever they would like는 앞에 있는 문장을 꾸며주는 수식어입니다. 이처럼 부사절 접속사 whenever가 이끄는 절이 문장을 꾸며주는 수식어인 경우, '주어가 동사할 때는 언제든지'라고 해석합니다.

06 밑줄 친 부분에 들어갈 가장 적절한 것들로 짝지어진 것을 고르시오.

A man was feeling (A)unhappy. He had / a lot of money and
남자는 불행한 감정을 느끼고 있었다　　그는 가지고 있었다　　많은 돈과 좋은 친구들을

good friends, / but he felt depressed / and wasn't sure why. He
　　　　　　그러나 그는 우울을 느꼈다　　　그리고 그 이유를 알 수 없었다

went to a doctor / and explained / *how he was feeling. "It has
그는 의사에게 갔다　　　그리고 설명했다　　어떻게 그가 느끼고 있는지를

been shown / that helping others / can bring peace of mind / to
밝혀졌습니다　　　다른 사람을 돕는 것이　　평화로운 마음을 가져다 줄 수 있다고

people / who are depressed," / said the doctor. "So why don't
사람들에게　　　우울한　　　　　　　의사가 말했다

you try (B)volunteering?" The man decided / to take the
그러니 자원 봉사를 해 보는 건 어때요　　남자는 결정했다　　의사의 조언을 따르기로

doctor's advice. He helped out / at a local charity / and began
　　　　　　　　그는 도와주었다　　　지역 자선 단체를　　　그리고 일하기 시작했다

**working / for less fortunate people. Before he knew it, / his
　　　　불우한 사람들을 위해　　　　　그가 알아채기도 전에

depression had lifted / and he once again felt / cheerful and
그의 우울증이 사라졌다　　　　그리고 그는 다시 한 번 느꼈다　　　쾌활함과 만족감을

satisfied.

　　(A)　　　　　　(B)
① excited　　　　relaxing
② unhappy　　　relaxing
③ unhappy　　　volunteering
④ excited　　　volunteering

남자는 (A)불행한 감정을 느끼고 있었다. 그에게는 많은 돈과 좋은 친구들이 있었지만, 우울함을 느꼈고 그 이유를 알 수 없었다. 그는 의사에게 가서 그가 어떤 감정을 느끼고 있는지를 설명했다. 의사는 "다른 사람을 돕는 것이 우울한 사람들에게 평화로운 마음을 가져다 줄 수 있다고 밝혀졌습니다."라고 말했다. "그러니 (B)자원 봉사를 해 보는 건 어때요?" 남자는 의사의 조언을 따르기로 결정했다. 그는 지역 자선 단체를 도와주었고 불우한 사람들을 위해 일하기 시작했다. 그가 알아채기도 전에, 그의 우울증이 사라졌고 그는 다시 한 번 쾌활함과 만족감을 느꼈다.

　　(A)　　　　(B)
① 흥분한　　　휴식
② 불행한　　　휴식
③ 불행한　　　자원 봉사
④ 흥분한　　　자원 봉사

해설　지문의 두 개의 빈칸을 채우는 문제입니다. (A)가 있는 문장을 통해 (A)에 남자가 어떤 감정을 느꼈는지에 대한 내용이 나와야 적절하다는 것을 알 수 있습니다. (A)가 있는 문장 뒤에 남자가 우울함을 느끼고 있었다는 내용이 있으므로, '불행한'이 나와야 적절합니다. (B)가 있는 문장을 통해 (B)에 의사가 남자에게 무엇을 권했는지에 대한 내용이 나와야 적절하다는 것을 알 수 있습니다. (B)가 있는 문장 앞에 다른 사람을 돕는 것이 우울한 사람들에게 평화로운 마음을 줄 수 있다는 의사의 설명이 있으므로, '자원 봉사'가 나와야 적절합니다. 따라서 ③번이 정답입니다.

어휘　depressed 휑 우울한　explain 동 설명하다　charity 명 자선 단체　fortunate 휑 운 좋은　depression 명 우울증
　　　lift 동 사라지다, 들어 올리다　satisfied 휑 만족하는

구문　*　의문사 how가 이끄는 절이 목적어인 경우　어떻게 주어가 동사하는지를
독해　　how he was feeling은 동사 explained의 목적어입니다. 이처럼 의문사 how가 이끄는 절이 목적어인 경우, '어떻게 주어가
　　　동사하는지를'라고 해석합니다.

　　**　동명사가 목적어인 경우　~하기
　　　working for less fortunate people은 동사 began의 목적어입니다. 이처럼 동명사가 목적어인 경우, '~하기'라고 해석합니다.

07 다음 밑줄 친 곳에 들어갈 가장 적절한 것을 고르시오.

Buddhism is based on / the teachings of Buddha. Born into 불교는 ~에 근거한다 부처의 가르침에 a royal family, / Buddha spent the beginning of his life / living 왕실에서 태어난 부처는 그의 인생 초기를 보냈다 in luxury. However, / after exploring outside of the palace walls / 호화스럽게 살며 하지만 성벽 바깥을 탐험한 후에 and meeting average people, / it is said / that he changed his 그리고 평민들을 만난 후에 ~라고 한다 그가 그의 생활 방식을 바꾸었다고 lifestyle. For the following seven years, / Buddha experienced 다음 7년 동안 부처는 many hardships / *while searching / for the best way to live. 많은 고난을 겪었다 찾으면서 최상의 삶의 방식을 For example, / he lived in total poverty / and rarely ate / during 예를 들어 그는 완전한 빈곤 속에서 살았다 그리고 거의 먹지 않았다 이 기간에 this time. However, / he eventually gained knowledge / about 하지만 그는 결국 깨달음을 얻었다 the meaning of life / and transformed into the spiritual leader / 삶의 의미에 대한 그리고 정신적 지도자로 탈바꿈했다 **that he is known as today. 오늘날 그가 알려져 있는 ① pleasures ② insights ③ followers ④ hardships	불교는 부처의 가르침에 근거한다. 왕실에서 태어난 부처는 인생 초기를 호화스럽게 살며 보냈다. 하지만 성벽 바깥을 탐험하고 평민들을 만난 후에, 그는 생활 방식을 바꾸었다고 한다. 다음 7년 동안, 부처는 최상의 삶의 방식을 찾으며 많은 고난을 겪었다. 예를 들어, 그는 완전한 빈곤 속에 살았고 이 기간에 거의 먹지 않았다. 하지만 그는 결국 삶의 의미에 대한 깨달음을 얻었고 오늘날 그가 알려져 있는 정신적 지도자로 탈바꿈했다. ① 기쁨 ② 통찰 ③ 추종자 ④ 고난

해설 지문의 빈칸을 채우는 문제입니다. 빈칸이 있는 문장을 통해 빈칸에 부처가 최상의 삶의 방식을 찾으면서 무엇을 겪었는지에 대한 내용이 나와야 적절하다는 것을 알 수 있습니다. 빈칸 뒤 문장에 부처가 7년 동안 빈곤하게 살며 거의 먹지 않았다는 것을 예로 들고 있으므로, '고난'이라고 한 ④번이 정답입니다.

어휘 royal [형] 왕실의, 왕의 explore [동] 탐험하다 palace [명] 궁전, 대저택 poverty [명] 빈곤, 가난 transform [동] 탈바꿈하다, 변형시키다 spiritual [형] 정신적인 hardship [명] 고난

[구문독해] * '접속사 while + 현재분사'가 쓰인 분사구문이 문장을 꾸며주는 수식어인 경우 ~하면서

while searching ~ to live는 앞에 있는 문장을 꾸며주는 수식어입니다. 이처럼 '접속사 while + 현재분사'가 쓰인 분사구문이 문장을 꾸며주는 수식어인 경우, 문맥에 따라 '~하면서', '~하는 한편', '~하는 반면' 등 다양한 의미로 해석이 가능한데, 이 경우에는 '~하면서'라고 해석하는 것이 자연스럽습니다.

** 목적격 관계대명사(that)가 이끄는 절이 수식어인 경우 주어가 동사하는

that he is known as today는 앞에 있는 the spiritual leader를 꾸며주는 수식어입니다. 이처럼 목적격 관계대명사(that)가 이끄는 절이 수식어인 경우, '주어가 동사하는'이라고 해석합니다.

08 밑줄 친 부분에 들어갈 표현으로 가장 적절한 것을 고르시오.

Attention, / South Valley High School students. The last day of
주목해 주십시오 South Valley 고등학교 학생 여러분 종업일은
school / is this Friday, / and the school will be closed / during
이번 주 금요일입니다 그리고 학교는 문을 닫을 것입니다
the subsequent two weeks / for cleaning and repairs. Thus, / we
그 다음 2주 동안 청소와 수리를 위해 그러므로
require / that all lockers get emptied out / before you head
우리는 요청합니다 모든 사물함이 비워질 것을 여러분이 집으로 가기 전에
home / for the summer. Items / *left behind / will be put into a
여름에 물건들은 남겨진 분실물 함에 넣어질 것입니다
lost-and-found bin / in the principal's office / until August 1.
교장실에 있는 8월 1일까지
After that date, / unclaimed items will be thrown away. The
그 날 이후에는 주인이 없는 물건은 버려질 것입니다
school will not be responsible / for any abandoned possessions,
학교는 책임을 지지 않을 것입니다 어떠한 버려진 소지품에 대해서도
so **make sure / to clear your things out completely. Contact
따라서 반드시 ~하도록 하세요 소지품을 완전히 비우도록
the school's secretary / for more information / about when the
학교 교무원에게 연락하세요 자세한 정보를 위해서는
principal's office will be open / to students.
언제 교장실이 열릴 것인지에 대한 학생들에게

① those of you with questions or concerns visit the principal's office
② students help school staff plan for your graduation ceremony
③ you prepare adequately for all of your upcoming final exams
④ all lockers get emptied out before you head home for the summer

South Valley 고등학교 학생 여러분, 주목해 주십시오. 종업일은 이번 주 금요일이고, 학교는 그 다음 2주 동안 청소와 수리를 위해 문을 닫을 것입니다. 그러므로 여름에 집으로 가기 전에 모든 사물함을 비워주실 것을 요청합니다. 남겨진 물건들은 8월 1일까지 교장실 안에 있는 분실물 함에 넣어질 것입니다. 그 날 이후에는, 주인이 없는 물건은 버려질 것입니다. 학교는 어떠한 버려진 소지품에 대해서도 책임이 없으므로 반드시 소지품을 완전히 비워주세요. 언제 교장실이 학생들에게 열릴 것인지에 대한 자세한 정보를 위해서는 학교 교무원에게 연락하세요.

① 질문이나 걱정이 있는 사람은 교장실을 방문하실 것을
② 학생들은 학교 직원이 여러분의 졸업식을 계획하는 것을 도와주실 것을
③ 여러분이 다가오는 모든 기말시험에 대비해 충분히 준비하실 것을
④ 여름에 집으로 가기 전에 모든 사물함을 비워주실 것을

해설 지문의 빈칸을 채우는 문제입니다. 빈칸이 있는 문장을 통해 빈칸에 학교 측에서 학생들에게 무엇을 요청하는지에 대한 내용이 나와야 적절하다는 것을 알 수 있습니다. 빈칸 뒤 문장에 사물함에 남겨진 물건들은 일정 기간 분실물 함에 넣었다가 버릴 예정이므로 반드시 소지품을 완전히 비워달라고 했으므로, '여름에 집으로 가기 전에 모든 사물함을 비워주실 것을' 요청한 ④번이 정답입니다.

어휘 subsequent [형] 그 다음의 empty out 비우다 bin [명] 통, 쓰레기통 principal [명] 교장 unclaimed [형] 주인이 나서지 않는 throw away 버리다 abandon [동] 버리다, 그만두다 possession [명] 소지품, 소유 clear out 비우다 adequately [부] 충분히

[구문 독해] * 과거분사가 명사를 꾸며주는 수식어인 경우 ~되어진

left behind는 앞에 있는 Items를 꾸며주는 수식어입니다. 이처럼 과거분사가 명사를 꾸며주는 수식어인 경우, '~되어진'이라고 해석합니다.

** make sure to ~ 반드시 ~하도록 하다

make sure to clear ~ completely에는 'make sure to ~'가 사용되어, '반드시 소지품을 완전히 비우도록 하다'라고 해석합니다.

09 밑줄 친 부분에 들어갈 표현으로 가장 적절한 것을 고르시오.

Italians have long believed / in the health benefits of olive oil, /
이탈리아 사람들은 오랫동안 믿어왔다   올리브유의 건강상의 이점을

*using it in their cooking / as a basic ingredient / of many
그래서 그것을 그들의 요리에 사용했다   기본적인 재료로써

traditional dishes. According to clinical studies, / it turns out /
많은 전통 음식의   임상 연구에 따르면   ~으로 드러난다

that they were correct. Olive oil contains / monounsaturated
그들이 옳았던 것으로   올리브유는 함유한다   불포화지방산을

fatty acids, / which are good for your body. Unlike saturated
    이것은 우리의 몸에 좋다   포화지방과는 달리

fats, / monounsaturated fats help lower cholesterol, / aiding in
불포화지방은 콜레스테롤 수치를 낮추는 데 일조한다

the prevention of heart disease. For instance, / olive contains
따라서 심장병 예방에 도움이 된다   예를 들어   올리브는

antioxidants / that lower levels of lipoproteins / responsible for
항산화제를 함유한다   리포 단백질 수치를 낮추는

depositing cholesterol / in the arteries. One must not forget /
콜레스테롤이 쌓이게 하는   동맥에   잊어서는 안 된다

**that since olive oil is high in calories, / it should be consumed /
올리브유가 열량이 높기 때문에   그것은 먹어야 한다는 것을

in modest quantities / to maintain its positive effects.
적절한 양으로   그것의 긍정적인 효과를 유지하기 위해

① it was a placebo effect
② it was far from the truth
③ they were correct
④ other foods were healthier

이탈리아 사람들은 올리브유의 건강상의 이점을 오랫동안 믿어와서, 그것을 많은 전통 음식의 기본적인 재료로써 이탈리아 요리에 사용했다. 임상 연구에 따르면, 그들이 옳았던 것으로 드러난다. 올리브유는 불포화지방산을 함유하는데, 이것은 우리 몸에 좋다. 포화지방과는 달리, 불포화지방은 콜레스테롤 수치를 낮추는 데 일조하며, 따라서 심장병 예방에 도움이 된다. 예를 들어, 올리브유에는 동맥에 콜레스테롤이 쌓이게 하는 리포 단백질의 수치를 낮추는 항산화제를 함유한다. 올리브유는 열량이 높기 때문에, 올리브유의 긍정적인 효과를 유지하기 위해서는 적절한 양을 먹어야 한다는 것을 잊어서는 안 된다.

① 그것은 플라시보 효과였던 것
② 그것은 진실과 거리가 멀었던 것
③ 그들이 옳았던 것
④ 다른 음식이 더 건강에 좋았던 것

해설 지문의 빈칸을 채우는 문제입니다. 빈칸이 있는 문장을 통해 임상 연구에서 드러난 것이 무엇이었는지에 대한 내용이 나와야 적절하다는 것을 알 수 있습니다. 빈칸 앞 문장에는 이탈리아 사람들은 오랫동안 올리브유가 건강에 좋다고 믿어왔다는 내용이 있고, 빈칸 뒤 문장에는 올리브유에 몸에 좋은 불포화지방산이 들어있다는 내용이 있으므로, '그들이 옳았던 것'이라고 한 ③번이 정답입니다.

어휘 ingredient 몡 재료   clinical 톙 임상의   aid 통 도움이 되다   prevention 몡 예방   deposit 통 쌓이게 하다, 두다   artery 몡 동맥   consume 통 먹다, 소비하다   modest 톙 적절한   placebo effect 플라시보 효과

[구문독해] * **분사구문이 문장을 꾸며주는 수식어인 경우**   그래서 ~하다
using it ~ dishes는 앞에 있는 문장을 꾸며주는 수식어입니다. 이처럼 분사구문이 문장을 꾸며주는 수식어인 경우, 문맥에 따라 '그래서 (그 결과) ~하다', '~할 때', '~하면' 등 다양한 의미로 해석이 가능한데, 이 경우에는 '그래서 (그 결과) ~하다'라고 해석하는 것이 자연스럽습니다.

** **that이 이끄는 명사절이 목적어인 경우**   주어가 동사하다는 것을
that since olive oil ~ effects는 동사 must not forget의 목적어입니다. 이처럼 that이 이끄는 명사절이 목적어인 경우, '주어가 동사하다는 것을'이라고 해석합니다.

10 다음 글의 문맥상 밑줄 친 부분에 들어갈 가장 적절한 표현은?

Online literary journals are magazines / *consisting of works /
온라인 문학 학술지는 잡지이다   작품으로 이루어진

such as poetry and fiction / that are published on the Internet, /
시나 소설과 같은   인터넷으로 발간되는

and everyone is invited / to contribute to them. In general, /
그리고 누구나 권해진다   그것들에 기고하도록   일반적으로

**publishing literature on websites / is cheaper, easier, and
웹사이트에 문학을 게재하는 것은   더 싸고 쉽고 빠르다

faster / than printing hard copies. These advantages have led /
종이로 된 책을 인쇄하는 것보다   이러한 장점들은 ~으로 이어졌다

to the creation / of many independent online publications / and
창간으로   여러 독자적인 간행물의

have caused literary writing / to become more popular. This
그리고 문학 작품이 ~하게 만들었다   더 인기 있게

increased fondness / for short stories, poems, and essays / no
이러한 늘어난 기호는   단편 소설, 시, 그리고 수필에 대한

doubt comes from the easier access / the Internet provides.
틀림없이 더 쉬운 접근에서 비롯된다   인터넷이 제공하는

Other special features, / such as audio files of interviews, / may
다른 특별한 기능들   인터뷰의 음성 파일과 같이

also be available for download / through some of the journals'
다운로드가 가능할 수도 있다   일부 학술지의 웹사이트를 통해

websites. Instead of having to pay / for expensive print
돈을 내야 하는 대신   비싼 인쇄판 구독권을 위해

subscriptions, / people need only an Internet connection / to
사람들은 인터넷 연결만 있으면 된다

find plenty of new material / to read and enjoy.
많은 새로운 거리를 찾기 위해   읽고 즐길

① print magazines to become more affordable
② literary writing to become more popular
③ more journals to be sold at bookstores
④ more people to become professional writers

온라인 문학 학술지는 시나 소설과 같은 작품으로 이루어져 인터넷으로 발간되는 잡지이며, 누구나 기고하도록 권해진다. 일반적으로, 웹사이트에 문학을 게재하는 것은 종이로 된 책을 인쇄하는 것보다 더 싸고 쉽고 빠르다. 이러한 장점들은 여러 독자적인 간행물이 창간으로 이어졌고 문학 작품이 더 인기 있게 만들었다. 이렇게 단편 소설, 시, 수필에 대한 기호가 늘어난 것은 틀림없이 인터넷이 제공하는 더 쉬운 접근에서 비롯된다. 인터뷰의 음성 파일과 같이 다른 특별한 기능들은 일부 학술지의 웹사이트를 통해 다운로드가 가능할 수도 있다. 비싼 인쇄판 구독권에 돈을 쓰는 대신, 사람들은 새로운 읽고 즐길 거리를 많이 찾기 위해 인터넷 연결만 있으면 된다.

① 인쇄판 잡지의 가격이 더 알맞게
② 문학 작품이 더 인기 있게
③ 더 많은 학술지가 서점에서 팔리게
④ 더 많은 사람이 전문 작가가 되게

해설 지문의 빈칸을 채우는 문제입니다. 빈칸이 있는 문장을 통해 빈칸에 온라인 문학 학술지의 장점들의 결과가 무엇인지에 대한 내용이 나와야 적절하다는 것을 알 수 있습니다. 빈칸 뒤 문장에 단편 소설, 시, 수필에 대한 기호가 늘어났다는 내용이 있으므로, '문학 작품이 더 인기 있게' 만들었다고 한 ②번이 정답입니다.

어휘 literary 휑 문학의   invite 통 권하다, 초대하다   contribute 통 기고하다, 기부하다   independent 휑 독자적인, 독립한
fondness 몡 기호, 애호   access 몡 접근   subscription 몡 구독   affordable 휑 (가격이) 알맞은

구문
독해
* 현재분사가 명사를 꾸며주는 수식어인 경우   ~한
consisting of works ~ the Internet은 앞에 있는 magazines를 꾸며주는 수식어입니다. 이처럼 현재분사가 명사를 꾸며주는 수식어인 경우, '~한'이라고 해석합니다.

** 동명사가 주어인 경우   ~하는 것은
publishing literature on websites는 주어입니다. 이처럼 동명사가 주어인 경우, '~하는 것은'이라고 해석합니다.

11 지문의 내용으로 보아 밑줄 친 부분에 들어갈 가장 적절한 단어는?

Euthanasia, / the decision / to intentionally induce death / to
안락사는   결정인   의도적으로 죽음을 유도하는

relieve agony, / is a topic of major debate / because it creates a
극도의 고통을 덜기 위해   큰 논쟁거리이다   이것은 도덕적인 딜레마를

moral dilemma. On the one hand, / many doctors support
만들기 때문이다   한편으로는   많은 의사가 안락사를 지지한다

euthanasia. They believe / patients should be relieved / of
그들은 생각한다   환자들에게서 덜어주어야 한다고

unnecessary suffering / and that individuals should be able to
불필요한 고통을   그리고 개인이 선택할 수 있어야 한다고

choose / *if they want to undergo / the procedure. On the other
그들이 받기 원하는지 아닌지   치료를   반면에

hand, / people / who are against legalizing euthanasia / believe /
사람들은   안락사를 합법화하는 것에 반대하는   생각한다

that **it is always wrong / to take a human life. They claim /
언제나 잘못된 것이라고   사람을 죽이는 것은   그들은 주장한다

that doctors / who agree to carry out euthanasia / have no
의사들은   안락사를 시행하는 것에 동의하는   의학 윤리 의식이 없다고

sense of medical ethics.
의학 윤리 의식이 없다고

① dilemma
② opportunity
③ lesson
④ example

극도의 고통을 덜기 위해 의도적으로 죽음을 유도하는 결정인 안락사는, 도덕적인 딜레마를 만들기 때문에 큰 논쟁거리이다. 한편으로는, 많은 의사들이 안락사를 지지한다. 그들은 환자들의 불필요한 고통을 덜어주어야 하며, 치료를 받기 원하는지 아닌지 개인이 선택할 수 있어야 한다고 생각한다. 반면에, 안락사를 합법화하는 것에 반대하는 사람들은 사람을 죽이는 것은 언제나 잘못된 것이라고 생각한다. 그들은 안락사 시행에 동의하는 의사들은 의학 윤리 의식이 없다고 주장한다.

① 딜레마
② 기회
③ 교훈
④ 예

해설 지문의 빈칸을 채우는 문제입니다. 빈칸이 있는 문장을 통해 빈칸에 안락사가 도덕적인 무엇을 만들기 때문에 큰 논쟁거리인지에 대한 내용이 나와야 적절하다는 것을 알 수 있습니다. 지문 전반에 걸쳐 안락사에 대한 찬반 양측의 주장 모두 정당한 근거가 있다는 것을 보여주고 있으므로, '딜레마'라고 한 ①번이 정답입니다.

어휘 euthanasia 뗑 안락사   intentionally 튀 의도적으로   induce 통 유도하다, 설득하다   relieve 통 덜어주다, 안도하게 하다
agony 뗑 극도의 고통   suffering 뗑 고통, 괴로움   undergo 통 (치료를) 받다, 겪다   legalize 통 합법화하다   take life 죽이다
carry out 실행하다   ethic 뗑 윤리

구문
독해
※ if가 이끄는 명사절이 목적어인 경우 주어가 동사하는지 아닌지
if they ~ the procedure는 to choose의 목적어입니다. 이처럼 if가 이끄는 명사절이 목적어인 경우, '주어가 동사하는지 아닌지'
라고 해석합니다.

※※ 가짜 주어 it과 진짜 주어 to 부정사가 쓰인 경우 ~하는 것은
it은 가짜 주어로 해석하지 않으며 to take a human life가 진짜 주어입니다. 이처럼 to 부정사가 주어인 경우, '~하는 것은'
이라고 해석합니다.

12 다음 글의 빈칸에 들어갈 말로 적절한 것은?

Speeding *causes numerous accidents / each day / as well as
속도 위반은 수많은 사고도 일으킨다 매일 차지할 뿐만 아니라
accounts for / about one-third / of all vehicle-related deaths. In
약 3분의 1을 모든 자동차 관련 사망의
order to reduce these numbers, / police keep a watchful eye
이 수를 줄이기 위해 경찰은 주의 깊이 감시한다
out / for those / going well above the speed limit. Officers do
사람들을 제한 속도를 훨씬 웃돌게 달리는 경찰은 이것을 한다
this / in a number of ways / and advancements in technology /
여러 가지 방법으로 그리고 기술의 발전은
have been able to help them / even further. Traditional radar
그들을 도울 수 있다 한층 더 기존의 속도 측정기는
guns / have now been replaced with laser speed detectors, /
이제 레이저 속도 측정기로 교체되었다
which are far more accurate. Traffic lights / are equipped with
이것은 훨씬 더 정확하다 신호등은 고속도 카메라 장비가 갖춰졌다
high-speed cameras / that can capture the license plates / of
번호판을 포착할 수 있는
speeding cars. Police officers stress / that it is important to
속도 위반 차량의 경찰은 강조한다 중요하다고
remain alert / about catching / speeding motorists. They are
계속 방심하지 않는 것이 잡는 것에 대해 속도 위반 운전자를
**not only a danger / to other drivers, / but are also a threat /
그들은 위험이 될 뿐만 아니라 다른 운전자들에게 위협도 된다
to pedestrians and cyclists.
보행자와 자전거 타는 사람들에게

① obsessed
② accurate
③ alert
④ sensitive

속도 위반은 모든 자동차 관련 사망 사건의 약 3분의 1을 차지할 뿐만 아니라, 매일 수많은 사고도 일으킨다. 이 수를 줄이기 위해, 경찰은 제한 속도를 훨씬 웃돌게 달리는 사람들을 주의 깊이 감시한다. 경찰은 이것을 여러 가지 방법으로 하며, 기술의 발전은 경찰을 한층 더 도울 수 있었다. 기존의 속도 측정기는 이제 레이저 속도 측정기로 교체되었는데, 이것은 훨씬 더 정확하다. 신호등에는 속도 위반 차량의 번호판을 포착할 수 있는 고속도 카메라 장비가 갖춰져 있다. 경찰은 속도 위반 운전자를 잡는 것에 대해 계속 방심하지 않는 것이 중요하다고 강조한다. 속도 위반 운전자는 다른 운전자들에게 위험이 될 뿐만 아니라, 보행자 및 자전거 타는 사람들에게 위협도 된다.

① 집착하는
② 정확한
③ 방심하지 않는
④ 민감한

해설 지문의 빈칸을 채우는 문제입니다. 빈칸이 있는 문장을 통해 경찰은 속도 위반 운전자를 잡는 것에 대해 계속 어떻게 하는 것이 중요하다고 강조하는지에 대한 내용이 나와야 적절하다는 것을 알 수 있습니다. 지문 전반에 걸쳐 경찰은 속도 위반 차량의 수를 줄이기 위해 여러 방법을 사용하며 노력을 기울이고 있다고 했으므로, '방심하지 않는'이라고 한 ③번이 정답입니다.

어휘 speeding [명] 속도 위반 account for (비율을) 차지하다 keep an eye out 감시하다, 지켜보다 watchful [형] 주의 깊은
speed limit [명] 제한 속도 equip [동] 장비를 갖추다 capture [동] (사진 등으로) 정확히 포착하다, 포획하다 license plate 자동차 번호판
stress [동] 강조하다 [명] 스트레스 motorist [명] 자동차 운전자 threat [명] 위협 pedestrian [명] 보행자 obsessed [형] 집착하는, 사로잡힌
alert [형] 방심하지 않는

[구문 독해] * B as well as A A뿐만 아니라 B도

causes ~ deaths에는 'B(causes ~ each day) as well as A(accounts for ~ deaths)'가 사용되어, '모든 자동차 관련 사망 사건의 약 3분의 1을 차지할 뿐만 아니라, 매일 수많은 사고도 일으킨다'라고 해석합니다.

** not only A but also B A뿐만 아니라 B도

not only a danger ~ cyclists에는 'not only A(a danger to other drivers) but also B(a threat to pedestrians and cyclists)'가 사용되어, '다른 운전자들에게 위험이 될 뿐만 아니라, 보행자 및 자전거 타는 사람들에게 위협도 된다'라고 해석합니다.

Chapter 06 빈칸 완성② 연결어

p.154

01 ③	02 ②	03 ④	04 ②	05 ①	06 ①	07 ③	08 ①

01 다음 글의 빈칸에 들어갈 말로 가장 적절한 것을 고르시오.

Alexander Calder was known / for his unique style of sculptures.
알렉산더 칼더는 알려졌다 / 그의 독특한 조각 스타일로

He often experimented / *by using unusual materials / in his art.
그는 종종 실험했다 / 특이한 재료를 사용함으로써 / 그의 예술 작품에

For example, he was one of the first people / **to use wire / in sculptures.
예를 들어 / 그는 최초의 사람 중 한 명이었다 / 철사를 사용한 / 조각품에

This led / to the invention of the mobile, / his most famous creation.
이것은 이어졌다 / 모빌의 발명으로 / 그의 가장 유명한 작품인

Calder created the mobile / with wires and various metals / to be a hanging sculpture / that moved in response to the air.
칼더는 모빌을 만들었다 / 철사와 여러 가지 금속으로 / 매달려 있는 조각품이 되도록 / 공기에 반응하여 움직이는

Throughout his career, / Calder's creativity / and use of nontraditional materials / redefined traditional sculpture.
그의 경력 동안 / 칼더의 창의력은 / 그리고 비전통적인 재료의 사용은 / 전통적인 조각을 재정립했다

① At last
② In short
③ For example
④ Therefore

알렉산더 칼더는 그의 독특한 조각 스타일로 알려졌다. 그는 종종 그의 예술 작품에 특이한 재료를 사용하여 실험했다. 예를 들어, 그는 처음으로 조각품에 철사를 사용한 사람 중 한 명이었다. 이것은 칼더의 가장 유명한 작품인 모빌의 발명으로 이어졌다. 칼더는 철사와 여러 가지 금속으로 모빌을 만들어 그것이 공기에 반응하여 움직이는 매달려 있는 조각품이 되도록 했다. 칼더의 경력 동안, 그는 창의력과 비전통적인 재료를 사용하여 전통적인 조각을 재정립했다.

① 마침내
② 간단히 말하면
③ 예를 들어
④ 그러므로

해설 빈칸에 적절한 연결어를 넣는 문제입니다. 빈칸 앞 문장은 알렉산더 칼더가 특이한 재료를 사용하여 조각 작품을 만들었다는 내용이고, 빈칸 뒤 문장은 그가 처음으로 조각품에 철사를 사용한 사람 중 한 명이었다고 하며, 칼더가 특이한 재료로 모빌이라는 조각품을 만든 예를 보여주는 내용입니다. 따라서 예시를 나타내는 연결어인 ③ For example(예를 들어)이 정답입니다.

어휘 sculpture [명] 조각, 조각품 experiment [동] 실험하다 material [명] 재료 creation [명] 작품 create [동] 만들다 hang [동] 매달다 response [명] 반응 nontraditional [형] 비전통적인 redefine [동] 재정립하다

[구문 독해] * **by 동명사 ~함으로써**
by using ~ art에는 수단이나 방법을 나타내는 'by 동명사'가 사용되어, '그의 예술 작품에 특이한 재료를 사용함으로써'라고 해석합니다.

** **to 부정사가 명사를 꾸며주는 수식어인 경우 ~한**
to use wire in sculptures는 앞에 있는 the first people을 꾸며주는 수식어입니다. 이처럼 to 부정사가 명사를 꾸며주는 수식어인 경우, '~한'이라고 해석합니다.

02 다음 글의 밑줄 친 부분에 들어갈 가장 알맞은 것을 고르시오.

On her first day of work / as a secretary / at a local law firm, /
그녀의 근무 첫날에 비서로 지역의 법률 사무소에서

Nickie was instructed / to make several copies of a report. It
Nickie는 지시받았다 보고서를 여러 장 복사하라고

was Nickie's first time / *working in an office / and she had not
Nickie의 처음이었다 사무실에서 근무하는 그리고 그녀는

received / any training. <u>As a result,</u> / she had no idea / **how to
받지 않았다 아무 교육도 그 결과 그녀는 전혀 몰랐다

use a copy machine. Unsure of which device to use, / Nickie
어떻게 복사기를 사용하는지 어떤 기기를 사용해야 할지 몰라서 Nickie는

examined / the buttons on the shredder. Seeing her puzzled
살펴보았다 파쇄기의 버튼을 어리둥절해하는 그녀의 모습을 보고

look, / one of her colleagues came over, / took the file from her, /
그녀의 동료 한 명이 다가갔다 그녀로부터 문서를 가지고 갔다

and placed it in the machine, / shredding it. Smiling, / Nickie
그리고 그것을 기계에 넣었다 그리고 그것을 분쇄했다 웃으며 Nickie는

thanked him / and asked, / "So, how many copies can this make?"
그에게 고마워했다 그리고 물었다 그럼, 이건 얼마나 많은 복사본을 만들 수 있나요?

① However
② As a result
③ Afterward
④ Similarly

지역의 법률 사무소에서 비서로 일하는 근무 첫날에 Nickie는 보고서를 여러 장 복사하라고 지시받았다. Nickie는 사무실에서 근무하는 것이 처음이었고 아무 교육도 받지 않았다. <u>그 결과</u>, 그녀는 어떻게 복사기를 사용하는지 전혀 몰랐다. 어떤 기기를 사용해야 할지 몰라서, Nickie는 파쇄기의 버튼을 살펴보았다. 어리둥절해하는 그녀의 모습을 보고, 동료 한 명이 그녀에게 다가가, 문서를 가져가서 기계에 넣어 분쇄했다. Nickie는 웃으며 그에게 고마워한 후 물었다. "그럼, 이건 얼마나 많은 복사본을 만들 수 있나요?"

① 하지만
② 그 결과
③ 그 후에
④ 마찬가지로

해설 빈칸에 적절한 연결어를 넣는 문제입니다. 빈칸 앞 문장은 Nickie가 사무실에서 근무하는 것이 처음이었고 아무 교육도 받지 않았다는 내용이고, 빈칸 뒤 문장은 그래서 Nickie가 복사하는 방법을 몰랐다고 하며 업무에 미숙한 모습을 보여주는 내용입니다. 따라서 결과를 나타내는 연결어인 ② As a result(그 결과)가 정답입니다.

어휘 secretary [명] 비서, 장관 law firm 법률 사무소 instruct [동] 지시하다 make a copy 복사하다 device [명] 기기, 장치 shredder [명] 파쇄기 puzzled [형] 어리둥절해하는 look [명] 모습, 표정 colleague [명] 동료 shred [동] 분쇄하다, 자르다

[구문독해] * 현재분사가 명사를 꾸며주는 수식어인 경우 ~하는

working in an office는 앞에 있는 Nickie's first time을 꾸며주는 수식어입니다. 이처럼 현재분사가 명사를 꾸며주는 수식어인 경우, '~하는'이라고 해석합니다.

** how to 부정사 어떻게 ~하는지

how to use a copy machine에는 'how to 부정사'가 사용되어, '어떻게 복사기를 사용하는지'라고 해석합니다.

03 다음 글의 밑줄 친 부분에 들어갈 가장 알맞은 것을 고르시오.

Several studies suggest / that one third of animals on the planet /
_{몇몇 연구는 시사한다} _{지구상 동물의 3분의 1이}

will lose their natural habitats / due to global warming / *over the
_{그들의 자연 서식지를 잃을 것이라고} _{지구 온난화 때문에}

next 70 years. Reptiles and amphibians / are at the highest risk
_{다음 70년 동안} _{파충류와 양서류는} _{가장 높은 멸종 위기에 처해 있다}

of dying out, / and regions in Africa, Central America and
_{그리고 아프리카, 중앙아메리카와 호주 지역은}

Australia / will experience the greatest climate change. Other
_{가장 큰 기후 변화를 겪을 것이다}

studies, / however, / suggest / that different species of animals
_{다른 연구들은} _{하지만} _{시사한다} _{다양한 종의 동물과 식물이}

and plants / will have a chance / to adapt / to the change / **if
_{기회가 있을 것이라고} _{적응할} _{변화에} _{만약}

global warming can be slowed down. As a result, / this process
_{지구 온난화가 늦춰질 수 있다면} _{그 결과} _{이 적응 과정은}

of adaptation / could cut potential losses / by 60 percent / of
_{잠재적 손실을 줄일 수 있을 것이다} _{60퍼센트까지}

what is expected to occur / if global warming isn't addressed.
_{발생할 것으로 예상되는 것의} _{만약 지구 온난화가 다뤄지지 않으면}

① In addition
② In contrast
③ Particularly
④ As a result

몇몇 연구는 지구상 동물의 3분의 1이 다음 70년 동안 지구 온난화 때문에 자연 서식지를 잃을 것이라고 시사한다. 파충류와 양서류가 가장 높은 멸종 위기에 처해 있으며, 아프리카, 중앙아메리카와 호주 지역이 가장 큰 기후 변화를 겪을 것이다. 하지만 다른 연구들은 만약 지구 온난화가 늦춰질 수 있다면 다양한 종의 동물과 식물이 변화에 적응할 기회가 있을 것이라고 시사한다. 그 결과, 이 적응 과정은 만약 지구 온난화 문제가 다뤄지지 않으면 발생할 것으로 예상되는 잠재적 손실을 60퍼센트까지 줄일 수 있을 것이다.

① 게다가
② 대조적으로
③ 특히
④ 그 결과

해설 빈칸에 적절한 연결어를 넣는 문제입니다. 빈칸 앞 문장은 지구 온난화가 늦춰지면 동식물이 환경 변화에 적응할 수 있을 것이라는 내용이고, 빈칸 뒤 문장은 이 적응하는 과정이 지구 온난화가 가져올 잠재적 손실을 크게 줄일 수 있을 것이라는 빈칸 앞 문장의 결과에 대한 내용입니다. 따라서 결과를 나타내는 연결어인 ④ As a result(그 결과)가 정답입니다.

어휘 habitat 몡 서식지 reptile 몡 파충류 amphibian 몡 양서류 die out 멸종되다 adapt 동 적응하다 slow down 늦추다 adaptation 몡 적응 loss 몡 손실 address 동 (어려운 문제를) 다루다 몡 주소

구문 독해

* **over + 기간** ~ 동안
over the next 70 years에는 'over + 기간'이 사용되어, '다음 70년 동안'이라고 해석합니다.

** **부사절 접속사 if가 이끄는 절이 문장을 꾸며주는 수식어인 경우** 만약 주어가 동사하다면
if global warming can be slowed down은 앞에 있는 문장을 꾸며주는 수식어입니다. 이처럼 부사절 접속사 if가 이끄는 절이 문장을 꾸며주는 수식어인 경우, '만약 주어가 동사하다면'이라고 해석합니다.

04 밑줄 친 부분에 들어갈 가장 적절한 것은?

The Department of Immigration / recently increased the
이민부는   최근 경관의 수를 늘렸다

number of officers / patrolling the Arizona border. Despite
                              애리조나 국경을 순찰하는   노력에도

efforts / to keep the border protected, / immigrants continue /
불구하고   국경을 지키려는   이민자들은 계속한다

to cross into the United States illegally. The department's
불법으로 미국에 건너오기를   부서의 이 결정은 뒤따랐다

decision followed / last month's arrest / of 450 illegal Mexican
                    지난달의 체포에   450명의 멕시코 출신 불법 이민자들의

immigrants / *who had been working on farms. Furthermore, /
              농장에서 일하고 있던   게다가

the recent arrests are in addition / to over 16,000 illegal
최근의 체포는 ~에 추가된다   이미 1만 6천 건이 넘은

immigrant apprehensions already / this year. Authorities expect /
이민자 체포에   올해   정부 당국은 예상한다

**that harsh penalties and increased border patrols / will help
            엄한 처벌과 강화된 국경 순찰이   불법 노동자들이

prevent illegal workers / from entering the country.
~하는 것을 저지하는 데 일조할 것이라고   나라로 들어오는 것을

① On the other hand
② Furthermore
③ Therefore
④ In the same way

이민부는 최근 애리조나 국경을 순찰하는 경관의 수를 늘렸다. 국경을 지키려는 노력에도 불구하고. 이민자들은 계속해서 불법으로 미국에 건너온다. 이민부의 이 결정은 지난달 농장에서 일하고 있던 멕시코 출신 불법 이민자 450명의 체포에 뒤따른 것이다. 게다가 최근의 체포는 올해 이미 1만 6천 건이 넘은 이민자 체포에 추가된다. 정부 당국은 엄한 처벌과 강화된 국경 순찰이 불법 노동자들이 미국으로 들어오는 것을 저지하는 데 일조할 것이라고 예상한다.

① 반면에
② 게다가
③ 따라서
④ 마찬가지로

해설 빈칸에 적절한 연결어를 넣는 문제입니다. 빈칸 앞 문장은 지난달 농장에서 일하고 있던 불법 이민자 450명이 체포되었다는 내용이고, 빈칸 뒤 문장은 올해 이미 1만 6천 건이 넘는 불법 이민자 체포가 있었다고 부연하는 내용입니다. 따라서 부연을 나타내는 연결어인 ② Furthermore(게다가)가 정답입니다.

어휘 immigration 몡 이민 patrol 동 순찰을 돌다 몡 순찰 border 몡 국경 follow 동 뒤따르다, 뒤를 잇다 arrest 몡 체포 동 체포하다 apprehension 몡 체포, 우려 harsh 혱 엄한, 냉혹한 penalty 몡 처벌, 벌금

구문독해 * 주격 관계대명사(who)가 이끄는 절이 수식어인 경우 동사한
who had been working on farms는 앞에 있는 450 illegal Mexican immigrants를 꾸며주는 수식어입니다. 이처럼 주격 관계대명사(who)가 이끄는 절이 수식어인 경우, '동사한'이라고 해석합니다.

** that이 이끄는 명사절이 목적어인 경우 주어가 동사하다고
that harsh penalties ~ the country는 동사 expect의 목적어입니다. 이처럼 that이 이끄는 명사절이 목적어인 경우, '주어가 동사하다고'라고 해석합니다.

05 밑줄 친 부분에 들어갈 가장 적절한 것은?

Some experts say / that foreign aid limits / the freedom of
_{일부 전문가들은 말한다} _{외국의 원조가 제한한다고} _{나라들의 자유를}
countries / that receive funds / by adding conditions to
_{기금을 받는} _{개발 원조에 조건을 추가함으로써}
development assistance. As a result of the conditions, / these
_{그 조건들의 결과로}
nations are not free / to design their own development
_{이러한 나라들은 자유롭지 않다} _{그들만의 개발 전략을 구상하는 것이}
strategies. For example, / grants from the World Bank require /
_{예를 들어} _{세계은행으로부터의 보조금은 요구한다}
that recipients create / privately owned companies / *to provide
_{수령국이 ~을 만들 것을} _{개인 소유의 회사를} _{서비스를 제공할}
services / usually offered by the government. Often, / the
_{정부에 의해 보통 제공되는} _{흔히}
leaders of these countries / do not agree with this condition /
_{이러한 나라들의 지도자들은} _{이 조건에 동의하지 않는다}
because it removes the government's control / over important
_{그것이 정부의 통제력을 잃게 하기 때문이다} _{중요한 산업에 대한}
industries. However, / since the aid is needed, / they usually
_{하지만} _{원조가 필요하기 때문에} _{그들은 대개}
**have no choice but to accept the terms.
_{그 조건을 받아들일 수밖에 없다}

① However
② Moreover
③ For instance
④ Finally

일부 전문가들은 외국 원조가 개발 원조에 조건을 추가함으로써 기금을 받는 나라들의 자유를 제한한다고 말한다. 그 조건들의 결과로, 이러한 나라들은 그들만의 개발 전략을 구상하는 것이 자유롭지 않다. 예를 들어, 세계은행으로부터의 보조금은 수령국이 정부에 의해 보통 제공되는 서비스를 제공할 개인 소유의 회사를 만들 것을 요구한다. 흔히 이러한 나라들의 지도자들은 그것이 중요한 산업에 대한 정부의 통제력을 잃게 하기 때문에 이 조건에 동의하지 않는다. <u>하지만</u> 원조가 필요하기 때문에, 그들은 대개 조건을 받아들일 수밖에 없다.

① 하지만
② 게다가
③ 예를 들어
④ 마침내

해설 빈칸에 적절한 연결어를 넣는 문제입니다. 빈칸 앞 문장은 기금을 원조받는 나라의 지도자들이 주요 산업에 대한 정부의 통제력을 지키기 위해 원조에 따라붙는 조건들에 동의하지 않기도 한다는 내용이고, 빈칸 뒤 문장은 기금 원조가 필요하기 때문에 지도자들은 조건을 받아들일 수밖에 없다는 대조적인 내용입니다. 따라서 대조를 나타내는 연결어인 ① However(하지만)가 정답입니다.

어휘 aid 圄 원조, 지원 condition 圄 조건, 상태 development 圄 개발, 발달 assistance 圄 원조, 도움 strategy 圄 전략
grant 圄 보조금 recipient 圄 수령인, 받는 사람 control 圄 통제력, 지배 terms 圄 조건

구문
독해 * **to 부정사가 명사를 꾸며주는 수식어인 경우** ~할
to provide ~ the government는 앞에 있는 privately owned companies를 꾸며주는 수식어입니다. 이처럼 to 부정사가 명사를 꾸며주는 수식어인 경우, '~할'이라고 해석합니다.

** **have no choice but to ~** ~할 수밖에 없다
have no choice but to accept the terms에는 'have no choice but to ~'가 사용되어, '그 조건을 받아들일 수밖에 없다'라고 해석합니다.

06 밑줄 친 부분에 들어갈 표현으로 가장 적절한 것은?

Although solar power technology has been criticized / as
태양열 발전 기술이 비판을 받아왔음에도 불구하고
impractical / due to its price, / it remains an important
비실용적이라고 / 그 가격 때문에 / 그것은 여전히 중요한 고려사항으로
consideration / because the sun is a source / of free, renewable
남아있다 / 태양은 원천이기 때문이다 / 무상이고 재생 가능한 에너지의
energy. Engineers are developing / new solar cells / that are far
기술자들은 개발하고 있다 / 새로운 태양열 전지를
cheaper than the panels / currently used. These new cells / are
판들보다 훨씬 저렴한 / 현재 사용되는 / 이 새로운 전지들은
produced as liquids / *so that they can be used / as paint / and
액체 형태로 생산된다 / 그것들이 사용될 수 있기 위해 / 페인트로 / 그래서
applied / to various types of surfaces. Researchers are optimistic /
발릴 수 있기 위해 / 다양한 종류의 표면에 / 연구원들은 낙관한다
that solar paint will be a popular alternative / to solar panels.
태양열 페인트가 인기 있는 대안이 될 것으로 / 태양 전지판의
While very few people are capable / of installing solar panels /
아주 소수의 사람만이 ~할 수 있는 반면 / 태양 전지판을 설치할
on their own, / applying paint / is a simple and quick way / to
그들 스스로 / 페인트를 바르는 것은 / 간단하고 빠른 방법이다
upgrade a home. Accordingly, / this new technology will lower /
집을 개선하는 / 따라서 / 이 신기술은 낮출 것이다
the current cost / of installing silicon solar panels,/ **making
현재의 비용을 / 실리콘 태양 전지판을 설치하는 / 그래서 그 결과
solar energy more accessible / to everyone.
태양 에너지를 이용하기 더 쉽게 만들 것이다 / 모두에게

① Accordingly
② Although
③ To illustrate
④ In contrast

태양열 발전 기술이 가격 때문에 비실용적이라는 비판을 받아왔음에도 불구하고, 태양은 무상이고 재생 가능한 에너지의 원천이기 때문에 그 기술이 여전히 중요한 고려사항으로 남아있다. 기술자들은 현재 사용되는 판보다 훨씬 저렴한 새로운 태양열 전지를 개발하고 있다. 이 새로운 전지들은 페인트로 사용될 수 있고 다양한 종류의 표면에 발릴 수 있기 위해 액체 형태로 생산된다. 연구원들은 태양열 페인트가 태양 전지판의 인기 있는 대안이 될 것으로 낙관한다. 스스로 태양 전지판을 설치할 수 있는 사람은 아주 적은 반면, 페인트를 바르는 것은 간단하고 빠르게 집을 개선하는 방법이다. 따라서 이 신기술은 실리콘 태양 전지판을 설치하는 현재의 비용을 낮출 것이며, 그 결과 모두에게 태양 에너지를 이용하기 더 쉽게 만들 것이다.

① 따라서
② ~에도 불구하고
③ 예를 들어
④ 대조적으로

해설 빈칸 앞 문장은 태양 전지판과 달리 태양열 페인트는 액체 형태로 생산되어 누구나 간단하고 빠르게 바를 수 있다는 내용이고, 빈칸 뒤 문장은 이러한 새로운 형태의 태양열 전지로 인해 태양 에너지를 이용하는 것이 쉬워질 것이라는 결론적인 내용입니다. 따라서 결론을 나타내는 연결어인 ① Accordingly(따라서)가 정답입니다.

어휘 impractical [형] 비실용적인 consideration [명] 고려사항, 사려 renewable [형] 재생 가능한 panel [명] 판 liquid [명] 액체
apply [동] 바르다, 신청하다 surface [명] 표면 optimistic [형] 낙관하는 alternative [명] 대안 be capable of ~할 수 있다
install [동] 설치하다 upgrade [동] 개선하다 accessible [형] 이용 가능한, 접근할 수 있는 illustrate [동] 예시하다

[구문독해]

* **부사절 접속사 so that이 이끄는 절이 문장을 꾸며주는 수식어인 경우** 주어가 동사하기 위해

so that they ~ surfaces는 앞에 있는 문장을 꾸며주는 수식어입니다. 이처럼 부사절 접속사 so that이 이끄는 절이 문장을 꾸며주는 수식어인 경우, '주어가 동사하기 위해'라고 해석합니다.

** **분사구문이 문장을 꾸며주는 수식어인 경우** 그래서 (그 결과) ~하다

making ~ everyone은 앞에 있는 문장을 꾸며주는 수식어입니다. 이처럼 분사구문이 문장을 꾸며주는 수식어인 경우, 문맥에 따라 '그래서 (그 결과) ~하다', '~할 때', '~하면' 등 다양한 의미로 해석이 가능한데, 이 경우에는 '그래서 (그 결과) ~하다'라고 해석하는 것이 자연스럽습니다.

07 다음 글의 빈칸에 들어갈 말로 가장 적절한 것을 고르시오.

The US housing crisis *may have been / the primary cause of the
미국의 주택 위기는 ~이었을지도 모른다   세계적 불황의 주요 원인

global recession / that began in 2007. Banks gave large loans to
2007년에 시작된   은행들은 사람들에게 거액의 대출금을 내주었다

people / so they could buy houses, / but those borrowers were
그들이 집을 살 수 있도록   하지만 그들은 ~할 수 없었다

unable / to make their payments / when interest rates rose.
그들의 대금을 지불하는 것을   이자율이 오르자

Consequently, / many major banks went bankrupt / and large
따라서   많은 주요 은행은 파산했다

international companies were unable / to receive bank loans.
그리고 국제적인 대기업들은 ~할 수 없었다   은행 대출을 받을

This forced the companies to lower costs / by reducing staff, /
이것은 기업들이 비용을 줄이도록 했다   직원을 축소함으로써

which led to increased unemployment / and a slowdown in the
이것은 증가된 실업률로 이어졌다   그리고 경제의 둔화로

economy. All of these negative effects show / **how a single
이 모든 부정적인 영향은 보여준다   어떻게 하나의 요인이

factor can influence / the entire global market.
영향을 끼칠 수 있는지를   세계 시장 전체에

① Conversely
② Likewise
③ Consequently
④ Besides

미국의 주택 위기는 2007년에 시작된 세계적 불황의 주요 원인이었을지도 모른다. 은행들은 사람들이 집을 살 수 있도록 거액의 대출금을 내주었지만, 그 대출자들은 이자율이 오르자 대금을 지불할 수 없었다. 따라서 많은 주요 은행들이 파산했고 국제적인 대기업들은 은행 대출을 받을 수 없었다. 이것은 기업들이 직원을 축소함으로써 비용을 줄이도록 했고, 이것은 실업률 증가와 경제 둔화로 이어졌다. 이 모든 부정적인 결과는 어떻게 하나의 요인이 세계 시장 전체에 영향을 끼칠 수 있는지를 보여준다.

① 대조적으로
② 마찬가지로
③ 따라서
④ 게다가

해설 빈칸에 적절한 연결어를 넣는 문제입니다. 빈칸 앞 문장은 대출자들이 집을 사려고 대출한 거액의 대출금을 상환하지 못했다는 내용이고, 빈칸 뒤 문장은 이 때문에 많은 주요 은행들이 파산했다는 결과적인 내용입니다. 따라서 결과를 나타내는 연결어인 ③ Consequently(따라서)가 정답입니다.

어휘 crisis 圈 위기 primary 圈 주요한, 기본적인 recession 圈 불황, 불경기 loan 圈 대출 go bankrupt 파산하다
unemployment 圈 실업률, 실업 slowdown 圈 (속도, 활동의) 둔화 factor 圈 요인, 요소 entire 圈 전체의

구문독해 * 동사가 '조동사 may + have + p.p.'인 경우 ~했을지도 모른다
may have been은 '조동사 may + have + p.p.' 형태의 동사로 '~했을지도 모른다'라고 해석하며, 과거 일에 대한 추측을 나타냅니다.

** 의문사 how가 이끄는 절이 목적어인 경우 어떻게 주어가 동사하는지를
how a single factor ~ global market은 동사 show의 목적어입니다. 이처럼 의문사 how가 이끄는 절이 목적어인 경우, '어떻게 주어가 동사하는지를'이라고 해석합니다.

08 밑줄 친 부분에 들어갈 표현으로 가장 적절한 것은?

For philosopher Immanuel Kant, / the categorical imperative
철학자 임마누엘 칸트에게   정언 명령은 장치였다

was a system / for determining morality. He believed / that
           도덕을 결정하는   그는 생각했다

people would treat others properly / if they acted the way /
사람들이 다른 사람을 알맞게 대우할 것이라고   그들이 ~한 방식으로 행동한다면

they wished others to act. He felt / that before making any
그들이 다른 사람이 행동하기를 바라는   그는 생각했다   인생에서 어떤 선택이든

choice in life, / people should first imagine their decision / as a
내리기 전에   사람들은 먼저 그들의 결정을 상상해야 한다고

universally accepted mode of behavior. If the person / making
일반적으로 받아들여지는 행동 방식으로   사람이 ~한다면   결정을 내리는

the choice / were to find *it acceptable / for every person / to
          받아들일 만한 것으로 생각한다면   모든 사람이

act in a similar manner, / he or she would be acting ethically.
비슷한 방식으로 행동하는 것을   그 또는 그녀는 윤리적으로 행동하는 것일 것이다

For instance, / Kant believed / that people should not lie, / but
예를 들어   칸트는 생각했다   사람들이 거짓말해서는 안 된다고

not because it is inherently wrong. Instead, / he believed / **it
하지만 그것이 본래 나쁘기 때문이 아니다   대신   그는 생각했다

would be absurd for anyone / to wish for others to lie; /
누구에게라도 터무니없을 것이라고   다른 사람이 거짓말하기를 바라는 것은

therefore, / nobody should lie.
그러므로   아무도 거짓말해서는 안 된다

① Instead
② Moreover
③ Likewise
④ Indeed

철학자 임마누엘 칸트에게 정언 명령은 도덕을 결정하는 장치였다. 그는 사람들이 다른 사람이 행동하기를 바라는 방식으로 행동한다면 서로 알맞게 대우할 것이라고 생각했다. 그는 사람들이 인생에서 어떤 선택이든 내리기 전에, 먼저 그들이 내린 결정이 일반적으로 받아들여지는 행동 방식인 상황을 상상해보아야 한다고 생각했다. 결정을 내리는 사람은 모든 사람이 비슷한 방식으로 행동하는 것을 받아들일 만한 것으로 생각한다면, 그 또는 그녀는 윤리적으로 행동하는 것일 것이다. 예를 들어, 칸트는 사람들이 거짓말해서는 안 된다고 생각했지만, 거짓말이 본래 나쁘기 때문은 아니었다. 대신, 그는 누구라도 다른 사람이 거짓말하기를 바라는 것은 터무니 없을 것이라고 생각했다. 그러므로 아무도 거짓말해서는 안 되는 것이었다.

① 대신
② 게다가
③ 마찬가지로
④ 실제로

해설 빈칸에 적절한 연결어를 넣는 문제입니다. 빈칸 앞 문장은 칸트가 거짓말을 하지 말아야 한다고 생각한 이유는 거짓말이 본래 나쁘기 때문이 아니라는 내용이고, 빈칸 뒤 문장은 그 이유가 다른 사람이 거짓말하는 것을 바라는 것은 터무니없기 때문이라는, 앞 문장의 내용을 전환하는 내용입니다. 따라서 내용의 전환을 나타내는 연결어인 ① Instead(대신)가 정답입니다.

어휘 philosopher 몡 철학자 system 몡 장치, 제도 morality 몡 도덕 treat 통 대우하다 universally 틘 일반적으로 mode 몡 방식
acceptable 톙 받아들일 수 있는 ethically 틘 윤리적으로 inherently 틘 본래 absurd 톙 터무니없는

구문
독해

* **가짜 목적어 it과 진짜 목적어 to 부정사가 쓰인 경우** ~하는 것을
it은 동사 find의 가짜 목적어로 해석하지 않으며 to act in a similar manner가 진짜 목적어입니다. 이처럼 to 부정사가 진짜 목적어로 쓰인 경우, '~하는 것을'이라고 해석합니다.

** **가짜 주어 it과 진짜 주어 to 부정사가 쓰인 경우** ~하는 것은
it은 가짜 주어로 해석하지 않으며 to wish for others to lie가 진짜 주어입니다. 이처럼 to 부정사가 진짜 주어로 쓰인 경우, '~하는 것은'이라고 해석합니다.

p.174

01 ②	02 ④	03 ①	04 ③	05 ②	06 ①	07 ③	08 ①

01 주어진 문장으로 시작하여, 다음 글들을 문맥에 맞게 올바른 순서로 연결한 것은?

I have a few recommendations / to help people / *keep their
나는 몇 가지 조언이 있다   사람들이 ~하게 도와줄   그들의 난방비를

heating bills affordable / this winter.
알맞은 가격으로 유지할 수 있게   이번 겨울에

이번 겨울에 사람들이 난방비를 알맞은 가격으로 유지할 수 있게 도와줄 몇 가지 조언이 있다.

(A) You should first consider / **lowering the temperature / in
당신은 먼저 고려해야 한다   온도를 낮추는 것을

your homes / by a few degrees. This will easily lead to
당신 집의   몇 도   이것은 쉽게 절약으로 이어질 것이다

savings / of 5 to 10 percent.
절약   5퍼센트에서 10퍼센트의

(A) 당신은 먼저 당신 집의 온도를 몇 도 낮추는 것을 고려해야 한다. 이것은 쉽게 5퍼센트에서 10퍼센트의 절약으로 이어질 것이다.

(B) It is further recommended / that heaters be cleaned / by a
더욱이 추천된다   난방기가 청소되는 것이

technician, / so that they operate efficiently. Together, / all
기술자에 의해   그것이 효율적으로 작동하기 위해   종합해서

of these steps should produce / noticeably lower heating costs.
이 모든 단계들은 가져올 것이다   현저히 낮아진 난방비를

(B) 더욱이 난방기가 효율적으로 작동하기 위해서는 기술자의 청소를 받는 것이 추천된다. 종합해서, 이러한 모든 단계들은 현저히 낮아진 난방비를 가져올 것이다.

(C) Another way / to cut costs / is by applying weatherproof
또 다른 방법은   비용을 줄이는   비바람을 막아주는 밀폐 물질을 붙이는 것이다

seals / around the edges of doors and windows. Doing so /
밀폐 물질   문과 창문의 가장자리 주위에   이렇게 하는 것은

will ensure / that heat does not escape from inside.
확실히 할 것이다   열이 안에서 새나가지 않도록

(C) 비용을 줄이는 또 다른 방법은 문과 창문의 가장자리 주위에 비바람을 막아주는 밀폐 물질을 붙이는 것이다. 이렇게 하는 것은 확실히 열이 안에서 새나가지 않도록 할 것이다.

① (A)-(B)-(C)
② (A)-(C)-(B)
③ (C)-(A)-(B)
④ (C)-(B)-(A)

해설 주어진 문장 다음에 이어질 (A), (B), (C)의 적절한 순서를 파악하는 문제입니다. 주어진 문장에서 겨울 난방비를 줄이기 위한 조언이 있다고 한 후, 집의 온도를 줄이는 것을 먼저(first) 고려해야 한다고 한 (A)가 나와야 자연스럽습니다. 뒤이어 난방비를 줄이는 또 다른 방법(another way)을 언급한 (C)가 나오고, 마지막으로 난방기 청소를 조언하며, 종합해서(Together) 이 모든 방법들이 난방비를 줄일 것이라고 다시 한 번 강조하는 (B)가 나와야 글의 흐름이 자연스럽습니다. 따라서 주어진 문장 다음에 이어질 순서는 ② (A)-(C)-(B)입니다.

어휘 **recommendation** 圀 조언, 추천 **bill** 圀 청구서 **lower** 동 낮추다 **temperature** 圀 온도 **saving** 圀 절약, 저금 **technician** 圀 기술자 **efficiently** 円 효율적으로 **produce** 동 (결과 등을) 야기하다, 생산하다 **noticeably** 円 현저히 **cut** 동 줄이다, 자르다 **weatherproof** 圀 비바람을 막아주는 **seal** 圀 밀폐 물질 동 봉인하다 **edge** 圀 가장자리, 끝 **escape** 동 새다, 탈출하다

구문
독해 * **동사원형이 목적격 보어인 경우** ~하게
keep ~ this winter는 목적어 people을 보충 설명해 주는 보어입니다. 이처럼 동사원형이 목적격 보어인 경우, '~하게'라고 해석합니다.

** **동명사가 목적어인 경우** ~하는 것을
lowering ~ degrees는 동사 consider의 목적어입니다. 이처럼 동명사가 목적어인 경우, '~하는 것을'이라고 해석합니다.

02 다음 문장 뒤에 들어갈 글의 순서로 가장 적절한 것은?

Today, / most people assume / *that Alexander Graham Bell / invented the telephone.
오늘날 / 대부분의 사람들은 생각한다 / 알렉산더 그레이엄 벨이 / 전화기를 발명했다고

(A) This gave Bell the opportunity / to apply for the patent, / which he ultimately received / in 1876, / **robbing Meucci of the chance / to be acknowledged / as the inventor of the telephone.
이것은 벨에게 기회를 주었다 / 특허를 출원할 / 결국 그가 받은 / 1876년에 / 그래서 Meucci로부터 가능성을 앗아 갔다 / 인정받을 / 전화기의 발명가로

(B) However, / the telephone was actually invented / several years earlier / by an Italian / named Antonio Meucci.
하지만 / 전화기는 사실 발명되었다 / 몇 년 더 먼저 / 한 이탈리아 사람에 의해 / Antonio Meucci라는

(C) Unfortunately, / he could not afford the patent fee / to protect his invention.
안타깝게도 / 그는 특허 비용을 낼 수 없었다 / 그의 발명품을 보호할

① (A)-(C)-(B) ② (B)-(A)-(C)
③ (A)-(B)-(C) ④ (B)-(C)-(A)

오늘날, 대부분의 사람들은 알렉산더 그레이엄 벨이 전화기를 발명했다고 생각한다.

(A) 이것은 벨에게 결국 1876년에 그가 받은 특허를 출원할 기회가 되어, Meucci가 전화기의 발명가로 인정받을 가능성을 앗아 갔다.
(B) 하지만 전화기는 사실 Antonio Meucci라는 한 이탈리아 사람에 의해 몇 년 더 먼저 발명되었다.
(C) 안타깝게도, 그는 자신의 발명품을 보호할 특허 비용을 낼 수 없었다.

해설 주어진 문장 다음에 이어질 (A), (B), (C)의 적절한 순서를 파악하는 문제입니다. 주어진 문장에서 사람들 대부분은 벨이 전화기를 발명했다고 생각한다고 한 후, However를 통해 전화기는 사실 Antonio Meucci라는 사람이 먼저 발명했다는 것을 알려주는 (B)가 나와야 자연스럽습니다. 뒤이어 (C)에서 안타깝게도(Unfortunately) Antonio Meucci는 특허 비용이 없어 자신의 발명품을 보호할 수 없었다고 하고, 마지막으로 이것이(This) 벨에게 전화기의 특허를 낼 기회를 주었다는 내용의 (A)가 나와야 글의 흐름이 자연스럽습니다. 따라서 주어진 문장 다음에 이어질 순서는 ④ (B)-(C)-(A)입니다.

어휘 assume [동] 생각하다, 가정하다 patent [명] 특허(권) [동] 특허를 받다 ultimately [부] 결국, 궁극적으로 receive [동] 받다 rob [동] 앗아가다, 빼앗다 acknowledge [동] 인정하다 inventor [명] 발명가 name [동] ~라고 부르다 [명] 이름 unfortunately [부] 안타깝게도, 불행하게도 fee [명] 수수료, 요금

[구문독해] * **that이 이끄는 명사절이 목적어인 경우** 주어가 동사하다고

that Alexander Graham Bell invented the telephone은 동사 assume의 목적어입니다. 이처럼 that이 이끄는 명사절이 목적어인 경우, '주어가 동사하다고'라고 해석합니다.

** **분사구문이 문장을 꾸며주는 수식어인 경우** 그래서 (그 결과) ~하다

robbing ~ the telephone은 앞에 있는 문장을 꾸며주는 수식어입니다. 이처럼 분사구문이 문장을 꾸며주는 수식어인 경우, '그래서 (그 결과) ~하다', '~할 때', '~하면' 등 다양한 의미로 해석이 가능한데, 이 경우에는 '그래서 (그 결과) ~하다'라고 해석하는 것이 자연스럽습니다.

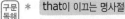

03 주어진 문장에 이어질 글의 순서로 가장 적절한 것은?

The practice of drinking tea / is believed / to have originated /
차를 마시는 관습은 ~라고 여겨진다 비롯되었다고
during the reign of Emperor Shen Nung / of Ancient China.
신농씨의 통치 기간 중에 고대 중국의

(A) Subsequently, / tea was introduced / into other parts of
나중에 차는 전해졌다 아시아의 다른 지역으로
Asia / by Buddhist monks, / and it became popular /
승려들에 의해 그리고 그것은 인기를 얻게 되었다
throughout the continent / over the next several centuries.
대륙 전체에서 이후 여러 세기에 걸쳐

(B) The earliest *known records / of people drinking tea / date
알려진 가장 오래된 기록은 사람들이 차를 마시는 것에 대한
back to 2737 BC. However, / tea was not widely consumed /
기원전 2737년까지 거슬러 올라간다 하지만 차는 많이 마셔지지 않았다
by the Chinese / until the third century AD.
중국인들에 의해 3세기까지

(C) **It was not until / the Portuguese traders brought tea /
~하고서야 포르투갈 상인들이 차를 가져오고서야
from Asia to Europe / that it spread / through the Western
아시아에서 유럽으로 그것이 퍼졌다 서양 국가들로
countries.

① (B)-(A)-(C) ② (B)-(C)-(A)
③ (A)-(B)-(C) ④ (C)-(B)-(A)

차를 마시는 관습은 고대 중국 신농씨의 통치 기간 중에 비롯되었다고 여겨진다.

(A) 나중에, 차는 승려들에 의해 아시아의 다른 지역에 전해졌고, 이후 여러 세기에 걸쳐 아시아 대륙 전체에서 인기를 얻게 되었다.
(B) 사람들이 차를 마시는 것에 대해 알려진 가장 오래된 기록은 기원전 2737년까지 거슬러 올라간다. 하지만 3세기까지 중국인들은 차를 많이 마시지 않았다.
(C) 포르투갈 상인들이 차를 아시아에서 유럽으로 가져오고서야 차가 서양 국가들로 퍼졌다.

해설 주어진 문장 다음에 이어질 (A), (B), (C)의 적절한 순서를 파악하는 문제입니다. 주어진 문장에서 차를 마시는 관습은 고대 중국 신농씨 때 비롯되었다고 한 후, 사람들이 차를 마시는 것에 대한 가장 오래된 기록이 언제의 것인지 알려주는 (B)가 나와야 자연스럽습니다. 뒤이어 Subsequently를 통해 차가 아시아 대륙에 퍼지게 되어 인기를 얻게 되었다고 한 (A)가 나오고, 마지막으로 차가 아시아에서 유럽까지 퍼지게 된 것을 알려주는 내용의 (C)가 나와야 글의 흐름이 자연스럽습니다. 따라서 주어진 문장 다음에 이어질 순서는 ① (B)-(A)-(C)입니다.

어휘 originate [동] 비롯되다 reign [명] 통치 기간 subsequently [부] 나중에, 그 뒤에 introduce [동] 전하다, 도입하다 monk [명] 승려, 수도승 throughout [전] 도처에 continent [명] 대륙 date back ~까지 거슬러 올라간다 trader [명] 상인

[구문 독해] * 과거분사가 수식어인 경우 ~되어진

known은 뒤에 있는 records를 꾸며주는 수식어입니다. 이처럼 과거분사가 수식어인 경우, '~되어진'이라고 해석합니다.

** it is not until A that B A하고서야 B하다

It was not until ~ the Western countries에는 'it is not until A(the Portuguese traders ~ Europe) that B(it spread through the Western countries)'가 사용되어, '포르투갈 상인들이 차를 아시아에서 유럽으로 가져오고서야 그것이 서양 국가들로 퍼졌다'라고 해석합니다.

04 다음 글을 문맥에 맞게 순서대로 연결한 것은?

A. Then one day my mother said, / "You're not your brother.
그러던 어느 날 엄마가 말했다 / 너는 네 형이 아니야
You're you, / and that's a wonderful thing." From then on, /
너는 너야 / 그리고 그건 멋진 일이야 / 그때부터
I started *to embrace my individuality.
나는 내 개성을 받아들이기 시작했다

B. I did so / because he was intelligent, athletic, and popular.
나는 그렇게 했다 / 그는 똑똑하고, 운동 신경이 좋고, 인기 있었기 때문이다
I thought / that if I acted like him, / I would develop these characteristics as well.
나는 생각했다 / 만일 내가 그처럼 행동한다면 / 나는 또한 그러한 특성들을 계발할 수 있을 텐데

C. When I was young, / I looked up to my older brother / and tried to act / just like him.
나는 어렸을 때 / 나는 내 형을 우러러보았다 / 그리고 행동하려고 노력했다 / 꼭 그처럼

D. Yet / **the more I tried / to be him, / the less satisfied I felt / about being me. I felt depressed / when I thought of the traits / that made us different.
하지만 / 나는 노력할수록 / 그가 되려고 / 더 만족하지 못했다 / 나 자신에 대해 / 나는 우울함을 느꼈다 / 내가 그 특성들을 생각하면 / 우리를 다르게 만드는

① A-B-C-D ② B-D-C-A
③ C-B-D-A ④ C-D-A-B

A. 그러던 어느 날 엄마는 "너는 네 형이 아니야. 너는 너고, 그건 멋진 일이야."라고 말했다. 그때부터, 나는 내 개성을 받아들이기 시작했다.
B. 나는 그가 똑똑하고, 운동을 잘하고, 인기 있었기 때문에 그렇게 했다. 나는 만일 내가 형처럼 행동한다면, 나 또한 그러한 특성들을 계발할 수 있을 것이라고 생각했다.
C. 나는 어렸을 때, 형을 우러러보았고 꼭 형처럼 행동하려고 노력했다.
D. 하지만 나는 형이 되려고 노력할수록, 나 자신에게는 더 만족하지 못했다. 나는 우리를 다르게 만드는 특성들을 생각하면 우울해졌다.

해설 A, B, C, D의 적절한 순서를 파악하는 문제입니다. C에서 화자는 어렸을 때 형을 우러러보고 형처럼 행동하려고 노력했다고 한 후, B에서 화자가 그렇게 했던(I did so) 이유를 설명하고 있습니다. 뒤이어 D에서 Yet을 통해 형처럼 되려고 노력할수록 자신에게 더 만족했지 못했다고 한 후, 마지막으로 엄마의 격려를 통해 형을 따라 하는 것을 그만두고 자신의 개성을 받아들이기 시작했다는 내용의 A가 나와야 글의 흐름이 자연스럽습니다. 따라서 글을 문맥에 맞게 순서대로 연결한 것은 ③ C-B-D-A입니다.

어휘 embrace [동] 받아들이다, 포옹하다 individuality [명] 개성 athletic [형] 운동신경이 좋은, 탄탄한 characteristic [명] 특성
look up to [동] ~을 우러러보다, 존경하다 trait [명] 특성

[구문독해] * to 부정사가 목적어인 경우 ~하기
to embrace my individuality는 동사 started의 목적어입니다. 이처럼 to 부정사가 목적어인 경우, '~하기'라고 해석합니다.

** the 비교급, the 비교급 (더) ~할수록 더 …하다
the more ~, the less satisfied ~ me에는 'the 비교급, the 비교급'이 사용되어, '나는 그가 되려고 노력할수록, 나 자신에 대해 더 만족하지 못했다'라고 해석합니다.

05 주어진 글 다음에 이어질 내용을 문맥상 가장 자연스럽게 배열한 것은?

Do you find / that your friends / are all very similar to
당신은 발견했는가   당신의 친구들이   모두 당신과 매우 비슷하다는 것을

you? If so, / you are not the only one / who feels this way.
만약 그렇다면   당신은 유일한 사람이 아니다   이렇게 느끼는

(A) These similarities / in personality and appearance / are
이러한 유사성은   성격과 외모의

viewed / as positive traits / by the friends / who share
보여진다   긍정적인 특성으로   친구들에 의해   그것을 공유하는

them, / which is / why they enjoy / spending time together.
이것은 ~이다   왜 그들이 좋아하는지   시간을 함께 보내기

(B) A couple of studies have revealed / that people / *who think
몇몇 연구는 밝혀냈다   사람들은   비슷하게 생각하는

alike / tend to interact with each other, / and are thus more
서로 영향을 끼치는 경향이 있다는 것을   그리고 따라서 우정을 형성할

likely to form friendships.
가능성이 높다는 것을

(C) The same studies point out / that this preference also
같은 연구는 알려준다   이 선호가 또한 외모까지

extends to appearance, / **as friends often resemble each
확장된다고   친구들은 흔히 서로 닮기 때문에

other / physically. For example, / if someone wears glasses, /
신체적으로   예를 들어   어떤 사람이 안경을 쓴다면

he or she will likely have friends / who wear them as well.
그 또는 그녀는 아마 친구가 있을 것이다   마찬가지로 그것을 쓰는

① (A)-(C)-(B)　　　　　　② (B)-(C)-(A)
③ (B)-(A)-(C)　　　　　　④ (C)-(B)-(A)

당신의 친구들이 모두 당신과 매우 비슷하다는 것을 발견했는가? 만약 그렇다면, 당신만 그런 것은 아니다.

(A) 이러한 성격과 외모의 유사성은 그것을 공유하는 친구들에 의해 긍정적인 특성으로 보여지고, 이것이 그들이 함께 시간을 보내기 좋아하는 이유이다.

(B) 최근의 연구는 생각이 비슷한 사람들이 서로 영향을 끼치는 경향이 있고, 따라서 우정을 형성할 가능성이 더 높다는 것을 밝혀냈다.

(C) 같은 연구는 흔히 친구들이 신체적으로도 서로 닮았기 때문에 이 선호가 또한 외모에까지 확장된다고 알려준다. 예를 들어, 어떤 사람이 안경을 쓴다면, 그 사람은 아마 마찬가지로 안경을 쓰는 친구가 있을 것이다.

해설 주어진 문장 다음에 이어질 (A), (B), (C)의 적절한 순서를 파악하는 문제입니다. 주어진 문장에서 친구들과 자신이 비슷하다는 것을 발견했느냐는 질문을 던진 후, 이와 관련되어 생각이 비슷한 사람들끼리 친구가 될 가능성이 높다는 최근의 연구 결과를 소개하는 (B)가 나와야 자연스럽습니다. 뒤이어 (C)에서 같은 연구(the same studies)는 외모가 비슷한 사람들도 서로 선호한다고 한 후, 마지막으로 이러한 성격과 외모의 유사성(these similarities) 때문에 그것을 공유하는 사람들이 함께 시간을 보내는 것을 좋아한다는 내용의 (A)가 나와야 글의 흐름이 자연스럽습니다. 따라서 주어진 문장 다음에 이어질 순서는 ② (B)-(C)-(A)입니다.

어휘 similarity 명 유사성   personality 명 성격   appearance 명 외모   reveal 통 밝히다, 드러내다   alike 형 비슷한
tend to ~하는 경향이 있다   interact 통 서로 영향을 끼치다, 상호 작용하다   point out 알려주다, 지적하다   preference 명 선호
resemble 통 닮다, 유사하다   physically 문 신체적으로

구문독해
* 주격 관계대명사(who)가 이끄는 절이 수식어인 경우   동사하는
  who think alike는 앞에 있는 people을 꾸며주는 수식어입니다. 이처럼 주격 관계대명사(who)가 이끄는 절이 수식어인 경우, '동사하는'이라고 해석합니다.

** 부사절 접속사 as가 이끄는 절이 문장을 꾸며주는 수식어인 경우   주어가 동사하기 때문에
  as friends ~ physically는 앞에 있는 문장을 꾸며주는 수식어입니다. 이처럼 부사절 접속사 as가 이끄는 절이 문장을 꾸며주는 수식어인 경우, '주어가 동사하기 때문에', '주어가 동사하면서' 등 문맥에 따라 다양한 의미로 해석이 가능한데, 이 경우에는 '주어가 동사하기 때문에'라고 해석하는 것이 자연스럽습니다.

06 주어진 문장에 이어질 글의 순서로 가장 적절한 것은?

> There was a man / who waited a long time / *to get his
> 한 남자가 있었다   오래 기다린   그의
> computer back / from the repair shop.
> 컴퓨터를 되돌려 받기 위해   수리점으로부터

(A) The man was upset / with such slow and poor customer
　　남자는 화가 났다   이렇게 느리고 형편 없는 고객 서비스에
service / and called the shop / to complain / about their
　　그리고 가게에 전화했다   항의하려고
lack of professionalism. The manager informed him / that
그들이 직업 의식이 없는 것에 대해   지배인은 그에게 알려주었다
the repairs **were almost completed / and offered him /
수리가 거의 완료되었다고   그리고 그에게 제공했다
a special discount / to make up for the long delay.
　　특별 할인을   긴 지연을 보상할

(B) Although he was told / that it would take / at most five
　　비록 그는 들었지만   걸릴 것이라고   많아야 5일이
days / to fix, / the man ended up waiting / for over three
고치는 데   그 남자는 결국 기다리게 되었다   3주 이상 동안
weeks / without even a phone call / from the repair shop.
　　전화 한 통도 없이   수리점으로부터

(C) Nevertheless, / he was frustrated / that he did not get his
　　그럼에도 불구하고   그는 불만스러웠다   그가 그의 컴퓨터를
computer earlier, / especially since he had been promised /
더 일찍 받지 못한 것이   특히 그가 약속받았었기 때문에
a much earlier completion date. He decided / that if he ever
　　훨씬 이른 완료 날짜를   그는 결심했다   그가 어느 때고
needed / repair services again, / he would surely use
필요해지면   수리 서비스가 다시   그는 반드시
another repair shop / in the future.
다른 수리점을 이용하겠다고   다음에

① (B)-(A)-(C)　　　　　② (B)-(C)-(A)
③ (C)-(A)-(B)　　　　　④ (C)-(B)-(A)

> 수리점으로부터 그의 컴퓨터를 되돌려 받기 위해 오랫동안 기다린 한 남자가 있었다.

(A) 남자는 이렇게 느리고 형편 없는 고객 서비스에 화가 났고 그들이 직업 의식이 없다며 항의하려고 가게에 전화했다. 지배인은 그에게 수리가 거의 완료되었다고 알려주며 긴 지연을 보상할 특별 할인을 제공했다.

(B) 그는 고치는 데 길어야 5일이 걸릴 것이라는 말을 들었지만, 남자는 결국 수리점으로부터 전화 한 통도 없이 3주 이상을 기다리게 되었다.

(C) 그럼에도 불구하고, 그는 그의 컴퓨터를 더 일찍 받지 못한 것이 불만스러웠는데, 특히 그가 훨씬 이른 완료 날짜를 약속받았었기 때문이다. 그는 어느 때고 수리 서비스가 다시 필요해지면, 다음에는 반드시 다른 수리점을 이용하겠다고 결심했다.

해설 주어진 문장 다음에 이어질 (A), (B), (C)의 적절한 순서를 파악하는 문제입니다. 주어진 문장에서 컴퓨터를 수리받기 위해 오랫동안 기다린 남자가 있다고 한 후, 컴퓨터를 수리받기 위해 그가 기다린 기간과 과정을 설명하는 (B)가 나와야 자연스럽습니다. 뒤이어 (A)에서 컴퓨터가 수리되기를 기다리다가 화가 난 남자가 수리점에 전화하여 특별할인을 제공받았다고 한 후, 마지막으로 Nevertheless를 통해 그는 특별할인을 제공받았음에도 불구하고 컴퓨터를 일찍 돌려받지 못한 것이 불만스러워서 다음 번에는 다른 수리점을 이용하겠다고 결심했다는 내용의 (C)가 나와야 글의 흐름이 자연스럽습니다. 따라서 주어진 문장 다음에 이어질 순서는 ① (B)-(A)-(C)입니다.

어휘 repair shop 수리점　upset 형 화난　professionalism 명 직업 의식　inform 통 알리다　discount 명 할인
end up 결국 (어떤 처지에) 처하게 되다　frustrated 형 불만스러운　completion 명 완료, 완성

＊ to 부정사가 동사를 꾸며주는 수식어인 경우 ~하기 위해
to get ~ the repair shop은 앞에 있는 waited를 꾸며주는 수식어입니다. 이처럼 to 부정사가 동사를 꾸며주는 수식어인 경우, '~하기 위해'라고 해석합니다.

＊＊ 동사가 'be 동사 + p.p.'인 경우 ~되다
were completed는 'be 동사 + p.p.' 형태의 동사로, '~되다'라고 해석합니다.

07 다음 문장 뒤에 들어갈 글의 순서로 가장 적절한 것은?

Most people do not like / to pay taxes / and some people
대부분의 사람은 좋아하지 않는다　　세금을 납부하는 것을　　　그리고 일부 사람들은

even think / that they should be reduced or eliminated.
심지어 생각한다　　　　그것이 줄어들거나 없어져야 한다고

> 대부분의 사람이 세금을 납부하는 것을 좋아하지 않으며 일부 사람들은 심지어 세금이 줄어들거나 없어져야 한다고 생각한다.

(A) None of these services / would exist / without taxes. As a
　　이러한 서비스 중 어느 것도　　존재하지 않을 것이다　　세금이 없다면

matter of fact, / the ability of the government / to provide /
사실　　　　　　　　　정부의 능력은　　　　　　제공하는

even basic services / to the public / would be severely
기본적인 서비스조차　　　　대중에게　　　　　　심하게

limited.
제한될 것이다

(B) Therefore, / *it is in the best interest of all citizens / to
　　그러므로　　　　　　모든 국민을 위해 최선이다

maintain these services / by paying the taxes / they owe
이 서비스들을 유지하는 것은　　　세금을 납부함으로써　　　그들이 정부에 낼 의무가 있는

to the government.

(C) But taxes fund / **a number of important government
　　하지만 세금은 ~에 자금을 댄다　　　　많은 중요한 정부 서비스

services. For instance, / tax money is often used / to pay
　　예를 들어　　　　　세금은 흔히 사용된다

for social programs, healthcare, and the military.
사회 프로그램, 의료 서비스, 그리고 군대에 비용을 대는 데

> (A) 세금이 없다면 이러한 서비스 중 어느 것도 존재하지 않을 것이다. 사실, 대중에게 기본적인 서비스를 제공하는 정부의 능력조차 심하게 제한될 것이다.
> (B) 그러므로 정부에 낼 의무가 있는 세금을 납부함으로써 이러한 서비스를 유지하는 것은 모든 국민을 위해 최선이다.
> (C) 하지만 세금은 많은 중요한 정부 서비스에 자금을 댄다. 예를 들어, 세금은 흔히 사회 프로그램, 의료 서비스, 군대에 비용을 대는 데 사용된다.

① (B)-(A)-(C)　　　　　　② (C)-(B)-(A)
③ (C)-(A)-(B)　　　　　　④ (A)-(B)-(C)

해설　주어진 문장 다음에 이어질 (A), (B), (C)의 적절한 순서를 파악하는 문제입니다. 주어진 문장에서 대부분의 사람들이 세금이 줄어들거나 없어져야 한다고 생각한다는 것을 알려준 후, But을 통해 세금은 많은 주요 정부 서비스에 사용되고 있다는 대조적인 사실을 알려주는 (C)가 나와야 자연스럽습니다. 뒤이어 (A)에서 세금 없이는 이러한 서비스(these services) 중 어떤 것도 존재하지 않을 것이라고 한 후, 마지막으로 Therefore를 통해 세금을 내는 것이 모든 국민을 위해 최선이라는 결론을 보여주는 (B)가 나와야 글의 흐름이 자연스럽습니다. 따라서 주어진 문장 다음에 이어질 순서는 ① (C)-(A)-(B)입니다.

어휘　reduce 图 줄이다, 축소하다　eliminate 图 없애다　exist 图 존재하다　public 图 대중 图 공공의　severely 图 심하게
citizen 图 시민, 주민　limit 图 제한하다　owe 图 지불할 의무가 있다, 빚지고 있다　fund 图 자금을 대다 图 기금
healthcare 图 의료, 건강 관리

구문　*　**가짜 주어 it과 진짜 주어 to 부정사가 쓰인 경우**　~하는 것은
독해　　　it은 가짜 주어로 해석하지 않으며 to maintain ~ the government가 진짜 주어입니다. 이처럼 to 부정사가 진짜 주어로 쓰인 경우, '~하는 것은'이라고 해석합니다.

　　　**　**a number of ~**　많은
　　　　a number of important government services에는 'a number of ~'가 사용되어 '많은 중요한 정부 서비스'라고 해석합니다.

08 다음 주어진 문장에 이어질 글의 순서로 가장 적절한 것은?

Blindness is a condition / *that affects many people / of all
실명은 질환이다   많은 사람에게 영향을 미치는

ages / around the world.
모든 연령대의   전 세계의

실명은 전 세계 모든 연령대의 많은 사람에게 영향을 미치는 질환이다.

(A) In fact, / it is estimated / that 161 million people / are
사실   추정된다   1억 6천 1백만 여 명의 사람이

considered legally blind. This is equal / to about 2.6 percent /
법적 실명으로 여겨진다고   이것은 ~와 같다   약 2.6퍼센트와

of the total human population. Of those / considered legally
전체 인구수의   ~인 사람 중에   법적 실명으로 여겨지는

blind, / not all have completely lost / the ability to see.
모두가 완전히 잃지는 않았다   볼 수 있는 능력을

(B) These individuals may have / 20 percent of their sight
이러한 사람들은 가지고 있을 수 있다   그의 시력의 20퍼센트가 남아있게

remaining, / but still be considered legally blind / and
하지만 여전히 법적 실명으로 여겨질 수 있다   그리고

qualified / to receive special medical assistance.
자격이 있다   특별 의료 지원을 받을

(C) Rather, / this is a term / used to describe someone /
오히려   이것은 용어이다   사람을 설명하는 데 사용되는

whose vision is impaired / **to the extent / that everyday
그의 시력이 손상된   정도까지

functioning is very difficult, / or prevents them / from certain
일상생활이 매우 어려운   또는 그들을 막는   특정 활동을 하는 것을

activities / like driving.
운전 같은

① (A)-(C)-(B)   ② (B)-(C)-(A)
③ (C)-(B)-(A)   ④ (C)-(A)-(B)

(A) 사실, 1억 6천 1백만 여 명이 법적 실명으로 여겨진다고 추정된다. 이것은 전체 인구수의 약 2.6퍼센트와 같다. 법적 실명으로 여겨지는 사람 모두가 볼 수 있는 능력을 완전히 잃지는 않았다.

(B) 이러한 사람들은 자신의 시력의 20퍼센트가 남아있어도, 여전히 법적 실명으로 간주될 수 있으며, 특별 의료 지원을 받을 자격이 있다.

(C) 오히려, 이것은 매일의 일상생활이 매우 어려워지거나 운전 같은 특정 활동을 못하게 되는 정도까지 시력이 손상된 사람을 설명하는 데 사용되는 용어이다.

해설 주어진 문장 다음에 이어질 (A), (B), (C)의 적절한 순서를 파악하는 문제입니다. 주어진 문장에서 실명은 전 세계 많은 사람에게 영향을 미친다고 한 후, 전 세계적으로 법적으로 실명이라고 여겨지는 사람의 수를 구체적으로 알려주는 (A)가 나와야 자연스럽습니다. 뒤이어 (C)에서 이 법적 실명이라는 용어에 대한 정의를 설명한 후, 마지막으로 이러한 법적 실명인 사람들(These individuals)의 상태에 대한 예를 드는 내용의 (B)가 나와야 글의 흐름이 자연스럽습니다. 따라서 주어진 문장 다음에 이어질 순서는 ① (A)-(C)-(B)입니다.

어휘 blindness 뗑 실명 estimate 똥 추정하다 legally 뿐 법률적으로 completely 뿐 완전히 sight 뗑 시력 qualify 똥 자격을 주다
impair 똥 손상시키다 extent 뗑 정도, 규모

구문
독해 * 주격 관계대명사(that)가 이끄는 절이 수식어인 경우 동사하는
    that affects ~ the world는 앞에 있는 a condition을 꾸며주는 수식어입니다. 이처럼 주격 관계대명사(that)가 이끄는 절이
    수식어인 경우, '동사하는'이라고 해석합니다.

  ** to the extent that + 주어 + 동사 주어가 동사하는 정도까지
    to the extent that everyday functioning ~ driving에는 'to the extent that + 주어 + 동사'가 사용되어, '매일의
    일상생활이 매우 어려워지거나 운전 같은 특정 활동을 못하게 되는 정도까지'라고 해석합니다.

Ch 7 문단 순서 배열 해커스 공무원 영어 기초 독해

01 ①	02 ②	03 ③	04 ③	05 ②	06 ③	07 ④	08 ④

01 다음 주어진 문장이 들어갈 곳으로 가장 적절한 것은?

> For instance, / I lost 10 pounds / over the last year / by
> 예를 들어　　　나는 10파운드를 감량했다　　　지난 한 해 동안
>
> jogging / three times a week.
> 조깅으로　　　일주일에 세 번

예를 들어, 나는 지난 한 해 동안 일주일에 세 번 조깅해서 10파운드를 감량했다.

Regular exercise offers many benefits / to our mental and
규칙적인 운동은 많은 이로움을 제공한다　　　　우리의 정신적

physical health. First of all, / exercise helps us / *maintain a
그리고 신체적 건강에　　　가장 먼저　　　운동은 우리가 ~하게 도와준다

healthy body weight. (A) Another great advantage of exercise /
건강한 체중을 유지하게　　　운동의 또 다른 아주 좋은 이점은

is stress relief. (B) **Spending just an hour at the gym / helps
스트레스의 경감이다　　　단 한 시간을 헬스장에서 보내는 것은

get rid of / any tension / accumulated / throughout the day / and
해소하게 도와준다　　모든 긴장을　　쌓인　　　하루 동안

provides added energy. (C) Last but not least, / exercise allows
그리고 더 많은 에너지를 준다　　　마지막으로　　　운동은 우리가 ~하게 한다

us / to feel more confident / about how we look / and boosts our
더 자신감을 느끼게　　　우리가 어떻게 보이는지에 대해　　그리고 우리의 자부심을

ego. (D) When we finish a tough workout, / our brains
북돋아 준다　　　우리가 힘든 운동을 마치고 나면

release chemical substances / called endorphins, / which make
우리의 뇌는 화학 물질을 분비한다　　엔도르핀이라고 불리는　　　이것은

us feel happy.
우리를 행복하게 만든다

규칙적인 운동은 우리의 정신적, 신체적 건강에 많은 이로움을 제공한다. 가장 먼저, 운동은 우리가 건강한 체중을 유지하게 돕는다. (A) 운동의 또 다른 아주 좋은 이점은 스트레스의 경감이다. (B) 단 한 시간만 헬스장에서 보내는 것도 하루 동안 쌓인 모든 긴장을 해소하게 도와주고 더 많은 에너지를 준다. (C) 마지막으로, 운동은 우리가 외모에 대해 더 자신감을 느끼게 하고 자부심을 북돋아 준다. (D) 우리가 힘든 운동을 마치고 나면, 뇌는 엔도르핀이라는 화학 물질을 분비하는데, 이것은 우리를 행복하게 만든다.

① A
② B
③ C
④ D

해설 지문의 흐름상 주어진 문장이 들어가기에 가장 적절한 곳을 고르는 문제입니다. 주어진 문장의 For instance(예를 들어)를 통해 주어진 문장 앞에 조깅으로 체중을 감량한 것을 예로 들 수 있는 내용이 나올 것임을 예상합니다. (A)의 앞 문장에서 운동은 우리가 건강한 체중을 유지하게 돕는다고 했으므로, (A) 자리에 그 예로 조깅으로 체중을 감량한 화자의 이야기를 들려주는 주어진 문장이 들어가야 글의 흐름이 자연스럽게 연결됩니다. 따라서 ①번이 정답입니다.

어휘 benefit 圓 이점, 이익　maintain 圄 유지하다　relief 圓 경감, 안도　get rid of ~을 제거하다, 없애다　tension 圓 긴장
accumulate 圄 쌓이다, 모으다　last but not least 마지막으로　boost 圄 북돋우다　ego 圓 자부심, 자존심
release 圄 분비하다, 풀어 주다

[구문독해] *** 동사원형이 목적격 보어인 경우** ~하게
maintain a healthy body weight는 목적어 us를 보충 설명해 주는 목적격 보어입니다. 이처럼 동사원형이 목적격 보어인 경우, '~하게'라고 해석합니다.

** 동명사가 주어인 경우 ~하는 것은
Spending ~ the gym은 주어입니다. 이처럼 동명사가 주어인 경우, '~하는 것은'이라고 해석합니다.

02 다음 문장이 들어갈 위치로 가장 적절한 것은?

These link areas / designed for storing food, mating, / and
이것들은 구역들을 연결한다   음식물을 저장하고 짝짓기하기 위해 만들어진   그리고
raising offspring.
새끼를 기르기 위해

> 이것들은 음식을 저장하고, 짝짓기하고, 새끼를 기르기 위해 만들어진 구역들을 연결한다.

Ants live / in large underground habitats / called colonies. (A)
개미는 산다   큰 지하 서식지에   군락으로 불리는
The colonies are made up of / a series of rooms / that are
군락은 ~으로 구성되어 있다   일련의 방들
connected by small passageways. (B) Until 2000, / the largest
작은 통로들로 이어져 있는   2000년까지
known colony / was located / in Japan / and covered nearly three
알려진 가장 큰 군락은   위치했었다   일본에   그리고 면적이 거의 3킬로미터에 걸쳐 있었다
kilometers. (C) That year, / however, / researchers found /
그 해에   하지만   연구원들은 발견했다
*what they called a "supercolony." This supercolony stretched /
그들이 'supercolony'라고 부르는 것을   이 supercolony는 뻗어 있었다
along the entire southern coast of Europe. (D) Shortly
유럽의 남쪽 연안 전체를 따라   그 후 곧
thereafter, / other biologists determined / that these European
             다른 생물학자들은 알아냈다   이 유럽 개미들이
ants, / along with North American and Japanese ants, / formed
       북미와 일본 개미들과 함께   단일한
a single "megacolony" / **spanning several continents.
'megacolony'를 형성한다는 것을   여러 대륙에 걸쳐있는

① A
② B
③ C
④ D

> 개미는 군락으로 불리는 큰 지하 서식지에 산다. (A) 군락은 작은 통로들로 이어져 있는 일련의 방들로 구성되어 있다. (B) 2000년까지, 알려진 가장 큰 군락은 일본에 위치했었고, 면적이 거의 3킬로미터에 걸쳐 있었다. (C) 하지만 그 해에, 연구원들은 그들이 'supercolony'라고 부르는 것을 발견했다. 이 supercolony는 유럽의 남쪽 연안 전체를 따라 뻗어 있었다. (D) 그 후 곧, 다른 생물학자들은 이 유럽 개미가 북미 개미와 일본 개미와 함께 여러 대륙에 걸쳐있는 단일한 'megacolony'를 형성한다는 것을 알아냈다.

해설 지문의 흐름상 주어진 문장이 들어가기에 가장 적절한 곳을 고르는 문제입니다. 주어진 문장의 These(이것들은)를 통해 주어진 문장 앞에 여러 용도로 만들어진 구역을 연결하는 것이 무엇인지에 대한 내용이 나올 것임을 예상합니다. (B)의 앞 문장에서 개미 군락은 여러 방들이 작은 통로들로 이어져 있다고 했으므로, (B) 자리에 이 통로들이 여러 용도로 만들어진 방들을 연결하는 것이라는 것을 알려주는 주어진 문장이 들어가야 글의 흐름이 자연스럽게 연결됩니다. 따라서 ②번이 정답입니다.

어휘 mate 통 짝짓기를 하다   offspring 명 새끼, 자식   underground 형 지하의   habitat 명 서식지   colony 명 군락, 식민지
passageway 명 통로   stretch 통 뻗어 있다, 늘이다   biologist 명 생물학자   determine 통 알아내다, 밝히다   span 통 걸치다

구문독해 ＊ **what이 이끄는 명사절이 목적어인 경우** 주어가 동사하는 것을
what they called a "supercolony"는 동사 found의 목적어입니다. 이처럼 what이 이끄는 명사절이 목적어인 경우, '주어가 동사하는 것을'이라고 해석합니다.

＊＊ **현재분사가 명사를 꾸며주는 수식어인 경우** ~하는
spanning several continents는 앞에 있는 a single "megacolony"를 꾸며주는 수식어입니다. 이처럼 현재분사가 명사를 꾸며주는 수식어인 경우, '~하는'이라고 해석합니다.

Higher levels of these substances / result in an increased
이 물질의 높은 수치는   향상된 능력을 야기한다

ability / *to focus on tasks.
            과제에 집중하는

이 물질의 높은 수치는 과제에 집중하는 능력을 향상한다.

Some experts suggest / it is valuable / to have a hobby. Doing
몇몇 전문가들은 제시한다   가치 있다고   취미를 가지는 것이

something / that is enjoyable / can result in a positive attitude.
무언가를 하는 것은   즐거운   긍정적인 태도로 이어질 수 있다

(A) We become happier / **when we do things / we take
우리는 더 행복해진다   우리가 어떤 것을 할 때

pleasure in. In addition, / hobbies can improve / our ability / to
우리가 좋아하는   게다가   취미는 향상할 수 있다   우리의 능력을

concentrate. (B) When a person engages / in an interesting
집중하는   사람이 참여할 때   재미있는 활동에

activity, / the brain produces more neurotransmitters. (C)
                뇌는 더 많은 신경 전달 물질을 생산한다

Having a hobby / can also increase a person's confidence. (D)
취미를 갖는 것은   사람의 자신감을 또한 높일 수 있다

Doing something well / that is not required / for work or
무언가를 잘 하는 것은   요구되지 않는   직장이나 학교에서

school / can improve a person's self-esteem.
            사람의 자부심을 높일 수 있다

몇몇 전문가들은 취미를 가지는 것이 가치 있다고 제시한다. 즐거운 무언가를 하는 것은 긍정적인 태도로 이어질 수 있다. (A) 우리는 좋아하는 것을 할 때 더 행복해진다. 게다가 취미는 집중하는 능력을 향상할 수 있다. (B) 사람이 재미있는 활동에 참여할 때, 뇌는 더 많은 신경 전달 물질을 생산한다. (C) 취미를 갖는 것은 자신감도 높일 수 있다. (D) 직장이나 학교에서 요구되지 않는 무언가를 잘하는 것은 자부심을 높일 수 있다.

① A
② B
③ C
④ D

해설 지문의 흐름상 주어진 문장이 들어가기에 가장 적절한 곳을 고르는 문제입니다. 주어진 문장의 these substances(이 물질들)를 통해 주어진 문장 앞에 이 물질에 대한 설명이 나올 것임을 예상합니다. (C)의 앞 문장에서 사람이 재미있는 활동에 참여할 때 뇌는 많은 신경 전달 물질을 생산한다고 하며 these substances(이 물질들)가 무엇인지 알려주고 있으므로, (C) 자리에 주어진 문장이 들어가야 글의 흐름이 자연스럽게 연결됩니다. 따라서 ③번이 정답입니다.

어휘 substance 圐 물질 ability 圐 능력 valuable 圐 가치 있는 attitude 圐 태도 take pleasure in 좋아하다
concentrate 圏 집중하다 engage in ~에 참여하다 self-esteem 圐 자부심, 자긍심

 * **to 부정사가 명사를 꾸며주는 수식어인 경우**   ~하는
to focus on tasks는 앞에 있는 an increased ability를 꾸며주는 수식어입니다. 이처럼 to 부정사가 명사를 꾸며주는 수식어인 경우, '~하는'이라고 해석합니다.

** **부사절 접속사 when이 이끄는 절이 문장을 꾸며주는 수식어인 경우**   주어가 동사할 때
when we do things we take pleasure in은 앞에 있는 문장을 꾸며주는 수식어입니다. 이처럼 부사절 접속사 when이 이끄는 절이 문장을 꾸며주는 수식어인 경우, '주어가 동사할 때'라고 해석합니다.

04 글의 흐름상 다음 문장이 들어가기에 가장 적절한 곳은?

This means / *that students can attend a university / without taking on / a large financial burden.
이것은 의미한다 / 학생들이 대학을 다닐 수 있다는 것을 / ~을 지지 않고 / 큰 재정상의 부담

(A) Online classes and degrees / are becoming / a more widely accepted form of education / due to several factors. One of these / is its convenience of access, / as people are free / to attend classes / from anywhere / an Internet connection is available. (B) Another factor / that cannot be ignored / is the lower tuition fees / charged for online degrees / **compared to those / obtained on campus. (C) Additionally, / online education allows students to study / at a pace / that is comfortable for them. (D) Lessons and lectures are often available / as video or audio files, / and they can be replayed / until the material is mastered.

온라인 수업과 학위는 / 되고 있다 / 더 널리 받아들여지는 교육의 형식이 / 몇 가지 요인으로 인해 / 그것들 중 하나는 / 그것의 접속의 편리함이다 / 사람들은 자유롭기 때문이다 / 수업에 출석하기 / 어디에서나 / 인터넷 연결을 이용할 수 있는 / 또 다른 요인은 / 무시될 수 없는 / 더 낮은 수업료이다 / 온라인 학위를 따는 데 드는 / 그것들과 비교할 때 / 캠퍼스에서 받는 / 게다가 / 온라인 교육은 학생들이 공부하게 해준다 / 속도로 / 자신들에게 편한 / 수업과 강연은 흔히 구할 수 있다 / 비디오 또는 음성 파일로 / 그리고 그것들은 재생될 수 있다 / 내용이 완전히 익혀질 때까지

① A ② B
③ C ④ D

이것은 학생들이 큰 재정상의 부담을 지지 않고 대학을 다닐 수 있다는 것을 의미한다.

(A) 온라인 수업과 학위는 몇 가지 요인으로 인해 더 널리 받아들여지는 교육의 형식이 되고 있다. 그중 하나는 접속이 편리하다는 것인데, 사람들은 인터넷이 연결되는 어디에서나 수업에 출석하기 자유롭기 때문이다. (B) 무시할 수 없는 또 다른 요인은 캠퍼스에서 학위를 받는 것과 비교할 때 온라인 학위를 따는 데 더 적게 드는 수업료이다. (C) 게다가 온라인 교육은 학생들이 자기에게 편한 속도로 공부하게 해준다. (D) 수업과 강연은 흔히 비디오 또는 음성 파일로 구할 수 있으며, 내용을 완전히 익힐 때까지 재생할 수 있다.

해설 지문의 흐름상 주어진 문장이 들어가기에 가장 적절한 곳을 고르는 문제입니다. 주어진 문장의 This(이것)를 통해 학생들이 큰 재정 부담 없이 대학을 다닐 수 있도록 하는 것이 무엇인지에 대한 내용이 나올 것임을 예상합니다. (C)의 앞 문장에서 온라인 학위를 따는 것은 캠퍼스 학위를 받는 것보다 수업료가 더 적게 든다고 하며 학생들이 재정 부담 없이 대학을 다닐 수 있도록 하는 요인을 설명하고 있으므로, (C) 자리에 주어진 문장이 들어가야 글의 흐름이 자연스럽게 연결됩니다. 따라서 ③번이 정답입니다.

어휘 burden [명] 부담 convenience [명] 편리함 tuition fee [명] 수업료 charge [동] 요금을 청구하다 pace [명] 속도 replay [동] 재생하다 master [동] ~을 완전히 익히다 [명] 주인

[구문독해] * thatO 이끄는 명사절이 목적어인 경우 주어가 동사하다는 것을

that students ~ burden은 동사 means의 목적어입니다. 이처럼 that이 이끄는 명사절이 목적어인 경우, '주어가 동사하다는 것을'이라고 해석합니다.

** 분사구문이 문장을 꾸며주는 수식어인 경우 ~할 때

compared ~ campus는 앞에 있는 문장을 꾸며주는 수식어입니다. 이처럼 분사구문이 문장을 꾸며주는 수식어인 경우, 문맥에 따라 '~할 때', '~하기 때문에', '~하면' 등 다양한 의미로 해석이 가능한데, 이 경우에는 '~할 때'라고 해석하는 것이 자연스럽습니다.

For instance, / restaurant servers are often paid / less than
예를 들어　　　　　　　식당에서 서빙하는 사람들은 보통 보수를 받는다

the minimum wage / because they are expected / to receive
최저 임금보다 더 적게　　　　　그들은 예상되기 때문에　　　　팁을 받을 것으로

a gratuity.

예를 들어, 식당에서 서빙하는 사람들은 팁을 받을 것으로 예상되기 때문에 보통 최저 임금보다 적은 보수를 받는다.

The custom of tipping / varies from region to region. In North
팁을 주는 관습은　　　　　　지역마다 다르다　　　　　　북미에서는

America, / *it is common / to give a gratuity / of 15 to 20
일반적이다　　　　팁을 주는 것은　　15퍼센트에서 20퍼센트의

percent. Taxi drivers and hotel staff / appreciate a tip / from
택시 기사와 호텔 직원들은　　　　팁을 고맙게 생각한다

customers. (A) However, / for certain occupations / the potential
손님의　　　　　하지만　　　　일부 직업의 경우　　　팁의 가능성이

for tips / **is calculated / into the service staff's salaries. (B) If a
계산된다　　　　서비스 직원의 급여에

customer does not leave a tip, / the server may feel / that he or
손님이 팁을 남기지 않으면　　　서빙하는 사람은 생각할 수도 있다

she has been cheated. (C) This situation can arise / with
그 또는 그녀가 속여졌다고　　　이 상황은 일어날 수 있다

tourists / from countries / without a tipping tradition, / who
관광객들에게　　나라에서 온　　　팁 문화가 없는

often have difficulty / adjusting to paying extra / for service. (D)
이들은 보통 어려워 한다　　돈을 추가로 내는 것에 적응하는 것에　서비스에 대해

팁을 주는 관습은 지역마다 다르다. 북미에서는, 15퍼센트에서 20퍼센트의 팁을 주는 것이 일반적이다. 택시 기사와 호텔 직원들은 손님의 팁을 고맙게 생각한다. (A) 하지만 일부 직업의 경우 팁을 받을 가능성이 서비스 직원의 급여에 계산된다. (B) 손님이 팁을 남기지 않으면, 서빙하는 사람은 자신이 속았다고 생각할 수도 있다. (C) 이 상황은 보통 팁 문화가 없는 나라에서 온 관광객들에게 일어날 수 있는데, 이들은 보통 서비스에 돈을 추가로 내는 것에 적응하기 어려워한다. (D)

① A
② B
③ C
④ D

해설 지문의 흐름상 주어진 문장이 들어가기에 가장 적절한 곳을 고르는 문제입니다. 주어진 문장의 For instance(예를 들어)를 통해 주어진 문장 앞에 식당에서 서빙하는 사람들이 팁을 받을 것으로 예상되어 적은 보수를 받는다는 것을 예로 들 수 있는 내용이 나올 것임을 예상합니다. (B)의 앞 문장에서 일부 직업의 경우 팁을 받을 가능성이 직원의 급여에 계산된다고 했으므로, (B) 자리에 그 예로 식당에서 서빙하는 사람들의 급여에 대해 알려준 주어진 문장이 들어가야 글의 흐름이 자연스럽게 연결됩니다. 따라서 ②번이 정답입니다.

어휘 minimum 휑 최저의　wage 몡 임금　gratuity 몡 팁, 봉사료　custom 몡 관습, 풍습　tip 통 팁을 주다 몡 팁　vary 통 다르다, 다양하다
common 휑 일반적인, 흔한　appreciate 통 고맙게 생각하다　occupation 몡 직업　potential 몡 가능성　salary 몡 급여
cheat 통 속이다, 부정 행위를 하다　arise 통 일어나다, 발생하다　tradition 몡 관습, 전통　adjust 통 적응하다, 조절하다

구문
독해
* **가짜 주어 it과 진짜 주어 to 부정사가 쓰인 경우**　~하는 것은
it은 가짜 주어로 해석하지 않으며 to give ~ 20 percent가 진짜 주어입니다. 이처럼 to 부정사가 진짜 주어로 쓰인 경우, '~하는 것은'이라고 해석합니다.

** **동사가 'be 동사 + p.p.'인 경우**　~되다
is calculated는 'be 동사 + p.p.' 형태의 동사로, '~되다'라고 해석합니다.

06 다음 문장이 들어갈 위치로 가장 적절한 것은?

> Some people assert / that it causes health problems /
> 일부 사람들은 주장한다 그것이 건강 문제를 일으킨다고
> such as headaches, fever, and breathing difficulties.
> 두통, 열, 그리고 호흡 곤란과 같은

Monosodium glutamate (MSG) is a chemical substance / *that is
글루탐산 나트륨(MSG)은 화학 물질이다
added / to processed meats, vegetables, and dairy products.
첨가되는 가공된 고기, 채소, 그리고 유제품에
In 1908, / Japanese chemist Ikeda Kibunae discovered / that
1908년에 일본의 화학자 Ikeda Kibunae는 발견했다
MSG improved / the taste of certain foods. (A) He patented
MSG가 좋게 한다는 것을 어떤 음식의 맛을 그는 한 방법의
a method / for extracting MSG from seaweed. Later, / scientists
특허를 얻었다 해초로부터 MSG를 추출하는 이후에
developed methods / to chemically create this substance. (B)
과학자들은 방법을 개발했다 이 물질을 화학적으로 만드는
In recent decades, / there has been a lot of controversy / about
최근 수십 년간 많은 논란이 있었다 MSG에 대해
MSG. (C) However, / no scientific basis exists / for this claim.
하지만 과학적 근거가 없다 이 주장에는
(D) In fact, / numerous studies **have shown / that MSG is
사실 수많은 연구는 보여주었다 MSG가 섭취하기에
safe for consumption.
안전하다는 것을

① A ② B
③ C ④ D

> 일부 사람들은 그것이 두통, 열, 호흡 곤란과 같은 건강 문제를 일으킨다고 주장한다.

글루탐산 나트륨(MSG)은 가공된 고기, 채소, 유제품에 첨가되는 화학 물질이다. 1908년에, 일본의 화학자 Ikeda Kibunae는 MSG가 어떤 음식의 맛을 좋게 한다는 것을 발견했다. (A) 그는 해초로부터 MSG를 추출하는 방법에 대한 특허를 얻었다. 이후에, 과학자들은 이 물질을 화학적으로 만드는 방법을 개발했다. (B) 최근 수십 년 동안에, MSG에 대해 많은 논란이 있었다. (C) 하지만 이 주장에는 과학적 근거가 없다. (D) 사실, 수많은 연구는 MSG가 섭취하기에 안전하다는 것을 보여주었다.

해설 지문의 흐름상 주어진 문장이 들어가기에 가장 적절한 곳을 고르는 문제입니다. (C)의 뒤 문장에서 이 주장(this claim)에는 과학적 근거가 없다고 했으므로, (C) 자리에 MSG가 건강 문제를 일으킨다고 생각하는 일부 사람들의 주장을 보여주는 주어진 문장이 들어가야 글의 흐름이 자연스럽게 연결됩니다. 따라서 ③번이 정답입니다.

어휘 assert [동] 주장하다 chemist [명] 화학자 patent [동] 특허를 얻다 [명] 특허 extract [동] 추출하다, 뽑다 [명] 추출물 seaweed [명] 해초 controversy [명] 논란 basis [명] 근거, 이유 claim [명] 주장 [동] 주장하다 consumption [명] 섭취, 소비

[구문독해] * 주격 관계대명사(that)가 이끄는 절이 수식어인 경우 동사하는
that is added ~ products는 앞에 있는 a chemical substance를 꾸며주는 수식어입니다. 이처럼 주격 관계대명사(that)가 이끄는 절이 수식어인 경우, '동사하는'이라고 해석합니다.

** 동사가 'have 동사 + p.p.'인 경우 ~했다
have shown은 'have 동사 + p.p.' 형태의 동사로, '~했다'라고 해석합니다.

Ch 8 문장 삽입 해커스 공무원 영어 기초 독해

07 글의 흐름상 다음 문장이 들어가기에 가장 적절한 곳은?

> Moreover, / UNESCO pays for professional teams / *to restore and maintain the site.
> 게다가 / 유네스코는 전문적인 팀에 대한 비용을 지불한다 / 장소를 복원하고 유지하기 위해

UNESCO is an agency / that promotes international cooperation.
유네스코는 단체이다 / 국제적 협력을 촉진하는

It is most famous / for sponsoring World Heritage Sites. (A)
이것은 가장 유명하다 / 세계문화유산을 후원하는 것으로

These are places / of cultural or natural significance / **that the organization protects. (B) When such a location is designated a World Heritage Site, / its local government receives monetary grants. (C) This makes receiving UNESCO designations / very lucrative / to governments of impoverished countries / that are eager to increase / their tourism market. (D) Without such support, / sites / like the ancient Cambodian city of Angkor / would face rapid decline.
이것들은 장소들이다 / 문화적 또는 자연적으로 중요한 / 단체가 보호하는 / 이러한 장소가 세계문화유산으로 지정되면 / 그곳의 지역 정부는 금전적 보조금을 받는다 / 이것은 유네스코의 지정을 받는 것을 ~하게 만든다 / 매우 수익성이 좋게 / 빈곤한 나라들의 정부들에게 / 늘리고 싶어하는 / 그들의 관광 시장을 / 이러한 지원이 없다면 / 유적은 / 고대 캄보디아의 도시 앙코르와 같은 / 급격한 쇠퇴를 직면할 것이다

① A ② B
③ C ④ D

> 게다가 유네스코는 장소를 복원하고 유지하기 위해 전문적인 팀에 대한 비용을 지불한다.

유네스코는 국제적 협력을 촉진하는 단체이다. 이것은 세계문화유산을 후원하는 것으로 가장 유명하다. (A) 세계문화유산은 단체가 보호하는 문화적 또는 자연적으로 중요한 장소들이다. (B) 이러한 장소가 세계문화유산으로 지정되면, 그곳의 지역 정부는 금전적 보조금을 받는다. (C) 이것은 관광 시장을 늘리고 싶어하는 빈곤한 나라의 정부들에게 유네스코의 지정을 받는 것을 매우 수익성이 좋게 만든다. (D) 이러한 지원이 없다면, 고대 캄보디아의 도시 앙코르와 같은 유적은 급격한 쇠퇴를 직면할 것이다.

해설 지문의 흐름상 주어진 문장이 들어가기에 가장 적절한 곳을 고르는 문제입니다. (D)의 뒤 문장에서 이러한 지원(such support)이 없다면 유적은 급격한 쇠퇴를 직면할 것이라고 했으므로, (D) 자리에 유네스코가 제공하는 지원금에 대해 설명하는 주어진 문장이 들어가야 글의 흐름이 자연스럽게 연결됩니다. 따라서 ④번이 정답입니다.

어휘 restore [동] 복원하다, 회복시키다 site [명] 장소, 유적 agency [명] 단체, 대리점 promote [동] 촉진하다, 홍보하다 cooperation [명] 협력, 협동 sponsor [동] 후원하다 [명] 보증인 designate [동] 지정하다, 명시하다 monetary [형] 금전의, 통화의 grant [명] 보조금 [동] 주다 designation [명] 지정 lucrative [형] 수익성이 좋은 impoverished [형] 빈곤한 face [동] 직면하다 [명] 얼굴 decline [명] 쇠퇴 [동] 거절하다

[구문 독해]

* **to 부정사가 동사를 꾸며주는 수식어인 경우** ~하기 위해
to restore and maintain the site는 pays를 꾸며주는 수식어입니다. 이처럼 to 부정사가 동사를 꾸며주는 수식어인 경우, '~하기 위해'라고 해석합니다.

** **목적격 관계대명사(that)가 이끄는 절이 수식어인 경우** 주어가 동사하는
that the organization protects는 앞에 있는 places of cultural or natural significance를 꾸며주는 수식어입니다. 이처럼 목적격 관계대명사(that)가 이끄는 절이 수식어인 경우, '주어가 동사하는'이라고 해석합니다.

08 다음 주어진 문장이 들어갈 곳으로 가장 적절한 것은?

Eventually, / he or she stops feeling / like a victim.
결국   그 또는 그녀는 더 이상 느끼지 않는다   피해자처럼

A psychological phenomenon / in which hostages develop
심리적 현상은   인질들이 긍정적인 감정을 발달하는

positive feelings / toward their captors / is known as the
그들의 억류자들에 대해

Stockholm syndrome. It is named after the Swedish city /
스톡홀름 증후군으로 알려져 있다   이것은 스웨덴의 도시를 따서 이름이 지어졌다

*where the behavior was first observed. (A) Intense stress and
그 행동이 처음으로 목격된   극도의 스트레스와 고조된 감정이

elevated emotions / are thought to cause / the irrational
유발한다고 여겨진다   비이성적인 행동을

behavior / behind the syndrome. (B) According to Freudian
증후군 이면의   프로이트 이론에 따르면

theory, / victims unconsciously try to overcome / the trauma
피해자들은 무의식적으로 극복하려고 노력한다   아무것도 할 수

of being powerless / by identifying with their aggressor. (C)
없는 것으로 인한 정신적 외상을   그들의 가해자와 동일시함으로써

Such identification makes victims / **fall under the delusion /
이러한 동일시는 피해자를 만든다   착각에 빠지게

that their captors are kind to them / and develop feelings of
그들의 억류자들이 그들에게 친절하다는   그리고 공감하는 감정을 발달하게

empathy. (D) However, / victims come to realize / that they
하지만   피해자들은 깨닫게 된다   그들이

were wrong / after being rescued.
틀렸다는 것을   구출된 후에

① A   ② B
③ C   ④ D

그 또는 그녀는 결국 더 이상 피해자라고 느끼지 않는다.

인질이 자신의 억류자에 대해 긍정적인 감정을 발달하는 심리적 현상은 스톡홀름 증후군으로 알려져 있다. 이 증후군의 이름은 그 행동이 처음으로 목격된 스웨덴의 도시의 이름을 따서 지어졌다. (A) 극도의 스트레스와 고조된 감정이 증후군 이면의 비이성적인 행동을 유발한다고 여겨진다. (B) 프로이트 이론에 따르면, 피해자는 아무것도 할 수 없는 것으로 인한 정신적 외상을 가해자와 자신을 동일시함으로써 극복하려고 무의식적으로 노력한다. (C) 이러한 동일시는 피해자가 억류자들이 자신에게 친절하다는 착각에 빠지게 만들고 억류자와 공감하는 감정을 발달하게 만든다. (D) 하지만 피해자는 구출된 후에 자신이 틀렸다는 것을 깨닫게 된다.

해설 지문의 흐름상 주어진 문장이 들어가기에 가장 적절한 곳을 고르는 문제입니다. 주어진 문장의 Eventually(결국)를 통해 사람들이 결국 더 이상 피해자라고 느끼지 않게 하는 것이 무엇인지에 대한 내용이 나올 것임을 예상합니다. (D)의 앞 문장에서 피해자는 억류자가 친절하다는 착각에 빠져 그들과 공감하는 감정을 발달하게 된다고 하며, 피해자들이 자신을 더 이상 피해자라고 느끼지 않게 만드는 이유를 설명하고 있으므로, (D) 자리에 주어진 문장이 들어가야 글의 흐름이 자연스럽게 연결됩니다. 따라서 ④번이 정답입니다.

어휘 victim 뗑 피해자 phenomenon 뗑 현상 hostage 뗑 인질 captor 뗑 억류자, 포획자 syndrome 뗑 증후군
observe 됭 목격하다 intense 혱 극도의, 강렬한 elevated 혱 고조된, 높은 irrational 혱 비이성적인 overcome 됭 극복하다
trauma 뗑 정신적 외상 powerless 혱 전혀 ~할 수 없는 identify 됭 동일시하다, 확인하다 aggressor 뗑 가해자, 침략자
identification 뗑 동일시 delusion 뗑 착각 empathy 뗑 공감, 감정 이입 rescue 됭 구출하다

구문
독해 * 관계부사(where)가 이끄는 절이 수식어인 경우 주어가 동사한
where ~ observed는 앞에 있는 the Swedish city를 꾸며주는 수식어입니다. 이처럼 관계부사(where)가 이끄는 절이
수식어인 경우, '주어가 동사한'이라고 해석합니다.

** 동사원형이 목적격 보어인 경우 ~하게
fall under ~ empathy는 목적어 victims를 보충 설명해 주는 목적격 보어입니다. 이처럼 동사원형이 목적격 보어인 경우,
'~하게'라고 해석합니다.

Ch
8
문장 삽입

해커스 약무원 영어 기초 독해

p.210

01 ②	02 ①	03 ①	04 ②	05 ③	06 ③	07 ④	08 ②

01 다음 글에서 전체적인 흐름과 관계없는 문장은?

Citizens / *who are outside their home countries / during an
　국민은　　　　　　　　그들의 모국 밖에서 사는　　　　　　　　선거 기간 동안에
election / may be allowed to vote / using an absentee ballot.
　　　투표하는 것이 허용될 수도 있다　　　　　　부재자 투표를 이용해서
① The regulations / regarding absentee voting / vary greatly
　　법규는　　　　　　　부재자 투표에 관한　　　　　나라마다 크게 다르다
by country. ② Elections are held / once every two to four years.
　　　　　　　선거는 열린다　　　　　2년에서 4년마다 한 번
③ For example, / non-resident Canadian citizens / may not vote
　예를 들어　　　　캐나다에 거주하고 있지 않은 캐나다 국민은
in an election / if they have lived abroad / for more than five
선거에 투표할 수 없다　　만약 그들이 해외에 거주했다면　　　　5년 이상
years. ④ In contrast, / citizens of the United Kingdom / can cast
　　　　　대조적으로　　　　　　영국 국민은
their votes / **no matter how long / they have been out of the
투표할 수 있다　　아무리 오랫동안　　　　그들이 해외에 나가 있었어도
country.

선거 기간 동안 자신의 모국 밖에서 사는 국민은 부재자 투표를 이용해서 투표하는 것이 허용될 수도 있다. ① 부재자 투표에 관한 법규는 나라마다 크게 다르다. ② 선거는 2년에서 4년마다 한 번 열린다. ③ 예를 들어, 캐나다에 거주하고 있지 않은 캐나다 국민은 해외에 5년 이상 거주했으면 선거에 투표할 수 없다. ④ 대조적으로, 영국 국민은 아무리 오랫동안 해외에 나가 있었어도 투표할 수 있다.

해설 지문의 흐름과 무관한 문장을 고르는 문제입니다. 첫 문장에서 '부재자 투표'에 대해 언급하고, ①번은 나라마다 다른 부재자 투표 관련 법규, ③번은 캐나다의 부재자 투표 관련 법규, ④번은 영국의 부재자 투표 관련 법규에 관한 내용으로 첫 문장과 관련이 있습니다. 그러나 ②번은 선거 주기에 대한 내용으로, 첫 문장의 내용과 관련이 없으므로 ②번이 정답입니다.

어휘 citizen 圏 국민, 시민　election 圏 선거　absentee 圏 부재자, 불참자　ballot 圏 투표　regulation 圏 법규, 규제
regarding 젠 ~에 관하여　voting 圏 투표, 선거　vary 圄 다르다, 다양하다　resident 圏 거주자　cast a vote 투표하다

구문독해 * **주격 관계대명사(who)가 이끄는 절이 수식어인 경우** 동사하는
who are ~ an election은 앞에 있는 Citizens를 꾸며주는 수식어입니다. 이처럼 주격 관계대명사(who)가 이끄는 절이 수식어인 경우, '동사하는'이라고 해석합니다.

** **no matter how + 형용사/부사** 아무리 형용사/부사해도
no matter how long ~ the country에는 'no matter how + 부사(long)'가 사용되어, '그들이 아무리 오랫동안 해외에 나가 있었어도'라고 해석합니다.

02 글의 흐름상 가장 어색한 문장은?

A man / who had been working / at a company / for the past
한 남자   계속 일해왔던   한 회사에서   지난 2년 동안

two years / was regarded as an extremely diligent employee.
            매우 성실한 직원으로 여겨졌다

Nevertheless, / he had not been completely honest / about his
그럼에도 불구하고   그는 완전히 솔직하지 않았었다   그의 자격에 대해

qualifications. ① He was hired by the company / after responding
          그는 회사에 고용되었다   구인 목록에 회신을 보낸 후

to a job listing / in the newspaper. ② He claimed / to have
        신문에 실린   그는 주장했다

graduated / from a prestigious university, / but it was a lie / that
졸업했다고   명문 대학을   하지만 그것은 거짓말이었다

he had made up / to help secure the job. ③ When his employer
그가 만들어 낸   일자리를 확실히 하기 위해   그의 고용주가

found out the truth, / the man thought / he was surely going to
진실을 알아냈을 때   남자는 생각했다   그는 분명히 잃을 것이라고

lose / his position / in the company. ④ *To his surprise, / he was
     그의 자리를   회사에서   놀랍게도

given a second chance, / and the man promised / **to make up /
그는 다시 한 번 기회를 받았다   그리고 남자는 약속했다   만회하기를

for his wrongdoing / by working harder / for his company.
     그의 잘못을   더 열심히 일함으로써   그의 회사를 위해

한 회사에서 지난 2년 동안 계속 일해왔던 한 남자는 매우 성실한 직원으로 여겨졌다. 그럼에도 불구하고, 그는 자신의 자격에 대해 완전히 솔직하지 않았었다. ① 그는 신문에 실린 구인 목록에 회신을 보낸 후 그 회사에 고용되었다. ② 그는 명문 대학을 졸업했다고 주장했지만, 그것은 그가 일자리를 확실히 하기 위해 만들어 낸 거짓말이었다. ③ 그의 고용주가 진실을 알아냈을 때, 남자는 회사에서 그의 자리를 분명히 잃을 것이라고 생각했다. ④ 놀랍게도, 그는 다시 한 번 기회를 받았고, 남자는 회사를 위해 더 열심히 일함으로써 그의 잘못을 만회하기를 약속했다.

해설 지문의 흐름과 무관한 문장을 고르는 문제입니다. 지문 처음의 두 문장에서 '자격을 속이고 입사한 직원'에 대해 언급하고, ②번은 직원이 출신 대학을 속인 내용, ③번은 속인 것을 고용주에게 들킨 내용, ④번은 다시 일할 기회를 얻은 내용으로 첫 문장과 관련이 있습니다. 그러나 ①번은 그 직원이 회사에 지원하게 된 경로에 대한 내용으로, 전체 지문의 흐름과 어울리지 않으므로 ①번이 정답입니다.

어휘 diligent 휑 성실한, 근면한   employee 몡 직원   qualification 몡 자격   job listing 구인 목록   prestigious 휑 명망 있는, 일류의 secure 통 확실히 하다, 확보하다   position 몡 자리, 위치   make up 만회하다, 보완하다   wrongdoing 몡 나쁜 행위, 범죄

구문 독해 *** to one's 감정을 나타내는 명사** 감정을 나타내는 명사하게도

To his surprise에는 'to one's 감정을 나타내는 명사'가 사용되어, '놀랍게도'라고 해석합니다.

** to 부정사가 목적어인 경우 ~하기를

to make up ~ his company는 동사 promised의 목적어입니다. 이처럼 to 부정사가 목적어인 경우, '~하기를'이라고 해석합니다.

03 밑줄 친 부분 중 글의 전체적 흐름에 맞지 않는 문장은?

*It is common for men / to experience hair loss / or a receding hairline / in their late 20s or early 30s. ① **Having a full head of hair / retains body heat / and provides protection from the sun. ② In extreme cases, / men will lose / large sections of their hair. ③ Genetics is believed / to be the primary cause / of male hair loss. It is usually the case / that the trait will be passed down / from the father's side. ④ However, / other factors can play a role as well. For example, / smoking, sleep deprivation, and stress / may all lead to balding.

남성들에게 흔하다 / 탈모를 경험하는 것은 / 또는 머리가 벗어지는 것을 / 그들의 20대 후반이나 30대 초반에 / 머리에 모발이 가득히 있는 것은 / 몸의 열을 유지한다 / 그리고 태양으로부터의 보호를 제공한다 / 심한 경우 / 남성들은 잃을 것이다 / 그들 모발의 많은 부분을 / 유전적 특징은 여겨진다 / 주원인으로 / 남성 탈모의 / 이것은 보통 그러하다 / 그 형질을 / 물려받게 되는 것이 / 아버지쪽으로부터 / 하지만 / 다른 요소들도 기여할 수 있다 / 예를 들어 / 흡연, 수면 부족, 그리고 스트레스는 / 모두 머리가 벗겨지는 것으로 이어질 수 있다

남성들이 20대 후반이나 30대 초반에 탈모나 머리가 벗어지는 것을 경험하는 것은 흔하다. ① 머리에 모발이 가득히 있는 것은 몸의 열을 유지해주고 태양으로부터 보호해준다. ② 심한 경우, 남성들은 모발의 많은 부분을 잃을 것이다. ③ 유전적 특징이 남성 탈모의 주원인으로 여겨진다. 그 형질은 보통 아버지 쪽으로부터 물려받게 된다. ④ 하지만 다른 요인들도 기여할 수 있다. 예를 들어, 흡연, 수면 부족, 스트레스는 모두 머리가 벗겨지는 것으로 이어질 수 있다.

해설 지문의 흐름과 무관한 문장을 고르는 문제입니다. 첫 문장에서 '남성들의 탈모 현상'에 대해 언급하고, ②번은 심한 탈모 증상, ③번은 탈모의 주원인으로 꼽히는 유전적 요인, ④번은 탈모에 영향을 끼치는 다른 요인들에 대한 내용으로 첫 문장과 관련이 있습니다. 그러나 ①번은 모발의 역할에 대한 내용으로, 첫 문장의 내용과 관련이 없으므로 ①번이 정답입니다.

어휘 recede [동] (머리가) 벗어지다, 물러나다 hairline [명] 머리 선 retain [동] 유지하다 protection [명] 보호 extreme [형] 심각한, 극단적인 genetics [명] 유전적 특징, 유전학 primary [형] 주된, 주요한 trait [명] 형질, 특성 pass down ~을 물려주다 deprivation [명] 부족, 박탈 bald [동] 머리가 벗겨지다 [형] 대머리의

[구문독해] * 가짜 주어 it과 진짜 주어 to 부정사가 쓰인 경우 ~하는 것은

It은 가짜 주어로 해석하지 않으며 to experience ~ hairline이 진짜 주어입니다. 이처럼 to 부정사가 진짜 주어로 쓰인 경우, '~하는 것은'이라고 해석합니다.

** 동명사가 주어인 경우 ~하는 것은

Having a full head of hair는 주어입니다. 이처럼 동명사가 주어인 경우, '~하는 것은'이라고 해석합니다.

04 밑줄 친 부분 중 글의 전체적 흐름에 맞지 않는 문장은?

I'm here / to share the five key steps / to writing an effective
저는 여기 있습니다 다섯 가지 주요 단계를 공유하기 위해 효과적인 에세이를 쓰기까지의

essay. You must begin / by selecting the main idea / for the
여러분은 반드시 시작해야 합니다 주제를 선택하는 것으로

essay. ① Follow this up / by creating an outline of the essay /
에세이의 여기에 이어서 ~하세요 에세이의 개요를 만드는 것으로

*that includes the introduction, body, and conclusion. ② In fact, /
서론, 본론, 그리고 결론을 포함한 사실

it shouldn't take more than four hours / to research your paper.
4시간 이상 걸려서는 안 됩니다 여러분의 과제를 위해 조사하는 데

③ Use your outline / to develop a first draft, / but expect it /
당신의 개요를 사용하세요 초고를 작성하기 위해 하지만 그것을 예상하세요

to be rough and unpolished. Then read it over / and make any
개략적이고 다듬어지지 않았을 것을 그러고 나서 다시 읽어 보세요

necessary changes. ④ Once the draft of the essay is complete, /
그리고 필요한 수정을 하세요 일단 에세이의 초고가 완성되면

have another person / **proofread it. Lastly, / make your final
다른 사람이 ~하게 하세요 그것을 교정을 보게 마지막으로 당신의 최종 수정본을

revisions / and congratulate yourself / on a job well done.
만드세요 그리고 자신을 자랑스러워 하세요 잘해낸 일에 대해

저는 효과적인 에세이를 쓰기까지의 다섯 가지 주요 단계를 공유하기 위해 여기 있습니다. 여러분은 반드시 에세이의 주제를 선택하는 것으로 시작해야 합니다. ① 여기에 이어서 서론, 본론, 결론을 포함한 에세이의 개요를 만드세요. ② 사실, 여러분의 과제를 위해 조사하는 데 4시간 이상 걸려서는 안 됩니다. ③ 초고를 작성하는 데 개요를 사용하되, 초고가 개략적이고 다듬어지지 않았을 것으로 예상하세요. 그러고 나서 다시 읽어 보고 필요한 곳은 수정하세요. ④ 일단 에세이의 초고가 완성되면, 다른 사람에게 교정을 보게 하세요. 마지막으로, 최종본을 만들고 일을 잘해 낸 것에 대해 자신을 자랑스러워 하세요.

해설 지문의 흐름과 무관한 문장을 고르는 문제입니다. 첫 문장에서 '효과적인 에세이를 쓰기 위한 다섯 가지 주요 단계'에 대해 언급하고, ①, ③, ④번은 다섯 단계 중 세 가지 단계를 설명한 내용으로 첫 문장과 관련이 있습니다. 그러나 ②번은 과제를 위한 자료 조사에는 제한 시간이 있다는 내용으로, 첫 문장의 내용과 관련이 없으므로 ②번이 정답입니다.

어휘 share [동] 공유하다, 함께 쓰다 select [동] 선택하다 outline [명] 개요 body [명] 본론, 몸 conclusion [명] 결론, 결말 draft [명] 초고, 초안 rough [형] 개략적인, 거친 unpolished [형] 다듬어지지 않은, 닦지 않은 proofread [동] 교정을 보다 revision [명] 수정, 검토 congratulate [동] 자랑스러워하다, 축하하다

[구문독해] * 주격 관계대명사(that)가 이끄는 절이 수식어인 경우 동사한

that includes ~ conclusion은 앞에 있는 an outline of the essay를 꾸며주는 수식어입니다. 이처럼 주격 관계대명사(that)가 이끄는 절이 수식어인 경우, '동사한'이라고 해석합니다.

** 동사원형이 목적격 보어인 경우 ~하게

proofread it은 목적어 another person을 보충 설명해 주는 목적격 보어입니다. 이처럼 동사원형이 목적격 보어인 경우, '~하게'라고 해석합니다.

05 다음 글에서 전체적인 흐름과 관계없는 문장은?

Many people feel / *that public funds should be used / to reduce
많은 사람은 생각한다   공적 자금이 사용되어야 한다고   등록금을 줄이는 데

the tuition / that university students pay. ① However, / there are
대학생이 내는   하지만   다른 이들이 있다

others / who assert / that students should be required / to pay
주장하는   학생들이 요구받아야 한다고   ~을 지불하도록

for / the full cost of their education. ② They argue / that
그들 교육의 모든 비용을   그들은 주장한다

obtaining a university degree / has been proven to increase /
대학 학위를 가지는 것이   증가시키는 것으로 증명되었다고

the potential income of a person. ③ Private universities usually
한 사람의 잠재적 소득을   사립대학들은 보통 ~이 있다

have / **much higher tuition fees / than those / of public
훨씬 더 높은 등록금   그것들보다   공립대학의

universities. ④ Because of this financial benefit, / these critics do
이 경제적 혜택 때문에   반대자들은

not believe / it is fair / if students receive financial assistance /
생각하지 않는다   이것이 공평하다고   만약 학생들이 재정 지원을 받는다면

from the government. Rather, / they think / that students in
정부로부터   오히려   그들은 생각한다   궁핍한 학생들은

need / could take out student loans, / which can be paid back /
학자금 대출을 받을 수 있다고   이것은 갚을 수 있다

once they enter the work force.
일단 그들이 직장에 들어가면

많은 사람이 대학생이 내는 등록금을 줄이는 데 공적 자금이 사용되어야 한다고 생각한다. ① 하지만 학생이 교육의 모든 비용을 지불해야 한다고 주장하는 사람들이 있다. ② 그들은 대학 학위가 한 사람의 잠재적 소득을 증가시키는 것으로 증명되었다고 주장한다. ③ 사립대학은 보통 공립대학보다 등록금이 훨씬 더 높다. ④ 이 경제적 혜택 때문에, 반대자들은 만약 학생이 정부로부터 재정 지원을 받으면 공평하다고 생각하지 않는다. 오히려, 그들은 궁핍한 학생들은 학자금 대출을 받을 수 있고, 이것은 일단 그들이 직장에 들어가면 갚을 수 있다고 생각한다.

해설 지문의 흐름과 무관한 문장을 고르는 문제입니다. 첫 문장에서 '대학 등록금 지원을 위한 공적 자금의 사용'에 대해 언급하고, ①번은 대학생이 교육 비용을 전부 지불해야 한다고 주장하는 사람들이 있다는 내용, ②, ④번은 대학생은 대학 학위가 있으면 추후 경제적 혜택을 얻기 때문에 재정 지원을 받아서는 안 된다는 내용으로 첫 문장과 관련이 있습니다. 그러나 ③번은 공립대학보다 사립대학의 등록금이 더 비싸다는 내용으로, 첫 문장의 내용과 관련이 없으므로 ③번이 정답입니다.

어휘 tuition 圆 등록금   assert 圐 주장하다   obtain 圐 얻다   potential 圈 잠재적인, 가능성이 있는   income 圆 소득, 수입
private 圈 사립의, 사적인   critic 圆 반대자   fair 圈 공평한, 올바른   assistance 圆 지원, 도움   in need 궁핍한
student loan 학자금 대출

구문독해   *   **that이 이끄는 명사절이 목적어인 경우**   주어가 동사하다고
that public funds ~ pay는 동사 feel의 목적어입니다. 이처럼 that이 이끄는 명사절이 목적어인 경우, '주어가 동사하다고'라고 해석합니다.

**   **much + 비교급   훨씬 더 ~한
much higher에는 'much + 비교급'이 사용되어, '훨씬 더 높은'이라고 해석합니다.

Red roses have long been regarded / as a universal symbol / of
붉은 장미는 오랫동안 여겨져 왔다   일반적인 상징으로

romance and affection / because of their color and sweet
사랑과 애정의   그것들의 색깔과 달콤한 향기 때문에

fragrance. ① A quick glance / through any collection of romantic
           얼핏 훑어 보는 것은   어느 낭만 시집이든

poems / will show / that they are a common metaphor / for
        보여줄 것이다   그것이 자주 쓰이는 비유라는 것을

love. ② In addition, / they have become a traditional gift / *that
사랑에 대해   게다가   그것들은 전통적인 선물이 되었다

men give to women / on Valentine's Day. ③ It is also popular /
남자가 여자에게 주는   밸런타인데이에   또한 인기 있다

to give chocolates or stuffed animals / to celebrate this holiday.
     초콜릿이나 봉제 동물 인형을 주는 것은   이 축제일을 기념하기 위해

④ However, / this isn't the only occasion / that these flowers are
하지만   이것이 유일한 때가 아니다   이 꽃들이 주어지는

given / as gifts / to loved ones. Many men will buy a bouquet
선물로   연인들에게   많은 남자들은 붉은 장미꽃 다발을 살 것이다

of red roses / for their wives or girlfriends / **whenever they
그들의 아내나 여자친구를 위해

want to express their love.
그들이 그들의 애정을 표현하고 싶을 때는 언제든지

붉은 장미는 그 색깔과 달콤한 향기 때문에 오랫동안 사랑과 애정의 일반적인 상징으로 여겨져 왔다. ① 어느 낭만 시집이든 얼핏 훑어 보아도, 붉은 장미가 사랑에 대해 흔히 쓰이는 비유라는 것을 보여줄 것이다. ② 게다가 장미는 밸런타인데이에 남자가 여자에게 주는 전통적인 선물이 되었다. ③ 이 축제일을 기념하기 위해 초콜릿이나 봉제 동물 인형을 주는 것도 인기 있다. ④ 하지만 이때가 연인들이 이 꽃을 선물로 받는 유일한 때는 아니다. 많은 남자는 자신의 사랑을 표현하고 싶을 때는 언제든지 아내나 여자친구를 위해 붉은 장미꽃 다발을 살 것이다.

해설 지문의 흐름과 무관한 문장을 고르는 문제입니다. 첫 문장에서 '사랑의 상징인 빨간 장미꽃'에 대해 언급하고, ①번은 장미꽃이 낭만시에서 사랑에 대한 비유로 많이 쓰인다는 내용, ②, ④번은 남자들이 밸런타인데이뿐만 아니라 사랑을 표현하고 싶으면 빨간 장미를 선물한다는 내용으로 첫 문장과 관련이 있습니다. 그러나 ③번은 밸런타인데이 선물로서의 초콜릿과 봉제 동물 인형에 대한 내용으로, 첫 문장의 내용과 관련이 없으므로 ③번이 정답입니다.

어휘 universal 휑 일반적인, 전 세계의 symbol 휑 상징 affection 휑 애정 fragrance 휑 향기, 향 glance 휑 얼핏 봄 metaphor 휑 비유, 은유 stuffed 휑 속을 채운 occasion 휑 때, 경우 bouquet 휑 꽃다발, 부케

구문독해
* **목적격 관계대명사(that)가 이끄는 절이 수식어인 경우** 주어가 동사하는
that men give ~ Valentine's Day는 앞에 있는 a traditional gift를 꾸며주는 수식어입니다. 이처럼 목적격 관계대명사 (that)가 이끄는 절이 수식어인 경우, '주어가 동사하는'이라고 해석합니다.

** **부사절 접속사 whenever가 이끄는 절이 문장을 꾸며주는 수식어인 경우** 주어가 동사할 때는 언제든지
whenever they want ~ love는 앞에 있는 문장을 꾸며주는 수식어입니다. 이처럼 부사절 접속사 whenever가 이끄는 절이 문장을 꾸며주는 수식어인 경우, '주어가 동사할 때는 언제든지'라고 해석합니다.

07 글의 흐름상 가장 어색한 문장은?

With a timeline of nearly 26,000 years, / sculpture is / one of the world's oldest art forms. ① Throughout history, / many civilizations *have crafted sculptures / for religious and cultural purposes. ② For instance, / the ancient Egyptians / decorated palaces, tombs, and temples / with brightly colored busts of pharaohs, / while the ancient Greeks were famous / for producing realistic-looking statues / of their many gods and goddesses. ③ Even today, / sculptures are very popular / and are used / by societies around the world / **to publicly honor people / and to remember important events. ④ Many famous sculptors carve their names / on their completed works of art. (거의 2만 6천 년의 연대표를 가진 / 조각은 ~이다 / 세계에서 가장 오래된 예술 형식 중 하나 / 역사를 통틀어 / 많은 문명이 조각품을 공들여 만들어 왔다 / 종교적 그리고 문화적 목적을 위해 / 예를 들어 / 고대 이집트인은 / 궁전, 무덤, 그리고 신전을 장식했다 / 선명한 색깔의 파라오의 흉상으로 / 고대 그리스인은 유명했던 반면 / 진짜처럼 보이는 조각상을 만드는 것으로 / 그들의 많은 신과 여신들의 / 오늘날까지도 / 조각상은 매우 인기 있다 / 그리고 사용된다 / 세계 곳곳의 사회들에서 / 공개적으로 인물에 경의를 표하기 위해 / 그리고 중요한 사건을 기억하기 위해 / 많은 유명한 조각가들은 그들의 이름을 새긴다 / 그들의 완성된 예술 작품에)	거의 2만 6천 년의 연대표를 가진 조각은 세계에서 가장 오래된 예술 형식 중 하나이다. ① 역사를 통틀어, 많은 문명이 종교적, 문화적 목적을 위해 조각품을 공들여 만들어 왔다. ② 예를 들어, 고대 이집트인은 선명한 색깔의 파라오의 흉상으로 궁전, 무덤, 신전을 장식한 반면, 고대 그리스인은 그들의 많은 신과 여신들의 진짜처럼 보이는 조각상을 만드는 것으로 유명했다. ③ 오늘날까지도 조각상은 매우 인기 있으며 세계 곳곳의 사회에서 인물에 공개적으로 경의를 표하고 중요한 사건을 기억하기 위해 사용된다. ④ 많은 유명한 조각가들은 완성된 예술 작품에 자신의 이름을 새긴다.

해설 지문의 흐름과 무관한 문장을 고르는 문제입니다. 첫 문장에서 '매우 오래된 예술 형식인 조각'에 대해 언급하고, ①번은 역사를 통틀어 많은 문명이 조각품을 만들었다는 내용, ②번은 고대 이집트와 그리스의 조각상에 대한 내용, ③번은 오늘날까지 이어지는 조각의 인기에 관한 내용으로 첫 문장과 관련이 있습니다. 그러나 ④번은 조각가들이 완성된 작품에 자신의 이름을 새긴다는 내용으로, 첫 문장의 내용과 관련이 없으므로 ④번이 정답입니다.

어휘 timeline [명] 연대표 sculpture [명] 조각, 조각품 civilization [명] 문명 craft [동] 공들여 만들다 decorate [동] 장식하다 tomb [명] 무덤 temple [명] 신전 bust [명] 흉상 realistic-looking [형] 진짜처럼 보이는 statue [명] 조각상 honor [동] 경의를 표하다 [명] 명예 sculptor [명] 조각가 carve [동] 새기다, 조각하다 complete [동] 완성하다

[구문독해] * 동사가 'have 동사 + p.p.'인 경우 ~해 왔다

have crafted는 'have 동사 + p.p.' 형태의 동사로 '~해 왔다'라고 해석합니다.

** to 부정사가 동사를 꾸며주는 수식어인 경우 ~하기 위해

to publicly honor ~ events는 앞에 있는 are used를 꾸며주는 수식어입니다. 이처럼 to 부정사가 동사를 꾸며주는 수식어인 경우, '~하기 위해'라고 해석합니다.

다음 글에서 전체적인 흐름과 관계없는 문장은?

Though trains have been in use / for over two centuries, / they
기차가 이용되어 왔음에도 불구하고　　　　　　두 세기 넘게
are still the best mode / of moving large amounts of cargo / on
그것들은 여전히 가장 좋은 방법이다　　　　　　많은 양의 화물을 옮기는 데
land. ① Since a single engine can be used / to pull thousands of
육지에서　　단 하나의 엔진이 사용될 수 있기 때문에　　수천 톤의 화물을 끄는 데
tons of goods / on interconnected railway cars, / trains are
　　　　　　　서로 연결된 철도 차량에 실린
very fuel efficient. ② The first commercial railway / *was
기차는 매우 연료 효율적이다　　　　최초의 상업 철도는
established in England / in 1807 / to meet the increased shipping
영국에서 설립되었다　　　　1807년에　　　늘어난 운송 수요를 맞추기 위해
demands / created by a booming mining industry, / and it used
　　　　　　광산업에 의한 호황으로 발생된　　　　그리고 이것은 말을
horses / to pull railway cars. ③ Moreover, / trains follow relatively
이용했다　　철도 차량을 끄는 데　　게다가　　　기차는 상대적으로
exclusive routes, / which are not slowed down / by traffic or
독점적인 경로를 따른다　　이것은 속도가 늦춰지지 않는다　　교통량이나
stoplights. ④ This makes them very reliable, / meaning / that
신호등에 의해　　이것은 그것들을 매우 신뢰할 수 있게 만든다　　이것은 뜻한다
they can follow a strict schedule / with little chance of
그것들이 엄격한 일정표를 따를 수 있다는 것을　　갑작스러운 지연의 가능성이 적으며
unexpected delays. Accordingly, / they are the method of
　　　　　　따라서　　　　그것들은 운송 수단이다
transportation / **preferred by industries / that need a service /
　　　　　　산업에 의해 선호되는　　　서비스를 필요로 하는
they can trust.
그들이 믿을 수 있는

기차는 두 세기 넘게 이용되어 왔음에도 불구하고, 여전히 육지에서 많은 양의 화물을 옮기는 데 가장 좋은 방법이다. ① 연결된 철도 차량에 실린 수천 톤의 화물을 단 하나의 엔진으로 끌 수 있기 때문에, 기차는 매우 연료 효율적이다. ② 최초의 상업 철도는 1807년 영국에서 광산업의 호황으로 인해 늘어난 운송 수요를 맞추기 위해 설립되었고, 기차를 끄는 데 말을 이용했다. ③ 게다가 기차는 상대적으로 독점적인 경로를 따르는데, 이것은 교통량이나 신호등에 의해 속도가 느려지지 않는다. ④ 이것은 기차를 매우 신뢰할 수 있게 만드는데, 기차가 갑작스럽게 지연될 가능성이 적으며 엄격한 일정표를 따를 수 있다는 것을 뜻한다. 따라서 기차는 믿을 수 있는 서비스를 필요로 하는 산업에서 선호하는 운송 수단이다.

해설 지문의 흐름과 무관한 문장을 고르는 문제입니다. 첫 문장에서 '육지에서 많은 양의 화물을 옮기는 데 좋은 방법인 기차'에 대해 언급하고, ①, ③, ④번에서 기차가 연료 효율적이며 일정상 신뢰할 수 있다는 운송상 여러 장점을 설명하고 있습니다. 그러나 ②번은 '최초의 상업 철도'에 관한 내용으로, 첫 문장의 내용과 관련이 없으므로 ②번이 정답입니다.

어휘 mode 圀 방법, 방식　cargo 圀 화물, 짐　goods 圀 화물, 상품　interconnected 阃 서로 연결된　efficient 阃 효율적인
commercial 阃 상업의　establish 圄 설립하다　demand 圀 수요　booming 阃 호황의　exclusive 阃 독점적인, 배타적인
stoplight 圀 신호등　unexpected 阃 갑작스러운　transportation 圀 운송, 교통

구문 　* 동사가 'be 동사 + p.p.'인 경우 ～되다
독해　　was established는 'be 동사 + p.p.' 형태의 동사로, '～되다'라고 해석합니다.

　** 과거분사가 명사를 꾸며주는 수식어인 경우 ～되는
　　preferred ～ trust는 앞에 있는 the method of transportation을 꾸며주는 수식어입니다. 이처럼 과거분사가 명사를 꾸며주는 수식어인 경우, '～되는'이라고 해석합니다.

| 01 ③ | 02 ③ | 03 ① | 04 ③ | 05 ④ | 06 ① | 07 ④ | 08 ② |
| 09 ① | 10 ④ | | | | | | |

01 다음 글의 제목으로 가장 적합한 것은?

Anyone / who wants to get a good education / must take the
누구든지   좋은 교육을 받고 싶은   반드시 시간을 들여야 한다

time / to study literature. *What this field of study can offer / is
문학을 공부하는 데   이 분야의 학문이 제공할 수 있는 것은

benefits / that other academic areas / cannot provide. There is
혜택이다   다른 학문 분야들이   제공할 수 없는

no denying / that the written word can inspire / both creativity
부인할 수 없다   글로 쓰인 언어가 불어넣을 수 있다는 것을   창의성과 감정 모두

and emotion / in its audience. In this sense, / literature can
그것의 독자 안에   이러한 관점에서   문학은

help students / **become more expressive / and improve their
학생들을 도울 수 있다   표현력이 더 풍부해지게   그리고 그들의 어휘력을 향상하게

vocabulary. Also, / by experiencing / another person's
또한   경험함으로써   삶에 대한 다른 사람의 관점을

perspective on life / through literature, / students can broaden
문학을 통해   학생들은 그들의 시야를 넓힐 수 있다

their horizons / and learn to see situations / in new ways.
그리고 상황을 보는 것을 배울 수 있다   새로운 방법으로

Indeed, / students / who are familiar with literature / are able
정말로   학생들은   문학에 친숙한

to better cope with and appreciate life.
인생에 더 잘 대응하고 그 진가를 알 수 있다

① Unique Types of Literature
② The Origins of Literature
③ Why Literature is Valuable
④ How Literature is Created

좋은 교육을 받고 싶은 사람은 누구든지 반드시 문학을 공부하는 데 시간을 들여야 한다. 이 분야의 학문이 제공할 수 있는 것은 다른 학문 분야들이 제공할 수 없는 것이다. 문학에 사용된 언어가 독자에게 창의성과 감정 모두 불어넣을 수 있다는 것은 부인할 수 없다. 이러한 관점에서, 문학은 학생들의 표현력이 더 풍부해지고 어휘력을 향상하게 도울 수 있다. 또한 삶에 대한 다른 사람의 관점을 문학을 통해 경험함으로써 학생들은 시야를 넓힐 수 있고 새로운 방법으로 상황을 보는 것을 배울 수 있다. 정말로, 문학에 친숙한 학생들은 인생에 더 잘 대응하고 그 진가를 알 수 있다.

① 문학의 독특한 유형
② 문학의 기원
③ 문학이 가치 있는 이유
④ 문학이 만들어지는 방법

해설 지문의 제목을 묻는 문제입니다. 지문의 처음에서 좋은 교육을 받고 싶어하는 사람은 누구나 문학을 공부해야 한다고 하고, 문학을 공부함으로써 얻을 수 있는 혜택에 대해 설명하고 있습니다. 따라서 이 지문의 제목을 '문학이 가치 있는 이유'라고 표현한 ③번이 정답입니다.

어휘 literature 뗑 문학 deny 통 부인하다 inspire 통 불어넣다, 고무하다 audience 뗑 독자, 관중 expressive 혱 표현이 풍부한, 표현적인 perspective 뗑 관점, 시각 broaden 통 넓히다 horizon 뗑 시야, 수평선 situation 뗑 상황 cope with ~에 대응하다 appreciate 통 진가를 알다

구문 독해

* 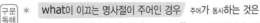 **what이 이끄는 명사절이 주어인 경우** 주어가 동사하는 것은
What this field of study can offer는 주어입니다. 이처럼 what이 이끄는 명사절이 주어인 경우, '주어가 동사하는 것은'이라고 해석합니다.

** **동사원형이 목적격 보어인 경우** ~하게
become ~ vocabulary는 목적어 students를 보충 설명해 주는 목적격 보어입니다. 이처럼 동사원형이 목적격 보어인 경우, '~하게'라고 해석합니다.

*Built in 1937, / the Golden Gate Bridge / that connects / the
1937년에 지어진   금문교는   연결하는
bays of San Francisco, California, / stands out from similar
캘리포니아 샌프란시스코의 만을   비슷한 건축물 중에서 돋보인다
structures / because of its great size and original design. At the
            그것의 엄청난 크기와 독창적인 디자인 때문에
time of its construction, / it was the longest and tallest bridge /
그것의 건설 당시   그것은 가장 길고 큰 다리였다
in the world. In addition, / the designers gave it a unique
세계에서   게다가   설계자들은 그것에 독특한 색깔을 주었다
color / and included many distinctive features / **to create a
          그리고 많은 독특한 특징을 포함시켰다   다리를 만들기 위해
bridge / unlike any other. Therefore, / the Golden Gate Bridge is
            여느 것과 다른   따라서   금문교는 여겨진다
considered / by many people / to be a work of urban art / and
              많은 사람에게   하나의 도시 예술 작품으로
an international symbol / of American success and prosperity.
그리고 국제적인 상징으로   미국의 성공과 번영의

① The history of bridge construction
② International trends in bridge architecture
③ The uniqueness of the Golden Gate Bridge
④ Methods used to build the Golden Gate Bridge

1937년에 지어진 캘리포니아 샌프란시스코의 만을 연결하는 금문교는 그 엄청난 크기와 독창적인 디자인 때문에 비슷한 건축물 중에서 돋보인다. 건설 당시 그것은 세계에서 가장 길고 큰 다리였다. 게다가 설계자들은 여느 다리와 다른 다리를 만들기 위해 그것에 독특한 색깔을 주었고 독특한 특징을 많이 포함시켰다. 따라서 금문교는 많은 사람에게 하나의 도시 예술 작품으로, 그리고 미국의 성공과 번영의 국제적인 상징으로 여겨진다.

① 다리 건설의 역사
② 다리 건축 양식의 국제적 추세
③ 금문교의 독특성
④ 금문교를 짓기 위해 사용된 방법

해설 지문의 주제를 묻는 문제입니다. 지문 처음에서 금문교가 그 규모와 디자인의 독창성으로 인해 비슷한 건축물 사이에서 돋보인다고 하고, 독특한 색과 장식을 사용하여 만들어졌다고 설명하고 있습니다. 따라서 이 지문의 주제를 '금문교의 독특성'이라고 표현한 ③번이 정답입니다.

어휘 bay 圀 만   stand out 돋보이다   original 휑 독창적인, 최초의   construction 圀 건설   distinctive 휑 독특한   urban 휑 도시의
prosperity 圀 번영   uniqueness 圀 독특성, 유일함

 * 과거분사가 명사를 꾸며주는 수식어인 경우   ～되어진
Built in 1937은 뒤에 있는 the Golden Gate Bridge를 꾸며주는 수식어입니다. 이처럼 과거분사가 명사를 꾸며주는 수식어인 경우, '～되어진'이라고 해석합니다.

** to 부정사가 동사를 꾸며주는 수식어인 경우   ～하기 위해
to create ～ any other는 included를 꾸며주는 수식어입니다. 이처럼 to 부정사가 동사를 꾸며주는 수식어인 경우, '～하기 위해'라고 해석합니다.

03 다음 글을 읽고 아래 문장의 빈칸에 들어갈 가장 적절한 것은?

Surrounded by three continents, / the Indian Ocean plays a crucial role / in the activity of the oil industry / as it is crossed / by *a number of highly traveled shipping lanes. Because of its nearness / to the Middle East and Indonesia, / two major oil suppliers, / billions of barrels of oil / **are shipped annually / via Indian Ocean trade routes. In fact, / nearly 60 percent / of all global oil exports / must pass through the Indian Ocean / on ships / to get to their final destinations. As well as serving / as a transportation route, / the Indian Ocean has become / an important site / for offshore oil production. Most of the major oil refinement companies / have established large-scale drilling operations / here / to extract oil from wells / located / beneath the ocean floor.

세 대륙으로 둘러싸인 / 인도양은 중요한 역할을 한다 / 석유 산업의 활동에 있어 / 이곳은 겹쳐지기 때문이다 / 자주 이용되는 많은 선박 항로가 / 이것의 근접성 때문에 / 중동과 인도네시아와의 / 두 주요 석유 공급국인 / 수십억 배럴의 석유가 / 매년 수송된다 / 인도양 무역 항로를 경유하여 / 사실 / 약 60퍼센트가 / 세계 석유 수출량의 / 반드시 인도양을 지나가야 한다 / 배로 / 그것들의 최종 목적지에 도달하기 위해 / ~으로 쓰일 뿐만 아니라 / 수송로로 / 인도양은 되었다 / 중요한 장소가 / 해양 석유 생산의 / 대부분의 주요 / 원유 정제 기업들은 / 대규모 시추 사업이 자리 잡게 하고 있다 / 이곳에 / 유정에서 원유를 적출하기 위해 / ~에 있는 / 해저 바닥 아래에

The passage suggests that the Indian Ocean is important to the oil industry.

① important to the oil industry
② appealing to foreign fishermen
③ no longer used as a trade route
④ ideal for international tourism

세 대륙으로 둘러싸인 인도양은 자주 이용되는 많은 선박 항로가 겹치는 곳이기 때문에, 석유 산업의 활동에 있어 중요한 역할을 한다. 인도양은 두 주요 석유 공급국인 중동과 인도네시아와 근접하기 때문에, 매년 수십억 배럴의 석유가 인도양 무역 항로를 경유하여 수송된다. 사실, 세계 석유 수출량의 약 60퍼센트가 최종 목적지에 도달하기 위해 반드시 배로 인도양을 지나가야 한다. 인도양은 수송로로 쓰일 뿐만 아니라 해양 석유 생산의 중요한 장소가 되었다. 대부분의 주요 원유 정제 기업들은 해저 바닥 아래에 있는 유정에서 원유를 적출하기 위해 인도양에 대규모 시추 사업을 추진해오고 있다.

이 지문은 인도양이 석유 산업에 중요하다는 것을 시사한다.

① 석유 산업에 중요하다는
② 외국 어부들에게 매력적이라는
③ 더 이상 무역 항로로 쓰이지 않는다는
④ 국제 관광에 이상적이라는

해설 지문의 내용을 요약한 문장의 빈칸을 채우는 문제입니다. 주어진 요약문을 통해 빈칸에 인도양이 어떠한지를 넣어야 한다는 것을 예상할 수 있습니다. 지문에서 인도양은 세계 석유 수출량의 60퍼센트를 수송하는 무역 항로이며, 해양 석유 생산의 중요한 장소라고 했으므로, '석유 산업에 중요하다는' 것을 시사한다고 한 ①번이 정답입니다.

어휘 surround [동] 둘러싸다 ship [동] 수송하다 supplier [명] 공급자 via [전] ~을 경유하여 export [명] 수출량 [동] 수출하다 destination [명] 목적지 serve [동] 쓰이다, 제공하다 refinement [명] 정제, 개선 drilling [명] 시추, 구멍 뚫기 operation [명] 사업, 수술 extract [동] 적출하다, 뽑다 well [명] 유정, 우물

[구문독해] * a number of ~ 많은

a number of highly traveled shipping lanes에는 'a number of ~'가 사용되어, '자주 이용되는 많은 선박 항로'라고 해석합니다.

** 동사가 'be 동사 + p.p.'인 경우 ~되다

are shipped는 'be 동사 + p.p.' 형태의 동사로, '~되다'라고 해석합니다.

04 다음 글의 내용과 일치하지 않는 것은?

Polar bears are skilled hunters. In order to hunt animals / that 북극곰은 노련한 사냥꾼이다 동물을 사냥하기 위해 live in the water, / they look for a hole in the ice / and sit beside 물에 사는 그들은 얼음에 있는 구멍을 찾는다 그리고 그 옆에 앉아 있다 it / for hours. Whenever an animal comes to the surface, / the 몇 시간 동안 동물이 표면으로 올라올 때마다 bears try to catch it / by surprise. When polar bears hunt on land, / 곰은 그것을 잡으려고 애쓴다 불시에 북극곰이 육지에서 사냥할 때 their technique changes. Instead of waiting, / they track their 그들의 수법은 달라진다 기다리는 대신에 그들은 그들의 사냥감을 prey slowly / to avoid detection. And thanks to their white fur, / 천천히 추적한다 발각되는 것을 피하기 위해 그리고 그들의 흰 털 덕분에 polar bears can blend into their environment / so well / that some 북극곰은 그들의 주변 환경에 섞여 들어갈 수 있어서 아주 잘 animals do not see them *approaching / **until it is too late. 어떤 동물들은 그들이 다가오고 있는 것을 보지 못한다 너무 늦어버릴 때까지 ① Polar bears have developed strong hunting skills. ② Polar bears are patient when hunting sea animals. ③ Polar bears track their prey from the water onto land. ④ Polar bears can be hard to spot in the snow.	북극곰은 노련한 사냥꾼이다. 그들은 물에 사는 동물을 사냥하기 위해 얼음에 있는 구멍을 찾아 그 옆에 몇 시간 동안 앉아 있다. 곰은 동물이 표면으로 올라올 때마다 불시에 그것을 잡으려고 애쓴다. 북극곰이 육지에서 사냥할 때는 수법이 달라진다. 기다리는 대신에, 그들은 발각되는 것을 피하기 위해 사냥감을 천천히 추적한다. 그리고 그들의 흰 털 덕분에 북극곰은 주변 환경에 아주 잘 섞여 들어갈 수 있어서, 어떤 동물들은 너무 늦어버릴 때까지 북극곰이 다가오고 있는 것을 보지 못한다. ① 북극곰은 강력한 사냥 기술을 가지고 있다. ② 북극곰은 바다 동물을 사냥할 때 참을성 있다. ③ 북극곰은 물에서부터 육지까지 사냥감을 추적한다. ④ 북극곰은 눈 속에서 발견하기 어려울 수 있다.

해설 지문의 내용과 일치하지 않는 것을 묻는 문제입니다. ③번의 키워드인 track(추적하다)이 등장한 지문 주변의 내용을 살펴보면, 북극곰이 물에 사는 동물을 사냥할 때는 계속 기다리는 것과 달리 육지에서는 사냥감을 추적한다고 했으므로, 북극곰이 물에서부터 육지까지 사냥감을 추적한다는 것은 지문의 내용과 다릅니다. 따라서 ③번이 지문의 내용과 일치하지 않습니다.

어휘 skilled [형] 노련한, 숙련된 hole [명] 구멍 surface [명] 표면 track [동] 추적하다, 뒤쫓다 prey [명] 사냥감, 먹이 detection [명] 발각, 발견 blend into ~에 뒤섞이다 approach [동] 다가오다, 접근하다 patient [형] 참을 성 있는 [명] 환자 spot [동] 발견하다, 알아채다

[구문독해] * **현재분사가 목적격 보어인 경우** ~하고 있는 것

approaching은 목적어 them을 보충 설명해 주는 목적격 보어입니다. 이처럼 현재분사가 목적격 보어인 경우, '~하고 있는 것'이라고 해석합니다.

** **부사절 접속사 until이 이끄는 절이 문장을 꾸며주는 수식어인 경우** 주어가 동사할 때까지

until it is too late은 앞에 있는 문장을 꾸며주는 수식어입니다. 이처럼 부사절 접속사 until이 이끄는 절이 문장을 꾸며주는 수식어인 경우, '주어가 동사할 때까지'라고 해석합니다.

05 다음 글에 의하면, bristlecone 소나무가 장수하는 원인이 아닌 것은?

The bristlecone pine is a species of tree / that can live / for over
bristlecone 소나무는 나무 종이다 살 수 있는

5,000 years. Researchers have identified several factors / that
5,000년 이상 연구원들은 몇 가지 요인을 발견했다

contribute to this tree's longevity. First, / it is able to live / in
이 나무의 장수에 기여하는 첫째 그것은 살 수 있다

harsh environments / high in the mountains / *where cold
혹독한 환경에서 산 높은 곳의

temperatures, strong winds, and dry soil / offer little
추운 온도, 강한 바람, 그리고 건조한 토양이 적은

competition / with other vegetation. Bristlecone pines have /
경쟁을 제공하는 다른 초목과의 Bristlecone 소나무는 가지고 있다

another unique survival technique: they save energy / by
또 하나의 독특한 생존 기술을 그들은 에너지를 절약한다

slowing down growth / during droughts. This survival strategy
생장을 늦춤으로써 가뭄 동안 이 생존 전략은 매우 유사하다

is very similar / to the way / bears conserve energy / during the
방법과 곰이 에너지를 보존하는 겨울 동안에

winter / through hibernation. Lastly, / unlike other trees, / which
동면으로 마지막으로 다른 나무들과 달리

suffer invasion / from insects and fungi, / this tree's wood is
침입에 시달리는 곤충과 곰팡이로부터의 이 나무의 목질은

**too dense / for most pests / to get into and damage.
너무 조밀해서 대부분의 해충에게 들어가서 손상할 수 없다

① It is not affected by bugs and infections.
② It grows in areas without lots of other plants.
③ It can survive without water for long periods.
④ It has a complex system of roots.

Bristlecone 소나무는 5,000년 이상 살 수 있는 나무 종이다. 연구원들은 이 나무의 장수에 기여하는 몇 가지 요인을 발견했다. 첫째, 이 나무는 추운 온도, 강한 바람, 건조한 토양으로 인해 다른 초목과의 경쟁이 적은, 산 높은 곳의 혹독한 환경에서 살 수 있다. Bristlecone 소나무는 또 하나의 독특한 생존 기술을 가지고 있다. 그들은 가뭄 동안 생장을 늦춤으로써 에너지를 절약한다. 이 생존 전략은 곰이 겨울 동안에 동면으로 에너지를 보존하는 방법과 매우 유사하다. 마지막으로, 곤충과 곰팡이의 침입에 시달리는 다른 나무들과 달리 이 나무의 목질은 너무 조밀해서 대부분의 해충은 이 나무에 들어가 손상할 수 없다.

① 그것은 벌레와 감염에 영향받지 않는다.
② 그것은 다른 식물이 많이 없는 지역에서 자란다.
③ 그것은 장기간 물 없이 생존할 수 있다.
④ 그것은 복잡한 뿌리 체계를 가지고 있다.

해설 bristlecone 소나무가 장수하는 원인이 아닌 것을 파악하는 문제입니다. 지문 전반에 걸쳐 bristlecone 소나무가 장수하는 원인은 이 나무가 다른 식물과의 경쟁이 적은 혹독한 환경에서 살 수 있고, 가뭄 동안 생장을 늦춰 에너지를 아낄 수 있고, 해충이 들어오지 못할 정도로 목질이 단단하기 때문이라고 설명하고 있습니다. 따라서 bristlecone 소나무가 장수하는 원인이 아닌 것은 '그것은 복잡한 뿌리 체계를 가지고 있다'는 것이므로, ④번이 정답입니다.

어휘 pine [명] 소나무 identify [동] 발견하다, 확인하다 contribute to ~에 기여하다 longevity [명] 장수 harsh [형] 혹독한, 가혹한 vegetation [명] 초목, 식물 drought [명] 가뭄 strategy [명] 전략 conserve [동] 보존하다 hibernation [명] 동면 invasion [명] 침입 fungi [명] 곰팡이 dense [형] 조밀한, 밀집한 infection [명] 감염

[구문독해] * 관계부사(where)가 이끄는 절이 수식어인 경우 주어가 동사하는

where cold temperatures ~ vegetation은 앞에 있는 harsh environments를 꾸며주는 수식어입니다. 이처럼 관계부사(where)가 이끄는 절이 수식어인 경우, '주어가 동사하는'이라고 해석합니다.

** too ~ to … 너무 ~해서 …할 수 없다

too dense ~ to get into and damage에는 정도를 나타내는 'too ~ to …'가 사용되어, '대부분의 해충에게 너무 조밀해서 들어가서 손상할 수 없다'라고 해석합니다.

06 다음 중 밑줄 친 부분에 들어갈 가장 적절한 단어는?

Social networking websites are one way / that businesses can
소셜 네트워크 웹 사이트는 한 가지 방법이다   사업체들이 정보를 퍼뜨릴 수 있는

spread information / at very little cost / to nearly anyone / with
                  아주 적은 비용으로   거의 모든 사람에게

Internet access, / *no matter where they are located. For
인터넷 접속이 되는   어디에 그들이 있더라도

instance, / Old Spice, / a brand / known for its men's shaving
예를 들어   Old Spice는   상표인   그것의 남성용 면도 제품으로 알려진

products, / released a series of humorous videos / as part of its
              일련의 재미있는 동영상을 공개했다

social media marketing campaign. They received almost 11
그것의 소셜 미디어 마케팅 캠페인의 일환으로   그것들은 거의 1천백만 명의 시청을 받았다

million views / within 48 hours, / and the brand gained / tens of
                48시간 안에   그리고 그 상표는 얻었다

thousands of new fans and followers. Naturally, / social
수만 명의 새 팬과 지지자들   당연하게도

networking is highly valued / by companies / with limited
소셜 네트워킹은 높이 평가된다   회사들에 의해   제한된 예산을 가진

budgets, / who take advantage of it / to share their ideas and
            이것을 이용하는   그들의 생각과 제품을 공유하기 위해

products. Large corporations have also realized / the benefits of
대기업들도 인식했다   소셜 미디어의 혜택을

social media / and are looking to profit / from its popularity. Their
그리고 이익을 얻을 방법을 찾고 있다   이것의 인기로부터   그들의

goal is / **to advertise their products / to a more varied
목표는 ~이다   그들의 상품을 광고하는 것   더 다양한 대상에게

audience / and attract a greater number of customers.
          그리고 더 많은 고객을 끌어모으는 것

① spread
② improve
③ locate
④ prepare

소셜 네트워크 웹 사이트는 사업체들이 아주 적은 비용으로 인터넷 접속이 되는 모든 사람에게 어디에 그들이 있더라도 정보를 퍼뜨릴 수 있는 한 가지 방법이다. 예를 들어, 남성용 면도 제품으로 알려진 상표인 Old Spice는 소셜 미디어 마케팅 캠페인의 일환으로 일련의 재미있는 동영상을 공개했다. 이 동영상들은 48시간 안에 거의 1천백만 명이 시청했고, 그 상표는 수만 여 명의 새 팬과 지지자를 얻었다. 당연하게도, 소셜 네트워킹은 생각과 제품을 공유하기 위해 그것을 이용하는 제한된 예산의 회사들에게 높이 평가된다. 대기업들도 소셜 미디어가 주는 혜택을 인식하고 그 인기로부터 이익을 얻을 방법을 찾고 있다. 그들의 목표는 더 다양한 대상에게 자신들의 상품을 광고하고 더 많은 고객을 끌어모으는 것이다.

① 퍼뜨릴
② 향상할
③ 찾아낼
④ 준비할

해설 지문의 빈칸을 채우는 문제입니다. 빈칸이 있는 문장을 통해 빈칸에 소셜 미디어가 인터넷 접속이 되는 모든 사람들에게 정보를 어떻게 할 수 있는 방법인지에 대한 내용이 나와야 적절하다는 것을 알 수 있습니다. 빈칸 뒤 문장에 한 상표 제품의 동영상을 짧은 시간 안에 수많은 사람들이 시청하여 성공한 마케팅의 예를 보여주고 있으므로, '퍼뜨릴' 수 있다고 한 ①번이 정답입니다.

어휘 shaving 몡 면도 follower 몡 지지자 limited 혱 제한된 take advantage of ~을 이용하다 corporation 몡 기업
look to 찾다, 생각해 보다 profit 동 이익을 얻다 popularity 몡 인기 advertise 동 광고하다 audience 몡 대상, 청중
attract 동 끌어모으다, 마음을 끌다 locate 동 찾아내다, 위치하다

구문
독해
* **no matter where + 주어 + 동사** 어디에 주어가 동사하더라도
no matter where they are located에는 'no matter where + 주어 + 동사'가 사용되어, '어디에 그들이 있더라도'라고 해석합니다.

** **to 부정사가 주격 보어인 경우** ~하는 것
to advertise ~ customers는 주어 Their goal을 보충 설명해 주는 주격 보어입니다. 이처럼 to 부정사가 주격 보어인 경우, '~하는 것'이라고 해석합니다.

07 밑줄 친 부분에 들어갈 가장 적절한 것은?

While car headlights are intended for use / at night / to increase
자동차 헤드라이트는 사용되도록 만들어졌지만   밤에   가시거리를

visibility / in the dark, / they are increasingly being used /
늘리기 위해   어둠 속에서   그것들은 점점 사용되고 있다

during the daytime / as well. In fact, / studies have shown /
낮 동안   마찬가지로   실제로   연구들은 보여주었다

that they can be beneficial / whether it is dark or light out.
그것들이 도움이 될 수 있다는 것을   밖이 어둡든지 밝든지

Drivers / who use their headlights / during the day / have
운전자들   그들의 헤드라이트를 사용하는   낮 동안

approximately 10 percent *fewer accidents / than those / who
약 10퍼센트 더 낮은 사고가 있다   사람들보다

don't. Therefore, / drivers are encouraged / to use their
그렇지 않은   그러므로   운전자들은 권장된다   그들의 헤드라이트를 사용하도록

headlights / **no matter what time of the day it is.
              하루 중 어떤 시간대에라도

① In other words
② However
③ Next
④ Therefore

자동차 헤드라이트가 어둠 속에서 가시거리를 늘리기 위해 밤에 사용되도록 만들어졌지만, 헤드라이트는 점점 낮에도 사용되고 있다. 실제로, 연구는 헤드라이트가 밖이 어둡든지 밝든지 도움이 될 수 있다는 것을 보여주었다. 낮에 헤드라이트를 사용하는 운전자는 그렇지 않은 운전자보다 사고율이 약 10퍼센트 더 낮다. <u>그러므로 운전자들은 하루 중 어떤 시간대에라도 헤드라이트를 사용하도록 권장된다.</u>

① 다시 말해서
② 하지만
③ 다음으로
④그러므로

해설 빈칸에 적절한 연결어를 넣는 문제입니다. 빈칸 앞 문장은 자동차 헤드라이트가 밤낮으로 모두 사용되어야 한다는 내용이고, 빈칸 뒤 문장은 운전자들이 하루 중 어떤 시간대에라도 헤드라이트를 사용하는 것이 권장된다는 결론적인 내용입니다. 따라서 결론을 나타내는 연결어인 ④ Therefore(그러므로)가 정답입니다.

어휘 visibility 圆 가시성, 눈에 잘 보임   increasingly 凰 점점   daytime 圆 낮   beneficial 圈 도움이 되는, 유익한   approximately 凰 약, 거의   encourage 통 권장하다, 격려하다

구문독해 * 비교급 + than ~보다…한
fewer accidents than ~ don't에는 '비교급 + than'이 사용되어, '그렇지 않은 사람들보다 더 낮은'이라고 해석합니다.

** no matter what + 명사 어떤 ~명사라도
no matter what time of the day it is에는 'no matter what + 명사'가 사용되어, '하루 중 어떤 시간대에라도'라고 해석합니다.

08 주어진 문장에 이어질 글의 순서로 가장 적절한 것은?

> An island is a piece of land / that is completely surrounded /
> 섬은 땅이다 완전히 둘러싸인
> by either saltwater or freshwater.
> 바닷물이나 민물로

(A) Although it is the world's largest lake island, / not many
이것이 세계에서 가장 큰 호수 섬이긴 하지만 그곳에 사는
people live there. Freshwater islands cannot sustain large
사람은 많지 않다 민물에 있는 섬은 많은 인구를 유지하지 못한다
populations / like ocean islands can / because they have
바다 섬이 할 수 있는 만큼 그것들은 자원이
fewer resources.
더 적기 때문이다

(B) In contrast, / Manitoulin Island is an example of an island /
대조적으로 Manitoulin 섬은 섬의 한 예이다
found in freshwater. It is located in Lake Huron / *between
민물에 있는 이것은 휴런 호에 위치해 있다
the United States and Canada.
미국과 캐나다 사이의

(C) They can be found everywhere, / but the ones / in the
그것들은 어디에서나 찾을 수 있다 하지만 그것들
oceans / are **the largest / and most well known. Some
바다에 있는 가장 큰 것이다 그리고 가장 잘 알려진 것이다
famous ocean islands / include Greenland, Japan, and Hawaii.
몇몇 유명한 바다 섬은 그린란드, 일본, 그리고 하와이를 포함한다

① (B)-(C)-(A)　　② (C)-(B)-(A)
② (A)-(C)-(B)　　④ (C)-(A)-(B)

> 섬은 바닷물이나 민물로 완전히 둘러싸인 땅이다.

(A) 이것은 세계에서 가장 큰 호수 섬이긴 하지만, 그곳에 사는 사람은 많지 않다. 민물에 있는 섬은 자원이 더 적기 때문에 바다 섬만큼 많은 인구를 유지하지 못한다.

(B) 대조적으로, Manitoulin 섬은 민물에 있는 섬의 한 예이다. 이것은 미국과 캐나다 사이의 휴런 호에 위치해 있다.

(C) 섬들은 어디에서나 찾을 수 있지만, 바다에 있는 섬들이 가장 크고 가장 잘 알려진 것이다. 몇몇 유명한 바다 섬에는 그린란드, 일본, 하와이가 있다.

해설 주어진 문장 다음에 이어질 (A), (B), (C)의 적절한 순서를 파악하는 문제입니다. 주어진 문장에서 섬은 바닷물이나 민물로 둘러싸여 있다고 한 후, 그것들(They) 중 바다 섬이 가장 크고 잘 알려져 있다고 한 (C)가 나와야 자연스럽습니다. 뒤이어 In contrast를 통해 바다 섬과 대조적인 민물 섬과 그 예를 알려주는 (B)가 나오고, 이러한 민물 섬에는 바다 섬과 달리 사람이 많이 살지 않는 이유를 설명한 (A)가 나와야 글의 흐름이 자연스럽습니다. 따라서 주어진 문장 다음에 이어질 순서는 ② (C)-(B)-(A)입니다.

어휘 saltwater [명] 바닷물, 해수　freshwater [명] 민물, 담수　sustain [동] 유지하다　population [명] 인구　resource [명] 자원

[구문독해]

* **between A and B** A와 B 사이

between ~ Canada에는 'between A(the United States) and B(Canada)'가 사용되어, '미국과 캐나다 사이'라고 해석합니다.

** **the + 최상급** 가장 ~한 것

the largest and most well known에는 'the + 최상급'이 사용되어, '가장 크고 가장 잘 알려진 것'이라고 해석합니다.

09 다음 문장이 들어갈 위치로 가장 적절한 것은?

> *To make an accurate diagnosis, / the doctor asked the man
> 정확한 진단을 내리기 위해   의사는 남자에게
>
> to describe / what actions caused him to feel pain.
> 말해 달라고 요청했다   어떤 동작이 그가 고통을 느끼게 하는지

One day, / a doctor had an appointment / with a man / who
어느 날   한 의사는 진료 예약이 있었다   남자와

was in extreme discomfort. (A) The patient said / that he felt a
극심한 고통 속에 있는   그 환자는 말했다   그가 찌르는 듯한

sharp pain / whenever he touched his head. (B) He also said /
통증을 느낀다고   그가 그의 머리를 만질 때마다   그는 또한 말했다

that it hurt / to touch other parts of his body, / such as his
아프다고   그의 몸의 다른 부위를 만지는 것이

shoulders, knees, and feet. The man was sure / that he was
그의 어깨, 무릎, 발 등   남자는 확신했다   그가

affected by some horrible disease. (C) After thinking about
그가 어떤 끔찍한 병에 걸렸다고   이것에 대해 생각한 후에

this / for a few moments, / the doctor announced, / "I know /
잠시   의사는 알렸다   저는 압니다

**what the problem is. You have an injured finger." (D)
무엇이 문제인지   당신은 손가락을 다쳤습니다

① A   ② B
③ C   ④ D

정확한 진단을 내리기 위해 의사는 남자에게 어떤 동작이 고통을 느끼게 하는지 말해 달라고 요청했다.

어느 날 한 의사는 극심한 고통을 느끼는 남자와 진료 예약이 있었다. (A) 그 환자는 그가 그의 머리를 만질 때마다 찌르는 듯한 통증을 느낀다고 말했다. (B) 그는 또한 어깨, 무릎, 발 등 몸의 다른 부위를 만져도 아프다고 말했다. 남자는 자신이 어떤 끔찍한 병에 걸렸다고 확신했다. (C) 이것에 대해 잠시 생각한 후에, 의사는 "무엇이 문제인지 알겠습니다. 당신은 손가락을 다쳤습니다."라고 알렸다. (D)

해설 지문의 흐름상 주어진 문장이 들어가기에 가장 적절한 곳을 고르는 문제입니다. 주어진 문장에서 의사가 남자에게 어떤 동작이 고통을 느끼게 하는지 말해줄 것을 요청했다고 했으므로, 주어진 문장 다음에 남자가 고통을 느끼게 하는 동작에 대해 말할 것임을 예상합니다. (A)의 뒤 문장에서 남자는 머리를 만질 때마다 찌르는 듯한 고통을 느낀다고 했으므로, (A) 자리에 주어진 문장이 들어가야 글의 흐름이 자연스러워집니다. 따라서 ①번이 정답입니다.

어휘 accurate 匓 정확한 diagnosis 匓 진단 describe 匓 말하다, 묘사하다 extreme 匓 극심한, 극도의 discomfort 匓 고통, 불편 sharp 匓 찌르는 듯한, 날카로운 affect 匓 병이 나게 하다, 영향을 미치다 announce 匓 알리다, 발표하다 injured 匓 다친, 부상을 입은

구문독해 * **to 부정사가 문장을 꾸며주는 수식어인 경우** ~하기 위해
To make an accurate diagnosis는 뒤에 있는 문장을 꾸며주는 수식어입니다. 이처럼 to 부정사가 문장을 꾸며주는 수식어로 쓰인 경우, '~하기 위해'라고 해석합니다.

** **what이 이끄는 절이 목적어인 경우** 무엇이 주어가 동사하는지
what the problem is는 동사 know의 목적어입니다. 이처럼 what이 이끄는 절이 목적어인 경우, '무엇이 주어가 동사하는지'라고 해석합니다.

10 밑줄 친 부분 중 글의 전체적 흐름에 맞지 않는 문장은?

I would like to *thank everyone / for attending / the opening /
저는 모든 분께 감사드리고 싶습니다   참석해주신 것에 대해   개관식에

of the museum's Mayan history exhibit. ① We have over 300
박물관의 마야 역사 전시회의   우리는 300점 이상의 전시 중인 물품을

items on display / from various periods / throughout the Maya
보유하고 있습니다   다양한 시기에서 온   마야 제국의

empire. ② These include jewelry, religious relics, / and a variety
이것들은 보석, 종교 유물을 포함합니다

of weapons and tools. ③ As you examine the artifacts, / take the
그리고 다양한 무기와 도구들   당신은 유물들을 살펴보시면서   시간을

time / **to read the information cards / that accompany them.
들이세요   정보 카드를 읽을   그것들에 딸려 있는

④The museum will host an exhibition / on the development of
박물관은 전시회를 주최할 것입니다   증기 기관의 발달에 대한

the steam engine / starting July 17. If you wish to know /
7월 17일에 시작하는   당신이 알고 싶으시면

further details / about a particular item, / please ask a
자세한 정보를   특정한 물품에 대해   직원에게 물어봐 주세요

member of staff.

박물관의 마야 역사 전시회의 개관식에 참석해 주신 모든 분께 감사드리고 싶습니다. ① 저희는 마야 제국의 다양한 시기에서 온 300점 이상의 전시품을 보유하고 있습니다. ② 전시품에는 보석, 종교 유물, 다양한 무기와 도구들이 포함되어 있습니다. ③ 유물을 살펴보시면서, 시간을 들여 유물에 딸린 정보 카드를 읽어보세요. ④박물관은 7월 17일부터 증기 기관의 발달에 대한 전시회를 주최할 것입니다. 특정한 물품에 대해 자세한 정보를 알고 싶으시면, 직원에게 물어봐 주세요.

해설 지문의 흐름과 무관한 문장을 고르는 문제입니다. 첫 문장에서 '박물관의 마야 역사 전시회'에 대해 언급하고, ①, ②, ③번에서 마야 역사 전시회의 전시품과 전시품을 관람하는 방법을 설명하고 있습니다. 그러나 ④번은 '증기 기관 발달에 대한 박물관의 전시회'라는 내용으로, 첫 문장의 내용과 관련이 없으므로 ④번이 정답입니다.

어휘 exhibit 몡 전시회 통 전시하다 display 몡 전시 통 진열하다 relic 몡 유물 a variety of 다양한 examine 통 검토하다, 조사하다 artifact 몡 유물, 공예품 accompany 통 딸리다, 동반하다 steam engine 증기 기관

* thank A for B A에게 B에 대해 감사하다
thank everyone for attending에는 'thank A(everyone) for B(attending)'가 사용되어, '모든 분께 참석해주신 것에 대해 감사하다'라고 해석합니다.

** to 부정사가 명사를 꾸며주는 수식어인 경우 ~할
to read ~ them은 앞에 있는 the time을 꾸며주는 수식어입니다. 이처럼 to 부정사가 명사를 꾸며주는 수식어인 경우, '~할'이라고 해석합니다.

Final Test 2

01 ②	**02** ③	**03** ③	**04** ①	**05** ②	**06** ③	**07** ④	**08** ③
09 ①	**10** ①						

01 다음 글의 주제로 가장 적절한 것은?

High-fructose corn syrup (HFCS) is a sweetener / that is used
액상 과당은 감미료이다

in many processed foods / because it is a substantially low-cost
많은 가공식품에 사용되는   그것은 상당히 비용이 적게 드는 대안이기 때문이다

alternative / to sugar. Although the food industry argues / that
설탕에 대해   식품 업계는 주장하지만

HFCS is *as safe to consume / as ordinary table sugar, / you
HFCS가 ~만큼 섭취하기에 안전하다고   일반 설탕만큼

should be cautious. Some scientists believe / HFCS cannot be
당신은 조심해야 한다   일부 과학자들은 생각한다   HFCS는

properly processed / by the body / and can lead to health
제대로 처리될 수 없다고   신체에 의해   그리고 액상 과당이 합병증으로

complications / like obesity and diabetes. They also claim / that
이어질 수 있다고   비만과 당뇨병 같은   그들은 또한 주장한다

the food industry has not tested / the ingredient long enough /
식품 업계가 실험하지 않았다고   그 성분을 충분히 오래

to know / how it affects people / over time. Accordingly, / **it is
알 만큼   그것이 어떻게 사람에게 영향을 미치는지   시간이 지남에 따라   따라서

best / to limit / how much of the substance you eat / until more
최선이다   제한하는 것은   얼마나 당신이 그 물질을 먹는지를

is known about it.
그것에 대해 더 많은 것이 알려지기 전까지

① The convenience of processed foods
②The controversy surrounding HFCS
③ Products that contain HFCS
④ Specific health risks of HFCS

액상 과당은 설탕에 대해 상당히 비용이 적게 드는 대안이기 때문에 많은 가공식품에 사용되는 감미료이다. 식품 업계는 액상 과당이 일반 설탕만큼 섭취하기에 안전하다고 주장하지만, 조심해야 한다. 일부 과학자들은 액상 과당은 신체에서 제대로 처리할 수 없어서 비만과 당뇨병 같은 합병증으로 이어질 수 있다고 생각한다. 그들은 또한 식품 업계가 액상 과당이 시간이 지남에 따라 어떻게 사람에게 영향을 미치는지 알 만큼 충분히 오래 그 성분을 실험하지 않았다고 주장한다. 따라서 액상 과당에 대해 더 많은 것을 알아내기 전까지는 그 물질을 먹는 양을 제한하는 것이 최선이다.

① 가공식품의 편리함
②액상 과당을 둘러싼 논란
③ 액상 과당이 함유된 제품
④ 액상 과당의 특정한 건강상의 위험

해설 지문의 주제를 묻는 문제입니다. 지문 처음에서 식품 업계는 액상 과당이 일반 설탕만큼 섭취하기에 안전하다고 주장하지만 아직 조심해야 한다고 하고, 지문 마지막에서 액상 과당에 대해 더 알려지기 전까지는 액상 과당을 섭취하는 양을 제한하는 것이 좋다고 충고하고 있습니다. 따라서 이 지문의 주제를 '액상 과당을 둘러싼 논란'이라고 표현한 ②번이 정답입니다.

어휘 sweetener 똉 감미료   processed food 가공식품   substantially 뛴 상당히   alternative 똉 대안
consume 똉 섭취하다, 소비하다   complication 똉 합병증   obesity 똉 비만   diabetes 똉 당뇨병   ingredient 똉 성분, 재료
substance 똉 물질   convenience 똉 편리함, 편의   contain 똉 ~이 함유되어 있다

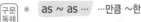 * as ~ as … …만큼 ~한
as safe ~ as ordinary table sugar에는 동등함을 나타내는 'as ~ as …'가 사용되어, '일반 설탕만큼 섭취하기에 안전한'이라고 해석합니다.

** 가짜 주어 it과 진짜 주어 to 부정사가 쓰인 경우   ~하는 것은
it은 가짜 주어로 해석하지 않으며 to limit ~ you eat이 진짜 주어입니다. 이처럼 to 부정사가 진짜 주어로 쓰인 경우, '~하는 것은'이라고 해석합니다.

96 공무원학원·동영상강의 gosi.Hackers.com

02 다음 글을 읽고 아래 문장의 빈칸에 들어갈 가장 적절한 것은?

Some university students are not sure / *whether they should
어떤 대학생들은 잘 모른다   그들이 살아야 하는지 아닌지

live / in a dormitory. But life / in a dormitory / can be very
기숙사에   하지만 생활   기숙사에서의   매우 유익할 수 있다

beneficial. The most obvious advantage is / that living on
가장 명백한 장점은 ~이다   캠퍼스에서 사는 것은

campus / shortens one's commute. Dormitories also **provide
개인의 통학 거리를 줄인다는 것   기숙사는 또한 학생들에게 제공한다

students / with the opportunity / to develop new friendships.
학생들에게   기회를   새로운 친구를 사귈

Students share rooms and common areas, / so they often
학생들은 방과 공동 구역을 공유한다   그래서 그들은 자주 보낸다

spend / their free time / studying or socializing with one
그들의 여가 시간을   다른 사람과 공부하거나 어울리는 데

another. Most importantly, / dormitories offer independence.
가장 중요하게는   기숙사는 독립을 제공한다

There is no parental supervision, / which allows students / to
그곳에는 부모의 감독이 없다   이것은 학생들이 ~하게 한다

take on more personal responsibility.
더 많은 개인적 책임을 갖추게

> The passage suggests that living in a dormitory <u>offers students a lot of benefits</u>.

① connects students with high school friends
② leads to unhealthy social behavior
③ offers students a lot of benefits
④ allows students to have more time to study

어떤 대학생들은 그들이 기숙사에 살아야 하는지 아닌지 잘 모른다. 하지만 기숙사에서의 생활은 매우 유익할 수 있다. 가장 명백한 장점은 캠퍼스에서 사는 것은 통학 거리를 줄인다는 것이다. 기숙사는 또한 학생들에게 새로운 친구를 사귈 기회를 제공한다. 학생들은 방과 공동 구역을 공유해서, 그들의 여가 시간을 다른 학생들과 공부하거나 어울리는 데 자주 보낸다. 가장 중요하게는, 기숙사가 독립을 제공한다는 것이다. 기숙사에는 부모의 감독이 없어서, 학생들이 더 많은 개인적 책임을 갖추게 한다.

> 지문은 기숙사에 사는 것은 학생들에게 많은 혜택을 제공한다는 것을 시사한다.

① 학생들을 고등학교 친구들과 연결한다
② 불건전한 사회적 행동으로 이어진다
③ 학생들에게 많은 혜택을 제공한다
④ 학생들이 공부할 시간을 더 많이 가지게 한다

해설 지문의 내용을 요약한 문장의 빈칸을 채우는 문제입니다. 주어진 요약문을 통해 빈칸에 기숙사에 사는 것이 시사하는 것이 무엇인지를 넣어야 한다는 것을 예상할 수 있습니다. 지문 처음에서 기숙사 생활은 학생들에게 매우 긍정적인 경험이 될 수 있다고 하고, 학생들이 기숙사에 사는 것의 여러 가지 이점을 알려주고 있으므로, '학생들에게 많은 혜택을 제공한다'라고 한 ③번이 정답입니다.

어휘 dormitory 圆 기숙사 commute 圆 통학 圐 통근하다 socialize 圐 어울리다. 사귀다 independence 圆 독립
supervision 圆 감독, 관리 take on 갖추다, 떠맡다

구문독해 * whether가 이끄는 명사절이 목적어인 경우 주어가 동사하는지 아닌지
whether they should live in a dormitory는 동사 are not sure의 목적어입니다. 이처럼 whether가 이끄는 명사절이 목적어인 경우, '주어가 동사하는지 아닌지'라고 해석합니다.

** 동사가 전치사와 함께 쓰인 경우(provide A with B) A에게 B를 제공하다
provide students with ~ friendships는 동사 provide가 전치사 with와 함께 provide A with B 형태로 쓰인 경우입니다.
이처럼 동사가 전치사와 함께 쓰인 경우(provide A with B), 'A에게 B를 제공하다'라고 해석합니다.

03 다음 글의 내용과 가장 일치하는 것은?

The heart symbol is / a universal representation of love. *While
하트 기호는 ~이다   사랑의 보편적인 표시

this symbol continues to be popular / in modern society, / there
이 기호가 계속해서 인기 있는 한편   현대 사회에서

are different theories / about where the design originated.
여러 가지 설이 있다   어디에서 그 디자인이 유래했는지에 대해

One theory traces the symbol back / to the Greek philosopher
하나의 설은 기호의 기원을 거슬러 올라간다   그리스의 철학자

Aristotle. He believed / **that the heart symbol was shaped / like
아리스토텔레스까지   그는 생각했다   하트 기호가 모양을 이루었다고

the human heart, / and that it represented / human passion.
사람의 심장 같은   그리고 그것이 상징했다고   사람의 열정을

A competing idea claims / that it comes from a North African
이에 대립하는 견해는 주장한다   이 기호가 북아프리카의 식물로부터 비롯되었다고

plant. The plant was shaped / like the modern heart symbol, /
식물. 그 식물은 모양을 이루었다   현대의 하트 기호와 같은

and it was used / as a form of contraception / by couples.
그리고 그것은 사용되었다   피임의 한 방식으로   연인들에 의해

① The heart symbol has lost its influence over time.
② Most people agree on the origins of the heart symbol.
③ Aristotle believed the heart symbol looked like the human
   heart.
④ An African plant is known to make people fall in love.

하트 기호는 사랑의 보편적인 표시이다. 이 기호가 현대 사회에서 계속해서 인기 있는 한편, 어디에서 그 디자인이 유래했는지에 대해 여러 가지 설이 있다. 하나의 설은 이 기호의 기원을 그리스의 철학자 아리스토텔레스까지 거슬러 올라간다. 그는 하트 기호가 사람의 심장 같이 생겼으며, 사람의 열정을 상징한다고 생각했다. 이에 대립하는 견해는 이 기호가 북아프리카의 식물로부터 비롯되었다고 주장한다. 그 식물은 현대의 하트 기호 같이 생겼으며, 연인들이 피임의 한 방식으로 사용했다.

① 하트 기호는 시간이 지나면서 그 영향력을 잃었다.
② 대부분의 사람들은 하트 기호의 기원에 대해 의견이 일치한다.
③ 아리스토텔레스는 하트 기호가 사람의 심장 같이 생겼다고 생각했다.
④ 한 아프리카 식물은 사람들을 사랑에 빠지게 만드는 것으로 알려져 있다.

해설 지문의 내용과 일치하는 것을 파악하는 문제입니다. ③번의 키워드인 Aristotle(아리스토텔레스)이 등장한 지문 주변의 내용을 살펴보면, 아리스토텔레스는 하트 기호가 사람의 심장 같이 생겼다고 생각했다는 것을 알 수 있습니다. 따라서 ③번이 지문의 내용과 일치합니다.

① 하트 기호가 현대 사회에서 계속해서 인기 있다고 했으므로, 하트 기호가 시간이 지나면서 영향력을 잃었다는 것은 지문의 내용과 다릅니다.

② 하트 기호 디자인의 유래에 대해 여러 가지 설이 있다고 했으므로, 대부분의 사람들이 하트 기호의 기원에 대해 의견이 일치한다는 것은 지문의 내용과 다릅니다.

④ 북아프리카 식물이 현대의 하트 기호 같이 생겼다고는 했지만, 이 식물이 사람들을 사랑에 빠지게 만드는지는 알 수 없습니다.

어휘 universal 휑 보편적인, 전 세계적인 representation 휑 표시 originate 통 유래하다 trace back to 기원이 ~까지 거슬러 올라가다
shape 통 모양을 이루다 휑 형태 represent 통 상징하다, 나타내다 passion 휑 열정 competing 휑 대립하는, 모순된
contraception 휑 피임 origin 휑 기원

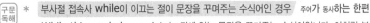

구문 독해 * <u>부사절 접속사 while이 이끄는 절이 문장을 꾸며주는 수식어인 경우</u> 주어가 동사하는 한편
While this symbol ~ society는 뒤에 있는 문장을 꾸며주는 수식어입니다. 이처럼 부사절 접속사 while이 이끄는 절이 문장을 꾸며주는 수식어인 경우, 문맥에 따라 '주어가 동사하는 한편', '주어가 동사하면서', '주어가 동사하는 반면' 등 다양한 의미로 해석이 가능한데, 이 경우에는 '주어가 동사하는 한편'이라고 해석하는 것이 자연스럽습니다.

** <u>that이 이끄는 명사절이 목적어인 경우</u> 주어가 동사하다고
that the heart symbol ~ heart와 that it ~ passion은 모두 동사 believed의 목적어입니다. 이처럼 that이 이끄는 명사절이 목적어인 경우, '주어가 동사하다고'라고 해석합니다.

04 다음 글의 내용과 일치하지 <u>않는</u> 것을 고르시오.

If you're looking for a new apartment, / there are strategies /
당신이 새로운 아파트를 찾고 있다면   전략들이 있다

*to ensure / you find a good place to live. Most importantly, /
반드시 ~하게 할   당신이 살기 좋은 장소를 찾게   가장 중요한 것은

research / the features of each potential apartment building.
조사하라   가능성이 있는 각 아파트 건물의 특징을

Once you've decided / on an apartment, / don't forget the
일단 당신이 결정했다면   한 아파트로

following considerations. First, / if you have a car, / **make
다음의 고려 사항들을 잊지 마라   첫째로   당신이 차를 가지고 있다면   확인하라

sure / that there is a parking space / available. Second, / make
주차 공간이 있는지   이용할 수 있는   둘째로

sure / that the landlord is trustworthy. Finally, / be sure / that
확인하라   집주인이 믿음직한지   마지막으로   분명히 하라

noise will not be a problem. Ask the landlord / about any ongoing
소음이 문제가 되지 않을 것을   집주인에게 물어보라   모든 진행 중인 공사에 대해

construction projects / or noise complaints / in the building. If
또는 소음 관련 항의에 대해   건물에서

you follow this advice, / you are guaranteed a pleasant stay / in
당신이 이 조언을 따른다면   당신은 쾌적한 생활을 보장받을 수 있다

your new home.
당신의 새로운 집에서

당신이 새로운 아파트를 찾고 있다면, 살기 좋은 장소를 반드시 찾게 해줄 전략들이 있다. 가장 중요한 것은, 이사 갈 가능성이 있는 각 아파트 건물의 특징을 조사하는 것이다. 일단 한 아파트로 결정했다면, 다음의 고려 사항들을 잊지 마라. 첫째로, 당신이 차를 가지고 있다면, 이용할 수 있는 주차 공간이 있는지 확인하라. 둘째로, 집주인이 믿음직한지 확인하라. 마지막으로, 소음이 문제가 되지 않을 것을 분명히 하라. 집주인에게 건물에서 진행 중인 공사나 소음 관련 항의가 있는지 물어보라. 이 조언을 따른다면, 당신은 새로운 집에서의 쾌적한 생활을 보장받을 수 있다.

① 집을 결정한 후에 아파트 임대 보증금을 지급하는 것이 필요하다.
② 아파트를 고를 때에는 아파트 근처의 주차 공간에 대해 물어보아야 한다.
③ 아파트를 고를 때에는 신뢰할 수 있는 집주인을 찾는 것이 필수적이다.
④ 이사 갈 지역의 소음 문제에 대해 알아보는 것이 좋다.

해설 지문의 내용과 일치하지 않는 것을 묻는 문제입니다. ①번의 키워드인 임대 보증금과 관련된 내용은 언급되지 않았으므로, 집을 결정한 후에 아파트 임대 보증금을 지급해야 한다는 것은 지문의 내용과 다릅니다. 따라서 ①번이 지문의 내용과 일치하지 않습니다.

어휘 strategy 뗑 전략 feature 뗑 특징, 특색 consideration 뗑 고려 사항, 숙고 available 뗑 이용할 수 있는 landlord 뗑 집주인
trustworthy 뗑 믿음직한 construction 뗑 공사, 건설 complaint 뗑 항의 guarantee 동 보장하다

구문독해 * to 부정사가 명사를 꾸며주는 수식어인 경우 ~할
to ensure ~ live는 앞에 있는 strategies를 꾸며주는 수식어입니다. 이처럼 to 부정사가 명사를 꾸며주는 수식어인 경우, '~할'이라고 해석합니다.

** make sure that + 주어 + 동사 주어가 동사한지 확인하라
make sure that ~ available에는 'make sure that + 주어 + 동사'가 사용되어, '이용할 수 있는 주차 공간이 있는지 확인하라'라고 해석합니다.

A conductor's command / over an orchestra / is essential.
지휘자의 통솔은   오케스트라에 대한   필수적이다

Although musicians can play classical music / on their own, / the
음악가들이 클래식 음악을 연주할 수 있기는 하지만   그들 스스로

direction of a conductor / helps a large group of musicians /
지휘자의 안내는   대규모의 음악가들을 돕는다

play / in harmony. Often *referred to / as a *maestro*, / a
연주하도록   조화를 이루어   흔히 ~라고 불리는   '마에스트로'라고

conductor acts / as the leader of an orchestra. The conductor
지휘자는 역할을 한다   오케스트라의 지도자로서   지휘자는 보장한다

ensures / a piece is performed correctly / and also inspires the
작품이 바르게 연주되는 것을   그리고 또한 오케스트라에게 영감을 준다

orchestra / **to play / with feeling and depth. In doing so, / they
연주하게   감정을 넣어 깊이 있게   그렇게 함으로써

can lead the musicians / in expressing the emotion / behind the
그들은 연주자들을 이끌 수 있다   감정을 표현하도록   음악 이면의

music. That is / how conductors breathe life / into symphonies.
이것이 ~이다   지휘자들이 생명을 불어넣는 방법   교향곡에

For this reason, / every good orchestra / needs a capable
이러한 이유로   모든 좋은 오케스트라는   유능한 지휘자가 필요하다

conductor.

① Altering a classical music piece
②Guiding orchestras to perform with accuracy and expression
③ Guaranteeing that no musicians make mistakes in timing
④ Checking the composition of an orchestra

오케스트라에 대한 지휘자의 통솔은 필수적이다. 음악가들 스스로 클래식 음악을 연주할 수도 있기는 하지만, 지휘자의 안내는 대규모의 음악가들이 조화를 이루어 연주하도록 돕는다. 흔히 '마에스트로'라고 불리는 지휘자는 오케스트라의 지도자 역할을 한다. 지휘자는 작품이 바르게 연주되는 것을 보장하며 또한 오케스트라가 감정을 넣어 깊이 있게 연주하게 영감을 준다. 그렇게 함으로써, 그들은 연주자들이 음악 이면의 감정을 표현하도록 이끌 수 있다. 이것이 지휘자들이 교향곡에 혼을 불어넣는 방법이다. 이러한 이유로, 모든 좋은 오케스트라는 유능한 지휘자가 필요하다.

① 클래식 음악 작품을 변경하는 것
②오케스트라가 정확하게 그리고 감정을 담아 연주하도록 지도하는 것
③ 어떤 연주자도 박자를 실수하지 않게 보장하는 것
④ 오케스트라의 작곡을 확인하는 것

해설 지휘자의 역할이 무엇인지 파악하는 문제입니다. 지문 중간에서 지휘자는 오케스트라의 지도자 역할을 한다고 하며 작품이 바르게 연주되고 깊이 있게 연주되도록 영감을 준다고 했습니다. 따라서 지휘자의 역할은 '오케스트라가 정확하게 그리고 감정을 담아 연주하도록 지도하는 것'이므로, ②번이 정답입니다.

어휘 conductor 圆 지휘자   command 圆 통솔 통 지휘하다   harmony 圆 조화   be referred to as ~라고 불리다
perform 통 연주하다, 행하다   correctly 匣 바르게   inspire 통 영감을 주다   breathe 통 (생명을) 불어넣다, 호흡하다
capable 圈 유능한, ~을 할 수 있는   alter 통 변경하다, 바꾸다   accuracy 圆 정확성   composition 圆 작곡, 구성

구문 독해

* 과거분사가 명사를 꾸며주는 수식어인 경우   ~되는
referred to as *maestro*는 뒤에 있는 a conductor를 꾸며주는 수식어입니다. 이처럼 과거분사가 명사를 꾸며주는 수식어인 경우, '~되는'이라고 해석합니다.

** to 부정사가 목적격 보어인 경우   ~하게
to play는 목적어 the orchestra를 보충 설명해 주는 목적격 보어입니다. 이처럼 to 부정사가 목적격 보어인 경우, '~하게' 해석합니다.

06 밑줄 친 부분에 들어갈 가장 알맞은 것은?

Several months ago, / a convenience store worker / in Tokyo /
몇 달 전에   한 편의점 직원이   도쿄의

was arrested / for making thousands of prank calls. Over the
체포되었다   1천 통의 장난 전화를 건 것으로

course of a year and a half, / he made more than 28,000 calls /
약 1년 반의 기간에 걸쳐   그는 2만 8천 통 이상의 전화를 걸었다

to the police. While few are so persistent, / this incident is not an
경찰에   이렇게 끈질긴 사람은 적긴 하지만   이 사건은

isolated case. On one occasion, / a prank call / about a bomb
단발적인 사례가 아니다   한 번은   장난 전화는   폭탄 위협에 대한

threat / *at an airport / in India / resulted in police officers and
한 공항에서   인도의   이로 인해 경찰관과

the fire department / **searching the airport / for hours. This
소방대가 ~하게 되었다   공항을 수색하게   몇 시간 동안

used up police resources / and frightened citizens / while also
이것은 경찰력을 소모했다   그리고 시민을 놀라게 했다

delaying their flights. Although a deception of this nature / may
그들의 비행 또한 지연시킨 한편   이러한 종류의 속임수가

seem like a harmless joke / to some, / it wastes / hundreds of
무해한 농담으로 보일 수도 있겠지만   어떤 사람에게는   이것은 낭비한다   수백 시간을

hours / of police time.
          경찰의 시간

① creates
② delays
③ wastes
④ deserves

몇 달 전에 도쿄의 한 편의점 직원이 1천 통의 장난 전화를 건 것으로 체포되었다. 그는 약 1년 반에 걸쳐 경찰에 2만 8천 통 이상의 전화를 걸었다. 이렇게 끈질긴 사람은 적긴 하지만, 이 사건은 단발적인 사례가 아니다. 한 번은, 인도의 한 공항에서 폭탄 위협 장난 전화로 인해 경찰과 소방대가 몇 시간 동안이나 공항을 수색하게 되었다. 이것은 경찰력을 소모하고 시민을 놀라게 하는 한편, 시민의 비행도 지연시켰다. 이러한 종류의 속임수가 어떤 사람에게는 무해한 농담으로 보일 수도 있겠지만, 이는 경찰의 시간을 수백 시간씩 낭비한다.

① 만든다
② 지연한다
③ 낭비한다
④ 받을 만하다

해설 지문의 빈칸을 채우는 문제입니다. 빈칸이 있는 문장을 통해 장난 전화와 같은 속임수가 경찰의 시간을 수백 시간씩 어떻게 하는지에 대한 내용이 나와야 적절하다는 것을 알 수 있습니다. 빈칸 앞 두 문장에 장난 전화로 인해 경찰과 소방대가 공항을 몇 시간이나 수색했다는 내용이 있으므로, 장난 전화는 경찰의 시간을 수백 시간씩 '낭비한다'라고 한 ③번이 정답입니다.

어휘 convenience store 몡 편의점   prank call 장난 전화   persistent 혱 끈질긴   incident 몡 사건   isolated 혱 단발적인, 고립된
     threat 몡 위협, 위험   use up 소모하다   frighten 통 놀라게 하다   deception 몡 속임수   nature 몡 종류, 본성   harmless 혱 무해한
     misuse 통 남용하다   deserve 통 받을 만하다

 * '전치사(at) + 명사'가 명사를 꾸며주는 수식어인 경우   ~에서
     at an airport in India는 앞에 있는 a bomb threat을 꾸며주는 수식어입니다. 이처럼 '전치사(at) + 명사'가 명사를 꾸며주는
     수식어인 경우, '~에서'라고 해석합니다.

     ** 현재분사가 목적격 보어인 경우   ~하게
     searching ~ hours는 목적어 police officers and the fire department를 보충 설명해 주는 목적격 보어입니다. 이처럼
     현재분사가 목적격 보어인 경우, '~하게'라고 해석합니다.

07 밑줄 친 부분에 들어갈 표현으로 가장 적절한 것은?

"Land grabbing" takes place / when wealthy individuals,
'토지 수탈'은 일어난다 부유한 개인이나

governments, or corporations / purchase large sections of land /
정부, 기업이 ~할 때 큰 구획의 땅을 구입하다

in foreign territories. Land grabbing generally occurs / in
다른 나라 영토에 토지 수탈은 일반적으로 일어난다

developing countries / *because land in these places / is
개발도상국에서 이러한 지역에 있는 땅이 ~하기 때문에

relatively cheap / and the local people and government / are
상대적으로 값이 싸다 그리고 지역 주민과 정부는

usually desperate / to make money. In some cases, / the land is
대개 필사적이기 때문에 돈을 벌기 위해 어떤 경우에는 땅은 여겨진다

believed / to be unclaimed / but is actually being used / by
소유자를 알 수 없다고 하지만 실제로는 쓰이고 있다

nearby families / to grow food. These families are forced to
인근의 가족들에 의해 식량을 재배하기 위해 이러한 가족들은 이사갈 것을 강요받는다

move / and often unfairly compensated / for the loss of their
그리고 대개 부당하게 배상받는다 그들의 집을 잃은 것에 대해

homes. This has had a negative impact / on local communities /
이것은 부정적인 영향을 주었다 지역 사회에

**by making the poor even poorer. <u>Consequently,</u> / land grabbing
가난한 사람들을 더욱 가난하게 만듦으로써 따라서

has been criticized / by numerous social and humanitarian
토지 수탈은 비판을 받아 왔다 많은 사회 단체와 인도주의 단체에 의해

organizations.

① Conversely
② Moreover
③ However
④ Consequently

'토지 수탈'은 부유한 개인이나 정부, 기업이 다른 나라 영토에 큰 구획의 땅을 구입할 때 일어난다. 토지 수탈은 개발도상국에서 흔히 일어나는데, 이러한 지역에 있는 땅은 값이 상대적으로 싸고 지역 주민과 정부가 대개 돈을 벌기 위해 필사적이기 때문이다. 어떤 경우에는 땅이 소유주를 알 수 없다고 여겨지지만 실제로는 인근의 가족들이 식량을 재배하기 위해 그 땅을 쓰고 있을 때도 있다. 이러한 가족들은 이사갈 것을 강요받고, 집을 잃은 것에 대해 대개 부당하게 배상받는다. 이것은 가난한 사람들을 더욱 가난하게 만듦으로써 지역 사회에 부정적인 영향을 주었다. <u>따라서</u>, 토지 수탈은 많은 사회 단체와 인도주의 단체의 비판을 받아 왔다.

① 대조적으로
② 게다가
③ 하지만
④ 따라서

해설 빈칸에 적절한 연결어를 넣는 문제입니다. 빈칸 앞 문장은 토지 수탈이 가난을 심화해 지역 사회에 부정적인 영향을 주었다는 내용이고, 빈칸 뒤 문장은 토지 수탈이 사회 단체와 인도주의 단체의 비판을 받고 있다는 결과적인 내용입니다. 따라서 결과를 나타내는 연결어인 ④ Consequently(따라서)가 정답입니다.

어휘 grab [동] 수탈하다, 붙잡다 section [명] 구획, 부분 territory [명] 영토 desperate [형] 필사적인 unclaimed [형] 소유주를 알 수 없는 unfairly [부] 부당하게 compensate [동] 배상하다 impact [명] 영향, 충격 humanitarian [형] 인도주의의

[구문 독해] * 부사절 접속사 because가 이끄는 절이 문장을 꾸며주는 수식어인 경우 주어가 동사하기 때문에

because land ~ money는 앞에 있는 문장을 꾸며주는 수식어입니다. 이처럼 부사절 접속사 because가 이끄는 절이 문장을 꾸며주는 수식어인 경우, '주어가 동사하기 때문에'라고 해석합니다.

** by 동명사 ~함으로써

by making the poor even poorer에는 'by 동명사'가 사용되어, '가난한 사람들을 더욱 가난하게 만듦으로써'라고 해석합니다.

08 주어진 문장에 이어질 글의 순서로 가장 적절한 것은?

Life is *too short to give up / on your dreams / and deny
인생은 너무 짧아서 포기할 수 없다 / 당신의 꿈을 / 그리고 스스로에게
yourself / the opportunity / to be happy.
부인할 수 없다 / 기회를 / 행복할

(A) For instance, / many people sacrifice their dreams / because
예를 들어 / 많은 사람은 자신의 꿈을 희생한다
they must accept / the reality of their circumstances, / like
그들은 받아들여야 하기 때문에 / 그들의 환경상 현실을
having to earn money / to afford basic necessities. They
돈을 벌어야 하는 것과 같은 / 생활필수품을 살 형편이 되기 위해
work jobs / that they have no interest in / at the expense
그들은 일을 한다 / 그들이 전혀 관심이 없는 / ~을 희생하면서
of / what they're really passionate about.
그들이 정말로 열정을 가진 것

(B) Even if you find yourself / in such a position, / there is no
당신이 자기자신을 발견하더라도 / 그러한 위치에 / 이유는 없다
reason / to feel defeated / and give up. Instead, / you
패배했다고 생각할 / 그리고 포기할 / 대신
should be thankful / for the free time / that you do have, /
당신은 감사해야 한다 / 자유 시간에 대해 / 당신이 가지기라도 한
and use it / to pursue / whatever makes you happy.
그리고 그것을 사용해야 한다 / 좇는 데 / 무엇이든 당신을 행복하게 만드는 것을

(C) It is full of difficult decisions, / however, / like having to
그것은 어려운 결정들로 가득하다 / 하지만
make practical choices / that might **make your dreams /
현실적인 선택을 해야 하는 것과 같이 / 당신의 꿈이 ~하게 만들 수도 있는
harder to achieve.
이뤄지기 더 힘들게

① (A)-(B)-(C)　② (A)-(C)-(B)
③ (C)-(A)-(B)　④ (C)-(B)-(A)

인생은 너무 짧아서 당신의 꿈을 포기하거나 스스로가 행복할 기회를 부인할 수는 없다.

(A) 예를 들어, 많은 사람은 생활필수품을 살 형편이 되기 위해 돈을 벌어야 하는 것과 같은 환경상 현실을 받아들여야 하기 때문에, 자신의 꿈을 희생한다. 그들은 정말로 열정을 가진 것을 희생해가면서 자신들이 전혀 관심이 없는 일을 한다.

(B) 당신이 그러한 위치에 있는 자기자신을 발견하더라도, 패배했다고 생각하고 포기할 이유는 없다. 대신, 당신은 가지기라도 한 자유 시간에 대해 감사해야 하며, 그 자유 시간을 무엇이든 당신을 행복하게 만드는 것을 좇는 데 사용하라.

(C) 하지만 인생은 당신의 꿈을 이루기 더 힘들게 만들 수도 있는 현실적인 선택을 해야 하는 것과 같이 어려운 결정들로 가득하다.

해설 주어진 문장 다음에 이어질 (A), (B), (C)의 적절한 순서를 파악하는 문제입니다. 주어진 문장에서 인생은 너무 짧아서 꿈을 포기할 수 없다고 한 후, however를 통해 인생에는 꿈을 이루기 힘들게 만드는 현실적인 선택을 해야 하는 것과 같은 결정들로 가득하다는 대조적인 사실을 알려주는 (C)가 나와야 자연스럽습니다. 뒤이어 For instance를 통해 돈을 벌기 위해 꿈을 희생하며 자신이 관심 없는 일을 하는 사람들의 예를 드는 (A)가 나오고, 이러한 위치(such a position)에 놓여도 포기하지 말고 여가 시간을 행복을 위한 시간으로 사용하라고 충고하는 (B)가 나와야 글의 흐름이 자연스럽습니다. 따라서 주어진 문장 다음에 이어질 순서는 ③ (C)-(A)-(B)입니다.

어휘 give up 포기하다　deny [동] 부인하다　sacrifice [동] 희생하다　circumstance [명] 환경　earn [동] (돈을) 벌다, 얻다　necessity [명] 필수품, 필요성　at the expense of ~을 희생하면서, ~의 비용으로　defeated [형] 패배한　pursue [동] 좇다, 추구하다　practical [형] 현실적인

[구문 독해]

* **too ~ to …** 너무 ~해서 …할 수 없다

too short to give up과 deny yourself에는 정도를 나타내는 'too ~ to …'가 사용되어, '너무 짧아서 포기할 수 없다', '너무 짧아서 스스로에게 부인할 수 없다'라고 해석합니다.

** **make A B** A가 B하게 만들다

make ~ achieve에는 'make A(your dreams) B(harder to achieve)'가 사용되어, '당신의 꿈이 이뤄지기 더 힘들게 만들다'라고 해석합니다.

It would upset the girl greatly / whenever she saw this
그것은 소녀를 매우 화나게 하곤 했다   그녀가 이 일이 일어나는 것을 볼 때마다

happen.

소녀는 이 일이 일어나는 것을 볼 때마다 매우 화가 나곤 했다.

Every day, / a young girl saw a group of students / bully a boy /
매일   한 어린 소녀는 한 무리의 학생들을 보았다   한 소년을 괴롭히는 것을

at school. They would push him around / and tease him
학교에서   그들은 그를 못살게 굴곤 했다   그리고 그의 옷에 대해

about his clothes. (A) However, / the girl had no courage / to
그를 놀리곤 했다   하지만   소녀는 용기가 없었다

help the boy. (B) Then one day, / she finally decided / she had
소년을 도와줄   그러던 어느 날   그녀는 마침내 결심했다

to do something. (C) When the group of students / approached
그녀가 뭔가를 해야겠다고   그 학생 무리가 ~했을 때   소년에게 다가갔다

the boy, / she boldly told them / to stop *picking on him. (D)
그녀는 그들에게 대담하게 말했다   그를 괴롭히는 것을 그만두라고

From then on, / they left the boy alone, / and the girl promised
그때부터   그들은 소년을 혼자 있게 내버려뒀다   그리고 소녀는 스스로 다짐했다

herself / that she would stand up for those / **who couldn't
그녀는 사람들의 편을 들겠다고

defend themselves.
자기를 지키지 못하는

매일. 한 어린 소녀는 학교에서 한 무리의 학생들이 한 소년을 괴롭히는 것을 보았다. 그들은 소년을 못살게 굴고 그의 옷에 대해 놀리곤 했다.Ⓐ 하지만 소녀는 소년을 도와줄 용기가 없었다. (B) 그러던 어느 날. 그녀는 마침내 뭔가를 해야겠다고 결심했다. (C) 그 학생 무리가 소년에게 다가갔을 때. 소녀는 그들에게 그를 그만 괴롭히라고 대담하게 말했다. (D) 그때부터. 그들은 소년을 혼자 있게 내버려뒀고, 소녀는 자기를 지키지 못하는 사람들의 편을 들겠다고 스스로 다짐했다.

① A
② B
③ C
④ D

해설 지문의 흐름상 주어진 문장이 들어가기에 가장 적절한 곳을 고르는 문제입니다. 주어진 문장의 this(이 일)를 통해 주어진 문장 앞에 소녀를 매우 화나게 만드는 일이 무엇인지에 대한 설명이 나올 것임을 예상합니다. (A)의 앞 문장에 한 무리의 학생들이 한 소년을 못살게 군다는 내용이 있으므로, (A) 자리에 소녀는 학생들이 그 소년을 놀리는 것을 볼 때마다 화가 난다고 한 주어진 문장이 들어가야 글의 흐름이 자연스러워집니다. 따라서 ①번이 정답입니다.

어휘 bully ⑧ 괴롭히다 push around 못살게 굴다 tease ⑧ 놀리다 courage ⑲ 용기 approach ⑧ 다가가다
boldly ⑨ 대담하게 pick on ~를 괴롭히다 stand up for 편들다, 옹호하다 defend ⑧ 지키다, 방어하다

구문독해 * **동명사가 목적어인 경우** ~하는 것을
picking on him은 to stop의 목적어입니다. 이처럼 동명사가 목적어인 경우, '~하는 것을'이라고 해석합니다.

** **주격 관계대명사(who)가 이끄는 절이 수식어인 경우** 동사하는
who couldn't defend themselves는 앞에 있는 those를 꾸며주는 수식어입니다. 이처럼 주격 관계대명사(who)가 이끄는 절이 수식어인 경우, '동사하는'이라고 해석합니다.

10 다음 글에서 전체적인 흐름과 관계없는 문장은?

Influenza vaccines are recommended / *to protect against the flu. Vaccines are medicines / that contain weakened or dead viruses. ①Approximately one in three people / who develop influenza / don't show symptoms. ② In particular, / the influenza vaccine contains / the three most common flu viruses. ③ Since these viruses / are responsible for nearly all flu cases, / it is helpful / to vaccinate against them / all at once. ④ **Receiving a vaccination / lowers the risk of catching the flu / by building up the body's defenses / against viruses.

(독감 백신은 권장된다 / 독감을 예방하기 위해 / 백신은 약이다 / 약해졌거나 죽은 바이러스가 들어있는 / 약 세 명 중 한 명 / 독감에 걸린 / 증상을 보이지 않는다 / 특히 / 독감 백신은 포함한다 / 세 가지 가장 흔한 독감 바이러스를 / 이런 바이러스가 ~하기 때문에 / 거의 모든 독감 사례의 원인이 된다 / 도움이 된다 / 그것들을 예방하는 백신 주사를 맞는 것이 / 모두 한 번에 / 예방 접종을 받는 것은 / 독감에 걸릴 위험을 낮춰 준다 / 몸의 면역력을 증진함으로써 / 바이러스에 대한)

독감 백신은 독감을 예방하기 위해 권장된다. 백신은 약해졌거나 죽은 바이러스가 들어있는 약이다. ①독감에 걸린 사람의 약 세 명 중 한 명은 증상을 보이지 않는다. ② 특히, 독감 백신은 세 가지 가장 흔한 독감 바이러스를 포함한다. ③ 이런 바이러스가 거의 모든 독감 사례의 원인이 되기 때문에, 그것을 모두 한 번에 예방하는 백신 주사를 맞는 것이 도움이 된다. ④ 예방 접종을 받는 것은 바이러스에 대한 몸의 면역력을 증진함으로써 독감에 걸릴 위험을 낮춰 준다.

해설 지문의 흐름과 무관한 문장을 고르는 문제입니다. 첫 문장에서 '독감 백신 권장'에 대해 언급하고, ②번은 독감 백신에 들어있는 것, ③번은 독감 백신 주사를 맞는 것이 도움이 되는 이유, ④번은 독감 예방 접종을 받음으로써 얻는 효과에 관한 내용으로 첫 문장과 관련이 있습니다. 그러나 ①번은 '독감에 걸린 사람들의 증상'에 대한 내용으로, 전체 지문의 중심 내용과 관련이 없으므로 ①번이 정답입니다.

어휘 influenza [명] 독감, 유행성 감기 flu [명] 독감 approximately [부] 약, 거의 develop [동] (병)에 걸리다, 발달하다 symptom [명] 증상 be responsible for ~의 원인이 되다 vaccinate [동] 예방 접종을 하다 build up (건강을) 증진하다, 쌓아 올리다 defense [명] 방어력, 방어

[구문 독해] * to 부정사가 동사를 꾸며주는 수식어인 경우 ~하기 위해

to protect against the flu는 앞에 있는 are recommended를 꾸며주는 수식어입니다. 이처럼 to 부정사가 동사를 꾸며주는 수식어인 경우, '~하기 위해'라고 해석합니다.

** 동명사가 주어인 경우 ~하는 것은

Receiving a vaccination은 주어입니다. 이처럼 동명사가 주어인 경우, '~하는 것은'이라고 해석합니다.

01 ②	02 ①	03 ②	04 ③	05 ④	06 ②	07 ①	08 ④
09 ③	10 ②						

01 다음 글의 요지로 가장 적절한 것은?

As parents, / we often *consider academic subjects / to be the
부모로서   우리는 종종 학과목을 ~으로 여긴다

most important part / of our children's education. Obviously, /
가장 중요한 부분으로   우리 아이들 교육의   분명히

subjects like math and science / are priorities, / but physical
수학과 과학 같은 과목들이   우선순위이다   하지만

education is a vital aspect / of our children's development / as
체육은 중요한 측면이다   우리 아이들의 발달의

well. **Not only does physical education / improve children's
역시   체육은 ~할 뿐만 아니라   아이들의 건강을 향상할

health, / but it also teaches them / valuable social skills / such as
그것은 그들에게 가르쳐주기도 한다   값진 사회성 기술을

cooperation, teamwork, and good sportsmanship. In addition, /
협동, 팀워크, 그리고 훌륭한 스포츠 정신 같은   게다가

studies have shown / that children / who are physically active /
연구는 보여주었다   아이들이   신체적으로 활동적인

experience much less stress / than those / who aren't.
훨씬 더 적은 스트레스를 겪는다는 것을   그들보다   그렇지 않은

Therefore, / we should encourage our children / to participate
그러므로   우리는 아이들이 ~하도록 장려해야 한다   충분히 참여하도록

fully / in their physical education classes.
그들의 체육 수업에

① 학업보다 체육을 우선시해야 한다.
② 체육은 아이들에게 상당히 유익하다.
③ 아이들은 때때로 체육 수업에 참여하기를 거부한다.
④ 체육을 잘하려면 사회성 기술들이 필요하다.

부모로서 우리는 종종 학과목을 우리 아이들 교육의 가장 중요한 부분으로 여긴다. 분명히 수학과 과학 같은 과목들이 우선순위이긴 하지만, 체육 역시 아이들의 발달의 중요한 측면이기도 하다. 체육은 아이들의 건강을 향상할 뿐만 아니라, 협동, 팀워크, 훌륭한 스포츠 정신 같은 값진 사회성 기술을 아이들에게 가르쳐 주기도 한다. 게다가 연구는 신체적으로 활동적인 아이들이 그렇지 않은 아이들보다 훨씬 스트레스를 적게 받는다는 것을 보여주었다. 그러므로 우리는 아이들이 체육 수업에 충분히 참여하도록 장려해야 한다.

해설 지문의 요지를 묻는 문제입니다. 지문의 처음에서 체육 과목도 다른 학과목처럼 아이들의 발달에 중요하다고 하고, 체육이 아이들의 신체적, 사회적, 정신적 발달에 어떻게 도움이 되는지 알려주고 있습니다. 따라서 이 지문의 요지를 '체육은 아이들에게 상당히 유익하다'라고 표현한 ②번이 정답입니다.

어휘 subject 옝 과목, 주제 priority 옝 우선순위 vital 옝 중요한, 필수적인 aspect 옝 측면, 양상 development 옝 발달, 발전
cooperation 옝 협동 participate 동 참여하다, 참가하다

구문
독해 * **consider A to be B** A를 B로 여기다
consider ~ education에는 'consider A(academic subjects) to be B(the most important ~ education)'가 사용되어, '학과목을 우리 아이들 교육의 가장 중요한 부분으로 여기다'라고 해석합니다.

** **not only A but also B** A뿐만 아니라 B도
Not only ~ sportsmanship에는 'not only A(improve children's health) but also B(teaches them ~ sportsmanship)'가 사용되어, '체육은 아이들의 건강을 향상할 뿐만 아니라 협동, 팀워크, 그리고 훌륭한 스포츠 정신 같은 값진 사회성 기술을 가르쳐주기도 한다'라고 해석합니다.

02 다음 글의 내용을 가장 잘 요약한 것은?

Today, / there are rising concerns / about the health effects of
오늘날 　　　　커지는 우려가 있다 　　　　　　~을 먹는 것이 건강에 미치는 영향에 대한

eating / genetically modified foods. In most countries, / the
먹는 것 　유전자 조작 식품 　　　　　　대부분의 나라들에서

main problem / is that consumers cannot tell / *if food is
주된 문제는 　　　　소비자가 분간할 수 없다는 것이다

genetically modified / because producers are not required / to
식품이 유전자 조작된 것인지 아닌지를 　　　生産자에게 요구되지 않기 때문이다

provide that information. In Australia, / however, / genetically
그 정보를 제공하도록 　　　　호주에서는 　　　하지만

modified foods must be labeled / by law. This lets the
유전자 조작 식품에 반드시 라벨이 붙어 있어야 한다 　법으로 　이것은 소비자가 알게 해준다

customer know / that **it may be potentially risky / to eat them.
　　　　　잠재적으로 위험할 수 있다는 것을 　　　그것을 먹는 것은

By giving customers the satisfaction / of knowing / that they are
소비자에게 만족을 줌으로써 　　　　　아는 것에 대한 　그들이 관리하고 있음을

in control / of what they are consuming, / Australia's food
　　　그들이 먹는 것을 　　　호주의 식품 라벨 관행은

labeling practices / set an example / for other countries.
　　　　모범이 되었다 　　　다른 나라들에

① Strict labeling of genetically modified food would help ease
consumers' concerns.
② Australia's regulations for food labels should be respected by
other nations.
③ Foods that are genetically modified may possibly be
hazardous to human health.
④ Many countries lack laws which require genetically modified
foods to be identified.

오늘날, 유전자 조작 식품을 먹는 것이 건강에 미치는 영향에 대한 우려가 점점 커지고 있다. 대부분의 나라들에서 주된 문제는 식품이 유전자 조작된 것인지 아닌지를 소비자가 분간할 수 없다는 것인데, 생산자는 그 정보를 제공하도록 요구되지 않기 때문이다. 하지만 호주에서는 유전자 조작 식품에 반드시 라벨을 붙여야 하는 것이 법으로 규정되어 있다. 이것은 소비자가 그 식품을 먹는 것이 잠재적으로 위험할 수 있다는 것을 알려준다. 소비자가 자신이 먹는 것을 관리하고 있다는 것을 아는 것에 대한 만족을 줌으로써, 호주의 식품 라벨 관행은 다른 나라들에 모범이 되었다.

① 유전자 조작 식품에 엄격하게 라벨을 붙이는 것은 소비자의 걱정을 더는 데 도움될 것이다.
② 식품 라벨에 대한 호주의 규정은 다른 나라들에 의해 존중받아야 한다.
③ 유전자가 조작된 식품은 건강에 위험할 가능성이 있다.
④ 많은 나라는 유전자 조작 식품임을 밝히도록 요구하는 법이 없다.

해설 지문의 내용을 가장 잘 요약한 문장을 고르는 문제입니다. 지문 전반에 걸쳐 유전자 조작 식품에 대한 우려가 커짐에 따라, 식품이 유전자 조작 식품인 것을 알리는 정보를 라벨을 통해 소비자에게 알려주고 있다고 하며, 식품에 라벨을 붙이는 것이 법으로 규정된 호주의 예를 보여주고 있습니다. 따라서 지문의 내용을 '유전자 조작 식품에 엄격하게 라벨을 붙이는 것은 소비자의 걱정을 더는 데 도움될 것이다'라고 요약한 ①번이 정답입니다.

어휘 genetically modified food 유전자 조작 식품 consumer 圐 소비자 label 圐 라벨을 붙이다 圐 라벨 potentially 圐 잠재적으로 practice 圐 관행 set an example 모범이 되다

구문
독해 * **if가 이끄는 명사절이 목적어인 경우** 주어가 동사하는지 아닌지를
if food is genetically modified는 동사 cannot tell의 목적어입니다. 이처럼 if가 이끄는 명사절이 목적어인 경우, '주어가 동사하는지 아닌지를'이라고 해석합니다.

** **가짜 주어 it과 진짜 주어 to 부정사가 쓰인 경우** ~하는 것은
it은 가짜 주어로 해석하지 않으며 to eat them이 진짜 주어입니다. 이처럼 to 부정사가 진짜 주어로 쓰인 경우, '~하는 것은'이라고 해석합니다.

The human foot, / *which can withstand / 3.5 times the body's
사람의 발 　　　　　 견뎌 낼 수 있는 　　　　　 체중의 3.5배를

weight / with every step, / can be divided / into three main
걸음마다 　　　　　 나뉠 수 있다 　　　　　 세 개의 주요 부위로

parts. The first is the forefoot, / which is where the toes are. The
첫 번째는 전족부이다 　　　　　 이곳은 발가락이 있는 곳이다

bones of the toes / are held together / with muscles and
발가락의 뼈는 　　　　　 서로 결합해 있다 　　　　　 근육과 힘줄로

tendons, / and are connected / to the long bones of the midfoot.
그리고 연결되어 있다 　　　　　 중족부의 긴 뼈와

The midfoot has / five bones of different shapes. They form the
중족부는 ~가 있다 　　　　 서로 다른 모양의 다섯 개의 뼈 　　　 그것들은 발의 오목한

foot's arch, / which absorbs the impact of movement. The
부분을 형성한다 　　　　　 움직임의 충격을 흡수하는

hindfoot bears the body's weight / and is located / where the
후족부는 몸의 무게를 지탱한다 　　　　　 그리고 ~에 있다

ankle and heel bones / connect to the leg. These three parts /
발목과 발뒤꿈치뼈가 ~하는 곳 　　　　 다리로 연결되다 　　　 이 세 부분은

make the human foot / a biological marvel / that enables a
사람의 발을 ~으로 만든다 　　　 생물학적 경이로 　　　 사람이 ~할 수 있게 해주는

person / **to walk, run, and jump.
　　　　　 걷고, 달리고, 그리고 뛰는 것을

① Five bones connect the foot's arch to the leg.
② The midfoot handles the force created by movement.
③ A person's weight is supported by the foot's toes.
④ The forefoot includes five tendons of different sizes.

걸음마다 체중의 3.5배를 견뎌 낼 수 있는 사람의 발은 세 개의 주요 부위로 나눌 수 있다. 첫 번째는 전족부인데, 이곳에는 발가락이 있다. 발가락뼈는 근육과 힘줄로 서로 결합해 있고, 중족부의 긴 뼈와 연결되어 있다. 중족부에는 서로 다른 모양의 다섯 개의 뼈가 있다. 그 부분은 발의 오목한 부분을 형성하는데, 여기서 움직임의 충격을 흡수한다. 후족부는 몸의 무게를 지탱하고 발목과 발뒤꿈치뼈가 다리에 연결된 곳에 있다. 이 세 부분은 발을 사람이 걷고 달리고 뛸 수 있게 해주는 생물학적 경이로 만든다.

① 다섯 개의 뼈는 발의 오목한 부분을 다리와 연결한다.
② 중족부는 움직임으로 만들어진 힘을 다룬다.
③ 사람의 무게는 발가락으로 지탱된다.
④ 전족부에는 각기 다른 크기의 다섯 개의 힘줄이 있다.

해설　지문의 내용과 일치하는 것을 묻는 문제입니다. ②번의 키워드인 midfoot(중족부)이 등장한 지문 주변의 내용을 살펴보면, 중족부는 움직임의 충격을 흡수한다는 것을 알 수 있습니다. 따라서 ②번이 지문의 내용과 일치합니다.

① 다섯 개의 뼈는 발의 오목한 부분을 형성한다고 했으므로, 다섯 개의 뼈가 발의 오목한 부분을 다리와 연결한다는 것은 지문의 내용과 다릅니다.
③ 후족부가 몸의 무게를 지탱한다고 했으므로, 사람의 무게가 전족부에 위치한 발가락으로 지탱된다는 것은 지문의 내용과 다릅니다.
④ 전족부의 발가락뼈는 근육과 힘줄로 서로 결합되어 있다고는 했지만, 각기 다른 크기의 다섯 개의 힘줄이 있는지는 언급되지 않았습니다.

어휘　withstand 图 견디다　tendon 圆 힘줄　arch 圆 발바닥의 오목한 부분, 아치　absorb 图 흡수하다　bear 图 지탱하다, 참다
ankle 圆 발목　heel 圆 발뒤꿈치　marvel 圆 경이, 놀라운 일　handle 图 다루다 圆 손잡이

구문
독해
* 　주격 관계대명사(which)가 이끄는 절이 수식어인 경우　동사하는

which can withstand ~ step은 앞에 있는 the human foot을 꾸며주는 수식어입니다. 이처럼 주격 관계대명사(which)가 이끄는 절이 수식어인 경우, '동사하는'이라고 해석합니다.

** 　to 부정사가 목적격 보어인 경우　~하는 것을

to walk, run, and jump는 목적어 a person을 보충 설명해 주는 목적격 보어입니다. 이처럼 to 부정사가 목적격 보어인 경우, '~하는 것을'이라고 해석합니다.

04 다음 글의 내용과 일치하지 <u>않는</u> 것을 고르시오.

Problems with products / manufactured in China / are receiving /
<small>제품과 관련된 문제는   중국에서 생산된   받고 있다</small>

a lot of media attention. Over the past several years, / recalls of
<small>많은 언론의 주목을   지난 몇 년 동안</small>

a variety of products / have taken place, / *costing companies /
<small>여러 제품에 대한 리콜이   이루어졌다   회사에 비용이 들게 하면서</small>

millions of dollars. This has led / to a negative public image / of
<small>수백만 달러의   이것은 이어졌다   부정적인 대외 이미지로</small>

Chinese production standards. In response, / US trade
<small>중국 생산 기준에 대한   이에 대응하여</small>

regulators are examining / the safety of products / made in
<small>미국 무역 규제 기관은 검사하고 있다   제품의 안전성을   중국에서 만들어진</small>

China. In the near future, / Chinese companies will likely
<small>가까운 미래에   중국 회사는 쓸 것으로 예상된다</small>

**spend / a significant amount of money / improving safety and
<small>엄청난 양의 돈을   안전과 품질 기준을 향상하는 데</small>

quality standards. No matter what, / the country's low labor
<small>어쨌든   이 나라의 낮은 인건비는</small>

costs assure / that companies across the globe / will continue to
<small>분명히 한다   전 세계의 회사들이</small>

outsource production / to the Chinese.
<small>생산을 위탁하기를 계속할 것을   중국인들에게</small>

① Many people are unhappy with Chinese manufacturing practices.
② Chinese products are being investigated by the US government.
③ International companies will stop having goods made in China.
④ Manufacturers in China anticipate spending money on improvements.

중국에서 생산된 제품과 관련된 문제는 많은 언론의 주목을 받고 있다. 지난 몇 년 동안, 회사에 수백만 달러의 비용이 들게 하면서 여러 제품에 대해 리콜이 실시되었다. 이것은 중국 생산 기준에 대한 부정적인 대외 이미지로 이어졌다. 이에 대응하여 미국 무역 규제 기관은 중국에서 만들어진 제품의 안전성을 검사하고 있다. 가까운 미래에, 중국 회사는 안전과 품질 기준을 향상하는 데 엄청난 양의 돈을 쓸 것으로 예상된다. 어쨌든, 중국의 낮은 인건비를 보면 전 세계의 회사들이 계속해서 중국인들에게 생산을 위탁할 것이 분명하다.

① 많은 사람은 중국 제조 관행에 불만이 있다.
② 중국 제품들은 미국 정부의 조사를 받고 있다.
③ 국제 기업들은 중국에서 제품이 제조되는 것을 중단할 것이다.
④ 중국의 제조업자들은 개선하는 데 돈을 쓸 것을 예상하고 있다.

해설 지문의 내용과 일치하지 않는 것을 묻는 문제입니다. ③번의 키워드인 having goods made in China(중국에서 제품이 제조되게 하는 것)를 바꾸어 표현한 지문의 outsource production to the Chinese(중국인들에게 생산을 위탁하다) 주변의 내용에서 중국의 낮은 인건비로 인해 전 세계의 회사들이 계속해서 중국에 생산을 위탁할 것이라고 했으므로, 국제 기업들이 중국에서 제품이 제조되는 것을 중단할 것이라는 것은 지문의 내용과 다릅니다. 따라서 ③번이 지문의 내용과 일치하지 않습니다.

어휘 **manufacture** 통 생산하다   **attention** 명 주목, 주의   **recall** 명 리콜, 회수   **regulator** 명 규제 기관, 단속자
likely 형 ~할 것으로 예상하는   **labor** 명 노동, 근로   **outsource** 통 외부에 위탁하다   **investigate** 통 조사하다   **anticipate** 통 예상하다

구문 독해 * <u>분사구문이 문장을 꾸며주는 수식어인 경우</u>   ~하면서
costing ~ dollars는 앞에 있는 문장을 꾸며주는 수식어입니다. 이처럼 분사구문이 문장을 꾸며주는 수식어인 경우, 문맥에 따라
'~하면서', '~할 때', '~하기 때문에' 등 다양한 의미로 해석이 가능한데, 이 경우에는 '~하면서'라고 해석하는 것이 자연스럽습니다.

** <u>spend + 돈/시간 + 동사원형 + ing</u>   ~하는 데 돈을 쓰다
spend ~ quality standards에는 'spend + 돈(a significant amount of money) + 동사원형 + ing'가 사용되어, '
안전과 품질 기준을 향상하는 데 엄청난 양의 돈을 쓰다'라고 해석합니다.

Shouldn't we be concerned / that the number of people /
우리는 염려해야 하지 않은가   사람의 수가

*suffering from the consequences of smoking / is on the rise?
흡연의 결과로 고통받는   증가하고 있다는 것을

If the government has / the best interests of its citizens / in
정부가 둔다면   국민의 최선의 이익을

mind, / it surely needs to start / **taking more action / to reduce
염두에   그것은 반드시 시작해야 한다   더 많은 조치를 취하기

smoking rates / in the country. The first step is / to place a strict
흡연율을 줄이기 위해   국내의   첫 단계는 ~이다   엄격한 금지법을 내리는 것

ban / on smoking / in public areas. Not only will introducing a
흡연에 대해   공공장소에서의   흡연 금지법을 도입하는 것은 ~할 뿐만 아니라

smoking ban / make it inconvenient for people / to smoke, / it
사람들이 ~하기 불편하게 만든다   담배 피우기

will also protect non-smokers / from being exposed / to
이것은 비흡연자들을 보호하기도 할 것이다   노출되는 것으로부터

secondhand smoke. The next step is / to raise the taxes / on
간접흡연에   다음 단계는 ~이다   세금을 인상하는 것

tobacco products. Many studies have shown / that increasing
담배 제품의   많은 연구는 보여주었다

the cost of cigarettes / has the biggest effect / on reducing
담배의 가격을 올리는 것이   가장 큰 효과가 있다는 것을

smoking rates. As a final step, / the government should launch /
흡연율을 감소하는 데   마지막 단계로   정부는 시작해야 한다

an awareness campaign / to educate the public / about the
인식 캠페인을   대중을 교육하는

harmful consequences of smoking / on human health.
흡연의 치명적인 결과에 대해   사람의 건강에 미치는

> A way to fight smoking not mentioned in the passage is
> campaigning against imported cigarettes.

① increasing the cost of cigarettes
② applying higher taxes to raise cigarette prices
③ explaining the health effects of smoking
④ campaigning against imported cigarettes

우리는 흡연의 결과로 고통받는 사람의 수가 증가하고 있다는 것을 염려해야 하지 않은가? 정부가 국민의 최선의 이익을 염두에 둔다면, 국내 흡연율을 줄이기 위해 반드시 더 많은 조치를 취하기 시작해야 한다. 첫 단계는 공공장소에서의 흡연에 대해 엄격한 금지법을 내리는 것이다. 흡연 금지법을 도입하는 것은 사람들이 담배 피우기 불편하게 만들 뿐만 아니라, 비흡연자를 간접흡연에 노출되는 것으로부터 보호하기도 할 것이다. 다음 단계는 담배 제품의 세금을 인상하는 것이다. 많은 연구는 담배의 가격을 올리는 것이 흡연율을 감소하는 데 가장 큰 효과가 있다는 것을 보여주었다. 마지막 단계로, 정부는 흡연이 사람의 건강에 미치는 치명적인 결과에 대해 대중을 교육하는 인식 캠페인을 시작해야 한다.

> 지문에서 언급되지 않은 흡연과 싸우는 방법은 수입 담배에 반대하는 캠페인을 벌이는 것이다.

① 담배의 가격을 인상하는 것
② 담배 가격을 인상하기 위해 더 높은 세금을 부과하는 것
③ 흡연이 건강에 미치는 영향을 설명하는 것
④ 수입 담배에 반대하는 캠페인을 벌이는 것

해설 지문에서 흡연과 싸우는 방법으로 언급되지 않은 것을 파악하는 문제입니다. 지문 전반에 걸쳐 흡연을 줄이기 위한 조치로 공공장소에서의 흡연 금지하기, 담배 제품에 부과되는 세금 인상하기, 흡연이 건강에 미치는 결과 교육하기를 알려주고 있습니다. 따라서 흡연과 싸우는 방법으로 언급되지 않은 것은 '수입 담배에 반대하는 캠페인을 벌이는 것'이므로, ④번이 정답입니다.

어휘 concerned 형 염려하는   suffer 동 고통받다   on the rise 증가하는   have in mind ~을 염두에 두다   take action 조치를 취하다
ban 명 금지법 동 금지하다   expose 동 노출시키다   secondhand 형 간접의   launch 동 시작하다, 착수하다   awareness 명 인식, 의식

구문
독해

* **현재분사가 명사를 꾸며주는 수식어인 경우** ~하는
suffering ~ smoking은 앞에 있는 people을 꾸며주는 수식어입니다. 이처럼 현재분사가 명사를 꾸며주는 수식어인 경우,
'~하는'이라고 해석합니다.

** **동명사가 목적어인 경우** ~하기
taking more action은 to start의 목적어입니다. 이처럼 동명사가 목적어인 경우, '~하기'라고 해석합니다.

At a job interview, / you want to show / that you are the right
입사 면접에서   당신은 보여주고 싶어 한다   당신이 적임이라는 것을

person / for the job. There are two tips / that will help you /
그 일에   두 가지 조언이 있다   당신을 도와줄

*make a good first impression / and increase your chances of
좋은 첫 인상을 만들게   그리고 당신이 고용될 확률을 높이게

being hired: / maintain good eye contact / and speak with
시선을 잘 마주치는 것을 유지하라   그리고 자신 있게 말하라

confidence. It is often difficult / to keep eye contact / with a
대개 어렵다   시선을 계속 마주치는 것은   낯선 사람과

stranger, / but doing so tells the interviewer a lot / about you.
하지만 그렇게 하는 것은 면접관에게 많은 것을 알려준다   당신에 대해

For instance, / the ability / to maintain eye contact / can
예를 들어   능력은   시선을 마주치는 것을 유지하는

contribute / to appearing focused and honest, / while looking
기여할 수 있다   집중을 잘하고 정직하게 보이는 데   눈길을 돌리는 것은 ~하는 한편

away / can make one appear insecure. Additionally, / it is
사람이 자신 없게 보이게 할 수 있다   게다가   매우 중요하다

crucial / to speak / with a high level of confidence. The key is /
말하는 것은   높은 자신감을 가지고   비결은 ~이다

speaking clearly and slowly, / **to make sure / that each word is
분명하고 천천히 말하는 것   확실히 하기 위해   모든 말이 이해되었음을

understood. Speaking too quickly / or mumbling your words /
너무 빨리 말하는 것은   또는 단어를 중얼거리는 것은

can cause the interviewer / to misunderstand answers / and
면접관이 ~하게 할 수 있다   답을 오해하게

form a poor impression of you. Make sure / to remember these
그리고 당신에 대해 안 좋은 인상을 형성하게   반드시 ~하도록 하라   이 조언들을 기억하도록

tips, / and you will likely be offered a position.
그러면 당신은 아마 일자리를 제안받을 것이다

① make you appear insecure and honest
② increase your chances of being hired
③ make you give speeches in public
④ understand what the interviewer is saying

당신은 입사 면접에서 당신이 그 일에 적임이라는 것을 보여주고 싶어 한다. 당신이 좋은 첫 인상을 만들고 고용될 확률을 높이게 당신을 도와줄 두 가지 조언이 있다. 시선을 잘 마주치는 것을 유지하고 자신 있게 말하라. 낯선 사람과 시선을 계속 마주치는 것은 대개 어렵지만, 그렇게 하는 것은 면접관에게 당신에 대해 많은 것을 알려준다. 예를 들어, 시선을 마주치는 것을 유지하는 것은 집중을 잘하고 정직하게 보이는 데 기여할 수 있는 한편, 눈길을 피하는 것은 사람이 자신 없게 보이게 할 수 있다. 게다가 높은 자신감으로 말하는 것도 매우 중요하다. 비결은 상대방이 모든 말을 이해했음을 확실히 하기 위해 분명하고 천천히 말하는 것이다. 너무 빨리 말하거나 단어를 중얼거리는 것은 면접관이 답을 오해하게 할 수 있고 당신에 대해 안 좋은 인상을 형성하게 할 수 있다. 이 조언들을 반드시 기억해라. 그러면 당신은 아마 일자리를 제안받을 것이다.

① 자신 없고 정직하게 보이게
② 고용될 확률을 높이게
③ 사람들 앞에서 연설하게
④ 면접관이 말하는 것을 이해하게

해설 지문의 빈칸을 채우는 문제입니다. 빈칸이 있는 문장을 통해 무엇을 하게 도와줄 조언인지에 대한 내용이 나와야 적절하다는 것을 알 수 있습니다. 지문 전반에 걸쳐 일자리를 얻을 가능성을 높이는 면접 태도에 대한 조언을 해주고 있으므로, '고용될 확률을 높이게'라고 한 ②번이 정답입니다.

어휘 impression 몡 인상 maintain 통 유지하다 focused 혱 집중한 look away 눈길을 돌리다 insecure 혱 자신 없는, 불안한
mumble 통 중얼거리다 misunderstand 통 오해하다

구문
독해 * **동사원형이 목적격 보어인 경우** ~하게
make a good first impression과 increase your chances of being hired는 목적어 you를 보충 설명해 주는 목적격 보어입니다. 이처럼 동사원형이 목적격 보어인 경우, '~하게'라고 해석합니다.

** **to 부정사가 문장을 꾸며주는 수식어인 경우** ~하기 위해
to make sure ~ understood는 앞에 있는 문장을 꾸며주는 수식어입니다. 이처럼 to 부정사가 문장을 꾸며주는 수식어인 경우, '~하기 위해'라고 해석합니다.

07 밑줄 친 부분에 들어갈 가장 적절한 것은?

The influence of the French language / has declined significantly / in modern times. For several centuries, / speaking French was / not only a sign of a good education, / but also an indication / of high social status. It was used / as the main language of communication / by merchants, politicians, and diplomats / from countries / around the world. These days, / however, / English has replaced French / as the dominant global language. The widespread use of English / is directly linked / to the United States' economic power. Today, / English is regarded / with the same prestige / *that French once was / and **is frequently taught / as a second language / in countries / the world over.

(프랑스어의 영향력은 / 현저히 감소했다 / 현대에 / 여러 세기 동안 / 프랑스어를 말하는 것은 ~였다 / 좋은 교육의 표시였을 뿐만 아니라 / 지표이기도 / 높은 사회적 지위의 / 이것은 사용되었다 / 의사소통의 주요 언어로 / 상인, 정치가, 그리고 외교관들에 의해 / 나라에서 온 / 세계 곳곳의 / 요즘에는 / 하지만 / 영어가 프랑스어를 대체했다 / 지배적인 세계 공용어로써 / 영어의 광범위한 사용은 / 직접적으로 연관된다 / 미국의 경제력과 / 오늘날 / 영어는 여겨진다 / 같은 위신으로 / 프랑스어가 한때 누렸던 / 그리고 흔히 배운다 / 제2언어로써 / 나라들에서 / 전 세계의)

① however
② finally
③ for example
④ in addition

프랑스어의 영향력은 현대에 현저히 감소했다. 여러 세기 동안, 프랑스어를 말하는 것은 좋은 교육의 표시였을 뿐만 아니라 높은 사회적 지위의 지표이기도 했다. 프랑스어는 다른 나라 출신의 상인, 정치가, 외교관들에 의해 의사소통의 주요 언어로 사용되었다. 하지만 요즘에는 영어가 프랑스어를 대체하고 지배적인 세계 공용어가 되었다. 영어의 광범위한 사용은 미국의 경제력과 직접적으로 연관된다. 오늘날 영어는 프랑스어가 한때 누렸던 것과 같은 위신으로 여겨지며 전 세계의 나라들에서 제2언어로 흔히 배운다.

① 하지만
② 마침내
③ 예를 들어
④ 게다가

해설 빈칸에 적절한 연결어를 넣는 문제입니다. 빈칸 앞 문장은 과거에 프랑스어가 의사소통을 위한 국제 공용어로 사용되었다는 내용이고, 빈칸 뒤 문장은 오늘날 영어가 프랑스어를 대체하고 지배적인 세계 공용어로 사용되고 가르쳐진다는 대조적인 내용입니다. 따라서 대조를 나타내는 연결어인 ① however(하지만)가 정답입니다.

어휘 decline [동] 감소하다, 줄어들다 indication [명] 지표, 표시 status [명] 지위, 신분 merchant [명] 상인 diplomat [명] 외교관 replace [동] 대체하다, 대신하다 dominant [형] 지배적인, 우세한 widespread [형] 광범위한 directly [부] 직접적으로 prestige [명] 위신

[구문독해] * 목적격 관계대명사(that)가 이끄는 절이 수식어인 경우 주어가 동사하는

that French once was는 앞에 있는 the same prestige를 꾸며주는 수식어입니다. 이처럼 목적격 관계대명사(that)가 이끄는 절이 수식어인 경우, '주어가 동사하는'이라고 해석합니다.

** be taught 배우다

is taught는 '가르쳐주다'라는 뜻의 동사 teach가 'be + p.p.'의 형태로 쓰인 것으로, '배우다'라고 해석합니다.

Scientists are excited / about the possibility / of developing
과학자들은 들떠 있다   가능성에 대해   새로운 물질을

a new material / out of spider silk.
개발하는 것의   거미줄에서

과학자들은 거미줄로 새로운 물질을 개발하는 것의 가능성에 대해 들떠 있다.

(A) For example, / it could be used to develop / bulletproof
예를 들어   이것은 개발하는 데 사용될 수 있다

vests, car airbags, / or artificial ligaments for humans.
방탄 조끼 차의 에어백   또는 사람을 위한 인공 인대를

(B) Biologists are trying to find a way / *to mass-produce this
생물학자들은 방법을 찾고자 노력하고 있다   이 단백질을 대량 생산하는

protein / using the DNA / found in spider silk. If this
DNA를 이용해서   거미줄에서 발견된

becomes possible, / the material could be of potential use /
이것이 가능해진다면   이 물질은 잠재적으로 사용할 수 있다

in a variety of fields.
다양한 분야에서

(C) They have discovered / that a protein / found in spider silk /
그들은 발견했다   단백질이   거미줄에서 발견된

can be used / to produce a substance / that is **stronger
사용될 수 있다는 것을   물질을 생산하기 위해   강철보다 더 강한

than steel, / yet lighter than cotton.
하지만 솜보다 더 가벼운

(A) 예를 들어, 이것은 방탄조끼, 차의 에어백 또는 사람을 위한 인공 인대를 개발하는 데 사용될 수 있다.

(B) 생물학자들은 거미줄에서 발견된 DNA를 이용해서 이 단백질을 대량 생산하는 방법을 찾고자 노력하고 있다. 이것이 가능해진다면, 이 물질은 다양한 분야에서 잠재적으로 사용할 수 있다.

(C) 그들은 거미줄에서 발견된 단백질이 강철보다 더 강하지만 솜보다 더 가벼운 물질을 생산하는 데 사용될 수 있다는 것을 발견했다.

① (A)-(C)-(B)
② (C)-(A)-(B)
③ (B)-(A)-(C)
④ (C)-(B)-(A)

해설 주어진 문장 다음에 이어질 (A), (B), (C)의 적절한 순서를 파악하는 문제입니다. 주어진 문장에서 과학자들은 거미줄로 새로운 물질을 개발하는 것의 가능성에 대해 들떠있다고 한 후, 그들(They)이 거미줄에서 발견한 단백질의 성질을 알아냈다는 것을 보여주는 (C)가 나와야 자연스럽습니다. 뒤이어 과학자들이 이 단백질(this protein)을 다양한 분야에서 사용할 수 있는 방법을 찾고 있다고 한 (B)가 나오고, For example을 통해 이 단백질이 어떠한 분야에서 사용될 수 있는지에 대한 구체적인 예를 드는 (A)가 나와야 글의 흐름이 자연스럽습니다. 따라서 주어진 문장 다음에 이어질 순서는 ④ (C)-(B)-(A)입니다.

어휘 possibility 몡 가능성 spider silk 몡 거미줄 bulletproof 쪵 방탄이 되는 artificial 쪵 인공의 ligament 몡 인대 mass-produce 통 대량 생산하다 protein 몡 단백질 steel 몡 강철 cotton 몡 솜, 목화

구문
독해 * to 부정사가 명사를 꾸며주는 수식어인 경우 ~하는
to mass-produce ~ spider silk는 앞에 있는 a way를 꾸며주는 수식어입니다. 이처럼 to 부정사가 명사를 꾸며주는 수식어인 경우, '~하는'이라고 해석합니다.

** 비교급 + than ~보다 더 …한
stronger than steel과 lighter than cotton에는 '비교급 + than'이 사용되어, '강철보다 더 강한', '솜보다 더 가벼운'이라고 해석합니다.

09 다음 주어진 문장이 들어갈 곳으로 가장 적절한 것은?

However, / this is risky / *because the backup device / can
하지만　　　이것은 위험하다　　　백업 장치가 ~하기 때문에

break down, be lost, or stolen.
고장 나거나 잃어버리거나 도난당할 수 있다

Like most people, / you probably store / many important
대부분의 사람들과 마찬가지로　　　당신은 아마 저장할 것이다　　　많은 중요한 문서들을

documents / on your computer hard drive. (A) If so, / you
　　　　　당신의 컴퓨터 하드 드라이브에　　　　만약 그렇다면

should consider / making backup copies of these files / in case
당신은 고려해야 한다　　　이러한 파일들의 백업 파일을 만드는 것을

a problem occurs with the computer. (B) **Transferring the
컴퓨터에 문제가 발생할 경우에 대비해서

contents of your computer / to a portable hard drive / is one
당신의 컴퓨터의 내용물을 옮기는 것은　　　휴대용 하드 드라이브에　　　한 가지

method / of accomplishing this. (C) Therefore, / you should
방법이다　　　이것을 하는　　　　그러므로　　　당신은 고려해야 한다

consider / an online data storage service, / which automatically
온라인 데이터 저장 서비스를　　　이것은 자동으로

backs up your files / when your computer is online / and allows
당신의 파일들을 백업한다　　　당신의 컴퓨터가 온라인일 때　　　그리고

you to access them / from anywhere. (D)
당신이 그것들에 접속할 수 있게 하는　　　어디에서나

① A　　　　　　　　　② B
③ C　　　　　　　　　④ D

하지만 이것은 백업 장치가 고장 나거나 잃어버리거나 도난당할 수 있기 때문에 위험하다.

대부분의 사람들과 마찬가지로, 당신은 아마 컴퓨터 하드 드라이브에 중요한 문서를 많이 저장할 것이다. (A) 만약 그렇다면, 당신은 컴퓨터 문제가 발생할 경우에 대비해서 이러한 파일들의 백업 파일을 만드는 것을 고려해야 한다. (B) 컴퓨터의 내용물을 휴대용 하드 드라이브에 옮기는 것은 이렇게 하는 한 가지 방법이다. (C) 그러므로 온라인 데이터 저장 서비스를 고려해보아야 하는데, 이것은 컴퓨터가 온라인일 때 파일들을 자동으로 백업하고 당신이 그 파일들을 어디에서나 접속할 수 있게 한다. (D)

해설　주어진 문장의 However(하지만)와 this(이것)를 통해 주어진 문장 앞에 백업 장치가 고장 나거나 잃어버리거나 도난 당하면 위험한 것이 무엇인지에 대한 내용이 나올 것임을 예상합니다. (C)의 앞 문장에서 휴대용 하드 드라이브에 중요한 문서의 복사본을 옮겨 놓으라고 하고, (C)의 뒤 문장에서 그러므로(therefore) 온라인 데이터 저장 서비스를 고려해 보라는 내용이 있으므로, (C) 자리에 휴대용 하드 드라이브의 위험성에 대해 설명하는 주어진 문장이 들어가야 글의 흐름이 자연스러워집니다.

어휘　**risky** 圈 위험한　**device** 圐 장치　**break down** 고장 나다　**backup** 圐 백업 파일, 예비품　**transfer** 圄 옮기다, 이동하다
portable 圈 휴대용의　**accomplish** 圄 해내다, 완수하다　**storage** 圐 저장　**automatically** 恩 자동으로
access 圄 접속하다, 이용하다

구문
독해　* 부사절 접속사 because가 이끄는 절이 문장을 꾸며주는 수식어인 경우　주어가 동사하기 때문에
　　　because the backup device ~ stolen은 앞에 있는 문장을 꾸며주는 수식어입니다. 이처럼 부사절 접속사 because가 이끄는
　　　절이 문장을 꾸며주는 수식어인 경우, '주어가 동사하기 때문에'라고 해석합니다.

　　　** 동명사가 주어인 경우　~하는 것은
　　　Transferring ~ hard drive는 주어입니다. 이처럼 동명사가 주어인 경우, '~하는 것은'이라고 해석합니다.

10 다음 글에서 전체적인 흐름과 관계없는 문장은?

When we were little, / my mom *taught / my brother and me /
우리가 어렸을 때   우리 엄마는 가르쳐 주셨다   남동생과 나에게

a very important lesson. ① When she came home / from
매우 중요한 교훈을   그녀가 집으로 돌아왔을 때

shopping / at the supermarket / one day, / she unpacked the
장을 보고   슈퍼마켓에서   어느 날   그녀는 장바구니를 풀었다

grocery bags / and put a giant candy bar / on the kitchen
                그리고 커다란 캔디바를 올려놓았다   부엌 조리대에

counter. ② She had a habit / of making a few impulsive
              그녀는 습관이 있었다   몇 가지 충동 구매를 하는

purchases / from time to time. ③ Both my brother and I saw
              때때로   남동생과 나는 모두 그것을 보았다

it, / wanted it, / and immediately started fighting over it. ④
그것을 원했다   그리고 바로 그것을 놓고 싸우기 시작했다

When she realized / what was happening, / my mom grabbed
그녀가 깨닫고서   무엇이 일어나고 있는지를   우리 엄마는 캔디바를 빼앗았다

the candy bar / from our hands / and ate it / right there in
                우리의 손에서   그리고 그것을 드셨다   우리 바로 앞에서

front of us. / We **could have split it, / but we ended up with
              우리는 그것을 나눌 수도 있었다   하지만 우리는 결국 아무것도 얻지 못했다

nothing / because of our greed.
            우리의 욕심 때문에

우리가 어렸을 때, 엄마는 남동생과 나에게 매우 중요한 교훈을 가르쳐 주셨다. ① 어느 날 엄마가 슈퍼마켓에서 장을 보고 돌아오셨을 때, 장바구니를 푸르시고 부엌 조리대에 커다란 캔디바를 올려놓으셨다. ② 엄마는 때때로 몇 가지 충동구매를 하시는 습관이 있었다. ③ 남동생과 나는 모두 그 캔디바를 보았고, 원했고, 그것을 놓고 바로 싸우기 시작했다. ④ 엄마는 무엇이 일어나고 있는지 깨달으시고서, 캔디바를 우리의 손에서 빼앗으시고 우리 바로 앞에서 그것을 드셨다. 우리는 그것을 나눌 수도 있었지만, 욕심 때문에 결국 아무것도 얻지 못했다.

해설 지문의 흐름과 무관한 문장을 고르는 문제입니다. 첫 문장에서 '엄마가 남동생과 나에게 가르쳐 주신 교훈'에 대해 언급하고, ①, ③, ④번에서 엄마가 남동생과 나에게 교훈을 가르쳐 주게 된 일화를 시간 순서대로 나열했습니다. 그러나 ②번은 '엄마는 때때로 충동구매를 하는 습관이 있었다'라는 내용으로, 첫 문장의 내용과 관련이 없으므로 ②번이 정답입니다.

어휘 lesson 명 교훈   unpack 통 풀다, 꺼내다   counter 명 조리대, 계산대   make a purchase 구매를 하다, 물건을 사다
impulsive 형 충동적인   grab 통 움켜잡다, 붙잡다   split 통 나누다, 분열되다   end up with 결국 ~하게 되다   greed 명 욕심

구문독해 * **teach A B** A에게 B를 가르쳐주다
taught ~ lesson에는 'teach A(my brother and me) B(a very important lesson)'가 사용되어, '남동생과 나에게 매우 중요한 교훈을 가르쳐 주셨다'라고 해석합니다.

** **동사가 '조동사 could + have + p.p.'인 경우** ~할 수도 있었다
could have split은 '조동사 could + have + p.p.' 형태의 동사로 '나눌 수도 있었다'라고 해석하며, 과거 일에 대한 아쉬움을 나타냅니다.